国家社科基金项目"美国隐蔽行动实施路径研究"（项目编号：17BGJ064）最终成果

Researches on
American
Covert Action

美国隐蔽行动研究

舒建中　著

中国社会科学出版社

图书在版编目（CIP）数据

美国隐蔽行动研究／舒建中著 . —北京：中国社会科学出版社，2022. 3
（2024. 3 重印）

ISBN 978 - 7 - 5203 - 9732 - 2

Ⅰ.①美…　Ⅱ.①舒…　Ⅲ.①美国对外政策—研究　Ⅳ.①D871. 20

中国版本图书馆 CIP 数据核字（2022）第 030983 号

出 版 人	赵剑英	
责任编辑	周晓慧	
责任校对	刘　念	
责任印制	戴　宽	

出　　　版	中国社会科学出版社	
社　　　址	北京鼓楼西大街甲 158 号	
邮　　　编	100720	
网　　　址	http://www. csspw. cn	
发 行 部	010 - 84083685	
门 市 部	010 - 84029450	
经　　　销	新华书店及其他书店	

印　　　刷	北京明恒达印务有限公司	
装　　　订	廊坊市广阳区广增装订厂	
版　　　次	2022 年 3 月第 1 版	
印　　　次	2024 年 3 月第 4 次印刷	

开　　　本	710 × 1000　1/16	
印　　　张	18. 5	
插　　　页	2	
字　　　数	286 千字	
定　　　价	106. 00 元	

凡购买中国社会科学出版社图书，如有质量问题请与本社营销中心联系调换
电话:010 - 84083683

目　　录

导　言

　　从历史上看，秘密行动是国家间互动的重要方式之一，是国际关系的组成部分，贯穿国家间互动的整个过程，是国际关系的一种常态。

　　尽管国际关系中的间谍行动和秘密行动的历史源远流长，但从概念生成的角度看，"隐蔽行动"（Covert Action）一词却是美国的发明。① 自冷战格局形成以来，隐蔽行动一直是美国对外政策和战略的工具，正是冷战催生了美国长期性的隐蔽行动计划，鉴于此，隐蔽行动又称"隐蔽冷战"（Covert Cold War）。② 从某种意义上讲，冷战可以理解为"吹黑哨、下黑棋、打黑枪"的政治博弈，隐蔽行动则是最符合冷战特征的政策手段和行动方式，是冷战政策意涵的更为贴切的体现。冷战结束后，隐蔽行动在美国对外政策和战略中仍然占据独特的位置，是美国应对竞争对手挑战的重要手段。纵观美国隐蔽行动战略的发展历程，以冷战对峙作为切入点，隐蔽行动在美国国家战略布局中已经实现了制度化，是美国对外战略的构成要素和美国对外政策的重要工具，从根本上讲是服务于美国的国家利益和世界霸权战略的。

　　隐蔽行动是冷战期间美国对外政策的一个重要特征，鉴于特殊的运

---

　　①　Abram N. Shulsky and Gary J. Schmitt, *Silent Warfare*：*Understanding the World of Intelligence*, Washington, D. C.：Potomac Books, Inc., 2002, p. 76.

　　②　Huw Dylan, David V. Gioe and Michael S. Goodman, *The CIA and the Pursuit of Security*：*History, Documents and Contexts*, Edinburgh：Edinburgh University Press, 2020, p. 45.

作方式，隐蔽行动成为情报领域最具神秘性、争论性和焦点性的议题。①
从 20 世纪 50 年代末起，美国学术界就开始关注隐蔽行动研究，并经历了
80 年代和 90 年代两个发展高潮期。进入 21 世纪之后，美国的隐蔽行动
研究再上新台阶，研究议题日益深化，研究领域日渐拓展。总体上讲，
美国学术界的隐蔽行动研究主要聚焦两个议题。在国别案例研究、特定
领域研究方面，美国学者的研究范畴涉及美国主要的隐蔽行动，成果不
胜枚举。在理论研究方面，美国学术界对隐蔽行动作出了学理性探讨，
实现了隐蔽行动研究的理论化，从而将美国的隐蔽行动研究提升到新的
水平。②

　　隐蔽行动的概念界定是隐蔽行动研究的起点和基础，围绕隐蔽行动
的含义，美国学术界作出了各具特色的解释。罗伊·戈德森认为，隐蔽
行动是指一国政府或集团在不暴露自己的情况下影响其他国家或地区事
态发展的努力与尝试。③ 洛赫·约翰逊和詹姆斯·沃茨则强调，隐蔽行动
是指一国政府或其他组织所执行的秘密影响和操纵国外事态的所有行动；
隐蔽行动的要旨就是间接性、非归属性和秘密性，政府或其他组织在隐
蔽行动中的角色既非显而易见，亦未公开承认。④ 正因为如此，隐蔽行动
又被称为"寂静的行动"，或者是外交和战争之间的"第三种选择"⑤。
戈德森进而指出，隐蔽行动的目的主要包括三个方面：一是影响目标国
内部或跨国集团的权力平衡，例如影响选举、政府的组成及其决策过程
等；二是影响目标国的舆论环境，通过舆论压力迫使目标国政府按照隐

　　① Kaeten Mistry, "Narrating Covert Action: The CIA, Historiography and the Cold War," in Christopher R. Moran and Christopher J. Murphy, eds., *Intelligence Studies in Britain and the US: Historiography since 1945*, Edinburgh: Edinburgh University Press, 2013, p. 111.

　　② 有关美国隐蔽行动研究的学术综述，参见舒建中《美国的隐蔽行动研究及理论建构》，载李丹慧主编《冷战国际史研究》（第 28 辑），世界知识出版社 2019 年版，第 213—235 页。

　　③ Roy Godson, *Dirty Tricks or Trump Cards: U. S. Covert Action and Counterintelligence*, Washington, D. C.: Brassey's, 1995, p. 2.

　　④ Loch K. Johnson and James J. Wirtz, "Covert Action: Introduction," in Loch K. Johnson and James J. Wirtz, eds., *Strategic Intelligence: Windows into a Secret World*, An Anthology, Los Angeles: Roxbury Publishing Company, 2004, p. 253.

　　⑤ Loch K. Johnson, "Covert Action and Accountability: Decision-Making for America's Secret Foreign Policy," *International Studies Quarterly*, Vol. 33, No. 1, 1989, p. 82.

蔽行动实施国所预期的方向作出决策；三是引导目标国政府或其他组织
采取特定行动。① 约翰逊更是坦言，美国隐蔽行动的目的就是秘密影响海
外事态以支持美国的对外政策。② 尽管美国学术界对于隐蔽行动的概念
存在不同的理解，但核心共识却在争论中逐步形成，即隐蔽行动的要义
就是秘密影响海外事态，支持美国的对外政策。核心概念的界定奠定了
美国隐蔽行动研究的学理基础，为隐蔽行动研究的发展提供了理论
依据。

　　隐蔽行动是美国冷战博弈的重要手段，也是美国对外政策与战略的
特殊形态。基于隐蔽行动的间接性、非归属性和秘密性，"貌似否认"
（Plausible Denial）成为美国隐蔽行动政策和战略的基本特征。作为隐蔽
行动的逻辑前提，"貌似否认"的核心意涵是：所谓"隐蔽"，是指发起
者的角色保持秘密状态，而行动本身既可以是秘密的，也可以是非秘密
的。③ 进而言之，在"貌似否认"的逻辑前提下，隐蔽行动的结果和外在
表现形式可能难以隐藏，但隐蔽行动官方发起者的角色则是隐藏的；隐
蔽行动隐藏的是发起者的身份和动机。④ 鉴于此，隐蔽行动的"貌似否
认"假定为理解美国策划实施的隐蔽行动提供了可资借鉴的分析视角，
从某种意义上讲，"貌似否认"概念及其内涵是把握美国隐蔽行动实施路
径和手段的关键。⑤

　　从行动谱系来看，美国隐蔽行动主要分为四种类型：隐蔽宣传行动、
隐蔽政治行动、隐蔽经济行动和准军事行动。在具体的政策实践中，美
国隐蔽行动的各种类型往往交互配合，相互策应，构成有机联动的隐蔽

① Roy Godson, *Dirty Tricks or Trump Cards*, p. 134.
② Loch K. Johnson, "Covert Action and Accountability: Decision-Making for America's Secret Foreign Policy," p. 84.
③ Jennifer D. Kibbe, "The Rise of the Shadow Warriors," *Foreign Affairs*, Vol. 83, No. 2, 2004, p. 104.
④ Richard M. Bissell, Jr., *Reflections of a Cold Warrior: From Yalta to the Bay of Pigs*, New Haven: Yale University Press, 1996, pp. 208–209.
⑤ 鉴于"貌似否认"假定是美国实施隐蔽行动的逻辑前提，因此，美国学者对"貌似否认"假定进行了专门探讨，其中，哈里·罗西兹克率先对"貌似否认"假定作出了理论解析，参见舒建中《美国的隐蔽行动研究及理论建构》，载李丹慧主编《冷战国际史研究》（第28辑），第228页。

行动体系。① 随着信息时代的来临，美国隐蔽行动谱系中新添了一种行动模式——隐蔽网络行动。作为美国隐蔽行动理论体系的主干，隐蔽行动类型模式的确立既源于学术界对美国隐蔽行动实施路径的深入考察，同时也为美国隐蔽行动的研究确立了基本的范畴和框架，为隐蔽行动研究的发展提供了清晰的分析路径和研究思路。②

总之，核心概念意涵、"貌似否认"假定和行动类型划分是审视美国隐蔽行动政策与战略的三个学理维度。其中，行动类型划分是考察美国隐蔽行动整体框架的关键切入点。基于对隐蔽行动概念界定、基本特征和行动类型的认知，本书力图在借鉴现有研究成果的基础上，以隐蔽行动的类型划分作为基点，着力探讨美国隐蔽行动的实施路径、政策平台和行动手段，解读美国隐蔽行动的政策和战略功能，廓清美国隐蔽行动的总体布局，以期为全面把握美国的隐蔽行动政策和战略提供新的分析视角和思考路径。

本书的基本思路和总体结构是：

第一章致力于研究美国隐蔽宣传行动的理论框架和实施路径。隐蔽宣传行动是美国隐蔽行动中最具渗透力、最具影响力的政策方式，是美国隐蔽行动中最常见的政策手段，因此，考察美国隐蔽宣传行动的实施路径是隐蔽行动研究的重要议题。本章首先对美国隐蔽宣传行动的理论框架进行梳理，总结美国隐蔽宣传行动的理论研究成果。在此基础上，本章依据相关的历史案例，着力探讨美国隐蔽宣传行动的实施平台，强调非媒体渠道、无线电广播渠道、新闻媒体渠道、影视作品渠道、图书期刊渠道等，均是美国隐蔽宣传行动的运行载体。在长期的政策实践中，美国构建了完备的隐蔽宣传行动平台体系，并与公开渠道的宣传战相互策应，服务于美国的政策和战略目标，展示了美国隐蔽宣传行动的手段多样性和政策隐蔽性。

---

① Loch K. Johnson and James J. Wirtz, "Covert Action: Introduction," in Loch K. Johnson and James J. Wirtz, eds., *Strategic Intelligence*, p. 254.

② 关于美国隐蔽行动的类型划分，美国学者作出了不同的解读，有关详细论述，参见舒建中《美国的隐蔽行动研究及理论建构》，载李丹慧主编《冷战国际史研究》（第 28 辑），第228—234 页。

　　第二章着重探讨美国隐蔽政治行动的理论框架和实施路径。隐蔽政治行动是美国通过秘密手段影响甚至操控他国政治进程的有力工具，经过长期的政策实践，美国构建了形式多样的隐蔽政治行动实施平台和路径，从而为美国隐蔽政治行动的铺展创造了运行空间。为此，在系统梳理美国隐蔽政治行动理论的基础上，本章聚焦美国隐蔽政治行动的实施路径和手段，认为外国政府、政党、反对派力量、工会组织、宗教组织、妇女组织、学术团体、学生组织等，均是美国隐蔽政治行动的实施平台和对象；为获致隐蔽行动目标，美国甚至将流亡者、叛逃者和有组织的犯罪集团列为隐蔽政治行动的实施对象。鉴于此，美国的隐蔽政治行动具有广泛的社会渗透力和巨大的政治破坏力，隐蔽政治行动堪称美国隐蔽行动战略的利器。

　　第三章着力探讨美国隐蔽经济行动的理论框架和实施路径。经济战是古老而久远的政治手段，是国家间战略博弈的重要方式。随着冷战格局的形成和发展，除公开的经济战之外，以秘密方式实施的隐蔽经济行动成为美国遂行遏制政策与战略、展开冷战较量的政治工具。在总结美国隐蔽经济行动理论的基础上，本章剖析了美国隐蔽经济行动的实施路径和手段，同时探究了美国隐蔽经济行动的特殊形态——掩护性公司和组织——在隐蔽行动中的独特作用。鉴于经济实力是美国实施隐蔽经济行动的权力基础，本章还考察了美国运用经济权力和经济权谋策应并支持隐蔽行动的政策手段和行动方式。此外，本章进一步剖析了美国的私有公司与隐蔽行动的关系，揭示了美国私有公司对特定隐蔽行动的支持与配合。基于上述分析，本章强调，美国的隐蔽经济行动具有手段多样、渠道多元、隐蔽性强、破坏力大的特点，隐蔽经济行动成为支持并推进美国隐蔽行动战略的重要手段。

　　第四章以美国准军事行动的理论框架和实施路径作为研究对象。准军事行动是美国隐蔽行动的重要组成部分，是美国对外政策与战略的重要工具，更是美国实施对外干涉行为的重要手段，在美国隐蔽行动体系中占据了特殊的地位。除探讨美国准军事行动理论以及美国军事谍报行动的实施路径之外，本章着重从支持叛乱力量或反政府武装、政治暗杀、策动政变三个层面剖析了美国准军事行动的实施路径和手段，同时从提供训练基地和情报支持的角度解读了美国准军事行动的辅助手段。鉴于隐蔽空中行动是美国遂行准军事行动的特殊形态，本章还剖析了美国隐蔽空中行动的基本内涵和实施方式，尤其探讨了美国利用民用航空公司作为掩护载体从事隐蔽空中行动的政策手段。本章强调，经过长期的政策实践，美国构筑了完备的准军事行动体系，准军事行动是美国隐蔽行动中最具暴力色彩的行动方式。

第五章着重解读美国隐蔽网络行动的理论框架和实施路径。在美国隐蔽行动序列中，隐蔽网络行动是新型的行动方式，是传统隐蔽行动在网络空间的综合运用。为此，本章首先梳理了美国的隐蔽网络行动理论，认为美国的隐蔽网络行动研究框架已初具规模。在此基础上，本章着重分析了美国隐蔽网络行动的实施路径，包括网络空间与美国谍报行动、网络空间与美国隐蔽宣传行动、网络空间与美国隐蔽经济行动、网络空间与美国准军事行动等。本章强调，网络权力是美国实施隐蔽网络行动的基础和前提；利用网络技术优势的支撑，美国的隐蔽行动实现了从传统隐蔽行动向新型隐蔽行动和传统隐蔽行动共同作用、相互配合的历史性转变，网络空间成为美国在更大规模和更高层次上实施综合性隐蔽行动的新阵地。

总之，经过长期的政策实践，美国的隐蔽行动已经实现了制度化，形成了一个完备的隐蔽行动体系。在隐蔽宣传行动方面，美国的隐蔽行动囊括了所有可以利用的媒体平台。在隐蔽政治行动方面，美国的隐蔽行动可以将所有的政治和社会组织作为渗透和拉拢的对象。在隐蔽经济行动方面，美国的隐蔽行动利用秘密经济战作为手段，同时辅之以经济权力和经济权谋的综合运用和暗中策应。在准军事行动方面，美国的隐蔽行动涉及除公开战争之外的所有进攻性手段甚至暴力手段。以网络技术的发展作为契机，美国隐蔽行动的场域从物理空间延伸到网络空间，隐蔽网络行动成为美国施展综合性隐蔽行动的新路径和新手段，是美国隐蔽行动体系中的新宠。借助无孔不入的隐蔽行动手段，美国成为世界上实施隐蔽行动最为频繁的国家，进而彰显了美国隐蔽行动的渗透力、影响力和破坏力。

综上所述，美国隐蔽行动的国际影响是全方位、多层次的，涉及有关国家的经济安全、政治安全、军事安全、文化安全，网络安全等。因此，运用理论和历史相结合的方法，系统梳理并深入探究美国隐蔽行动的实施路径、行动平台和政策手段，综合考察美国隐蔽行动的铺展领域和空间，不仅具有重要的学术价值，而且具有重要的现实意义。

第 一 章

美国隐蔽宣传行动的理论
框架和实施路径

宣传战（又称心理战）是一种古老的政治手段，是国家间展开政治博弈的重要方式。在广播电台、电影和大众报刊成为舆论传播工具的时代，有组织地运用支配舆论的权力成为对外政策的惯用手段，宣传战成为国际政治的普遍现象，舆论权力（即支配舆论的权力）成为一种政治权力。① 从这个意义上讲，国际关系中的宣传本身就是一种权力工具，有计划、有目的的宣传行动则成为宣传战的基本形态，其核心就是影响目标行为体的思想、观念和行为，服务于宣传战发起和实施国的对外政策与战略目标。大众传播渠道是宣传战的主要实施平台，广播、电影、电视、图书、报刊等均是宣传战的实施路径，是宣传战必备的媒体资源。随着冷战格局的形成和发展，隐蔽行动成为美国展开冷战对抗的重要手段。在此背景下，作为美国隐蔽行动序列的组成部分，隐蔽宣传行动的地位和作用进一步凸显，并与公开的宣传战相互配合，成为美国实施遏制战略、展开冷战较量的政策工具。

第一节　美国隐蔽宣传行动的理论解析

隐蔽宣传行动又称为非归属性宣传（Unattributed Propaganda），即隐

---

① Edward H. Carr, *The Twenty Years' Crisis 1919 - 1939: An Introduction to the Study of International Relations*, London: MacMillan & Co. Ltd. , 1961, pp. 132 - 137.

藏了发起者角色和意图的宣传活动。① 鉴于隐蔽宣传行动旨在从事蛊惑性和欺骗性的秘密宣传，因此，美国特别重视隐蔽宣传行动的非归属性问题，强调美国应通过秘密途径展开隐蔽宣传行动，同时隐藏美国政府的角色。② 基于此，非归属性成为美国隐蔽宣传行动的首要特征。

尽管隐蔽宣传行动的概念形成于冷战初期，但在实践中，隐蔽宣传行动同宣传战一样是历史久远的政治手段。在美国的隐蔽行动体系中，隐蔽宣传行动是最具渗透力和影响力的政策方式，是美国隐蔽行动中最常见的政策手段。从理论上讲，隐蔽宣传行动和宣传战之间既具有内在联系，亦存在一定区别。隐蔽宣传行动主要指通过秘密方式展开宣传攻势，而宣传战则包括运用公开的平台或机构展开对外宣传活动；宣传战可以独立实施，并非必然包含隐蔽宣传的因素，但隐蔽宣传行动一般辅之以公开的宣传战；在隐蔽宣传行动的运作中，宣传战通常作为隐蔽宣传行动的舆论扩音器和策应手段。正因为如此，作为美国隐蔽行动的工具，隐蔽宣传行动往往同宣传战相互配合，相互策应，由此成就了美国隐蔽宣传行动独特的政治功效。

一　20 世纪中后期美国隐蔽宣传行动的理论研究

隐蔽宣传行动是隐蔽行动的重要组成部分，同时也是美国对外政策的重要工具。在 1974 年出版的《中情局与情报膜拜》一书中，维克托·马尔凯蒂和约翰·D. 马克斯专门论述了秘密宣传（隐蔽宣传行动）问题，并将其归纳为宣传和假情报。马尔凯蒂和马克斯将宣传划分为白色宣传、灰色宣传和黑色宣传三种类型。所谓白色宣传就是讲真话；灰色宣传则掺杂了真实信息、半真半假的信息和略为歪曲的信息，目的就是诱导听众产生偏见；黑色宣传是彻头彻尾的谎言，为增强欺骗性，黑色宣传可以掺杂真实信息或半真半假的信息。因此，灰色宣传和黑色宣传属于秘密宣传的范畴。马尔凯蒂和马克斯指出，黑色宣传和假情报实质

---

① Abram N. Shulsky and Gary J. Schmitt, *Silent Warfare: Understanding the World of Intelligence*, Washington, D. C.: Potomac Books, Inc., 2002, p. 84.

② Kenneth A. Osgood, *Total Cold War: Eisenhower's Secret Propaganda Battle at Home and A-broad*, Lawrence: The University Press of Kansas, 2006, pp. 93 – 95.

上难以区分，两者的目的都是为了影响公众的见解和行动而传播虚假的信息；假情报堪称特殊的黑色宣传，通常是在绝对保密的前提下利用伪造的文件展开宣传攻势。① 除对隐蔽宣传行动的类型进行划分之外，马尔凯蒂和马克斯还剖析了美国隐蔽宣传行动的实施途径，包括利用气球空投和散播反共宣传品、无线电广播宣传、利用伪造的文件展开隐蔽宣传、通过秘密资助书籍和期刊的出版展开宣传、利用各种基金会（如亚洲基金会）组织的学术研究和学术交流展开隐蔽宣传、利用共产主义集团的流亡者展开反共宣传等。② 马尔凯蒂和马克斯是最早对美国隐蔽宣传行动进行考察的学者，通过归纳隐蔽宣传行动（秘密宣传）的类型、梳理隐蔽宣传行动的实施方式，马尔凯蒂和马克斯的著作为剖析美国隐蔽宣传行动的政策实践提供了可资借鉴的分析视角，为美国隐蔽宣传行动的理论建构开辟了路径。

继马尔凯蒂和马克斯之后，哈里·罗西兹克对隐蔽宣传行动作出了新的解读。在《透视美国的秘密行动》一文中，罗西兹克明确将宣传行动作为隐蔽行动的三种类型之一。为此，罗西兹克列举了美国实施隐蔽宣传行动的路径，诸如通过创建或资助出版物、支持反共产主义的期刊杂志和媒体、安排并协调国际宣传攻势等方式，在全球层面对抗苏联的宣传以及国际共产主义阵线；在学生、青年、教师和劳工等社会组织中创建民主阵营的宣传机构以展开对抗共产主义的舆论攻势；资助美国的学生和劳工组织在国外展开反共宣传等。此外，通过无线电广播和空投传单等方式制造谣言以削弱苏联集团的道德感召力亦是隐蔽宣传行动的重要渠道。③ 尽管没有对隐蔽宣传行动的含义作出明确界定，但罗西兹克初步梳理了美国早期隐蔽宣传行动的实施途径，由此为美国隐蔽宣传行动的理论构建作出了前期铺垫。

---

① Victor Marchetti and John D. Marks, *The CIA and the Cult of Intelligence*, New York: Dell Publishing, 1974, pp. 172 – 173.

② Victor Marchetti and John D. Marks, *The CIA and the Cult of Intelligence*, pp. 165 – 172, 178 – 182.

③ Harry Rositzke, "America's Secret Operations: A Perspective," *Foreign Affairs*, Vol. 53, No. 2, 1975, p. 342.

在《中情局的秘密行动：谍报活动、反谍报活动和隐蔽行动》一书中，罗西兹克从心理战的角度，对隐蔽宣传行动作出了新的解读。罗西兹克指出，隐蔽宣传行动（心理战）是指通过无线电广播或出版物等方式秘密实施的反苏或亲西方的宣传攻势。[①] 罗西兹克强调，隐蔽宣传行动是所有隐蔽行动中最容易实施且风险最小的行动，在冷战期间，隐蔽宣传行动的主要目的就是通过削弱共产主义政党的控制力以暗中破坏苏东集团的统治，鼓舞苏东集团人民寻求自由的抵抗意志。此外，隐蔽宣传行动还可以带来一些附加后果，隐蔽宣传的联络渠道通常可以作为政治情报的资源。罗西兹克认为，隐蔽宣传行动的实施平台和方式主要包括无线电广播、空投传单、利用报纸杂志展开隐蔽宣传；秘密资助图书出版、会议和演讲等亦是隐蔽宣传的重要渠道。罗西兹克认为，隐蔽宣传行动可分为两种类型：灰色宣传行动和黑色宣传行动。灰色宣传行动是指由隐蔽宣传行动实施方秘密发起的公开宣传，此类宣传行动一般不需要秘密机构主管运营；黑色宣传行动则由秘密机构负责实施，同时隐藏宣传行动的所有资源和渠道。[②] 由此可见，罗西兹克着重阐释了隐蔽宣传行动的含义、类型及其实施平台和方式，其中，罗西兹克对灰色宣传和黑色宣传实施机构的解读具有一定的新意，为进一步探讨隐蔽宣传行动提供了新的视角，丰富了美国隐蔽宣传行动的理论研究，是美国隐蔽宣传行动研究的早期代表性成果。

进入 20 世纪 80 年代后，美国的隐蔽宣传行动研究开始向纵深推进。在 1986 年出版的《中情局与美国情报体系》一书中，斯科特·布雷肯里奇围绕中情局隐蔽行动框架下的宣传行动展开了探讨。布雷肯里奇首先指出，宣传是特定主义和信念的系统传播，目的就是推进实施方的观念和利益。在布雷肯里奇看来，美国的宣传行动具有公开和隐蔽两个途径，中情局是美国实施隐蔽宣传的主要机构。除秘密的无线电广播宣传之外，中情局实施隐蔽宣传行动的一个重要方式就是在外国新闻机构中植入美

---

① Harry Rositzke, *The CIA's Secret Operations*: *Espionage*, *Counterespionage*, *and Covert Action*, New York: Reader's Digest Press, 1977, p. 152.

② Harry Rositzke, *The CIA's Secret Operations*, pp. 156 – 163.

国因素,通过与外国新闻媒体建立秘密联系,利用其传播美国的政策立场和观点,此即所谓的"新闻植入"(Press Placement)。此外,秘密支持图书出版计划(包括资助学者出版图书和翻译外国著作)亦是中情局隐蔽宣传行动的实施路径。布雷肯里奇强调,黑色宣传是中情局隐蔽宣传行动的惯用手段,即利用巧妙扭曲或完全捏造的信息进行貌似可信的宣传行动。① 由此可见,布雷肯里奇进一步梳理并阐释了美国隐蔽宣传行动的实施路径和手段,有关"新闻植入"的论述更是切中美国隐蔽宣传行动的要害,为审视美国的隐蔽宣传行动提供了新的分析基点和框架。

在 1987 年出版的《隐蔽行动:战后世界中干涉的限度》一书中,格雷戈里·特雷弗顿对隐蔽宣传行动作出了新的探讨。特雷弗顿认为,隐蔽宣传行动堪比隐蔽行动中的面包和黄油;鉴于宣传具有被其他媒体转载的"乘数效应",隐蔽宣传行动因此在中情局的隐蔽行动中占据了特殊的重要地位。特雷弗顿指出,在隐蔽行动的框架内,隐蔽宣传的主要类型是黑色宣传,即利用捏造和虚假的素材针对特定目标展开宣传攻势。隐蔽宣传的方式包括无线电广播,印制并散播传单、招贴画、墙报等;秘密资助报纸、期刊等传播媒体展开宣传攻势亦是隐蔽宣传行动的重要渠道。② 由此可见,除归纳美国隐蔽宣传行动的实施路径之外,特雷弗顿以宣传的"乘数效应"作为基点,进一步诠释了隐蔽宣传行动的独特影响力,从而为思考美国隐蔽宣传行动的政治功效和行动特征提供了一个新的切入点。

作为美国隐蔽行动研究的最著名的学者,洛赫·约翰逊强调,隐蔽宣传行动的总体目标就是通过秘密渠道实现美国政策观念的全球投放,亦可作为有效支持或毁誉外国领导人以及其他著名人士的特殊手段。在约翰逊看来,隐蔽宣传行动是宣传战的组成部分,在此基础上,约翰逊探讨了宣传战的实施路径,认为宣传战的基本方式就是借助各种媒体资源(如报刊、广播电视等)展开公开或隐蔽的宣传活动,建立广泛的传

---

① Scott D. Breckinridge, *The CIA and the U. S. Intelligence System*, Boulder: Westview Press, 1986, pp. 220 – 222.

② Gregory F. Treverton, *Covert Action: The Limits of Intervention in the Postwar World*, New York: Basic Books, 1987, pp. 13 – 17.

播渠道是实施宣传战的重要前提。① 约翰逊认为，包括隐蔽宣传在内的宣传战是最具渗透力的政策手段，亦是美国隐蔽行动中最常见的行动方式；在中情局的隐蔽行动中，隐蔽宣传行动的占比最高，约为40%左右。②

1989年，约翰逊的力作《美国的秘密权力：民主社会中的中情局》出版。约翰逊指出，作为隐蔽行动的四种类型之一，宣传行动亦称心理战，包括由美国国务院和美国新闻署组织实施的公开宣传行动，以及主要由中情局秘密实施的隐蔽宣传行动。在约翰逊看来，美国新闻署拥有实施公开宣传行动的诸多渠道和平台，包括与目标对象媒体保持密切联系、组织讲座或午餐会、在国外设立图书馆等。中情局的隐蔽宣传行动则主要依托隐藏的媒体资源网络并以秘密的方式展开宣传攻势；中情局隐藏的媒体资源网络包括新闻媒体、期刊、广播电视等。约翰逊认为，隐蔽宣传行动的实施路径之一就是秘密资助相关传播媒介，促使其按照美国的意志从事宣传活动。隐蔽宣传行动的另一种实施路径是将西方的图书、期刊、报纸等通过秘密渠道传入相关国家并借此影响人们的思想和信念，进而营造心理压力。在实施隐蔽宣传行动的过程中，中情局还时常采用一些独特的手段展开秘密宣传攻势，如支持苏东集团的叛逃者或资助美国作者撰写反共产主义的图书；资助美国媒体人撰写有利于美国的报道和评论，批驳对美国不利的报道和评论。此外，利用飞机或气球空投传单、实施无线电广播战等亦是中情局隐蔽宣传行动的重要方式。约翰逊强调，根据不同类型，宣传行动可以划分为白色宣传、灰色宣传和黑色宣传三种形态。白色宣传是指传播渠道完全公开的宣传行动，此类宣传行动既可由中情局实施，也可由美国新闻署等其他政府机构实施。灰色宣传的传播渠道具有某种程度的非归属性，此类宣传行动既掩盖了美国政府的角色，同时又貌似归属第三方。黑色宣传是指传播渠道完全隐藏的宣传行动，此类宣传行动由美国政府机构尤其是中情局负责实施，但却欺骗性地将传播渠道归属对手或第三方。约翰逊进而强调指出，由

---

① Loch K. Johnson, "Covert Action and Accountability: Decision-Making for America's Secret Foreign Policy," *International Studies Quarterly*, Vol. 33, No. 1, 1989, p. 84.

② Loch K. Johnson, "Strategic Intelligence: An American Perspective," *International Journal of Intelligence and Counterintelligence*, Vol. 3, No. 3, 1989, p. 309.

中情局等美国情报机构主持实施的隐蔽宣传行动总是混杂着程度不等的真实和虚假信息，其中，内容完全不真实或大部分虚假的宣传行动通常被称为欺骗或假情报。①

除此之外，约翰逊还对隐蔽宣传战的递进层次进行了研究，将宣传战分为适度隐蔽介入和高风险隐蔽行动两个阶段。约翰逊认为，适度隐蔽介入阶段的宣传战应以不具争议性的议题为基本素材（如维护民主自由、捍卫人权等），目的就是增强公开的政策宣示的分量。在高风险隐蔽行动阶段，宣传战进入重要的转折点，欺骗、捏造事实、人格毁损和散布虚假信息成为这一时期宣传战的主要手段，为此，宣传战的资金投入将大幅度提高，并围绕更具争议性的议题强劲展开，同时辅之以公开的支持性官方舆论压力。②

由此可见，在美国隐蔽宣传行动的理论研究中，约翰逊从范围更加广阔的宣传战的视角对隐蔽宣传行动进行了归纳整理，将隐蔽宣传行动纳入宣传战的范畴。在宣传战的框架下，约翰逊对隐蔽宣传行动的基本类型、政策目标、实施途径和递进阶梯作出了系统阐释，不仅充实了宣传战的研究议程，而且为透视美国的隐蔽宣传行动提供了一个综合性的分析路径。

1992 年，艾伦·古德曼和布鲁斯·伯科威茨出版《需要知道：20 世纪基金会研究团队关于隐蔽行动和美国民主的报告》一书，将隐蔽宣传行动称为宣传和假情报行动。为此，古德曼和伯科威茨对隐蔽宣传行动作出了一个简明扼要的解读，认为隐蔽宣传行动就是影响外国媒体和公众舆论的行动。冷战初期中情局秘密运作的"自由欧洲电台"和"自由电台"旨在挑动铁幕后的不满情绪，秘密无线电广播成为美国早期隐蔽宣传行动的主要方式。此外，秘密资助报刊并借此操控公众舆论亦是美

---

① Loch K. Johnson, *America's Secret Power: The CIA in a Democratic Society*, New York: Oxford University Press, 1989, pp. 22 – 25.

② Loch K. Johnson, "On Drawing a Bright Line for Covert Operations," *American Journal of International Law*, Vol. 86, No. 2, 1992, pp. 285 – 289.

国隐蔽宣传行动的重要方式之一。① 由此可见，古德曼和伯科威茨的分析尽管略显简洁，但却揭示了美国隐蔽宣传行动的核心含义：通过秘密渠道的宣传行动影响甚至操控外国的公众舆论，支持并推进美国的对外政策。

在美国隐蔽宣传行动的理论建构中，罗伊·戈德森进一步阐述了宣传战的含义，开辟了隐蔽宣传行动研究的新议程。戈德森认为，宣传战就是利用语言、符号以及其他心理手段影响外国的事态发展，为此，大多数宣传战的对象均指向影响外国的大众传播媒介。② 在谈及隐蔽宣传行动时，戈德森指出，隐蔽宣传行动可分为灰色宣传和黑色宣传两种形态。灰色宣传是指没有隐藏全部信息来源和渠道的宣传战，为此，戈德森以秘密无线电广播为例进行了解读。在戈德森看来，灰色宣传包含两种基本方式：一是幽灵型，即秘密干扰其他无线电广播，并将灰色宣传的信号覆盖在目标信号上；二是蜷伏型，即紧邻目标广播信号设置无线电频率，以使收听者在不经意间接收到灰色宣传的信号。戈德森强调，灰色宣传的素材可以是真实的或是捏造的，或两者兼而有之；为使捏造的宣传素材更加可信，灰色宣传往往夹带着一定数量的真实信息。所谓黑色宣传，是指信息来源和渠道完全隐藏、宣传素材完全虚假的宣传战；换言之，黑色宣传就是在绝对秘密的状态下，通过制造和散布欺骗性信息（包括伪造信息和制造谣言等）展开隐蔽宣传活动。与此同时，戈德森还阐发了隐蔽宣传行动的政策功能，强调隐蔽宣传行动既可适用于特定的、策略性的政策目的，也可服务于更广泛和更长远的战略目标。③

不难看出，在宣传战的框架下，戈德森对隐蔽宣传行动的类型作出了新的理论界定。一方面，戈德森对灰色宣传和黑色宣传作出了更加清晰的解读；另一方面，戈德森对隐蔽宣传行动的策略（战术）功能和战

① Allan E. Goodman and Bruce D. Berkowitz, *The Need to Know: The Report of the Twentieth Century Fund Task Force on Covert Action and American Democracy*, New York: The Twentieth Century Fund Press, 1992, pp. 32-33.

② Roy Godson, *Dirty Tricks or Trump Cards: U. S. Covert Action and Counterintelligence*, Washington, D. C.: Brassey's, 1995, p. 3.

③ Roy Godson, *Dirty Tricks or Trump Cards*, pp. 151-158.

略功能作出了明确的区分。因此，戈德森有关隐蔽宣传行动的论述拓展了美国宣传战的理论研究，充实了美国隐蔽宣传行动的理论内涵。

二 21 世纪初期美国隐蔽宣传行动的理论研究

作为美国隐蔽行动研究的著名学者，约翰·纳特明确将隐蔽宣传行动纳入中情局黑色行动目录。在 20 世纪和 21 世纪之交出版的《中情局的黑色行动：隐蔽行动、对外政策与民主》一书中，纳特对隐蔽宣传行动进行了新的探讨，将隐蔽宣传行动归入宣传和假情报的范畴。纳特指出，宣传和假情报是隐蔽行动的关键组成部分，尤其是在策动政变和准军事行动的过程中，隐蔽宣传行动发挥着至关重要的作用，其原因就在于，隐蔽行动需要加以掩饰，而隐蔽宣传行动则可以为隐蔽行动提供各种"传说"和伪装，以掩人耳目并支持隐蔽行动的展开。纳特强调，隐蔽宣传并非谎言的简单组合，从某种意义上讲，包括隐蔽宣传行动在内的宣传战类似于商业广告的政治对应物，其内容可以是真实的，也可以是误导性的，甚至可能是完全虚假的。① 与其他学者不同，纳特将白色宣传纳入宣传和假情报的范畴，并据此作出了新的解读。在纳特看来，隐蔽行动范畴内的宣传和假情报可分为三种基本类型：第一，白色宣传。纳特指出，白色宣传的信息来源和渠道是公开的，但内容既可以是真实的，也可以是虚假的。第二，灰色宣传。纳特认为，灰色宣传的信息一般由所谓的"中立"一方传播，目的就是让灰色宣传显得更加可信；灰色宣传的内容通常是未经证实的信息。根据传播渠道的不同，灰色宣传可分为浅灰、中灰和深灰三种样态。浅灰宣传是指将信息交由友好一方发布的宣传方式；中灰宣传是指将信息交由中立但不时批评美国的一方发布的宣传方式；深灰宣传则是将信息交由敌对一方发布的宣传方式。鉴于此，深灰宣传的铺展具有相当的难度，实施深灰宣传的路径有两条：一是在反对美国的外国媒体、商界和政府中发展代理人，寻机散布亲美信息；二是由美国情报机构创设"敌对"美国的传播渠道和平台并持续

---

① John J. Nutter, *The CIA's Black Ops: Covert Action, Foreign Policy, and Democracy*, New York: Prometheus Books, 2000, p. 84.

痛斥美国，但在关键时刻却果断出手，发布支持美国或攻击美国对手的信息。第三，黑色宣传。纳特指出，黑色宣传是指由美国情报机构通过各种途径发布的完全虚假的信息；虚假信息可以表现为多种形态，如伪造的文件、伪造的背叛者供词、伪造的无线电广播等；黑色宣传的功能通常是妖魔化对手，固化其邪恶形象。纳特强调，社会舆论的普遍观点是，只有极权政府才会撒谎，民主国家政府的言论则是可信的，断然不会从事黑色宣传等欺骗性宣传，此种认知恰恰为美国实施黑色宣传行动提供了理想的环境。[①]

由此可见，纳特有关隐蔽宣传行动的与众不同之处在于，纳特将传播渠道公开但内容真假掺杂的白色宣传视为隐蔽宣传行动的手段之一，由此拓展了隐蔽宣传行动的内涵和外延，具有重要的借鉴意义，有助于廓清美国宣传战的政策手腕和本质。纳特的论述表明，在美国的宣传战体系中，传播渠道公开但内容真假掺杂的白色宣传同样具有欺骗性，服务于美国的对外战略目标，从而揭示了美国宣传战用以配合并支持隐蔽宣传行动的政策功能。与此同时，纳特还对隐蔽宣传行动的类型、手段、特征等作出了综合性的理论解析，进一步深化了美国隐蔽宣传行动的理论研究，为剖析美国的隐蔽宣传行动提供了更加宽阔的视角和思考路径。

2004年，威廉·多尔蒂出版《行政秘密：隐蔽行动与总统》一书，一方面追溯了战后美国隐蔽行动的发展历程，另一方面，多尔蒂还专门探讨了美国隐蔽行动的基本方式。关于隐蔽宣传行动，多尔蒂指出，隐蔽宣传行动是美国隐蔽行动中最不显山露水、成本最低、风险最小、同时也是最精细微妙的行动方式。多尔蒂强调，隐蔽宣传行动的基本含义是指针对特定受众散播特别的信条、观点和信息。在通常情况下，隐蔽宣传行动旨在促使特定目标受众接受特定的政策立场和观点，同时贬低或削弱特定受众的信仰。为此，隐蔽宣传行动必须借助相关的媒体资源和传播渠道（如新闻媒体、学术期刊等），通过精巧的观念引导，最终达到影响甚至改变特定受众的心灵和思想的目的。多尔蒂认为，隐蔽宣传行动的功效取决于多方面的条件，诸如传播渠道的数量、媒体资源的质

---

①　John J. Nutter, *The CIA's Black Ops*, pp. 84 – 88.

量、目标社会的开放性、目标国政府的特性等。① 关于宣传行动的类型，多尔蒂将其划分为白色宣传（公开宣传）、灰色宣传和黑色宣传（隐蔽宣传）三种主要形态。白色宣传是指通过公开的官方渠道或其他渠道展开的宣传行动，其内容基本是准确和真实的（尽管是单方面的宣传），目的就是向外国受众传递宣传行动发起者的政策立场，解释宣传行动发起者的决策及其缘由。灰色宣传是指传播渠道不透明或不确定、传播内容失真或经过巧妙歪曲的宣传行动，通常由情报机构在某种伪装的掩饰下组织实施，目的就是推进发起者的政策目标和利益；为实施灰色宣传，发起者的情报机构需利用秘密资金招募外国媒体人，诱使或授意其发表与发起国政府政策立场相符合的观点，同时将这些观点伪装成外国媒体人的独立见解；灰色宣传的实施平台囊括了几乎所有的媒体资源，诸如新闻出版机构、广播电视、图书期刊、音像和广告制品等；在不暴露情报机构角色的前提下组织各种论坛、讨论会和研究项目亦是展开灰色宣传的有效渠道；运用灰色宣传的一个绝佳方式就是由情报机构招募具有一定名望的学者、政治人物或其他公众人物发表文章或言论，目的就是以极其巧妙的方式影响公众舆论并支持灰色宣传发起国的政策。所谓黑色宣传，是指传播内容和传播渠道完全捏造和隐匿的宣传行动，其目的就是散布并强化毫无根据的谣言，搅乱目标国的舆论环境，贬损目标对象的国际形象，进而给目标国制造政治困境和政治混乱。② 多尔蒂特别指出，欺骗行动是隐蔽宣传行动的姐妹篇，目的就是通过歪曲和捏造信息的方式影响甚至误导特定的目标对象，进而达到自身的政策目的。在多尔蒂看来，欺骗行动的实施需要精致和协调的政策规划，欺骗行动的所有环节都应准确衔接以便支持整个行动的顺利展开。为确保欺骗行动获致成功，欺骗行动的实施者还应充分了解目标对象的历史、文化以及政府和社会结构。③ 由此可见，多尔蒂不仅阐述了隐蔽宣传行动的核心要义——影响他国的舆论环境和政治局势，而且着力分析了隐蔽宣传行动

① William J. Daugherty, *Executive Secrets: Covert Action and the Presidency*, Lexington: The University Press of Kentucky, 2004, pp. 71–73.

② William J. Daugherty, *Executive Secrets*, pp. 75–78.

③ William J. Daugherty, *Executive Secrets*, pp. 79–81.

的政策手段和实施路径，从而为考察美国的隐蔽宣传行动提供了更加丰富的视角。

作为美国隐蔽行动研究的另一位著名学者，詹姆斯·奥尔森着力阐述了宣传战以及隐蔽宣传行动的战略功能。奥尔森明确指出，包括隐蔽宣传行动在内的心理战和宣传战具有独特的政策功效，其战略目的就是利用精心挑选的真实信息或肆意捏造的虚假信息展开宣传攻势，借此影响对手的判断、行为和精神面貌，乃至改变对手的价值观念和政治信仰。关于隐蔽宣传行动的实施方式，奥尔森特别关注伪造技巧的作用，认为伪造是情报活动的重要工具，伪造文件是隐蔽宣传行动的历史手段，是制造假情报并展开宣传战和心理战的有效途径。[①] 至此，奥尔森对美国隐蔽宣传行动的战略意图作出了直截了当的阐释，为综合分析和判断美国隐蔽宣传行动的战略功能提供了更加清晰的思考路径。

迈克尔·特纳长期致力于宣传战研究，认为宣传是政府影响行动的内在组成部分，并将宣传战分为三种模式。一是公共外交，即通过公开渠道解释政府的政策，投送软权力，主要目的就是塑造共同的利益和价值观念。二是战略影响行动，目的是改变人们的政策态度和行为。三是秘密宣传，此种模式的宣传战融合了公共外交和战略影响行动的因素，同时增添了致力于施加心理压力的心理战因素。特纳强调，宣传战的三种模式常常是重叠的，最好和最有效的宣传战就是综合运用这三种模式资源，灵活实施以获致政策和战略目的。[②]

在类型划分上，特纳将宣传战分为三种形式，即白色宣传、灰色宣传和黑色宣传。白色宣传是混杂着偏见和倾向性信息的事实的公开传播，服务于战略目的，"美国之音"以及美国新闻署的宣传战就属于白色宣传的范畴。灰色宣传是官方政策路线的隐蔽且未公开承认的传播，向目标国媒体（包括广播电台、电视台、报纸等）提供资金以报道有利于己的

---

① James M. Olson, *Fair Play*: *The Moral Dilemmas of Spying*, Washington, D. C.: Potomac Books, 2006, pp. 209, 262.

② Michael A. Turner, "Covert Action: An Appraisal of the Effects of Secret Propaganda," in Loch K. Johnson, ed., *Strategic Intelligence*, Vol. 3, *Covert Action*: *Behind the Veils of Secret Foreign Policy*, Westport: Praeger, 2007, pp. 108 – 109.

消息就属于灰色宣传的范畴；在目标国外资助设立针对性的电台广播等亦是灰色宣传的重要方式。灰色宣传的目标远不止宣扬美国的文化和民主制度，而是聚焦目标受众最关心的问题。黑色宣传是指通过欺骗等手段，有目的地操控目标受众的认知和行为；为实现政策目标，黑色宣传可辅之以白色宣传和灰色宣传，但黑色宣传的基本特点就是宣传内容的虚假性。①

由此可见，特纳系统阐述了宣传战的不同层次及其含义，明确将宣传战划分为三种模式和三种类型，进一步阐明了宣传战的战略和战术功能，充实了美国宣传战的理论研究，为理解美国的宣传战和隐蔽宣传行动提供了更为全面的分析框架。

2015 年，J. 克拉克出版《美国的隐蔽行动：问题指南》一书，对美国的隐蔽宣传行动作出了最新的解读。克拉克首先阐释了宣传的含义，认为宣传的目的是就特定议题寻求影响目标受众的思想和态度。据此，克拉克将宣传行动划分为白色宣传和黑色宣传两种形态。白色宣传是指发起者的角色以及传播渠道和资源完全公开的宣传方式，由美国新闻署主持的宣传是典型的白色宣传，目的就是利用电影、电视、广播以及其他出版平台，向世界展示美国民主之于共产主义的优越性。克拉克强调，作为隐蔽宣传行动的主要形态，黑色宣传是指表面的信息来源并非真实信息来源的宣传方式，其发起者的角色和传播的内容完全是捏造的。黑色宣传的重要实施路径就是雇佣目标国的媒体人或秘密资助亲美媒体发表支持美国政策或挑战目标国政府地位的作品。此外，假情报亦是黑色宣传的方式之一，此即欺骗行动。② 克拉克注重从隐匿传播渠道和信息来源的角度对隐蔽宣传行动作出解读，是美国隐蔽宣传行动研究取得的新成果。

综上所述，从表现形式的角度看，宣传战既可以是公开的，也可以

---

① Michael A. Turner, "Covert Action: An Appraisal of the Effects of Secret Propaganda," in Loch K. Johnson, ed., *Strategic Intelligence*, Vol. 3, pp. 110 – 112.

② J. Ransom Clark, *American Covert Operations: A Guide to the Issues*, Santa Barbara: Praeger, 2015, pp. 6 – 8.

是隐蔽的。① 从政策功能的视角看，宣传战既可以服务于长远的战略目标，也可以作为特定隐蔽行动计划的先导性行动和组成部分，因此，宣传战具有战略和战术两个维度，② 是实现美国对外政策与战略目标的政治工具。基于宣传战的政策和战略定位，美国学界对隐蔽宣传行动的目的和实施手段展开了综合探讨，从而为隐蔽宣传行动的理论研究奠定了基础。毫无疑问，作为美国隐蔽行动体系中使用最为广泛、最具渗透力的行动类型，隐蔽宣传行动的基本特征就是通过虚假或者真假难辨的信息传播以达到特定或长远的政治和战略目的。具体来讲，包括隐蔽宣传行动在内的宣传战主要具有两大政治功能：一是通过长期的宣传以影响目标国的舆论环境，控制对手的判断能力甚至改变对手的政治信念，这是宣传战的战略功能，服务于长远的战略目标；二是在特定条件下针对目标国展开直接的宣传攻势和舆论攻击，在目标国制造经济、社会和政治混乱，这是宣传战的战术功能，主要服务于特定的政策目的。③ 正因为公开的宣传战和隐蔽宣传行动具有独特的舆论渗透力和广泛的政治影响力，因而成为美国对外政策与战略的重要工具。

第二节　美国隐蔽宣传的组织构架及早期铺展

从某种意义上讲，冷战是一场意识形态战争，是思想与观念的对垒和交锋，其核心内涵就是赢得心灵和思想。鉴于此，美国更加重视宣传的心理效应和战略潜力，这也是美国宣传战和隐蔽宣传行动的制度化肇始于冷战初期的根本原因。

冷战格局形成之初，美国就将宣传战和隐蔽宣传行动作为冷战对抗的重要工具。为此，美国政府构筑了系统的宣传战和隐蔽宣传行动的组织体系，通过制度化的机构设置确保冷战宣传的有效展开。另一方面，

---

① John D. Stempel, "Covert Action and Diplomacy," *International Journal of Intelligence and Counterintelligence*, Vol. 20, No. 1, 2007, p. 125.

② Kevin A. O'Brien, "Covert Action: The 'Quiet Option' in International Statecraft," in Loch K. Johnson, ed., *Strategic Intelligence*, Vol. 3, p. 33.

③ 舒建中：《美国隐蔽行动理论研究述评》，《国际研究参考》2013 年第 5 期，第 53 页。

鉴于宣传战和隐蔽宣传行动的实施需要传播渠道的支撑，因此，美国特别重视宣传平台的规划和建设，尤其是秘密掌控媒体资源和传播渠道，此即所谓"隐蔽媒体控制工程"（Covert Media Control Projects）。[1] 通过长期的政策实践，美国在公开和隐蔽两个层面积累了丰富的宣传经验和娴熟的舆论引导技巧；凭借雄厚的资金和先进技术的支撑，美国控制了世界主要的宣传平台和资源，非媒体渠道、无线电广播渠道、新闻媒体渠道、影视作品渠道、图书期刊渠道等，均是美国实施宣传战和隐蔽宣传行动的重要平台。

一 美国宣传战及隐蔽宣传行动的组织和制度建设

为实施冷战意识形态对抗，美国设置了专门的宣传战和隐蔽宣传行动机构，实现了冷战宣传的制度化，为美国展开有组织的宣传战和隐蔽宣传行动提供了制度保障。

从历史轨迹来看，由美国国务院于 1942 年 2 月创办的"美国之音"是美国官方主持的第一个对外无线电广播，[2] 同时也是美国启动无线电广播宣传战的标志。一方面，在冷战格局形成之后，"美国之音"成为美国十分著名的宣传工具之一，是美国为心灵和思想而战的利器，是向世界传播美国观念的渠道。[3] 到 1956 年，"美国之音"的宣传力度进一步扩展，广播语言达 43 种，广播范围涉及欧洲、拉美、近东、远东、南亚和非洲等广阔的地域。[4] 至此，"美国之音"的全球广播网络基本构建完毕，成为美国实施公开宣传战的重要工具。

另一方面，由于"美国之音"的公开性质不能完全适应冷战宣传的特殊需要，于是，杜鲁门政府开始组建新的隐蔽宣传机构，于 1947 年设

---

[1] Kenneth Osgood, *Total Cold War*, pp. 97, 149.

[2] Thomas C. Sorensen, *The Word War: The Story of American Propaganda*, New York: Harper & Row, 1968, p. 225.

[3] Laurien Alexandre, *The Voice of America: From Detente to the Reagan Doctrine*, Norwood: Ablex Publishing Corporation, 1988, p. 3.

[4] L. John Martin, *International Propaganda: Its Legal and Diplomatic Control*, Minneapolis: University of Minnesota Press, 1958, p. 28.

立中情局，负责范围广阔的隐蔽行动，包括隐蔽（心理）宣传行动，由此标志着美国隐蔽宣传战略的确立，① 为美国秘密宣传战的政策设计和实施奠定了组织基础。在"山姆大叔"看来，隐蔽宣传的独特优势在于：美国可以玩弄诡计和骗局，可以抓住机会并作出快速反应，所有这些均是公开宣传无法做到的。② 由此可见，立足于政治权谋的欺骗是美国隐蔽宣传行动的本质特征，隐蔽宣传行动堪称美国的宣传暗战。

在创立中情局并展开隐蔽宣传战的同时，美国政府开始考虑宣传战资源的整合以及宣传战手段的拓展问题。1948 年 1 月，美国国会通过《史密斯—蒙特法案》（Smith-Mundt Act），要求国务院利用无线电广播、出版物、电影和展览等形式，向世界宣扬美国的形象。此外，《史密斯—蒙特法案》还授权国务院组建新的和平时期的宣传机构——美国新闻机构（U. S. Information Service，USIS），专门负责美国的对外宣传。③ 至此，除中情局负责的隐蔽宣传行动之外，由美国国务院主导的公开宣传战机制初步确立。

随着冷战的渐次展开，美国政府深感应进一步强化针对"铁幕"后国家的宣传战和隐蔽宣传行动。1950 年 10 月，美国国务院召集来自麻省理学院和哈佛大学的相关学者启动代号为"特洛伊计划"（Project TROY）的研究项目，其中的一个研究议题就是寻求获取铁幕后信息的手段和方法，包括传播理论、心理影响和信息传播手段等。1951 年 2 月，"特洛伊计划"完成最终的秘密报告并提交美国政府。"特洛伊计划"的最终报告指出，"特洛伊计划"的目的就是为美国发起总体冷战提供技术资源和知识框架，凝聚并筑牢美国大学与美国对外政策机构和情报机构之间的长

---

① Shawn J. Parry-Giles, *The Rhetorical Presidency*, *Propaganda*, *and the Cold War*, 1945 – 1955, Westport：Praeger, 2002, pp. 35，50.

② Shawn J. Parry-Giles, "The Eisenhower Administration's Conceptualization of the USIA：The Development of Overt and Covert Propaganda Strategies," *Presidential Studies Quarterly*, Vol. 24, No. 2, 1994, p. 267.

③ 于群：《"特洛伊计划"：美国冷战心理宣传战略探微》，《东北师大学报》（哲学社会科学版）2007 年第 2 期，第 6 页。

期合作关系。① 关于穿透铁幕的方法，"特洛伊计划"建议发起一场心理战运动，以便通过非武装冲突的方式实现美国的目标。为此，"特洛伊计划"设计提出了一整套心理战运动的实施路径，包括无线电广播、气球投送传单以及其他宣传战手段。不仅如此，"特洛伊计划"还呼吁消解美国政府部门之间的官僚竞争，整合美国的宣传战资源，建立一个协调并统领各部门关系的专门机构。② 因此，擘画穿透铁幕的宣传战及其政策手段是"特洛伊计划"的重点，"特洛伊计划"亦是美国政府依托大学的学术资源围绕冷战宣传战展开系统性研究的开端。

正是基于"特洛伊计划"的建议，杜鲁门政府迅速调整政策，于1951年4月设立心理战略委员会（Psychological Strategy Board，PSB），③专门负责统领美国政府部门的心理战行动，包括隐蔽心理行动，从而将信息、宣传和心理战置于心理战略委员会的统一管辖之下。因此，除技术层面的建议外，"特洛伊计划"最直接的贡献就是推动了心理战略委员会的建立。④ 需要特别指出的是，心理战略委员会是美国历史上设立的第一个专门从事心理战的政府协调机构，包括隐蔽宣传的政策设计和行动统筹，鉴于此，心理战略委员会的创立是美国秘密战争升级的重要里程碑，⑤ 是美国心理战行动实现制度化的重要标志。

作为具有丰富战争经验包括心理战经验的新任总统，艾森豪威尔特别重视宣传战和心理战在冷战博弈中的作用，认为心理战是美国国家安

①　Allan A. Needell，"'Truth Is Our Weapon'：Project TROY, Political Warfare, and Government-Academic Relations in the National Security State，"*Diplomatic History*，Vol. 17，No. 3，1993，pp. 399 – 400.

②　有关"特洛伊计划"最终报告主要内容的分析，参见于群《"特洛伊计划"：美国冷战心理宣传战略探微》，第9页。

③　有关美国心理战略委员会的创设及其心理冷战行动项目的论述，参见史澎海《美国心理战略委员会及其心理冷战行动（1951—1953）》，《河北师范大学学报》（哲学社会科学版）2012年第2期，第105—111页。

④　Walter L. Hixson，*Parting the Curtain：Propaganda，Culture，and the Cold War*，1945 – 1961，New York：St. Martin's Press，1997，p. 17.

⑤　John Prados，*Presidents' Secret Wars：CIA and Pentagon Covert Operations since World War II*，New York：W. Morrow，1986，p. 84.

全战略不可分割的组成部分，是美国同苏联展开心灵与意志竞争的主战场。[①] 为强化美国的冷战心理战行动，艾森豪威尔随即对美国的宣传和心理战体系作出重大调整，并于 1953 年 9 月颁布命令，建立行动协调委员会（Operations Coordinating Board，OCB）以取代心理战略委员会作为心理战的最高协调机构，[②] 由此标志着包括隐蔽宣传行动在内的心理战在美国全球冷战战略中的地位进一步提升。

鉴于公开或半公开的宣传活动可以作为隐蔽宣传行动的重要补充，发挥策应和支持隐蔽宣传行动的政策功能，因此，除致力于构建秘密宣传以及总体心理战行动的组织构架之外，美国同样没有忽视公开宣传机构的战略地位和作用。在酝酿建立行动协调委员会的同时，艾森豪威尔政府于 1953 年 8 月宣布设立美国新闻署（United States Information Agency，USIA），重新布局公开的宣传战组织体系，将先前归属美国国务院管辖的"美国之音"、海外图书馆项目、电影出口计划以及出版发行等信息和项目机构统一置于美国新闻署的管辖之下。随着美国新闻署的建立，宣传战略在美国对外政策工具库中占据了更加突出和永久的地位。[③]

在创立之初，美国新闻署的宣传聚焦于三个主题：抨击共产主义政权和制度、颂扬资本主义制度体系、推进西方的民主和自由。其中，削弱共产主义的影响力是更优先的宣传主题。[④] 进而言之，基于以宣传手段对抗国际共产主义的政治功能和战略目标，美国新闻署的使命就是利用无线电广播、新闻出版、影视等媒体渠道，传播美国的对外政策和意识形态，尤其是着力宣扬美国的自由、宽容和生活水平，培育对美国式民

---

① Kenneth A. Osgood, "Form before Substance: Eisenhower's Commitment to Psychological Warfare and Negotiations with the Enemy," *Diplomatic History*, Vol. 24, No. 3, 2000, p. 405.

② 有关美国行动协调委员会建立过程的论述，参见史澎海、王成军《从心理战略委员会到行动协调委员会：冷战初期美国心理战领导机构的历史考察》，《陕西师范大学学报》（哲学社会科学版）2010 年第 5 期，第 91—98 页。

③ Shawn J. Parry-Giles, "The Eisenhower Administration's Conceptualization of the USIA: The Development of Overt and Covert Propaganda Strategies," p. 263.

④ Leo Bogart, *Premises for Propaganda: The United States Information Agency's Operating Assumptions in the Cold War*, New York: Free Press, 1974, p. 24.

主的国际支持。① 与中情局主导的隐蔽宣传行动具有强烈的进攻性质不同，美国新闻署的宣传更加注重通过长期的、渐进的方式以削弱共产党政权。② 作为美国为"世界自由"而战的武器，美国新闻署拥有全球投放的传播渠道，可以将美国的政策观念和信息输送至东方集团以及发展中国家，③ 因而在美国的冷战宣传中扮演着难以替代的角色。更为重要的是，作为新的政府宣传机构，美国新闻署还可以运用公开的宣传方式发挥掩饰或策应美国隐蔽宣传行动的作用，④ 进而支持美国隐蔽行动的展开。至此，美国政府从公开和隐蔽两个层面，构筑起一套完备的宣传战组织结构和体系，实现了对外宣传战的常态化和系统化，宣传战从此成为美国对外政策与战略的制度性组成部分。

在构建宣传行动组织构架的同时，美国的隐蔽宣传行动亦逐步铺开。在长期的冷战宣传实践中，美国隐蔽宣传行动的实施渠道和平台日渐扩展，形成了一套完整的隐蔽宣传体系，从而为实施有计划、有组织的隐蔽宣传行动奠定了牢固的基础。

二 冷战初期美国隐蔽宣传行动展露峥嵘

在冷战格局形成之初，一方面，美国的隐蔽宣传渠道尚未完整地搭建形成。另一方面，作为冷战对抗和意识形态较量的最直接的方式，宣传行动的展开又刻不容缓。在此背景下，非媒体渠道成为美国实施隐蔽宣传行动的最初手段；其中，利用气球播撒传单、张贴招贴画、捏造假情报等传统的非媒体渠道成为美国展开隐蔽宣传的主要路径。

1948 年意大利选举被美国视为冷战初期遏制共产主义的第一场试验，为阻止意大利共产党通过合法选举重返政坛，美国动用了除战争之外的

① Laura A. Belmonte, *Selling the American Way*: *U. S. Propaganda and the Cold War*, Philadelphia: University of Pennsylvania Press, 2008, p. 65.

② Walter L. Hixson, *Parting the Curtain*, p. 122.

③ Nicholas J. Cull, *The Cold War and the United States Information Agency*: *American Propaganda and Public Diplomacy*, 1945 – 1989, New York: Cambridge University Press, 2008, p. 133.

④ Shawn J. Parry-Giles, *The Rhetorical Presidency*, *Propaganda*, *and the Cold War*, 1945 – 1955, p. 130.

一切手段。其中，公开的宣传战和隐蔽的宣传行动是美国影响意大利选举进程的政治手段，目的就是向意大利选民传递明确的信息：与美国携手将拯救意大利，与共产主义牵扯则将摧毁意大利。① 作为负责隐蔽行动的专门机构，刚刚建立不久的中情局于 1947 年 11 月受命根据"貌似否认"原则，在意大利实施包括心理战在内的隐蔽行动。② 为此，中情局与美国国务院等机构密切配合，筹划展开了一系列有组织的公开和隐蔽相结合的宣传攻势。概括地讲，包括中情局在内的美国政府机构影响意大利选举的宣传手段主要包括：第一，发起"书信运动"（Letter-Writing Campaigns）。在美国政府的鼓动下，美国人向意大利的亲朋好友寄送信件、明信片或发送电报，宣扬美国对意大利的贡献，煽动反共产主义情绪。③ 第二，实施"佐林计划"（Zorin Plan）。由中情局伪造一份苏联驻意大利大使瓦列里安·佐林交给意大利共产党的文件，谎称克里姆林宫试图从经济、政治和安全等领域全面渗透，伺机控制意大利。随后，中情局将这份由其捏造的文件进行广为传播，以混淆视听，搅乱人心。第三，综合运用各种手段展开隐蔽宣传战。为抹黑共产党以及社会党左翼，中情局秘密资助印制了大量反共传单和招贴画并进行大肆散播，同时利用报刊、无线电广播、电影等实施公开和隐蔽相结合的宣传攻势，目的就是制造反对共产主义的舆论环境。④ 美国的隐蔽宣传取得了预期效果，1948 年意大利选举以天主教民主党获胜、共产党败北而告终。

从美国隐蔽行动的发展历程来看，在 1948 年意大利选举期间实施的

① Ray S. Cline, *Secrets, Spies and Scholars: Blueprint of the Essential CIA*, Washington, D. C.: Acropolis Books, 1976, p. 99.

② D. Robert Worley, *Orchestrating the Instruments of Power: A Critical Examination of the U. S. National Security System*, New York: Potomac Books, 2015, p. 117.

③ William Blum, *Killing Hope: U. S. Military and CIA Interventions since World War Ⅱ*, Monroe: Common Courage Press, 1995, pp. 29 – 31. Alessandro Brogi, *Confronting America: The Cold War between the United States and the Communists in France and Italy*, Chapel Hill: The University of North Carolina Press, 2011, p. 103.

④ 有关美国在意大利实施宣传战的详细论述，参见 D. W. Ellwood, "The 1948 Elections in Italy: A Cold War Propaganda Battle," *Historical Journal of Film, Radio and Television*, Vol. 13, No. 1, 1993, pp. 19 – 33. 白建才：《"第三种选择"：冷战期间美国对外隐蔽行动战略研究》，人民出版社 2012 年版，第 122—137 页。

隐蔽行动是美国新的国家安全机制在建立之后经历的第一次实践，是美国对外政策发展的一个重要分水岭。① 从宣传战和隐蔽宣传行动的角度看，1948 年意大利选举期间"山姆大叔"实施的宣传攻势是美国冷战宣传的第一次大规模、系统性的运用，是美国借助宣传战，尤其是隐蔽宣传行动影响他国选举和政治进程的典型案例。其中，"书信运动"在美国针对意大利的宣传战中发挥了关键作用。② 更为重要的是，"书信运动"巧妙地隐藏了"美国之手"，美国政府的角色始终没有暴露。从这个意义上讲，"书信运动"具备"貌似否认"的属性和隐蔽宣传的特征，是美国隐蔽宣传行动的一大创新。就其对美国隐蔽宣传行动的影响而言，1948年意大利选举不仅为美国升级宣传战提供了契机，而且是美国构建全面的隐蔽宣传构架的催化剂。③ 凭借对意大利选举的巨大影响，中情局策划实施的隐蔽宣传行动初露锋芒，体现了冷战初期美国隐蔽宣传行动的政策手段，为美国实施综合性的心理战提供了一个模板。④ 鉴于此，美国在意大利实施的隐蔽宣传行动被称为"中情局海啸"，⑤ 其影响力和渗透力由此可见一斑。

　　利用气球播撒传单等宣传品是宣传战的传统方式，同时也是冷战初期美国隐蔽宣传行动的重要渠道。鉴于冷战初期东西方之间的交流处于隔绝状态，以气球作为载体投放纸质材料的宣传品成为美国突破所谓"铁幕"展开秘密宣传的廉价手段。⑥ 早在 1948 年 6 月，中情局就制定了一份利用气球向东欧国家投放宣传传单以及其他印刷品，代号"终极项目"（Project Ultimate）的计划。⑦ 随着中情局秘密资助的"自由欧洲国家

　　① James E. Miller, "Taking off the Gloves: The United States and the Italian Elections of 1948," *Diplomatic History*, Vol. 7, No. 1, 1983, p. 35.

　　② Kaeten Mistry, *The United States, Italy and the Origins of Cold War: Waging Political Warfare*, 1945 – 1950, Cambridge: Cambridge University Press, 2014, p. 142.

　　③ Alessandro Brogi, *Confronting America*, p. 101.

　　④ James Callanan, *Covert Action in the Cold War: US Policy, Intelligence and CIA Operations*, London: I. B. Tauris, 2010, p. 24.

　　⑤ James M. Olson, *Fair Play*, p. 38.

　　⑥ Walter L. Hixson, *Parting the Curtain*, p. 65.

　　⑦ Richard Cummings, "The Intelligence Underpinnings of American Covert Radio Broadcasting in Germany during the Cold War," *Journal of Intelligence History*, Vol. 1, No. 2, 2001, p. 187.

委员会"及其下属"自由欧洲电台"和自由欧洲出版社（Free Europe Press）的建立，"终极项目"的实际运作具备了掩护性平台。1951 年 2 月的"特洛伊计划"最终报告亦指出，气球行动为投放宣传传单提供了廉价的方式。① 在中情局的幕后支持下，"自由欧洲电台"会同自由欧洲出版社筹划并实施了所谓"自由之风"（Winds of Freedom）行动，目的就是利用气球向东欧国家投放传单等宣传品。② 1951 年 8 月，"自由欧洲国家委员会"工作人员在西德田野上发射了第一只飘向东德的气球，拉开了中情局实施气球宣传行动的序幕，标志着气球宣传行动被纳入中情局隐蔽宣传行动序列。此后，美国利用气球作为运送载体，在苏东地区投放了约 400 吨的传单、印刷品等宣传材料，数量总计达 3 亿份，③ 仅此即可管窥美国展开气球宣传行动的规模和力度。

由中情局幕后指挥的在捷克斯洛伐克实施的气球宣传行动，是美国通过非媒体渠道实施隐蔽宣传的又一个例证。1953 年 6 月，捷克斯洛伐克境内发生反对政府货币政策的骚乱，中情局秘密资助的"自由欧洲电台"和自由欧洲出版社随即于 7 月采取联合行动，针对捷克斯洛伐克实施代号为"普罗斯佩罗行动"（Operation Prospero）的隐蔽宣传行动，在短短 4 天内向捷克斯洛伐克释放了 6000 多个大气球，投送了大量蛊惑性的宣传品，迫使捷克斯洛伐克政府不得不动用战斗机、高射机枪等击落入侵的气球。对于捷克斯洛伐克的抗议，美国不仅巧言否认，还借机对捷方进行了一番"言论自由"的说教。④ 不难看出，"普罗斯佩罗行动"再次表明，气球宣传行动是冷战初期中情局隐蔽宣传行动的重要方式，是美国搅动苏东集团的政治工具。

---

① Allan A. Needell, " 'Truth Is Our Weapon': Project TROY, Political Warfare, and Government-Academic Relations in the National Security State," p. 410.

② L. John Martin, *International Propaganda*, p. 33.

③ John Prados, *Presidents' Secret Wars*, p. 35.

④ Arch Puddington, *Broadcasting Freedom: The Cold War Triumph of Radio Free Europe and Radio Liberty*, Lexington: The University Press of Kentucky, 2000, pp. 63 - 64. Richard Cummings, "The Intelligence Underpinnings of American Covert Radio Broadcasting in Germany during the Cold War," p. 189.

三　文化自由大会——美国隐蔽宣传行动的综合性平台

文化冷战是美国全球冷战战略的重要组成部分,隐蔽宣传行动则是美国文化冷战战略的重要方式之一。在冷战初期的隐蔽宣传战略中,拉拢非共产党左派、支持其出版著作等文化活动是中情局的政策选项之一。在中情局看来,支持非共产党左派选择自由主义而非共产主义是美国反对共产主义政治行动的理论根基。① 在此政策和战略框架下,引导并敦促非共产党左派在文化领域发挥反对共产主义的作用就成为中情局关注的行动议题。

战后初期,欧洲社会形成一批反对共产主义、主张民主社会主义的知识分子群体,并以非共产党左派(简称"非党左派")的名义聚集在一起,成为一支具有独特强政治和社会影响力的精英群体。刚刚成立的中情局敏锐地意识到,"非党左派"是可资利用的知识力量,是借以打破共产主义神话的工具。其中,"非党左派"有关民主社会主义是抵御极权主义的堡垒的主张,恰好契合美国外交政策的政治主题。鉴于此,中情局确立了支持"非党左派"的战略。基于"非党左派"的文化和知识特性,中情局利用"非党左派"的重点是秘密资助"非党左派"人士著书立说,抨击共产主义运动和共产党政权。例如,由"非党左派"人士联合撰写并于1949年出版的渲染共产主义已经走上穷途末路的《上帝的失败》一书,就是中情局秘密资助的产物,被称为"非党左派"与美国政府中的"黑色天使"订立契约的样板。② 中情局对"非党左派"的支持手段具有隐蔽政治行动的属性,其最终目的则是服务于美国的冷战宣传战略。

一方面,作为美国拉拢"非党左派"并实施隐蔽文化宣传战的开篇之举,文化自由大会(Congress for Cultural Freedom, CCF)是中情局运作的规模最大、持续时间最长的隐蔽行动,目的就是在知识界以及"非党

---

① Kenneth Osgood, *Total Cold War*, p. 303.

② [英] 弗朗西丝·斯托纳·桑德斯:《文化冷战与中央情报局》,曹大鹏译,国际文化出版公司2002年版,第66—68页。

左派"阵营中培养并促进反共产主义的国际意识。① 另一方面，作为美国在冷战初期精心设计并运营的文化传播和交流平台，文化自由大会不仅是中情局在全球文化领域展开隐蔽宣传行动的综合性渠道，同时也是中情局从事文化冷战的主要的掩护性组织。② 鉴于此，文化自由大会堪称美国文化冷战战略的典范，更是美国隐蔽宣传行动的杰作。

为在文化领域展开反对共产主义的文化冷战，由中情局秘密策划和资助的文化自由大会第一次会议于 1950 年 6 月在西德的东柏林举行，着重围绕"科学与极权主义""艺术、艺术家和自由""自由社会的公民"以及"自由世界的自由文化"等议题展开讨论，主旨就是反对极权主义和共产主义。在美国的积极支持下，此次会议通过了《文化自由大会宣言》（Manifesto of Congress for Cultural Freedom），③ 强调知识自由和言论自由是不可让渡的基本人权，自由与和平是不可分割的，声称所谓极权主义国家对人类文明与世界和平构成最严峻的挑战。鉴于此，《文化自由大会宣言》被美国吹捧为自由权利的试金石，是一份知识界的"自由宣言"。④ 此后，文化自由大会与中情局始终保持着千丝万缕的联系。从表面上看，文化自由大会是一个由作家和知识分子组成的反对极权主义和共产主义的民间组织，但令参加文化自由大会活动的诸多作家和知识分子意想不到的是，文化自由大会实际上是中情局秘密资助建立的常设机

① Eric Pullin, "The Culture of Funding Culture: The CIA and the Congress for Cultural Freedom," in Christopher R. Moran and Christopher J. Murphy, eds. , *Intelligence Studies in Britain and the US: Historiography since* 1945, Edinburgh: Edinburgh University Press, 2013, p. 47. 在这篇文章中，埃里克·普林对中情局与文化自由大会之间关系的学术研究成果作出了较为完整的综述。

② Hugh Wilford, "Secret America: The CIA and American Culture," in Christopher Bigsby, ed. , *The Cambridge Companion to Modern American Culture*, New York: Cambridge University Press, 2006, p. 278.

③ 有关《文化自由大会宣言》的全文，参见 Peter Coleman, *The Liberal Conspiracy: The Congress for Cultural Freedom and the Struggle for the Mind of Postwar Europe*, New York: Free Press, 1989, pp. 249 – 251.

④ 有关文化自由大会成立背景及其第一次会议的详细论述，参见［英］弗朗西丝·斯托纳·桑德斯：《文化冷战与中央情报局》，第 78—90 页。Giles Scott-Smith, "The 'Masterpieces of the Twentieth Century' Festival and the Congress for Cultural Freedom: Origins and Consolidation 1947 – 52," *Intelligence and National Security*, Vol. 15, No. 1, 2000, pp. 122 – 127.

构，具有"中情局掩护机构"的特征，① 由此从一个侧面昭示了美国隐蔽行动的欺骗性和非归属性。

为长期经营并利用文化自由大会，中情局早在 1950 年夏就设计制订了一份代号为"歌剧行动"（Operation QKOpera）的隐蔽行动计划，主要内容就是向拟议中的文化自由大会提供持续的资金支持，以便强化知识界的反共产主义态度。② 文化自由大会成立之后，中情局遂根据"歌剧行动"的安排，将文化自由大会列入中情局的宣传资产清单，同时通过多种渠道秘密资助文化自由大会的运转，鉴于此，文化自由大会又被称为"威斯纳乐队"。③ 由此可见，文化自由大会的建立是中情局政策规划的产物，是冷战初期美国隐蔽宣传行动取得的一个重大进展。

中情局不仅运用资金支持主导了文化自由大会的建立和运转，对于文化自由大会总部的选择，中情局同样予以关注。根据"歌剧行动"的安排，中情局不顾有关方面的反对，明确要求将文化自由大会总部设在法国巴黎。在中情局看来，面对法国同美国在经济援助、德国重建等问题上存在的分歧，以及法国知识界在社会文化方面所表现出来的不愿接受美国影响的独立性，美国战后对外政策的关键问题之一就是确保法国始终与西方世界保持紧密联系。④ 由此可见，中情局坚持将巴黎作为文化自由大会的总部完全是服务于美国的对外政策目标的，同时从总部选址的层面体现了中情局对文化自由大会的控制力和影响力。除指定总部地址并持续提供秘密资金支持之外，为牢牢把握对文化自由大会的掌控权，中情局还在文化自由大会及其国别委员会的关键部门和位置上安插特工人员，⑤ 由此再度展示了中情局对文化自由大会的秘密操控。

①　William Blum, *Killing Hope*, p. 104.

②　Sarah M. Harris, *The CIA and the Congress for Cultural Freedom in the Early Cold War: The Limits of Making Common Cause*, New York: Routledge, 2016, p. 74.

③　［英］弗朗西丝·斯托纳·桑德斯：《文化冷战与中央情报局》，第 91、93 页。弗兰克·威斯纳时任中情局负责行动的政策协调处主任，是文化自由大会的幕后策划者和组织者。

④　Giles Scott-Smith, "The 'Masterpieces of the Twentieth Century' Festival and the Congress for Cultural Freedom: Origins and Consolidation 1947 – 52," pp. 130 – 131.

⑤　Mikael Nilsson, "The Editor and the CIA: Herbert Tingsten and the Congress for Cultural Freedom, A Symbiotic Relationship," *European Review of History*, Vol. 18, No. 2, 2011, p. 148.

　　美国利用文化自由大会展开隐蔽宣传的一个典型案例，就是中情局策划的"美国节"。1951 年初，文化自由大会建议在欧洲举办一场宣扬美国文化的艺术节，增进美国文化对欧洲的吸引力，利用自由世界的文化权力向极权主义世界发起挑战。4 月，中情局批准艺术节项目，并指派文化自由大会负责实施。① 为向艺术节项目提供秘密的资金支持，中情局会同美国国务院在纽约秘密开立"艺术节账户"作为资金输送渠道。不仅如此，中情局还于 1952 年 1 月专门设立法菲尔德基金会（Farfield Foundation）作为掩护性融资平台，为艺术节项目开辟了新的隐蔽资金输送通道。② 1952 年 4 月，名为《二十世纪杰作》的巴黎文化艺术节拉开帷幕，该艺术节议程包括交响音乐会、绘画和雕塑展、文学艺术研讨会等。一方面，作为中情局成立以来直接参与并秘密操控的最大规模的艺术节，弘扬西方文化的活力并据此传播反共产主义的文学艺术，是中情局热衷于巴黎文化艺术节的主要考量，因此，巴黎文化艺术节为美国展开冷战宣传战提供了一个平台。另一方面，鉴于巴黎文化艺术节是文化自由大会成立后主办的第一个重大活动，并以确立文化自由大会在西方乃至世界知识界的地位、反对共产主义对西方知识界的控制为主要目标，因此，巴黎文化艺术节的举办是文化自由大会的地位进一步巩固的标志，③ 同时也是文化自由大会在中情局的秘密资助和幕后操控下展开冷战文化宣传的一个重要步骤。中情局借助巴黎文化艺术节所取得的另一个成果，就是将法菲尔德基金会作为文化自由大会稳定和貌似独立的核心融资机构，④ 从而为中情局利用文化自由大会展开更具持续性的宣传战和隐蔽宣传行动搭建了可靠的资金渠道。追根溯源，巴黎文化艺术节是中情局依托艺术展览、文学研讨会等方式从事隐蔽宣传的肇端，从此以后，国际

---

　　① ［英］弗朗西丝·斯托纳·桑德斯：《文化冷战与中央情报局》，第 122—124 页。

　　② ［英］弗朗西丝·斯托纳·桑德斯：《文化冷战与中央情报局》，第 126 页。Giles Scott-Smith, "The 'Masterpieces of the Twentieth Century' Festival and the Congress for Cultural Freedom: Origins and Consolidation 1947 – 52," pp. 137 – 138.

　　③ Giles Scott-Smith, "The 'Masterpieces of the Twentieth Century' Festival and the Congress for Cultural Freedom: Origins and Consolidation 1947 – 52," pp. 121, 135 – 136.

　　④ Sarah M. Harris, *The CIA and the Congress for Cultural Freedom in the Early Cold War*, p. 101.

文化研讨会以及国际展览等渠道成为美国隐蔽宣传行动的重要平台。

继巴黎文化艺术节之后，为拓展文化自由大会的反共宣传功能，中情局从 1951 年起秘密策划和资助文化自由大会出版发行一系列关于冷战宣传的期刊，主要包括《考验》（Preuves）、《邂逅》（Encounter）、《节奏》（Tempo Presente）等，出版物所涵盖的国家包括英国、法国、西德、意大利和西班牙等国。① 其中，创办于 1951 年的《考验》是文化自由大会发行的第一个杂志，从一开始就被用作反共产主义运动的喉舌。② 创办于 1953 年的《邂逅》堪称文化自由大会最重要的旗舰杂志，是非共产主义知识分子的重要论坛，以猛烈抨击共产主义侵犯文化和政治自由而著称，是中情局文化隐蔽行动的重要工具。③ 至此，在中情局的秘密资助和幕后指导下，文化自由大会聚焦冷战的文学和艺术维度，构建了一个跨国的反共产主义期刊网络。④ 此外，文化自由大会还根据中情局的授意，不定期地发表或出版反共产主义的文章或出版物。借助中情局的资金支持，文化自由大会在欧洲相关国家创设了办公机构，频繁举办文化艺术展览会以及高端国际会议，设立各种奖项，目的就是劝导西方知识界和文化界远离马克思主义和共产主义，灌输所谓"美国道路"。文化自由大会还秉承中情局的旨意，大肆散播虚假和捏造的信息，包括散布"和平共处""中立主义""不结盟"等政治主张均是共产主义集团的宣传手段之类的谣言；中情局则躲在幕后，借助文化自由大会实现隐蔽宣传的目标。⑤

除在欧洲创设组织机构并展开冷战意识形态争夺外，秉承中情局的战略安排和布局，文化自由大会还将触角伸向亚洲地区。尽管遭到印度

---

① Volker R. Berghahn, *America and the Intellectual Cold Wars in Europe: Shepard Stone between Philanthropy, Academy, and Diplomacy*, Princeton: Princeton University Press, 2001, pp. 140 – 142.

② Giles Scott-Smith, "The 'Masterpieces of the Twentieth Century' Festival and the Congress for Cultural Freedom: Origins and Consolidation 1947 – 52," p. 130.

③ James M. Olson, *Fair Play*, p. 152.

④ Friederike Kind-Kovács, *Written Here, Published There: How Underground Literature Crossed the Iron Curtain*, Budapest: CEU Press, 2014, p. 38.

⑤ Joel Whitney, *Finks: How the CIA Tricked the World's Best Writers*, New York: OR Books, 2016, pp. 22 – 23.

政府的抵制，但在中情局的支持下，印度文化自由委员会（Indian Committee for Cultural Freedom）依然于 1951 年建立，成为美国在印度乃至南亚地区从事隐蔽宣传行动的掩护性组织。[①] 为利用印度文化自由委员会展开冷战宣传，拉拢印度保守势力抵御所谓共产主义的渗透和扩张，中情局向其提供了大量秘密资助，并借此影响印度出版界、新闻界乃至政界对待美国的立场和态度。[②] 作为文化自由大会在亚洲地区最重要的分支机构，印度文化自由委员会的建立标志着美国在亚洲的文化冷战进一步升级。

鉴于拉美地区是美国全球冷战布局中的战略后院，同时也是战后左翼力量具有较大影响力的区域，因此，中情局将文化自由大会在拉美地区的扩展作为冷战宣传战略的重中之重，目的就是借助文化自由大会这一文化冷战平台，寻求在拉美地区抵制苏联的和平主义运动，推进反对共产主义的文化思想和意识形态，倡导所谓的社会民主改革。为此，文化自由大会在欧洲稳住阵脚后迅即开始在拉美地区设点布局，并于 1953 年创办西班牙文反共产主义旗舰杂志《阿德诺斯》（*Cuadernos*）。[③] 1954 年，在中情局的秘密资助下，文化自由大会下属智利委员会主办了文化自由大会在拉美地区的第一个国际会议。此后，文化自由大会的分支机构在拉美地区迅速扩展，乌拉圭、墨西哥、秘鲁、巴西、哥伦比亚、古巴、阿根廷等拉美国家先后设立了文化自由大会的相关委员会。凭借美国尤其是中情局的鼎力支持，文化自由大会在拉美展开了系列活动，包括出版图书、杂志、报纸，举办圆桌会议、演讲会以及文化艺术展览等。

---

① Eric D. Pullin, "'Money Does Not Make Any Difference to the Opinions That We Hold': India, the CIA, and the Congress for Cultural Freedom, 1951 – 58," *Intelligence and National Security*, Vol. 26, No. 2 – 3, 2011, pp. 378, 385.

② Paul M. McGarr, "Quiet Americans in India: The CIA and the Politics of Intelligence in Cold War South Asia," *Diplomatic History*, Vol. 38, No. 5, 2014, pp. 1046 – 1047.

③ 有关文化自由大会与《阿德诺斯》的创办及其反共产主义立场的详细论述，参见 Russell Cobb, "Promoting Literature in the Most Dangerous Area in the World: The Cold War, the Boom, and *Mundo Nuevo*," in Greg Barnhisel and Catherine Turner, eds. , *Pressing the Fight: Print, Propaganda, and the Cold War*, Amherst: University of Massachusetts Press, 2010, pp. 237 – 240.

至此，美国主导的拉美文化冷战构架初步建立，[1] 拉美地区的冷战文化博弈渐次铺开。

截至 1960 年，文化自由大会已经在全球 35 个国家设立了国别委员会，其中 10 个位于西欧国家。[2] 由此可见，文化自由大会以欧洲为重镇，同时将触角伸向亚洲和拉美地区，集中展示了美国宣传战和隐蔽宣传行动的战略筹划与布局，文化自由大会成为中情局在全球层面实施公开和隐蔽手段相结合的宣传战的组织载体和政治工具。

除主办期刊之外，依托中情局的资金支持，资助图书出版亦是文化自由大会及其附属机构配合美国展开冷战宣传的重要方式。为展开全方位宣传，文化自由大会资助出版的图书名目繁多，涉及政治、经济、社会、文化等领域，并以宣扬西方的民主自由和生活方式、批评极权主义和共产主义作为主旨，[3] 由此展示了文化自由大会冷战宣传的间接性和隐蔽性。

利用各种国际文化会议从事冷战宣传是美国宣传战的惯用方式，同时也是中情局展开隐蔽宣传行动的重要抓手。作为中情局的掩护性组织，文化自由大会立足其宗旨和使命，积极配合美国的冷战宣传构想和布局，频繁在世界各地发起并组织各种国际文化会议和学术会议，围绕文化与自由、科学与自由、代议制政府与国家进步、东西方关系、苏联问题、发展中国家与发达国家关系、宗教与政治、世界秩序等广泛议题展开对话和交流，[4] 目的就是按照美国设置的议程塑造文化和舆论氛围，支持美国的文化冷战。

在依托中情局的秘密资助展开反共产主义宣传的同时，文化自由大会还不失时机地利用苏东集团内部的事件实施有针对性的宣传战。1956

---

① Patrick Iber, *Neither Peace nor Freedom：The Cultural Cold War in Latin America*, Cambridge：Harvard University Press, 2015, pp. 85 – 86, 92 – 95.

② Mikael Nilsson, "The Editor and the CIA：Herbert Tingsten and the Congress for Cultural Freedom, A Symbiotic Relationship," p. 149.

③ 有关文化自由大会及其附属机构资助出版的图书清单，参见 Peter Coleman, *The Liberal Conspiracy*, pp. 261 – 274.

④ 有关文化自由大会发起的国际会议目录，参见 Peter Coleman, *The Liberal Conspiracy*, pp. 253 – 257.

年 10 月"匈牙利事件"期间，文化自由大会迅即成立匈牙利运动总部，支持并策应美国等西方国家的宣传攻势。其中最突出的是，在"自由欧洲电台"和"美国之音"等宣传机构的积极协助下，文化自由大会组织编写了《匈牙利的革命》一书，目的就是积极引导世界舆论，为所谓"匈牙利十月革命"摇旗呐喊。[①] 文化自由大会围绕"匈牙利事件"的宣传攻势严重误导了国际舆论，成为中情局利用"匈牙利事件"展开冷战宣传的有力工具，进一步彰显了文化自由大会的冷战宣传功能。

由此可见，文化自由大会是中情局支持的文化工程的重要组织者和核心渠道，在美国的冷战宣传布局中占据了独特而重要的地位。[②] 源于中情局的设计和指导，文化自由大会致力于传播西方民主和文化的优势，反击苏联集团的文化渗透和进攻，并据此成为全球反共产主义宣传运动的中心。[③] 与此同时，借助中情局的资助，文化自由大会始终是中情局在全球范围内实施宣传战和隐蔽宣传行动的主要平台，是美国冷战宣传的利剑，基于此，文化自由大会被视为中情局资助清单中最有价值、最成功的项目。[④]

应当看到，中情局对文化自由大会的秘密资金支持具有隐蔽政治行动的属性，利用隐蔽政治资金操控文化自由大会并借此展开冷战宣传和隐蔽宣传行动是中情局的主要目的。在酝酿支持文化自由大会之初，美国国务院和中情局就达成共识：为确保文化自由大会的运转，必须避免造成文化自由大会是美国对外政策的官方喉舌的印象；威斯纳则坦言，美国政府的官方发起者角色对于文化自由大会将是"死亡之吻"。[⑤] 鉴于

---

① ［英］弗朗西丝·斯托纳·桑德斯：《文化冷战与中央情报局》，第 344 页。

② James Callanan, *Covert Action in the Cold War*, p. 62.

③ Russell H. Bartley, "The Piper Played to Us All: Orchestrating the Cultural Cold War in the USA, Europe, and Latin America," *International Joural of Politics, Culture and Society*, Vol. 14, No. 3, 2001, p. 574.

④ ［英］弗朗西丝·斯托纳·桑德斯：《文化冷战与中央情报局》，第 98 页。1967 年，中情局秘密资助文化自由大会的行径曝光，文化自由大会被迫解散，福特基金会资助的国际文化自由协会（International Association for Cultural Freedom, IACF）随即建立并接管了文化自由大会的资源，包括杂志和各分委员会。有关论述参见 Peter Coleman, *The Liberal Conspiracy*, pp. 9 - 13, 235 - 239.

⑤ Volker R. Berghahn, *America and the Intellectual Cold Wars in Europe*, p. 220.

此，中情局制订了"歌剧行动"计划，确立了以秘密资金支持文化自由
大会的政治策略，构建了以法菲尔德基金会为主干的秘密资金输送渠道。
作为中情局的隐蔽资金平台，法菲尔德基金会并非真正的基金会，而是
中情局的掩护性组织。截至 20 世纪 60 年代中叶，中情局通过法菲尔德基
金会等所谓慈善基金会网络向文化自由大会输送的秘密资金就达 300 万美
元。① 从这个意义上讲，中情局与文化自由大会的关系是以中情局的秘密
资金作为政治支撑、以文化自由大会的冷战宣传作为表现形式从事隐蔽
行动，中情局前局长理查德·赫尔姆斯甚至将文化自由大会称为中情局
历史上一个功勋卓著的冷战隐蔽政治行动，② 从一个侧面揭示了美国隐蔽
政治行动和隐蔽宣传行动的互动关系。

总之，作为"中情局掩护机构"中的重要成员，文化自由大会是中
情局在知识和文化领域创办的最大规模、影响范围遍及全球的掩护性组
织，因此，文化自由大会的创建和运作揭示了中情局利用所谓民间组织
作为掩护载体和运作渠道，在文化领域实施冷战战略和隐蔽宣传行动的
政策路径，集中展示了美国隐蔽行动的非归属性和"貌似否认"特征。

第三节　美国隐蔽宣传行动的无线电广播
渠道和新闻媒体渠道

一　美国隐蔽宣传行动的无线电广播渠道

鉴于无线电广播具有穿透所谓"铁幕"并直接向苏东散布西方观点
的功能，③ 因而成为冷战期间美国实施宣传战和意识形态对抗的主要方
式，此即无线电广播战。从大战略层面看，以无线电广播作为主要载体
的国际广播是美国进行意识形态战的主要武器，是美国推行国家战略的

① Sarah M. Harris, *The CIA and the Congress for Cultural Freedom in the Early Cold War*, pp. 3,
162.

② Richard Helms, *A Look over My Shoulder: A Life in the Central Intelligence Agency*, New York:
Random House, 2002, p. 346.

③ Linda Risso, "Radio Wars: Broadcasting in the Cold War," *Cold War History*, Vol. 13, No. 2,
2013, p. 145.

有力工具。① 从隐蔽行动战略的角度看，秘密的国际无线电广播是美国实施隐蔽宣传行动的重要渠道，是美国冷战心理战中独具特色的宣传利器。

一方面，尽管具有公开性质，但鉴于"美国之音"是冷战格局形成时期美国政府唯一的无线电广播工具，因此，在冷战即将拉开帷幕之际，"美国之音"就开始了反对共产主义的宣传，无线电广播成为美国最早的宣传战平台和工具。1947 年 2 月，设在西德慕尼黑的"美国之音"以短波频率启动了针对苏联的第一次俄语广播，由此标志着"美国之音"成为美国冷战武器库中的重要武器。此后，"美国之音"的覆盖范围逐步囊括东欧国家，进而拓展到亚洲地区。② 因此，在美国实施的冷战无线电广播宣传战中，"美国之音"扮演了开拓者的角色。

另一方面，鉴于"美国之音"是美国的官方海外宣传机构，因而无法从事更具打击力的心理战，而非官方名义下的宣传战则可以摆脱此种束缚，③ 更适合冷战的需要。随着美国隐蔽行动的逐步铺展，隐蔽宣传行动成为其中的重要一环。

早在 1948 年初，中情局就制定了一份"仲裁者项目"（Project Umpire），旨在从美国驻德占领区向苏联和东欧进行无线电广播，④ 冷战时期无线电广播战被纳入中情局的议程。为掩饰秘密无线电广播项目，中情局从 1948 年 8 月起与美国国务院、国防部等机构进行密集磋商，酝酿组建一个东欧国家流亡者的隐蔽政治组织，其主要使命就是针对东欧国家发起定向的秘密无线电广播战。⑤ 在中情局等美国政府机构的支持下，"自由欧洲国家委员会"（National Committee for Free Europe）于 1949 年 5 月宣布建立［1954 年，"自由欧洲国家委员会"正式更名为"自由欧洲

---

① 刘金质：《美国国家战略》，辽宁人民出版社 1997 年版，第 330 页。

② Walter L. Hixson, *Parting the Curtain*, pp. 32 – 33, 37 – 38.

③ Sig Mickelson, *America's Other Voice：The Story of Radio Free Europe and Radio Liberty*, New York：Praeger, 1983, p. 26.

④ Richard Cummings, "The Intelligence Underpinnings of American Covert Radio Broadcasting in Germany during the Cold War," pp. 180 – 181.

⑤ A. Ross Johnson, *Radio Free Europe and Radio Liberty：The CIA Years and Beyond*, Stanford：Stanford University Press, 2010, pp. 10 – 12.

委员会"（Free Europe Committee）〕。① 为掩饰美国政府的隐蔽资金支持，中情局随即与"自由欧洲国家委员会"达成秘密约定，由"自由欧洲国家委员会"于 1950 年 4 月公开发起"自由十字军运动"（Crusade for Freedom），其目的有二：一是博取公众对"自由欧洲国家委员会"的支持，二是通过公开募集资金以掩饰中情局的秘密资助。② 由此可见，"自由十字军运动"旨在从公开的层面掩饰中情局与"自由欧洲国家委员会"的关系，再度展示了美国隐蔽行动的间接性和非归属性。

　　作为"仲裁者项目"付诸实施的直接成果，同时借助中情局提供的隐蔽资金支持和幕后组织协调，"自由欧洲国家委员会"麾下的秘密无线电广播机构——"自由欧洲电台"（Radio Free Europe，RFE）——于 1950 年组建完毕，并于 1950 年 7 月 4 日正式启动了针对捷克斯洛伐克的第一次无线电广播。③ 此后，"自由欧洲电台"针对其他东欧国家的秘密无线电广播陆续开播，依次为：7 月 14 日启动针对罗马尼亚的无线电广播，8 月 4 日启动针对匈牙利和波兰的无线电广播，8 月 11 日启动针对保加利亚的无线电广播。④ 至此，中情局支持的针对东欧国家的无线电广播网络初具规模。尽管中情局是真正的后台老板，但为掩饰躲在幕后的"美国之手"，中情局刻意将"自由欧洲国家委员会"和"自由欧洲电台"装扮成所谓的民间组织，并公开进行民间募资。在美国看来，以民间组织的名义展开募资活动至少可以达到三个目的。首先，向美国人灌输在"铁幕"后传播自由价值观的使命感。其次，获得支持美国使命的民间融资。最后，最为重要的是，通过民间募资掩盖"自由欧洲国家委

---

　　① Katalin K. Lynn, "At War While at Peace: United States Cold War Policy and the National Committee for a Free Europe, Inc. ," in Katalin K. Lynn, ed. , The Inauguration of Organized Political Warfare: Cold War Organizations Sponsored by the National Committee for a Free Europe / Free Europe Committee, Saint Helena: Helena History Press, 2013, pp. 22 - 24.

　　② A. Ross Johnson, Radio Free Europe and Radio Liberty, p. 14.

　　③ Katalin K. Lynn, "At War While at Peace: United States Cold War Policy and the National Committee for a Free Europe, Inc. ," in Katalin K. Lynn, ed. , The Inauguration of Organized Political Warfare, pp. 41 - 42.

　　④ Michael Nelson, War of the Black Heavens: The Battles of Western Broadcasting in the Cold War, Syracuse: Syracuse University Press, 1997, p. 46.

员会"和"自由欧洲电台"的真实资金来源，隐藏中情局的秘密资金输送情况。① 由此可见，无论是组织机构的设计与谋划，还是隐蔽资金的来源渠道，均彰明较著地证明，"自由欧洲国家委员会"和"自由欧洲电台"是美国精心构建的宣传战平台，是中情局针对东欧国家实施隐蔽宣传行动的最重要的掩护性组织，具有"貌似否认"的鲜明特征。

随着"自由欧洲电台"的启动，中情局于幕后设计的有关"自由欧洲电台"秘密宣传的政策框架亦正式出台。根据 1950 年 9 月"自由欧洲电台"《第一号政策指导备忘录》的规划，"自由欧洲电台"的首要目的是利用一切手段消除苏联和共产主义对东欧的影响。与此同时，《第一号政策指导备忘录》还设计了基本的宣传路径和范畴，强调"自由欧洲电台"的广播对象主要包括东欧国家的农民、工人、知识界、军界、教会、公职人员和商界人士。针对不同对象，"自由欧洲电台"应设置不同的宣传主题，确立不同的宣传方法。② 在组织和决策程序上，"自由欧洲电台"的广播政策由中情局和美国国务院协商决定。为确保对"自由欧洲电台"的控制，除在关键部门直接安插中情局官员之外，中情局在"自由欧洲电台"主要官员的任命上亦拥有最终决定权。③ 从根本上讲，"自由欧洲电台"是美国推行东欧政策和意识形态较量的工具，目的就是在东欧国家制造混乱，促使其内部发生变化。④ 尽管"自由欧洲电台"刻意以所谓民间身份作为掩饰，但从其建立之日起，"自由欧洲电台"就是美国对外政策的非官方工具，⑤ 是美国以无线电广播战的方式实施隐蔽宣传行动的重要平台和渠道。

除针对东欧国家展开隐蔽的无线电广播宣传之外，美国针对苏联的无线电广播战亦开始紧锣密鼓地酝酿。早在 1949 年，中情局就在德国慕尼黑设立苏联研究所，为组建针对苏联的秘密宣传战作出了最初的铺

---

① Sig Mickelson, *America's Other Voice*, p. 58.
② Arch Puddington, *Broadcasting Freedom*, p. 315.
③ Arch Puddington, *Broadcasting Freedom*, pp. 27 - 30.
④ 刘金质:《美国国家战略》，第 366 页。
⑤ Robert T. Holt, *Radio Free Europe*, Minneapolis: University of Minnesota Press, 1958, p. 213.

垫。① 1949 年 7 月，中情局和美国国务院开始策划苏联流亡者工程，目的就是组建一个由中情局资助的苏联流亡者组织，针对苏联展开无线电广播战。经过进一步的酝酿筹划，苏联流亡者工程于 1950 年 9 月启动，代号为"积极行动"（Operation QKActive）。② 作为实施"积极行动"的直接成果，中情局秘密资助的"俄罗斯人民解放委员会"（Committee for the Liberation of the Peoples of Russia）于 1951 年 2 月建立，从而为创办专门针对苏联的秘密无线电广播战提供了更加完整的组织机构准备。借助中情局提供的秘密资金支持，"俄罗斯人民解放委员会"于 1953 年 3 月 1 日在慕尼黑开通专门针对苏联的"自由电台"（Radio Liberty，1964 年之前被称为"解放电台"），并根据中情局等美国政府机构的指令展开对苏广播。③ 作为定向针对苏联的秘密无线电广播宣传工具，"自由电台"的目的就是通过宣扬民主、自由、人权、反暴政等，在苏联国内蓄意挑动不满情绪并制造社会混乱，进而最终推翻苏联政权。④ 至此，中情局针对苏东集团的秘密无线电广播宣传战基本上实现了定向性的全覆盖，"自由欧洲电台"和"自由电台"的创建表明，美国在冷战时期无线电广播战中采取了新的更具进攻性的方式，⑤ 无线电广播战成为美国"带节奏"地运用隐蔽宣传并搅动苏东国家局势的有力武器。

自设立以来，"自由欧洲电台"就针对东欧国家展开了长期的秘密广播战，并为此实施了一系列行动。1954 年 4 月，"自由欧洲电台"和自由欧洲出版社启动代号为"否决行动"（Operation Veto）的秘密宣传项目。该行动以捷克斯洛伐克作为首要对象，综合运用无线电广播和气球宣传行动相结合的方式，目的就是煽动捷克斯洛伐克民众发起反政府的大规

---

① Michael Nelson, *War of the Black Heavens*, p. 56.

② A. Ross Johnson, *Radio Free Europe and Radio Liberty*, pp. 26 – 27.

③ Walter L. Hixson, *Parting the Curtain*, p. 63. Michael Nelson, *War of the Black Heavens*, p. 58.

④ 从类型上看，"自由欧洲电台"和"自由电台"都属于灰色宣传机构的范畴。1973 年，"自由欧洲电台"和"自由电台"作为独立机构划归美国国际广播委员会（Board for International Broadcasting）管辖，从而"漂白"了这两个灰色宣传机构，参见 John D. Stempel, "Covert Action and Diplomacy," p. 126.

⑤ Gregory Mitrovich, *Undermining the Kremlin: America's Strategy to Subvert the Soviet Bloc, 1947 – 1956*, Ithaca: Cornell University Press, 2000, p. 22.

模运动，以此逐步削弱共产党政权的统治基础。① 随后，"否决行动"的宣传攻势扩大到东德和匈牙利，其实施手段同样包括通过无线电广播和气球宣传行动等宣传方式，呼吁东德和匈牙利民众提出广泛的政治诉求，要求当局实现更大的经济和政治自由，目的就是进一步挑拨东欧国家人民展开长期的抵抗运动。② 从历史的角度看，"否决行动"是"自由欧洲电台"和自由欧洲出版社成立以来发起的第一次有组织、有计划的综合性宣传行动，在搅动东欧局势中发挥了不容忽视的作用。

　　紧随"否决行动"之后，中情局又支持"自由欧洲委员会"和"自由欧洲电台"在 1954—1955 年实施"焦点行动"（Operation Focus），运用气球—广播联合作战的隐蔽宣传战方式，进一步加大反共宣传的力度。③ 根据中情局的安排，匈牙利成为"焦点行动"的主攻对象，目的就是制造并散布有关匈牙利领导人纳吉·伊姆雷的谣言，离间纳吉政府、匈牙利共产党同匈牙利人民的关系，进而影响 1955 年匈牙利议会选举。④ 如同"否决行动"一样，"焦点行动"同样具有进攻性，其根本目的就是从外部煽动匈牙利以及其他东欧国家内部的不满情绪，并将这种不满情绪催化为政治运动，以期影响共产党政权的政策决策和政治变革，逐步推进匈牙利乃至东欧国家的自由进程。⑤ 从某种意义上讲，在搅动匈牙利局势的进程中，"焦点行动"的隐蔽宣传攻势发挥了推涛作浪的作用，是迫使纳吉辞职的重要因素。通过"焦点行动"及其实践，"自由欧洲电台"积累了更为丰富的宣传资源和手段，为伺机发起更具针对性的无线电广播宣传战奠定了更加有力的基础，为进一步搅乱匈牙利局势营造了更为有利的氛围。

---

① Michael Nelson, *War of the Black Heavens*, p. 69. Richard Cummings, "The Intelligence Underpinnings of American Covert Radio Broadcasting in Germany during the Cold War," pp. 189 – 190.

② Walter L. Hixson, *Parting the Curtain*, pp. 70 – 71. 有关"否决行动"的详细论述，可参见 Robert T. Holt and Robert W. van de Velde, *Strategic Psychological Operations and American Foreign Policy*, Chicago：University of Chicago Press, 1960, pp. 206 – 232.

③ John Prados, *Presidents' Secret Wars*, p. 123.

④ Johanna Granville, "Caught with Jam on Our Fingers：Radio Free Europe and the Hungarian Revolution of 1956," *Diplomatic History*, Vol. 29, No. 5, 2005, p. 818.

⑤ A. Ross Johnson, *Radio Free Europe and Radio Liberty*, pp. 59 – 61.

在蓄意搅动捷克斯洛伐克、匈牙利等国局势的同时，中情局还将目光盯住波兰。根据中情局的宣传战部署，"自由欧洲电台"和自由欧洲出版社于 1955 年 2 月启动针对波兰的隐蔽宣传行动，代号为"聚光灯行动"（Operation Spotlight），目的就是综合运用气球宣传行动和无线电广播战密切协同的手段，曝光共产党的所谓统治伎俩，鼓动波兰人民抵抗共产主义压迫，削弱波兰共产党政权。① 从总体上讲，"聚光灯行动"是中情局策划的针对东欧国家的新一波强劲宣传攻势的组成部分，在搅乱波兰局势，挑起 1956 年"波兹南事件"中发挥了重要作用。

在 1956 年 2 月苏共二十大会议期间，苏共中央第一书记赫鲁晓夫作了题为"反对个人崇拜及其后果"的秘密报告，痛斥斯大林的个人崇拜行为，在社会主义阵营引起巨大反响。4 月，中情局获得赫鲁晓夫秘密报告的内容，并将其视为服务于美国冷战战略的极其重要的把柄。② 经过一番斟酌权衡之后，中情局特地授意《纽约时报》于 6 月 4 日以醒目标题全文刊发赫鲁晓夫的秘密报告。③ 紧随其后，"自由欧洲电台"和"自由电台"运用其可以播报的所有语言，夜以继日地广播秘密报告的内容，④ 目的就是利用赫鲁晓夫秘密报告展开更加猛烈的宣传攻势，力图在苏联以及东欧国家挑起并加剧新的政治混乱和社会动荡。

同年 6 月，波兰爆发"波兹南事件"，美国遂不失时机地利用"波兹南事件"展开更为强劲的宣传攻势，美国国务卿约翰·杜勒斯和中情局局长艾伦·杜勒斯均认为，美国应利用"波兹南事件"大做文章。⑤ 根据中情局的授意和安排，"自由欧洲电台"及其下属波兰语频道"自由波兰之声"、匈牙利语频道"自由匈牙利之声"等针对东欧国家的广播频道闻

---

① Richard Cummings, "The Intelligence Underpinnings of American Covert Radio Broadcasting in Germany during the Cold War," pp. 191 – 192.

② John Prados, *Presidents' Secret Wars*, p. 122.

③ 有关中情局内部围绕是否公开以及如何公开赫鲁晓夫秘密报告的讨论，参见 Ray S. Cline, *Secrets, Spies and Scholars*, pp. 162 – 164.

④ Scott Lucas, *Freedom's War: The American Crusade against the Soviet Union*, New York: New York University Press, 1999, p. 251. A. Ross Johnson, *Radio Free Europe and Radio Liberty*, p. 79.

⑤ 史澎海:《没有硝烟的战争：美国对外心理战研究》，陕西人民出版社 2017 年版，第 98 页。

风而动，围绕"波兹南事件"展开了连篇累牍的报道，竭力营造所谓反抗气氛，声称任何建立在坦克和刺刀之上的政权都不会长久，波兰人民以及其他东欧国家的人民应坚持等待自由的时光。① 借助渲染赫鲁晓夫秘密报告和"波兹南事件"的宣传攻势，美国进一步搅动了东欧政局。

在"波兹南事件"余波未平之际，"匈牙利事件"于10月紧随而至，"自由欧洲电台"的无线电广播战随即展开并达到巅峰。"匈牙利事件"爆发之初，纳吉复出并再度担任匈牙利部长会议主席，"自由欧洲电台"遂按照中情局的授意展开猛烈的宣传攻势，刻意离间纳吉同苏联的关系，着力营造匈牙利政府与苏联之间的不信任感，加剧了匈牙利局势的动荡。② 不仅如此，为进一步搅动匈牙利政局，中情局还为"自由欧洲电台"设计了宣传战议题，主要包括：第一，通过广播《致起义工人书》等形式，煽动匈牙利人民捍卫所谓"革命成果"，拒绝与政府合作甚至推翻政府。第二，传授游击战术、反坦克战术等军事技巧，唆使起义者同政府以及苏联军队展开暴力对抗。第三，散播西方将向起义者提供紧急援助、美国将出面干涉等虚假信息，进一步激化匈牙利事态。不仅如此，中情局负责秘密行动的副局长弗兰克·威斯纳甚至亲赴奥匈边境会见匈牙利反对派领导人，并在事后坦承，在挑动"匈牙利事件"的进程中，美国发挥了重要作用。正因为如此，美国在"匈牙利事件"中所扮演的角色进一步揭示了中情局隐蔽宣传行动的实施路径和手段：实施者是所谓民间的"自由欧洲电台"，幕后策划者和操控者则是中情局。③ 中情局在幕后操控的"自由欧洲电台"的宣传战搅乱了本已错综复杂的匈牙利局势，挑拨了纳吉与苏联之间本就微妙的关系，导致苏联第二次出兵干预、纳吉再度下台并被逮捕。由此可见，在"匈牙利事件"期间，"自由欧洲电台"的隐蔽宣传发挥了混淆视听、煽风点火、激化矛盾的作用，再次证明"自由欧洲电台"是中情局针对东欧国家展开隐蔽宣传行动的

---

① Michael Nelson, *War of the Black Heavens*, p. 70.

② Johanna Granville, "Caught with Jam on Our Fingers: Radio Free Europe and the Hungarian Revolution of 1956," pp. 826 – 833.

③ Michael Nelson, *War of the Black Heavens*, pp. 72 – 81. 白建才：《"第三种选择"：冷战期间美国对外隐蔽行动战略研究》，第150—152页。

利器。①

总之，对于苏东国家而言，1956 年是多事之秋。一方面，东欧国家一系列重大事件的接连发生与中情局通过"自由欧洲电台"长期展开的以灰色宣传和黑色宣传为主要手段的隐蔽心理战密切相关。② 另一方面，"自由欧洲电台"和"自由电台"秉承美国的旨意，竭力挑拨和渲染苏东局势，助推了骚乱蔓延。③ 从这个意义上讲，"自由欧洲电台"和"自由电台"在 1956 年苏东骚乱中所扮演的角色既体现了美国冷战政策的战略指向，更昭示了中情局隐蔽宣传行动的政策功能和战略价值，为美国依托隐蔽行动进一步撬动苏东局势增添了新的筹码。

在整个冷战期间，"自由欧洲电台"和"自由电台"始终是美国针对苏东国家展开隐蔽宣传行动的主要喉舌，是中情局在冷战初期发起的最大规模的媒体影响工程，④ 因而引起苏联以及东欧国家的极大关注，并采取了相应的反制措施。除实施无线电干扰之外，苏联支持的地下武装还于 1981 年袭击了设在慕尼黑的"自由欧洲电台"和"自由电台"总部，⑤ 仅此就可管窥美国无线电广播战对苏东国家构成的威胁以及苏联的强烈反应。

除利用无线电广播针对苏东集团展开具有战略功能的隐蔽宣传战之外，中情局还根据对外政策的需要，在特定隐蔽行动中设立无线电广播项目，策应并支持隐蔽行动的展开。

在美国密谋颠覆危地马拉阿本斯政府的"成功行动"（Operation PB-Success）计划中，隐蔽宣传行动是其重要的政策手段，而"舍伍德行动方案"（SHERWOOD）（中情局以尼加拉瓜为基地的无线电广播计划）则

① 有关"自由欧洲电台"与"匈牙利事件"的进一步论述，参见 Johanna Granville, "Radio Free Europe and International Decision-Making during the Hungarian Crisis of 1956," *Historical Journal of Film, Radio and Television*, Vol. 24, No. 4, 2004, pp. 589 – 611.

② 史澎海：《没有硝烟的战争：美国对外心理战研究》，第 97 页。

③ A. Ross Johnson, *Radio Free Europe and Radio Liberty*, p. 79.

④ A Ross Johnson, "Managing Media Influence Operations: Lessons from Radio Free Europe / Radio Liberty," *International Journal of Intelligence and Counterintelligence*, Vol. 31, No. 4, 2018, pp. 682 – 683.

⑤ Walter L. Hixson, *Parting the Curtain*, p. 229.

是"成功行动"计划隐蔽心理战的核心组成部分。[①] 在"成功行动"计划的实施过程中，根据"舍伍德行动方案"秘密设立的"解放之声"（Voice of Liberation）电台发挥了不可估量的作用。按照中情局的部署，"解放之声"电台不间断地播出各种虚假消息和报道，如根本不存在的危地马拉国内起义、军队反水等。[②] 从实际效果来看，"解放之声"电台的无线电广播不仅造成了广泛的心理影响和社会效应，而且进一步营造了有利于"成功行动"计划有效展开的舆论环境，国际媒体包括《纽约时报》和《时代》杂志等具有影响力的美国主流媒体，均将中情局操控的"解放之声"广播作为信息来源，[③] 由此凸显了"解放之声"电台的宣传鼓噪功能和舆论效果，体现了秘密无线电广播宣传在"成功行动"计划中的作用。

　　为策应并支持针对古巴卡斯特罗政府的包括准军事行动在内的隐蔽行动，中情局于 1960 年 5 月在位于加勒比海的天鹅群岛上秘密设立"天鹅电台"（Radio Swan）。为掩人耳目并撇清与美国的牵连，中情局刻意将"天鹅电台"伪装成古巴流亡者的电台。"天鹅电台"的使命就是定向古巴展开反对卡斯特罗政府的隐蔽宣传战，以期搅动古巴局势，挑起古巴内乱。[④] 为确保"天鹅电台"的无线电广播宣传达到美国预期的效果，中情局还派出宣传战专家帮助古巴流亡者制作相关的宣传资料和录音带。[⑤] 1972 年"天鹅电台"停播后，美国针对古巴的隐蔽宣传行动依然通过各种方式继续展开。为启动指向古巴的新的宣传攻势，里根于 1983 年 10 月签署《古巴无线电广播法》，设立针对古巴展开宣传战的"马蒂电台"

　　① 舒建中：《从"成功行动"计划看美国隐蔽行动的基本模式》，《史学月刊》2008 年第 11 期，第 82 页。

　　② Gordon L. Bowen, "U. S. Foreign Policy toward Radical Change: Covert Operations in Guatemala, 1950－1954," *Latin American Perspectives*, Vol. 10, No. 1, 1983, p. 94.

　　③ Richard H. Immerman, "Guatemala as Cold War History," *Political Science Quarterly*, Vol. 95, No. 4, 1980－1981, p. 644.

　　④ Lucien S. Vandenbroucke, *Perilous Options: Special Operations as an Instrument of U. S. Foreign Policy*, New York: Oxford University Press, 1993, p. 13.

　　⑤ James Callanan, *Covert Action in the Cold War*, p. 162. J. Ransom Clark, *American Covert Operations*, p. 93.

（Radio Marti），并将其置于美国国际广播委员会的管辖之下。① 尽管是公开设立的无线电广播，但"马蒂电台"从开播之日起就是美国利用国际无线电广播方式，针对古巴实施颠覆和煽动的工具，在性质上与"自由欧洲电台"和"自由电台"并无二致。② 由此可见，系列电台的设立充分表明，无线电广播战在美国针对古巴的宣传战中占据着特殊的地位，是美国宣传战和隐蔽宣传行动的重要渠道。

在越南战争期间，除进行公开的战争行动外，美国还利用包括隐蔽宣传行动在内的隐蔽行动支持美国的战争行动，无线电广播战则是美国实施隐蔽宣传行动的重要方式。为此，美国在邻近北越的边境地区秘密设立所谓"红旗电台"（Radio Red Flag），针对北越尤其是北越军队展开黑色宣传。与此同时，中情局还启动虚构的"河内电台"（Radio Hanoi），主要展开两种方式的隐蔽宣传：一是幽灵型，即秘密干扰北越的无线电广播，并将隐蔽宣传的信号覆盖在目标信号上，借此展开虚假宣传；二是蜷伏型，即紧邻北越的广播信号设置无线电频率，以便北越听众不经意间接收到美国的宣传信号，借此展开隐蔽宣传。③ 中情局在越南战争期间的秘密无线电广播战再次表明，无线电广播是美国展开隐蔽宣传行动的重要渠道。

为实现颠覆波兰社会主义政权的战略目标，美国里根政府于1982年11月批准了一份由中情局设计制定的隐蔽行动计划——"助力行动"（Operation QRHELPFUL），授权中情局针对波兰展开新的隐蔽行动，包括实施秘密无线电广播，目的就是以宣传攻势助推波兰团结工会以及其他反对派势力的反政府活动，并向波兰政府施加舆论压力。④ 根据"助力行动"的安排，中情局不惜耗费巨资打造了一个覆盖全球的隐蔽行动媒体资源网络，中情局遍布世界各地的情报站亦倾力参与针对波兰的隐蔽宣

① Nicholas J. Cull, *The Cold War and the United States Information Agency*, p. 428.
② 韩召颖：《输出美国：美国新闻署与美国公众外交》，天津人民出版社2000年版，第183页。
③ J. Ransom Clark, *American Covert Operations*, p. 101.
④ Seth G. Jones, *A Covert Action: Reagan, the CIA, and the Cold War Struggle in Poland*, New York: W. W. Norton & Company, 2018, pp. 138–139.

传行动。作为中情局组织实施"助力行动"的最重要的隐蔽宣传资源和平台，"团结工会电台"（Radio Solidarity）于 1982 年春季开播，针对波兰的秘密无线电广播战随即展开。① 由此可见，在中情局策划的"助力行动"中，为营造波兰的舆论环境，施压波兰政府并为团结工会以及其他反对派势力撑腰打气，"团结工会电台"发挥了不可替代的隐蔽宣传的作用，再次表明秘密无线电广播是中情局隐蔽宣传行动的重要手段。

二　美国隐蔽宣传行动的新闻媒体渠道

新闻媒体渠道是美国展开宣传战和隐蔽宣传行动的重要平台，是美国宣示对外政策的重要舆论工具。概括地讲，美国宣传战和隐蔽宣传行动中的新闻媒体渠道主要包括新闻报纸、新闻广播和电视新闻等传播平台。

20 世纪初期，随着美国广泛参与国际事务，美国新闻业逐步走向世界。到第二次世界大战结束时，美国新闻业已在全球舞台上占据了前所未有的优势，新闻权力成为美国全球权力的组成部分。② 从某种意义上讲，正是新闻权力优势为美国利用新闻媒体渠道展开对外宣传创造了得天独厚的有利条件。立足新闻权力优势，美国政府于 1945 年在数十个国家设立了对外新闻服务机构，并将其作为宣扬美国价值观念的通道和载体，由此标志着美国政府开始全面介入国际新闻传播，③ 新闻媒体成为美国实施宣传战的重要平台。尽管美国政府与新闻媒体之间的关系问题存在较大的争论，但在对外宣传的议程设置方面，美国政府仍然占据着主导地位。④ 通过设置宣传议程，美国政府积极引导国际新闻报道的主题，借助新闻媒体表达美国政府的观点，影响美国乃至世界舆论的走向，服

---

①　Seth G. Jones, *A Covert Action*, pp. 231 – 234, 305 – 306.

②　Giovanna Dell'Orto, *American Journalism and International Relations: Foreign Correspondence from the Early Republic to the Digital Era*, New York: Cambridge University Press, 2013, p. 106.

③　Leonard R. Teel, *The Public Press*, 1900 – 1945: *The History of American Journalism*, Westport: Praeger, 2006, p. 230.

④　Simon Serfaty, "The Media and Foreign Policy," in Simon Serfaty, ed., *The Media and Foreign Policy*, New York: St. Martin's Press, 1990, pp. 4 – 5.

务于美国的对外战略目标。

作为从事隐蔽宣传的专门机构，中情局同样重视新闻媒体在宣传战中的作用，尤其是新闻信息所具有的舆论塑造功能。时任中情局局长艾伦·杜勒斯就坚信，新闻媒体是美国对外宣传的重要管道。[1] 概括地讲，在中情局看来，新闻媒体在隐蔽行动中的作用主要有两点：一是利用新闻媒体为美国的情报人员以及海外情报资源提供掩护，同时将新闻媒体作为搜集情报的直接渠道；二是将新闻媒体尤其是外国的新闻媒体作为宣传战的平台。[2] 由此可见，新闻媒体是中情局实施隐蔽宣传行动的重要路径，此即所谓隐蔽媒体行动（Covert Media Operation）。

基于新闻媒体在隐蔽行动中的独特功能，中情局长期通过提供秘密资金的方式，同美国主流的新闻媒体保持紧密的联系。例如，《纽约时报》（New York Times）就曾与中情局签订秘密协议，承诺协助中情局进行对外宣传并提供相关的外国情报，同时为中情局特工提供驻外记者的身份掩护。作为美国另一家著名的新闻媒体，美国哥伦比亚广播公司（Golumbia Broadcasting System）在冷战初期就同中情局建立了密切的合作关系，包括为中情局特工提供媒体掩护的便利等。此外，中情局还同美国联合通讯社（Associated Press，美联社）和合众国际社（United Press International，合众社）长期合作，借此展开对外宣传。[3] 通过秘密资助新闻媒体的出版发行（包括就特定议题发表文章或评论），中情局借此影响世界主流媒体的舆论方向，进行冷战和反共产主义宣传，甚至通过主导新闻报道的议程设置配合美国的隐蔽干涉活动。因此，中情局与新闻媒体的关系从根本上讲是基于反对共产主义的共同利益，[4] 秘密资助新闻媒体并推动其按照美国的对外政策议程展开新闻报道，是美国展开宣传战

① Loch K. Johnson, "The CIA and the Media," *Intelligence and National Security*, Vol. 1, No. 2, 1986, p. 144.

② Loch K. Johnson, *America's Secret Power*, p. 183.

③ Hugh Wilford, *The Mighty Wurlitzer: How the CIA Played America*, Cambridge: Harvard University Press, 2008, pp. 226 – 227.

④ 有关中情局与新闻媒体关系的争论，参见 David P. Hadley, "A Constructive Quality: The Press, the CIA, and Covert Intervention in the 1950s," *Intelligence and National Security*, Vol. 31, No. 2, 2016, pp. 246 – 250, 265.

和隐蔽宣传行动的重要方式。

　　除秘密资助新闻媒体之外，中情局依托媒体渠道展开隐蔽行动的另一个重要抓手就是美国报业公会（American Newspaper Guild，ANG）。为此，中情局通过秘密渠道专门为美国报业公会设立融资平台——美国报业公会国际事务基金会（ANG's International Affairs Fund）。依托中情局的秘密资助，美国报业公会在欧洲、亚洲、拉美等地区的新闻业界展开宣传行动，成为美国冷战宣传的一把利器，[①] 进一步揭示了美国隐蔽宣传的手段多样性和渠道广泛性。

　　鉴于记者身处新闻报道的第一线，是新闻资讯传播的具体执行者，因此，新闻行业和新闻记者始终是中情局密切关注的对象，利用新闻记者展开隐蔽宣传甚至搜集情报成为中情局的重要手段。在美国方面看来，新闻行业为隐蔽行动提供了最好的掩饰工具。借助新闻记者的自由采访和提问，新闻记者甚至可以承担搜集情报等谍报职能。[②] 因此，在新闻机构中安插特工并以记者身份展开秘密活动，或在新闻机构中招募从业人员为美国情报部门服务，就成为中情局等美国情报机构利用新闻媒体渠道展开包括隐蔽宣传行动在内的隐蔽行动的一个重要途径。据不完全统计，1952—1977 年，约有 400 余名美国新闻记者为中情局工作。[③] 根据 1976 年丘奇委员会（Church Committee）提交的报告，自建立以来，中情局招募了数百名外国新闻记者为中情局提供情报，同时在必要时通过隐蔽宣传以影响外国的舆论环境；这些外国新闻记者涉及报刊、广播电视等几乎所有的媒体领域。[④] 至此，中情局构建了一个以新闻记者为中心、以新闻机构为平台的媒体宣传网络，彰明较著地展示了中情局对新闻媒体的广泛渗透和利用，以及新闻媒体渠道在美国隐蔽宣传行动中的重要地位。

　　美国利用新闻记者身份作为掩护手段从事隐蔽行动的一个典型案例，就是中情局在《世界新闻周刊》（*World News Weekly*）中安插特工。凭借

①　Hugh Wilford, *The Mighty Wurlitzer*, pp. 227 – 228.

②　James M. Olson, *Fair Play*, p. 75.

③　Hugh Wilford, *The Mighty Wurlitzer*, pp. 226 – 227.

④　Loch K. Johnson, *America's Secret Power*, p. 186.

与《世界新闻周刊》的紧密联系，中情局将特工布赖恩·冈特（Brian Gunter）安插进《世界新闻周刊》并将其派往非洲，以记者身份从事新闻报道，同时暗中从事海外情报活动，包括为中情局构建新的非洲情报资源网络。① 由此不难看出，在新闻机构中安插潜伏特工并以记者身份掩护其从事隐蔽行动，是中情局等美国情报机构的惯用伎俩，是美国利用新闻媒体渠道实施隐蔽行动的重要方式。

除在新闻机构中安插特工人员之外，招募新闻从业人员为美国情报部门服务亦是中情局的重要情报手段。由于美国持续增加对以色列的政治和军事支持，导致美国同巴勒斯坦的关系进一步恶化。为此，美国国家安全委员会要求中情局拓展针对巴勒斯坦以及亲巴勒斯坦集团的情报能力。根据美国国家安全委员会的指示，中情局迅速招募美国有线电视新闻网（CNN）中东部记者西尔维娅·塞尔曼（Sylvie Selman）作为兼职情报人员。出生在黎巴嫩的塞尔曼拥有美国国籍，是美国有线电视新闻网的资深记者，同伊斯兰抵抗运动（哈马斯）、解放巴勒斯坦人民阵线以及中东地区的亲巴勒斯坦集团保持着密切联系，拥有搜集情报的便利条件。作为回报，中情局向塞尔曼提供25万美元的年薪。② 至此，中情局利用新闻媒体渠道展开隐蔽行动的另一种方式浮出水面：通过招募新闻从业人员并以合作方式实现情报搜集等隐蔽行动目标。

在中情局实施的特定隐蔽行动中，新闻媒体渠道同样发挥了重要作用。利用新闻媒体展开塑造舆论环境的隐蔽宣传行动，进而助推特定隐蔽行动的有效展开，是中情局隐蔽媒体行动的一个重要目的，进一步彰显了新闻媒体渠道在美国隐蔽宣传行动中的独特功能。

早在20世纪50年代初期，伊朗局势以及伊朗与苏联关系的发展就引起美国的关注，遏制共产主义在伊朗的扩张成为美国中东政策的重中之重。1951年3月，中情局制订了一份在伊朗展开隐蔽宣传的计划，强调美国应利用伊朗的新闻报刊以及传单等方式，散布虚假和捏造的各种信

---

① James M. Olson, *Fair Play*, p. 72.

② James M. Olson, *Fair Play*, p. 77.

息，重点针对人民党进行舆论攻击。① 随着伊朗局势的发展，美英遂决定
采取更具进攻性的隐蔽行动推翻摩萨台政权。1953 年 6 月，美英联合制
定了颠覆伊朗摩萨台政权的隐蔽行动计划——"阿贾克斯行动"（Opera-
tion Ajax），舆论宣传攻势是其中的重要内容，目的就是运用隐蔽心理战
展开强大的心理攻势，煽动反对摩萨台政权的舆论氛围。② 为推进"阿贾
克斯行动"并实施隐蔽宣传，除利用传单、招贴画等展开宣传攻势之外，
"阿贾克斯行动"心理战小组还准备了大量宣传素材并向报纸等伊朗新闻
机构提供秘密资金，支持其发表攻击摩萨台政权的文章，甚至对摩萨台
进行人身攻击，目的就是借助伊朗报纸等新闻媒体制造敌对和恐怖氛围，
为美英策动政变创造舆论环境。③ 此外，中情局还秘密资助美国的报刊发
表相关文章和报道，悉数共产主义在伊朗日渐增强的影响，借此操控美
国乃至世界的舆论走向，为美国的对伊政策营造有利的政治和社会氛
围。④ 依托包括新闻媒体在内的隐蔽宣传行动作为策应和支持手段，美英
策动了伊朗"8·19 政变"，颠覆了摩萨台政权。由此可见，在挑起"8
·19 政变"的过程中，报纸等新闻媒体是美国实施隐蔽宣传行动的重要
渠道。⑤

　　针对危地马拉阿本斯政府展开隐蔽宣传行动和公开的宣传战，是美
国"成功行动"计划的重要政治手段，新闻媒体则是美国的重要宣传平
台。利用与新闻媒体盘根错节的关系，中情局的隐蔽媒体行动渐次展开，
并以渲染危地马拉的共产主义威胁作为基调。美国的主流新闻媒体（包
括《星期六晚邮报》《芝加哥论坛报》《哈泼斯》月刊、《生活》杂志等）

① Larry Hancock, *Creating Chaos: Covert Political Warfare from Truman to Putin*, London: OR Books, 2018, pp. 71 – 72.

② 史澎海：《"第四种武器"：冷战期间美国对中东国家的心理战研究》，陕西人民出版社 2015 年版，第 172 页。

③ 石斌：《"清除人民党"：1953 年美英对伊朗的准军事行动》，南京大学出版社 2018 年版，第 211—212 页。

④ Mervyn Roberts, "Analysis of Radio Propaganda in the 1953 Iran Coup," *Iranian Studies*, Vol. 45, No. 6, 2012, pp. 761 – 762.

⑤ 有关美国在策动伊朗"8·19 政变"过程中实施的宣传战的进一步论述，参见 Kenneth Osgood, *Total Cold War*, pp. 136 – 138.

亦追随美国的政策基调，将阿本斯打造成亲共产主义者和独裁者，① 目的就是搅动国际舆论，抹黑阿本斯政府，同时在危地马拉制造政治和社会动乱，进而为美国策动政变营造舆论环境。

美国政府以及中情局借助新闻媒体炒作危地马拉共产主义威胁的宣传战，以"阿尔芙汉姆号事件"（Alfhem Incident）的政治渲染而达到高潮。早在1954年4月，中情局就已经获得可靠情报，称危地马拉已从捷克斯洛伐克购买武器并用货轮"阿尔芙汉姆号"装运至危地马拉。中情局认为，此事可作为"成功行动"计划的"宣传之用"，美国不应过早采取干预行动以免"打草惊蛇"。② 5月，"阿尔芙汉姆号"驶抵危地马拉，美国旋即开动新闻媒体等宣传机器，对"阿尔芙汉姆号事件"进行了长篇累牍的报道。中情局亦加大了宣传战的力度，拨出专门资金利用新闻媒体组织、发表了大量文章并在美国和拉美地区进行广泛传播，危言耸听地渲染危地马拉的共产主义威胁。③ 美国新闻署紧随美国的政策步伐并利用中情局等情报机构提供的资料，借助"阿尔芙汉姆号事件"掀起了新一轮宣传战高潮，利用世界媒体组织发表了200多篇文章、广播稿和新闻简报，印制并分发了27000多幅反共产主义的海报和卡通画，以及10万多份题为"危地马拉共产主义年表"的小册子。④ 由此可见，借助"阿尔芙汉姆号事件"，美国从公开和隐蔽层面展开了更大规模的宣传战，充分利用新闻媒体渠道大肆攻讦危地马拉，在舆论上将阿本斯置于更为不利的境地，有效地策应了"成功行动"计划的展开。

一方面，除利用"阿尔芙汉姆号事件"展开宣传战之外，中情局还对美国新闻媒体有关危地马拉局势的报道进行暗中操控。例如，美国《纽约时报》接连发表报道，肆意抹黑阿本斯政府，公开渲染危地马拉的

① Davd P. Hadley, "A Constructive Quality: The Press, the CIA, and Covert Intervention in the 1950s," p. 251.

② 舒建中：《美国的"成功行动"计划：遏制政策与维护后院的隐蔽行动》，《世界历史》2008年第6期，第10页。

③ Russell Crandall, *America's Dirty Wars: Irregular Warfare from 1776 to the War on Terror*, New York: Cambridge University Press, 2014, p. 243.

④ Kenneth Osgood, *Total Cold War*, p. 147. Nicholas J. Cull, *The Cold War and the United States Information Agency*, p. 121.

共产主义威胁，声称危地马拉共产主义力量正迅速增长。另一方面，鉴于《纽约时报》记者西德尼·格鲁森（Sydney Gruson）力主揭露事态真相，中情局遂以格鲁森不愿"客观"报道危地马拉局势为由，数次要求《纽约时报》将格鲁森调离危地马拉。格鲁森奉调回美国后，中情局仍然不忘借此大做文章，以混淆视听。根据中情局的授意和安排，《纽约时报》瞒天过海地报道称，格鲁森因坚持如实报道危地马拉局势而被阿本斯下令驱逐出境。① 透过"格鲁森事件"，美国利用新闻媒体渠道造谣惑众，进而策应并助推隐蔽行动的手段自不待言。

　　根据中情局于 1970 年 10 月秘密制定的颠覆智利阿连德政府的隐蔽行动计划——"中情局附件"（CIA Annex）——的部署，宣传战是隐蔽行动的关键环节。基于"中情局附件"的政策设计和筹划，中情局依托新闻媒体渠道的隐蔽宣传行动随即全面铺开。在中情局针对智利实施的隐蔽媒体行动中，秘密资助《信使报》（El Mercurio）是最典型的例证。② 一方面，鉴于《信使报》是智利最大的新闻媒体平台，一向以反对共产主义著称，中情局遂向《信使报》提供了大量秘密资金，支持其展开反阿连德政府的宣传。与此同时，中情局还策划了以声援《信使报》为中心的国际宣传运动，在拉美媒体上发布支持《信使报》的电文；唆使国际新闻协会发表题为"智利的新闻自由正被共产主义和马克思主义势力及其同盟扼杀"的声明，并秘密组织世界媒体予以转载。借助中情局提供的大量隐蔽资金支持，《信使报》成为有组织的反阿连德政府运动的扩音器，在煽动"9·11 政变"的进程中发挥了重要作用。③ 另一方面，鉴于掌控媒体资源和传播平台是实施宣传战和隐蔽宣传行动的重要前提，中情局还不吝成本地向智利反对派政党秘密输送资金，支持其购买或租用智利的报纸、广播电台和电视台，进而展开全方位的宣传战和隐蔽宣

---

①　Gordon L. Bowen, "U. S. Foreign Policy toward Radical Change: Covert Operations in Guatemala, 1950 - 1954", *Latin American Perspectives*, Vol. 10, No. 1, 1983, p. 95.

②　Jaechun Kim, "Democratic Peace and Covert War: A Case Study of the U. S. Covert War in Chile," *Journal of International and Area Studies*, Vol. 12, No. 1, 2005, pp. 40 - 41.

③　Jack Devine and Peter Kornbluh, "Showdown in Santiago: What Really Happened in Chile?" *Foreign Affairs*, Vol. 93, No. 5, 2014, p. 171.

传行动。至此，美国以"中情局附件"的隐蔽宣传计划为指南，综合运用包括隐蔽资金支持在内的政策手段，充分利用新闻媒体资源和传播渠道，针对智利展开了密集而持久的宣传战攻势，处心积虑地制造经济、社会和政治混乱，挑起并加剧智利的紧张局势，从而为煽动政变营造了环境，最终助推了智利 1973 年"9·11 政变"的发生。[①]

在安哥拉内战期间，美国同样充分利用新闻媒体展开隐蔽宣传，目的是策应美国准军事行动的展开。1975 年 2 月，安哥拉内战爆发。为力挺"安解阵"和"安盟"对抗苏联和古巴支持的"安人运"，除向"安解阵"和"安盟"提供秘密的资金和武器装备之外，美国还依托新闻媒体的隐蔽宣传行动随即跟进。为此，中情局通过秘密渠道，授意相关新闻媒体——包括报纸和电台——发表了大量诋毁"安人运"以及苏联和古巴的文章，甚至捏造古巴士兵实施强奸和抢劫的报道，并在世界媒体上广为散播，严重误导了国际舆论。[②] 为加强宣传力度，中情局驻世界各地的情报站纷纷加入"安哥拉行动"的隐蔽宣传。例如：中情局驻欧洲某国的情报站秘密资助一名记者前往华盛顿，将一则攻击"安人运"的所谓内幕新闻发表在《华盛顿邮报》上，目的就是影响美国对安哥拉内战的舆论认知。[③] 不难看出，为策应暗中支持"安解阵"和"安盟"的准军事行动，中情局的隐蔽宣传可谓煞费周章，不惜血本。其中，新闻媒体渠道是中情局展开隐蔽宣传行动的主要平台，进一步揭示了美国利用新闻媒体展开隐蔽宣传的手段和伎俩。

1972—1980 年，美国针对牙买加实施了包括隐蔽宣传行动在内的系列隐蔽行动，目的就是向以迈克尔·曼利（Michael Manley）为总理的牙买加政府施加压力，迫使曼利放弃国内改革举措以及对苏友好的政策；否则，美国就采取准军事行动手段逼迫曼利下台。为此，中情局针对牙买加的隐蔽宣传行动密集展开。在实施渠道方面，牙买加的一份日报——《每日新闻集锦》（*Daily Gleaner*）——成为中情局隐蔽宣传行动

---

① 有关美国针对智利的隐蔽宣传行动的详细论述，参见舒建中《美国宣传战与智利"9·11 政变"》，《史学月刊》2017 年第 8 期，第 83—90 页。

② William Blum, *Killing Hope*, p. 252.

③ 白建才：《"第三种选择"：冷战期间美国对外隐蔽行动战略研究》，第 326 页。

最重要的平台和工具。除向《每日新闻集锦》提供秘密资金之外，中情局还通过其资助的媒体资源——美洲新闻协会——向《每日新闻集锦》输送秘密资金。作为对中情局的回报，《每日新闻集锦》大肆鼓噪曼利政府对新闻自由的限制，竭力渲染古巴对牙买加的渗透和威胁，指责曼利是卡斯特罗和克格勃的走狗。为配合美国媒体散布的谎言，《每日新闻集锦》还宣称古巴军队已抵达牙买加。对于中情局在世界其他媒体上策划的抹黑曼利及其政府的文章，《每日新闻集锦》亦悉数复制并大肆传播，公开挑唆社会不满情绪，煽动推翻曼利政府。[①] 中情局利用《每日新闻集锦》展开的隐蔽宣传行动极大地搅乱了牙买加的舆论环境，丑化了曼利政府的社会形象，破坏了牙买加的政治稳定，为引导牙买加1980年选举并挫败曼利领导的人民民族党创造了条件，美国鼎力支持的牙买加工党领袖爱德华·西加如愿以偿地就任总理，美国则按照其意愿实现了搞垮曼利政权的目标。

第四节　美国隐蔽宣传行动的影视作品
渠道和图书期刊渠道

一　美国隐蔽宣传行动的影视作品渠道

作为大众文化传播的重要形式，影视作品不仅是一种大众文化产品，而且承载着传播文化传统、生活方式、社会制度和价值观念等多重文化功能，具有无可辩驳的意识形态属性。正因为如此，美国充分利用影视作品的文化传播功能和意识形态属性，将影视作品作为实施宣传战乃至隐蔽宣传行动的重要工具。

从原本的意义上讲，一方面，电影产品的国际传播属于国家间文化交流合作的范畴，具有很强的社会功效。但另一方面，电影又是思想观念的体现，是意识形态的载体。无论是隐含其中还是鲜明彰显，无论是在不经意间还是经过深思熟虑，每一部电影都可归结于一种主观的、独

---

① William Blum, *Killing Hope*, pp. 266 – 267.

特的世界观。因此，电影在任何情况下都承载着意识形态的信息。① 从这个意义上讲，电影是一种特殊的文化产品，具有传播意识形态的功能，此即所谓电影权力，② 也就是通过电影传播思想观念和意识形态的权力。从国际关系的视角看，电影的国际传播具有政治和宣传属性，研究电影宣传的美国学者利奥·罗斯滕就强调，旨在改变人们对美国的态度，包括对美国对外政策态度的电影，就是宣传电影。③ 不难看出，美国电影产品的国际交流具有鲜明的政治功能。

冷战的一个关键特征就是冷战对文化生活所有方面的广泛影响，作为重要而独特的文化传播平台，电影在冷战之初就成为美国反共产主义的宣传工具。④ 作为世界著名的电影中心和全球电影产业的龙头老大，好莱坞对世界拥有独特的影响力。鉴于此，在美国的冷战宣传中，好莱坞电影从一开始就扮演着重要角色，是美国以电影方式展开冷战宣传的重要平台。

在冷战格局形成后，美国遂将电影作为实施文化战略的渠道，尤其是将电影作为冷战文化博弈的工具。在美国看来，电影是可以抵达社会各阶层受众（不管识字还是不识字）的更有力的媒介，⑤ 因而是更为有效的宣传载体。为此，美国心理战略委员会在建立之初就确立了"电影服务计划"，并将其作为优先的对外宣传项目。秉持"艺术就是好的宣传"的理念，心理战略委员会配合美国的冷战宣传战略和政策计划，通过设在87个国家的130余个新闻服务站，大力兜售以好莱坞电影为代表的美国作品，⑥ 美国大片由此被纳入美国冷战宣传的战略轨道。

为影响1948年意大利选举，美国国务院和中情局联手展开了一场声

① ［法］雷吉斯·迪布瓦:《好莱坞: 电影与意识形态》，李丹丹、李昕晖译，商务印书馆2014年版，第8页。

② Noël Carroll, "The Power of Movies," *Daedalus*, Vol. 114, No. 4, 1985, p. 80.

③ Leo C. Rosten, "Movies and Propaganda," *The Annals of the American Academy of Political and Social Science*, Vol. 254, 1947, p. 118.

④ Gary S. Messinger, *The Battle for the Mind: War and Peace in the Era of Mass Communication*, Amherst: University of Massachusetts Press, 2011, p. 165.

⑤ Walter L. Hixson, *Parting the Curtain*, p. 124.

⑥ Tony Shaw, *Hollywood's Cold War*, Edinburgh: Edinburgh University Press, 2007, pp. 79 – 80.

势浩大的公开和隐蔽手段相结合的宣传战运动,电影宣传则是美国宣传攻势的重要环节。在第二次世界大战结束后,意大利电影市场进入繁荣期,好莱坞电影则占据了意大利电影市场约 3/4 的份额,导致意大利观众深受美国文化权力及其政治理念的影响。[①] 为进一步利用电影在意大利展开政治宣传并助力天主教民主党的竞选活动,美国精心安排在意大利放映了一系列颂扬西方世界、丑化共产主义的电影,数以千计的电影胶片被运往意大利,掀起了声势浩大的"好莱坞狂欢",好莱坞电影成为美国在意大利选举中展开反共十字军宣传的利器。[②] 在美国精心安排的好莱坞电影中,产生巨大宣传效应和政治功能的影片是一部名为《妮诺契卡》(Ninotchka) 的好莱坞电影。[③] 鉴于这部电影具有明显地抹黑共产主义运动和苏联政权的意涵,契合美国的宣传意图,因此,美国专门对其放映作出安排,包括提供资助以便意大利影院增加放映场次等。意大利共产党试图阻止《妮诺契卡》的放映,苏联驻意大利大使馆也向意方表达了对该影片放映的关注,但在美国的支持和推动下,《妮诺契卡》最终在意大利全境放映,产生了巨大的反共效应,助推了天主教民主党的竞选攻势。[④] 因此,1948 年意大利选举期间美国的电影放映计划开创了美国利用电影展开冷战宣传的先例,对美国的电影宣传战略产生了持久的影响。

基于电影宣传在 1948 年意大利选举期间所发挥的独特作用,美国政府更加重视电影产品的宣传功能。为此,美国政府加强了与影视公司等非国家行为体的合作。通过将对外政策和文化事务有机地连接在一起,美国政府对美国电影作品的导向施加了重要影响,并据此教化和影响受众的世界观,促使其追随美国的政策思维。[⑤]

---

① D. W. Ellwood, "The 1948 Elections in Italy: A Cold War Propaganda Battle," pp. 26 – 27.

② Robert A. Ventresca, *From Fascism to Democracy: Culture and Politics in the Italian Election of 1948*, Toronto: University of Toronto Press, 2004, p. 63.

③ 作为由好莱坞当红女星葛丽泰·嘉宝主演并荣获第 12 届奥斯卡最佳影片奖的电影,《妮诺契卡》的主要内容是:一名苏俄女干部奉命前往巴黎执行任务,但在置身自由浪漫的花都之后难挡诱惑,与一名美国男子产生了难解难分的爱情,坠入西方世界而不能自拔。

④ Tony Shaw, *Hollywood's Cold War*, p. 26.

⑤ Andrew J. Falk, *Upstaging the Cold War: American Dissent and Cultural Diplomacy*, 1940 – 1960, Amherst: University of Massachusetts Press, 2010, pp. 6 – 8, 147 – 149.

作为从事隐蔽行动的专门机构，中情局从建立之时起就同好莱坞保持着密切联系，① 将好莱坞电影作为隐蔽宣传的载体。通过提供秘密资金支持、委托联络人等方式，中情局立足冷战宣传和遏制共产主义的战略目标，积极参与好莱坞电影的选题、设计和制作，力图将冷战素材和反共理念植入好莱坞影片之中。从根本上讲，中情局染指好莱坞的目的就是通过隐蔽方式进行宣传活动，中情局—好莱坞关系的实质就是共同发起文化冷战，② 由此揭示了中情局以电影作为载体展开宣传战和隐蔽宣传行动的政策路径。

为展开冷战电影宣传，中情局与好莱坞通力协作，于 1948 年制作了一部以冷战作为主题的宣传片——《铁幕》（*The Iron Curtain*），将东西方对抗的图景展现在银幕上。《铁幕》是好莱坞拍摄发行的第一部冷战电影，标志着好莱坞打响了冷战电影宣传的第一枪。③ 结合 1948 年柏林危机的国际背景，中情局的掩护性组织"自由欧洲国家委员会"与美国国防部于 1950 年联合拍摄名为《钟声》（*The Bell*）的教育片，以"自由钟声"为主线，宣扬美国捍卫自由的意志，呼吁西方民众防范苏联入侵的风险。④ 该片是中情局以掩护性组织的名义参与拍摄的宣传电影，揭示了中情局以电影作为平台，通过隐蔽手段实施冷战宣传的新路径。

20 世纪 50 年代是冷战渐次展开、东西方尖锐对立的时期，中情局以好莱坞作为平台、以电影作为载体展开的隐蔽宣传行动亦达到一个高潮期。在文化自由大会的配合以及美国心理战略委员会的指导下，中情局秘密资助拍摄的第一部故事片《动物庄园》（*Animal Farm*）于 1954 年在

---

① 尽管中情局长期同好莱坞保持着秘密联系，但出于刻意掩饰的目的，中情局与好莱坞达成约定，避免在好莱坞电影中提及中央情报局或中情局的名字。直到 1959 年，在事先征得中情局官方确认后，中情局参与制作的好莱坞电影《西北偏北》（*North by Northwest*，又名《谍影疑云》）才出现中情局的名称。《西北偏北》成为好莱坞电影中第一次明确提及中情局的影片，参见 Simon Willmetts, *In Secrecy's Shadow: The OSS and CIA in Hollywood Cinema 1941 – 1979*, Edinburgh: Edinburgh University Press, 2016, pp. 135 – 136.

② Simon Willmetts, *In Secrecy's Shadow*, p. 137.

③ Alan R. Booth, "The Development of the Espionage Film," *Intelligence and National Security*, Vol. 5, No. 4, 1990, pp. 147 – 148. Tony Shaw, *Hollywood's Cold War*, p. 2.

④ Tony Shaw, *Hollywood's Cold War*, p. 49.

好莱坞杀青并公开发行，主题是隐喻地渲染苏联的制度暴政，强化反共产主义的寓意，进而带动冷战宣传的节奏。因此，中情局出资购买版权并组织改编拍摄的《动物庄园》具有经典的冷战逻辑和思维。为扩大宣传效果，中情局还秘密出资，推动《动物庄园》在西方世界和发展中国家的发行放映。在美国政府相关机构的鼎力支持下，《动物庄园》甚至成为美国教育援助的项目，为年轻一代认识冷战起源灌输了具有倾向性的背景知识。[1] 由此可见，《动物庄园》是中情局倾力打造的冷战宣传电影，在电影的改编、设计、制作、拍摄和发行等各个阶段，中情局均全程介入并提供大量的秘密资金支持，正因为如此，《动物庄园》成为中情局以冷战电影宣传的方式展开隐蔽宣传行动的一个范本。此后，中情局秘密资助并参与设计、改编、制作的电影接连问世。其中，1956 年发行的《1984 年》（*Nineteen Eighty-Four*）和 1958 年发行的《寂静的美国人》（*The Quiet American*）均着力渲染共产主义的恐怖和威胁，美化西方民主，[2] 成为中情局以隐蔽行动手段并利用好莱坞电影赢得心灵和思想、展开冷战宣传的新例证。

　　除秘密资助并参与好莱坞电影的设计制作外，中情局影响好莱坞电影的另一种方式就是调查好莱坞的进步电影。1959 年，美国第一部质疑并谴责核战争的好莱坞电影《海滩上》（*On the Beach*）拍摄完成并上映。鉴于其具有反核战争的内涵，因而招致包括美国国务院和国防部在内的相关政府机构的反对，认为《海滩上》的反核宣传对美国的国家安全构成严重妨碍，甚至指责苏联是《海滩上》的幕后推手。为此，中情局启动了对《海滩上》拍摄背景的调查。尽管煞费周章，但中情局的调查结论不得不承认，没有证据支持《海滩上》是国际共产主义宣传工具的观

---

[1]　Tony Shaw, *Hollywood's Cold War*, pp. 75 – 85. Joel Whitney, *Finks*, p. 100. 《动物庄园》是英国作家乔治·奥威尔于 1945 年出版的中篇小说，被称为反乌托邦政治的讽喻寓言，其核心思想是反对一切形式的极权主义，追求民主和公正。中情局组织改编并拍摄的同名电影则刻意添加并强化了反斯大林主义的暗喻，展示了中情局利用电影从事冷战宣传的政策路径，参见 Simon Willmetts, *In Secrecy's Shadow*, p. 140.

[2]　Tricia Jenkins, *The CIA in Hollywood：How the Agency Shapes Film and Television*, Austin：University of Texas Press, 2012, pp. 8 – 9.

点。① 因此，围绕《海滩上》的纷争从另一个侧面揭示了中情局以冷战对抗作为政策引领和行动指南，通过多种方式影响好莱坞电影的政治伎俩。

在参与美国电影设计制作的同时，中情局还通过输送秘密资金的方式，为外国电影在易受共产主义影响的国家顺利发行提供融资。例如，在 20 世纪 50 年代后期，中情局就与菲律宾天主教传媒 "家庭玫瑰经十字军"（Family Rosary Crusade）达成合作协议，由中情局提供 2 万美元启动资金发起 "玫瑰经电影计划"（Rosary Film Program），资助西班牙语 "玫瑰经电影" 在拉美地区的放映，目的是鼓励信奉天主教，抵御共产主义思想的影响，② 进而展开冷战宣传。"玫瑰经电影计划" 是中情局以隐蔽手段资助外国电影在世界上放映的典型案例，展示了中情局以电影作为媒介实施冷战宣传战的隐蔽行动路径。

冷战结束后，中情局继续介入好莱坞电影的设计制作，借助电影宣传服务于美国的对外战略目标。为此，中情局于 1996 年同好莱坞正式确立了影视娱乐产业合作关系，并开始委派中情局驻好莱坞联络官。此后，在中情局的资助、参与和指导下，好莱坞拍摄并发行了一系列相关影片，包括 1998 年的《国家公敌》（Enemy of the State）、1999 年的《特务威龙》（In the Company of Spies）、2002 年的《临时特工》（Bad Company）等。③ 不仅如此，由中情局资助并参与设计制作的反映美国情报机构现实题材的好莱坞电影也陆续亮相，包括 2012 年的《逃离德黑兰》［又名《阿尔戈号》（Argo）］和《猎杀本·拉登》（Zero Dark Thirty）。④

总之，电影是美国最具吸引力的大使，可以将美国的权力投送到世界各地，⑤ 进而影响人们的思想和观念。因此，美国既通过隐蔽方式影响

---

① Tony Shaw, *Hollywood's Cold War*, pp. 152 – 156.

② Tricia Jenkins, *The CIA in Hollywood*, p. 8.

③ Tricia Jenkins, *The CIA in Hollywood*, p. 1.

④ Joel Whitney, *Finks*, p. 101. Simon Willmetts, *In Secrecy's Shadow*, pp. 140 – 141.《逃离德黑兰》以 1979 年美国驻伊朗大使馆人质事件作为背景，着力展示了中情局特工为营救人质而表现出来的机智果敢。《猎杀本·拉登》则讲述了中情局特工带领美国海豹突击队在巴基斯坦猎杀基地组织头目本·拉登的故事。这两部电影的意图很明确：彰显中情局的作用和威力。

⑤ Andrew J. Falk, *Upstaging the Cold War*, p. 12.

电影的主题设计和制作，又通过公开渠道向世界投送美国电影，① 从而构筑起完备的电影宣传体系，服务于美国的对外政策和战略目标。

除利用电影展开战略性的冷战宣传之外，在中情局实施的特定隐蔽行动中，电影同样是美国隐蔽宣传行动的工具。例如，在"成功行动"计划宣传战的实施过程中，电影成为美国重要的宣传平台。为此，中情局在迈阿密设立工作室，专门拍摄反阿本斯的电影宣传片，刻意渲染共产主义在危地马拉的渗透及其对地区安全所构成的威胁，并通过特殊的发行渠道投放到拉美乃至世界其他国家，② 目的就是抹黑并毁损阿本斯政府的国际形象，为中情局策动政变营造进一步的舆论氛围。在颠覆阿本斯政府之后，中情局继续资助拍摄有关危地马拉共产主义的电影和宣传片，并利用其掌控的输送渠道向世界各国发行传播，③ 以便进一步混淆视听，掩盖美国的颠覆活动。透过电影在"成功行动"计划及其后续宣传行动中的运用不难看出，电影不仅是美国宣传战的平台，同时也是美国在特定隐蔽行动中实施隐蔽宣传的工具。④

综上所述，在冷战期间，美国政府充分利用好莱坞电影展开冷战宣传，中情局、美国新闻署等政府机构通过各种途径影响好莱坞电影的运作，包括利用资金支持、市场营运等方式引导好莱坞电影展开冷战宣传。此外，利用非官方背景的电影进行反共产主义宣传亦是美国政府机构常用的手段，《妮诺契卡》在意大利和欧洲的放映就是明证。在美国政府的影响下，电影往往有意或无意地体现和投射出美国官方的冷战意识形态，⑤ 因此，电影是美国实施公开或隐蔽宣传战的重要渠道，进而展示了电影在美国冷战

① 基于电影产品的文化传播和宣传功能，美国还特别注重构建电影产品的国际贸易渠道，积极寻求制定电影产品贸易的多边规则，从制度上为美国电影产品的全球传播提供保障。例如，在美国的倡导和支持下，1947 年关贸总协定在第四条单列了"有关电影片的特殊规定"，确立了关于电影产品贸易的第一个多边规则，为美国电影产品的出口提供了制度保障，集中体现了美国运用多边制度推进美国电影产品的国际传播的战略意图。有关美国与关贸总协定对电影产品贸易规则的论述，参见舒建中：《多边贸易体系与美国霸权：关贸总协定制度研究》，南京大学出版社 2009 年版，第 173—174 页。

② Russell Crandall, *America's Dirty Wars*, p. 243.

③ Kenneth Osgood, *Total Cold War*, p. 148.

④ 舒建中：《美国与 1954 年危地马拉政变》，南京大学出版社 2018 年版，第 147 页。

⑤ Tony Shaw, *Hollywood's Cold War*, p. 303.

战略中的宣传功能。

第二次世界大战结束后，电视开始在西方世界广泛运用，相较于电影而言，电视具有更为普及性的社会影响力，可以对人们的生活方式和政治态度等产生巨大影响。① 而且，作为最具普遍性的大众传播媒介，电视为影视作品的全球投放提供了更为快速和便捷的通道。正是基于电视传播功能的社会性和影响力，电视作品亦是美国宣传战和隐蔽宣传行动的重要平台。

早在冷战格局形成之初，美国冷战斗士就开始密切关注电视节目的宣传功能，致力于将电视作品打造成美国的文化武器。为此，美国新闻署等机构制订了专门计划，密切追踪海外电视节目的播出数据，积极支持于1959年建立"美国电视节目出口协会"，力推美国电视作品的国际传播。② 美国政府的电视宣传努力取得积极的成果，到20世纪70年代，有关国家和地区进口的电视娱乐节目多数来自美国，由此表明美国的电视作品在国际电视传播中占据了主导性的引领地位。通过主导世界电视节目市场，美国力图获致以下宣传效果：向世界展示美国的生活方式和价值观念，塑造电视观众的世界观，推进美国对国际社会的观念控制，支撑美国主导的国际权力结构。③ 由此可见，美国电视作品的世界传播同样体现了美国电视宣传的战略功能。

作为实施隐蔽宣传行动的专门机构，中情局同样看重电视的传播功能并积极从事基于电视平台的隐蔽宣传。1981—1989年是东欧社会出现震荡的岁月，中情局抓住时机，运用秘密资金支持的方式，向东德输送好莱坞电视连续剧《豪门恩怨》（Dynasty）并持续播放，目的就是向东德民众兜售资本主义理念以及西方世界的奢华生活。④ 虽然只是已知的个案，但冷战期间中情局利用电视渠道展开隐蔽宣传的意图已经可见一斑。

① Anthony Smith, "The Influence of Television," *Daedalus*, Vol. 114, No. 4, 1985, p. 2.
② Andrew J. Falk, *Upstaging the Cold War*, pp. 153, 203.
③ Michael Tracey, "The Poisoned Chalice? International Television and the Idea of Dominance," *Daedalus*, Vol. 114, No. 4, 1985, pp. 22, 42.
④ Tricia Jenkins, *The CIA in Hollywood*, p. 9.

二　美国隐蔽宣传行动的图书期刊渠道

图书期刊的发行不仅是一种商业形式，而且是传递文化的重要渠道，同时兼具思想观念等意识形态传播功能。因此，图书期刊渠道成为美国宣传战和隐蔽宣传行动的重要平台。

第一次世界大战期间，利用图书作为宣传战的方式就已经萌芽。第二次世界大战爆发及美国参战后，美国战略情报局在欧洲和世界其他地区建立了一系列图书馆，目的就是运用图书诠释美国的对外政策，塑造美国的正义形象，提升美国的国际地位，进而彰显了图书宣传的巨大功效。[①] 基于第二次世界大战的历史经验，美国坚信，在所有的宣传手段中，图书是最持久的宣传工具。[②] 随着冷战对抗的加剧，美国更是将图书视为信念战的一把利刃，将图书作为在全球冷战中赢得心灵和思想的武器，[③] 图书渠道成为美国实施宣传战和隐蔽宣传行动的重要平台。

在公开渠道方面，美国总统杜鲁门于 1948 年 1 月签署《美国信息与教育交流法》，规定美国将支持同其他国家的图书期刊交流，资助美国海外图书馆的建设，以作为展示美国方式和经验的橱窗，由此标志着海外图书项目成为美国宣传战的重要平台。美国新闻署成立后随即全面接手美国的海外图书体系，致力于运用图书期刊展开宣传攻势，影响其他国家及民众的思想和心灵。鉴于发展中国家是美苏争夺的重要区域，因而成为美国海外图书项目的运作重点。仅在 1960 年，美国新闻署就资助出版了 4400 本美国图书的 50 种语言的译文版，总计发行量达 4400 万册，主要投放地就是发展中国家，[④] 这从一个侧面彰显了美国向发展中国家展

---

① 常贝贝：《冷战初期美国的海外图书馆项目与心理宣传战》，《东北师大学报》（哲学社会科学版）2010 年第 3 期，第 60—61 页。

② ［美］约翰·B. 亨奇：《作为武器的图书：二战时期以全球市场为目标的宣传、出版与较量》，蓝胤淇译，商务印书馆 2016 年版，第 98 页。

③ Amanda Laugesen, "Books for the World: American Book Programs in the Developing World, 1948 – 1968," in Greg Barnhisel and Catherine Turner, eds., *Pressing the Fight*: *Print*, *Propaganda*, *and the Cold War*, Amherst: University of Massachusetts Press, 2010, p. 129.

④ Amanda Laugesen, "Books for the World: American Book Programs in the Developing World, 1948 – 1968," in Greg Barnhisel and Catherine Turner, eds., *Pressing the Fight*, p. 131.

开图书期刊宣传的广度和力度。美国新闻署和美国国际开发署共同资助的"富兰克林图书计划"（Franklin Book Programs）亦是美国向发展中国家展开图书宣传战的组成部分，其主要目的就是通过向发展中国家灌输美国式的现代化道路，一方面抵御共产主义思想的影响，另一方面展示美国模式的优越性，进而帮助美国赢得冷战，并按照美国的模式打造世界。① 就其政策功效而言，在美国的心理宣传工具中，图书项目属于"慢媒介"，是一种长期的心理战规划，其终极意义不在于图书馆或图书本身，而是通过这些媒介传达思想、精神及价值观念等；这些思想层面的因素将长远而深刻地影响人们的精神世界，甚至改变或重塑人们的精神世界。② 因此，美国海外图书项目归根到底是服务于美国全球战略的，从一个侧面展示了美国宣传战的战略功能。

在美国的隐蔽行动序列中，图书期刊的出版发行始终是高度优先的行动议程。为此，中情局在冷战初期就确立了秘密图书计划的基本原则和路径，主要包括：通过秘密资助外国图书出版和发行机构，在不泄露美国角色的情况下出版和发行图书；在确保与美国政府没有任何公开牵连的情况下，秘密资助外国作者出版图书；图书出版立足行动考量而非商业可行性；鼓励并资助本地机构或国际组织参与图书出版和发行；通过直接资助（如果隐蔽渠道可靠的话）或经由代理人和出版商间接资助的方式，引导外国作者撰写具有政治重要性的图书。总之，秘密图书计划的基本原则就是旨在确立掩饰手段，进而达到无法公开确认美国政府角色的目的。③ 由此可见，立足"貌似否认"原则，通过秘密资助作者或出版机构展开具有非归属性特征的文化宣传战是中情局隐蔽宣传行动的重要手段，是中情局实施文化冷战的重要路径。

在冷战格局形成之际，中情局就采取行动，向自由欧洲出版社提供秘密资金，支持其出版反共产主义的书籍并展开冷战宣传。在中情局的资助下，自由欧洲出版社编辑发行《东欧》（*East Europe*）杂志（月刊），

① Amanda Laugesen, "Books for the World: American Book Programs in the Developing World, 1948 - 1968," in Greg Barnhisel and Catherine Turner, eds. , *Pressing the Fight*, pp. 137, 141.

② 常贝贝：《冷战初期美国的海外图书馆项目与心理宣传战》，第 64 页。

③ Kenneth Osgood, *Total Cold War*, pp. 303 - 304.

专门发表有关东欧国家的文章，渲染共产主义的压迫和威胁。自由欧洲出版社还根据中情局的指令和要求，出版了系列专题小册子，诸如"共产主义研究"（*Studies in Communism*）等，针对马克思主义和共产主义展开抨击。① 不仅如此，为进行更具针对性的隐蔽宣传和冷战攻势，根据中情局的旨意并在中情局的秘密资助下，自由欧洲出版社还联合"自由欧洲国家委员会"出版专门面向波兰、捷克斯洛伐克、阿尔巴尼亚、保加利亚、罗马尼亚、匈牙利等东欧国家的期刊，针对特定国家展开定向的隐蔽宣传。②

与此同时，作为利用图书期刊展开隐蔽宣传行动的另一种方式，中情局还向美国国内的反共产主义杂志提供秘密的资金支持，其中主要的杂志是《新领袖》（*New Leader*）和《党派评论》（*Partisan Review*）。在中情局看来，《新领袖》和《党派评论》是反共产主义意识形态的重要载体，为反共知识分子提供了一个思想上的桥头堡，因而值得出手资助。③ 不难看出，通过提供隐蔽资金的方式资助相关机构出版发行反共产主义的图书和期刊，是中情局隐蔽宣传行动的重要路径，展示了中情局以图书期刊作为行动平台实施冷战隐蔽宣传的政策手段。

除秘密资助图书期刊的出版之外，中情局还特别关注冷战图书秘密推销渠道的建设。从 1956 年 7 月起，总部位于德国慕尼黑的自由欧洲出版社在中情局的秘密资助下，启动所谓"图书邮寄工程"（Book Mailing

---

① Walter L. Hixson, *Parting the Curtain*, p. 65.
② 有关中情局秘密资助的针对东欧国家的期刊及其宣传意图的详细论述，参见 Alfred A. Reisch, *Hot Books in the Cold War: The CIA-Funded Secret Western Book Distribution Program behind the Iron Curtain*, Budapest: CEU Press, 2013, pp. 87 – 101. Friederike Kind-Kovács, *Written Here, Published There*, pp. 168 – 176.
③ ［英］弗朗西丝·斯托纳·桑德斯：《文化冷战与中央情报局》，第 180—182 页。《新领袖》是创刊于 20 世纪 20 年代的反共杂志，冷战期间成为美国反共产主义十字军运动的总部。有关《新领袖》杂志的反共背景以及中情局秘密资助的详细论述，参见 Hugh Wilford, "Playing the CIA's Tune? The *New Leader* and the Cultural Cold War," *Diplomatic History*, Vol. 27, No. 1, 2003, pp. 18 – 21, 29 – 33.《党派评论》是纽约共产党于 20 世纪 30 年代创办的杂志，后因反对斯大林主义而与共产党决裂。正是基于其反斯大林主义的立场，中情局决定予以资助，参见 Hugh Wilford, "Secret America: The CIA and American Culture," in Christopher Bigsby, ed., *The Cambridge Companion to Modern American Culture*, pp. 279 – 280.

Project），其使命就是向东欧国家和苏联的相关机构及个人邮寄图书和其他出版物。从总体上讲，"图书邮寄工程"的主旋律是宣扬政治、经济和知识的自由化，图书和期刊的议题涉及西方的文化和言论自由、经济进步、工人权利和自由工会、西方对苏联和东欧的印象、对苏东国家政策的评论、在苏东国家遭禁止的演讲稿和文章等，目的就是激发对共产主义和资本主义的比较，通过提供自由化的建议以挑起对共产主义的不满和批评。在"图书邮寄工程"的推进过程中，中情局始终躲在幕后操控，同时提供有关目标国的邮寄信息，以及必要的安全保障条件和举措。① 在邮寄图书的同时，自由欧洲出版社还发起所谓"面对面分发图书"的行动，并将其作为"图书邮寄工程"的一个组成部分。截至 1963 年底，"图书邮寄工程"分发的图书期刊已经超过 100 万册，且呈现出逐年增长的态势。到 1965 年，"图书邮寄工程"的分发对象已经涉及苏东国家的约 7 万个机构和个人。② 在中情局的鼎力资助下，"图书邮寄工程"持续时间长达 37 年，耗资仅为数百万美元，向东欧国家和苏联邮寄了数千万本图书和期刊，成为中情局最廉价实惠的隐蔽行动。③ 透过一系列案例不难看出，图书期刊是美国隐蔽宣传行动的重要渠道，秘密资助出版社等出版发行机构则是该渠道的关键环节。

秘密资助美国学者以及其他国家的学者撰写反共产主义的书籍是中情局展开宣传战的重要路径，是美国隐蔽宣传行动的常用手段。1953 年，中情局秘密资助出版一本《苏联社会动态》（*The Dynamics of Soviet Society*）的图书，作者就是后来担任约翰逊总统国家安全事务助理的沃尔特·罗斯托（Walt Rostow）。④ 出于政策服务和公众宣传的双重考量，该书最终分为两个版本：一个版本是保密的（供中情局和美国决策者），另一个

---

① Alfred A. Reisch, *Hot Books in the Cold War*, pp. 23 – 26.

② Alfred A. Reisch, *Hot Books in the Cold War*, pp. 78 – 79.

③ John P. C. Matthews, "The West's Secret Marshall Plan for the Mind," *International Journal of Intelligence and Counterintelligence*, Vol. 16, No. 3, 2003, pp. 410 – 411.

④ 罗斯托主持的"苏联社会动态"研究是"特洛伊计划"的后续项目之一。1952 年 8 月，罗斯托完成"苏联社会动态"研究，并将研究成果提交美国国务院和中情局，参见 Allan A. Needell, "'Truth Is Our Weapon': Project TROY, Political Warfare, and Government-Academic Relations in the National Security State," p. 416.

版本则是公开的。但这两个版本的核心观点都是一致的，即苏联是一个决意征服世界的帝国，美国的责任就是消除国际共产主义的威胁。① 为利用图书展开隐蔽宣传行动，中情局在实践中形成一套实施路径。除向作者提供资金之外，中情局亦向作者提供相关素材，目的就是敦促作者按照中情局的授意进行写作。不仅如此，中情局还向出版商和分销商提供资金支持，同时组织安排销售渠道。截至 1976 年，中情局秘密资助出版的书籍多达数千种，且尚有大量书籍的出版背景依然处于保密状态。除《苏联社会动态》一书外，由中情局资助出版的书籍还包括：米洛万·杰拉斯（Milovan Djilas）的《新阶级论》（*The New Class*），罗伯特·伯顿（Robert A. Burton）的《共产党简史》（*Concise History of the Communist Party*），以及瓦伦丁·冈萨雷斯（Valentin Gonzalez）撰写的《苏维埃俄国的生与死》（*Life and Death in Soviet Russia*）和詹姆斯·阿特金森撰写的（James D. Atkinson）的《斗争的政治学：共产主义阵线与政治战》（*The Politics of Struggle：The Communist Front and Political Warfare*），等等。② 上述书籍的出版发行再次表明，图书是美国冷战宣传的重要平台，图书渠道是中情局展开隐蔽宣传行动的主要手段之一。

利用社会主义国家的流亡者、叛逃者以及持不同政见者撰写批评和反击共产主义的书籍或为美国辩护的书籍和文章，是美国长期采用的宣传战方式，同时也是中情局实施隐蔽宣传行动的重要路径。除授意流亡者或持不同政见者按照美国的意愿写作之外，中情局还会协助联系出版社落实出版事宜，甚至帮助推销书籍。例如，1957 年，苏联作家帕斯捷尔纳克的小说《日瓦戈医生》（*Doctor Zhivago*）首度以意文版的方式在意大利出版并在西方世界引起轰动。中情局认为，该书蕴含了批评俄国十月革命以及苏联模式的内容，因而值得利用。基于此，在中情局及其掩护性组织文化自由大会的秘密安排和资助下，《日瓦戈医生》的俄文版于1958 年在荷兰正式出版，并迅速译成多种文字在世界各地发行。③ 再如，

---

① Victor Marchetti and John D. Marks, *The CIA and the Cult of Intelligence*, p. 181.

② William Blum, *Killing Hope*, pp. 117 – 118.

③ James Callanan, *Covert Action in the Cold War*, p. 62. Friederike Kind-Kovács, *Written Here, Published There*, pp. 28 – 29.

1972 年，中情局秘密资助叛逃的捷克斯洛伐克情报官员拉迪斯拉夫·比特曼出版《欺骗的把戏》（*The Deception Game*）一书，大肆渲染共产党集团欺骗西方世界和民主社会的阴谋伎俩，以及中情局等美国政府机构为揭露这些欺骗行为而作出的努力。[1] 中情局的意图非常明显：通过秘密资助社会主义国家的流亡者、叛逃者以及持不同政见者出版现身说法的书籍展开反共宣传，服务美国的全球冷战战略。

1980 年 8 月，以反对共产主义作为宗旨的波兰团结工会（Solidarity）宣布建立。基于在波兰强化隐蔽行动的战略考量，中情局不失时机地向团结工会提供了秘密的资金支持，资助团结工会展开反政府宣传并借此助推美国的隐蔽行动就是其中的一项重要内容。鉴于团结工会组建的两家出版社——诺瓦出版社（NOW-a Publishing House）和克拉格出版社（Krag Publishing House）面临资金困难，中情局的秘密资金成为这两家出版社的主要资金来源。不仅如此，在中情局秘密资金的支持下，诺瓦出版社于 1982 年 1 月开始出版发行反共产主义的报纸——《马佐夫舍周刊》（*Tygodnik Mazowsze*），以及一本面向知识分子的杂志——《评论》（*Krytyka*），从而拓展了团结工会的宣传阵地。其中，《马佐夫舍周刊》成为团结工会在华沙的宣传喉舌。[2] 由此可见，在 20 世纪 80 年代针对波兰的隐蔽行动中，秘密资助团结工会出版发行报纸和期刊是美国展开隐蔽宣传的重要路径，再次表明图书期刊是美国隐蔽宣传行动的重要渠道。

总之，在美国看来，图书期刊具有持久的文化传播功能，是向世界展示美国的科学、技术和文化成就并维护美国世界领导地位的重要工具。[3] 为此，美国采用多种管道推进美国的图书宣传计划，主要包括：通过政府提供资金支持和担保的方式促进美国图书的出口；利用援助计划向外国的学校、图书馆等机构捐赠教科书和其他图书；在掩盖资金来源

---

① Victor Marchetti and John D. Marks, *The CIA and the Cult of Intelligence*, pp. 179 – 180.

② Peter Schweizer, *Victory: The Reagan Administration's Secret Strategy that Hastened the Collapse of the Soviet Union*, New York: Atlantic Monthly Press, 1994, p. 90.

③ Kenneth Osgood, *Total Cold War*, p. 298.

的前提下翻译、出版并销售政府导向的美国图书等。[①] 基于此，在美国的隐蔽宣传行动体系中，图书渠道从一开始就是美国精心谋划并着力布局的重要平台，是美国宣传战不可或缺的战略工具。

综上所述，在长期的政策实践中，美国构建了完备的隐蔽宣传行动平台体系，通过隐蔽和公开渠道的灵活运用及相互策应，服务于美国的政策和战略目的，进而展示了美国隐蔽宣传行动的战术功能和战略功能，彰显了美国宣传战的渗透力和影响力。

---

① Greg Barnhisel, "Cold Warriors of the Book: American Book Programs in the 1950s," *Book History*, Vol. 13, 2010, p. 185.

第 二 章

美国隐蔽政治行动的理论
框架和实施路径

在美国隐蔽行动体系中，隐蔽政治行动是主要的组成部分，是美国实现隐蔽行动目标的重要工具。从总体上讲，美国隐蔽政治行动主要有两种实施方式：一是运用隐蔽手段影响甚至干涉目标国的政治进程，包括实现和平的政权更迭等；二是展开秘密的资金支持和策反行动，目的就是获取情报，影响目标国的政治决策，甚至利用策反对象履行隐蔽宣传行动、准军事行动等秘密使命。在实施对象上，美国的隐蔽政治行动囊括了外国政府、军方、政党以及相关社会组织。因此，隐蔽政治行动是美国通过秘密手段影响甚至操控他国政治进程的有力工具。

第一节　美国隐蔽政治行动的理论建构

隐蔽政治行动和政治战既有一定的联系，也存在明显的区别。美国遏制政策设计师乔治·凯南是政治战战略的首倡者。凯南认为，美国和苏联之间的争斗并非简单的国家间的竞争，而是自由民主原则与共产主义之间的意识形态之战，鉴于此，政治战就成为此种新形态战争的主要方式。从这个意义上讲，凯南政治战的意图就是呼吁美国运用国家所有的权力资源，发起一场低于传统国家间冲突门槛的影响力之战。[①] 诚然，

---

① Sarah-Jane Corke, "George Kennan and the Inauguration of Political Warfare," *The Journal of Conflict Studies*, Vol. 26, No. 1, 2006, p. 105.

凯南政治战的本意是运用除战争之外的所有手段展开冷战对抗，通过一个统一的政治战理念构建美国的冷战战略，并将政治战作为实施冷战战略的方式。① 但凯南的政治战范畴过于宽泛，且将公开行动和隐蔽行动糅合在一起，导致政治战的界限难以确定甚至模糊不清。因此，政治战并未植根于战后美国国家安全政策之中，美国官方亦没有使用政治战的概念。从学术研究的层面看，直至冷战中期，政治战术语同样没有被学术界广泛采用。② 实际上，在凯南提出的政治战理念中，仅仅是有关隐蔽行动和隐蔽政治战的阐释被美国政府作为设计制定隐蔽行动战略的依据。

隐蔽政治行动既是传统的政治战方式，也是美国隐蔽行动的基本类型，在美国对外隐蔽行动政策与战略中占据着独特而重要的地位，是美国实施隐蔽行动的重要领域。随着美国隐蔽行动政策与实践的演进，隐蔽政治行动研究亦成为美国隐蔽行动研究的组成部分，最终形成一套较为完整的隐蔽政治行动理论研究框架。

一 20 世纪中后期美国隐蔽政治行动的理论研究

随着隐蔽行动研究的起步和发展，美国学术界以及相关研究者开始思考隐蔽政治行动的理论建设问题，并在 20 世纪 70 年代取得初步进展。

1974 年，维克托·马尔凯蒂和约翰·D. 马克斯出版《中情局与情报膜拜》一书，专设章节讨论隐蔽行动理论及相关问题。马尔凯蒂和马克斯认为，隐蔽行动是指通过隐蔽手段影响甚至干涉别国内政；隐蔽行动的主要手段就是通过与目标对象建立密切或友好的关系（包括提供资金支持）进行渗透。此外，在海外建立以非官方身份作为掩护的机构亦是隐蔽行动重要的实施路径，这一过程就是所谓组建行动资源，发展行动组织。③ 为进一步阐释隐蔽行动的内涵，马尔凯蒂和马克斯将美国隐蔽行

① Scott Lucas and Kaeten Mistry, "Illusions of Coherence: George F. Kennan, U. S. Strategy and Political Warfare in the Early Cold War, 1946-1950," *Diplomatic History*, Vol. 33, No. 1, 2009, p. 63.

② Donovan C. Chau, "Political Warfare: An Essential Instrument of U. S. Grand Strategy Today," *Comparative Strategy*, Vol. 25, No. 2, 2006, p. 111.

③ Victor Marchetti and John D. Marks, *The CIA and the Cult of Intelligence*, New York: Dell Publishing, 1974, pp. 58-60.

动的策略和手段归纳为八种方式，包括政治指导与劝告；对个人的资助；对政党的经济和技术援助；对私人组织（工会、商会以及公司等）的支持等。[①] 尽管没有提及隐蔽政治行动的概念，但马尔凯蒂和马克斯所论及的政治指导、秘密资助个人和政党以及私人组织等，均属政治渗透的范畴。因此，马尔凯蒂和马克斯有关政治渗透策略及其实施路径的论述已经展露了隐蔽政治行动研究的端倪，初步勾勒出隐蔽政治行动的分析框架，为隐蔽政治行动的理论研究提供了最初的思考路径。

　　关于美国隐蔽政治行动的理论阐释，哈里·罗西兹克的解读具有开创性意义。在《透视美国的秘密行动》一文中，罗西兹克明确将政治行动作为隐蔽行动的三种类型之一。为此，罗西兹克列举了美国实施隐蔽政治行动的方式，诸如支持海外的反苏流亡者；支持民主的政党、工会组织、知识界等；支持遭受共产主义威胁的第三世界非共产党政权；在世界各国的学生、教师以及青年团体中创建民主阵线组织以反击共产主义；资助美国的学生和劳工组织在国外从事反共产主义行动；向共产党控制的各类国际组织实施渗透等。与此同时，罗西兹克还探讨了隐蔽政治行动引发的政治和道义问题，首当其冲的就是干涉他国内部事务的问题。罗西兹克明确指出，隐蔽政治行动的一大特点就是秘密干涉他国内部事务，更确切地说是利用金钱干涉他国内部事务，因此，隐蔽政治行动可以概括为运用秘密资金的干涉。[②] 尽管没有对隐蔽政治行动的含义作出明确的界定，但罗西兹克初步梳理了隐蔽政治行动的实施途径和核心意涵，率先剖析了隐蔽政治行动的政治和道义问题。因此，罗西兹克的解读不仅有助于厘清美国隐蔽政治行动的实施平台和方式，而且为隐蔽政治行动理论框架的构建作出了前期铺垫。

　　在 1977 年出版的《中情局的秘密行动：谍报活动、反谍报活动和隐蔽行动》一书中，罗西兹克对包括隐蔽政治行动在内的隐蔽行动作出了新的解读。在罗西兹克看来，隐蔽行动总体上可分为三个范畴：心理战、

---

　　① Victor Marchetti and John D. Marks, *The CIA and the Cult of Intelligence*, pp. 63 – 64.

　　② Harry Rositzke, "America's Secret Operations: A Perspective," *Foreign Affairs*, Vol. 53, No. 2, 1975, pp. 342, 345.

政治行动、准军事行动（非常规战争）。罗西兹克强调，从广泛的意义上讲，所有的隐蔽行动都是政治性的，其主要目的就是以非战争的方式塑造他国国内的权力结构，从这个意义上讲，隐蔽行动是外交通过其他方式的延展。[①] 关于隐蔽政治行动，罗西兹克认为，从最广义的角度看，隐蔽政治行动是指运用秘密联系和秘密资金影响其他国家的权力结构和政策决策，其中的一个关键环节就是提升隐蔽政治行动实施者所选定的政治代理人及其组织的政治地位和影响力。罗西兹克指出，隐蔽政治行动的实施对象既可以是国家和政党的领导人以及相关官员，也可以是工会领导人以及其他有影响力的精英；隐蔽政治资金既可用于支付政治代理人的费用，也可用于资助选举等政治活动，隐蔽政治行动最严重的后果就是诱发暗杀和政变。罗西兹克强调，隐蔽政治行动可以是支持友好的政府和执政党，这是善意的隐蔽政治行动；颠覆的隐蔽政治行动则指支持反对势力对抗不友好的政府。[②] 罗西兹克坦言，隐蔽政治行动确实会引发干涉他国事务的政治和道义争论，但现实世界是非道义的世界，因此，隐蔽政治行动与道义无关，对隐蔽政治行动的判断应基于权力、利益和安全等实用主义原则。[③] 通过审视中情局的秘密行动，罗西兹克首次对隐蔽政治行动作出了详细的学理解读，因此，罗西兹克的著作既是美国隐蔽行动研究的早期代表性成果，同时也是美国隐蔽政治行动理论建构的奠基之作，有力地推动了美国隐蔽行动理论研究的兴起。

　　进入 20 世纪 80 年代之后，美国的隐蔽政治行动研究向纵深推进。在1986 年出版的《中情局与美国情报体系》一书中，斯科特·布雷肯里奇围绕中情局隐蔽行动框架下的政治行动展开了探讨。布雷肯里奇指出，随着冷战的演进，美国决策者意识到，发展中国家更易受到共产主义的渗透和利用，因此，借助各种政治手段影响和控制发展中国家显得尤为重要，目的就是防止和排斥苏联利用其影响力和权力操控发展中国家。在此前提下，隐蔽政治行动成为美国影响发展中国家政治进程的重要工

---

① Harry Rositzke, *The CIA's Secret Operations: Espionage, Counterespionage, and Covert Action*, New York: Reader's Digest Press, 1977, p. 152.

② Harry Rositzke, *The CIA's Secret Operations*, pp. 185 – 186.

③ Harry Rositzke, *The CIA's Secret Operations*, pp. 205 – 206.

具。在布雷肯里奇看来，凭借秘密资金的运转操控民意调查和选举运动、引导对特定政治人物的政治认同、协助特定集团发展政治组织等，均是美国隐蔽政治行动的实施范畴。布雷肯里奇强调，发展亲美的政治代理人（影响力代言人）以影响目标国的政策抉择是美国隐蔽政治行动的惯用方式；向目标国政府提供秘密援助和支持亦是隐蔽政治行动的重要手段。此外，帮助目标国发展情报组织并提供技术手段同样是隐蔽政治行动的实施路径。① 由此可见，布雷肯里奇侧重从美国对发展中国家政策的角度梳理美国隐蔽政治行动的实施范畴、路径和手段，从而充实了美国隐蔽政治行动的研究框架，为思考美国的隐蔽政治行动所提供的新的分析基点，标志着美国的隐蔽政治行动研究取得新的进展。

作为美国隐蔽行动理论研究的重要开拓者之一，格雷戈里·特雷弗顿对隐蔽政治行动作出了更加深入的分析。在 1987 年出版的《隐蔽行动：战后世界中干涉的限度》一书中，特雷弗顿对隐蔽政治行动作出了新的学理界定，认为隐蔽政治行动就是通过向特定团体提供秘密资金以改变目标国的政治力量平衡，进而实现隐蔽行动目标。② 为进一步厘清隐蔽政治行动的含义及其影响，特雷弗顿着力剖析了隐蔽政治行动的实施平台和渠道：其一，支持工会组织。特雷弗顿指出，外国工会组织是美国隐蔽政治行动的重要实施对象，其中，反共产主义的工会组织是美国资金支持的重点。其二，支持外国政党。特雷弗顿强调，外国政党及其组织是美国隐蔽政治行动的另一个重点对象，对美国有利的政党更是美国全力支持的目标，并借此改变目标国的政治力量平衡。其三，支持其他组织和团体。特雷弗顿认为，外国的各种社会组织和民间团体（诸如学生组织、妇女组织等）同样是美国隐蔽政治行动的实施对象，通过提供秘密的资金支持，美国的目标就是利用这些社会组织和民间团体对抗威胁美国利益的集团，增强美国影响目标国政治进程的能力。特雷弗顿特别指出，"选举工程"是美国隐蔽政治行动的重要议题，利用选举影响

① Scott D. Breckinridge, *The CIA and the U. S. Intelligence System*, Boulder: Westview Press, 1986, pp. 216 – 220.

② Gregory F. Treverton, *Covert Action: The Limits of Intervention in the Postwar World*, New York: Basic Books, 1987, p. 13.

外国政治的发展方向是美国隐蔽行动惯用的手段。① 由此可见，特雷弗顿不仅阐释了隐蔽政治行动的含义，而且综合归纳并分析了美国隐蔽政治行动的实施对象和平台，从而进一步圈定了美国隐蔽政治行动理论的研究框架，是美国隐蔽政治行动研究走向成熟的重要标志。

作为美国隐蔽行动研究的著名学者，洛赫·约翰逊强调，隐蔽政治行动的一般含义就是向友好的外国政治人物或官员提供资金支持，向国外特定集团（如反共产主义的工会）或个人提供资金支持亦是美国隐蔽政治行动的实施范畴；隐蔽政治行动的目的就是影响目标国作出有利于美国的政策选择。从苛刻的意义上讲，这种资金支持方式可以理解为政治贿赂；从更具玫瑰色彩的解读来看，这种资金支持方式则可以披上捍卫和推进民主事业的外衣。② 约翰逊进而指出，隐蔽政治行动的实质就是秘密的政治操控。在约翰逊看来，隐蔽政治行动是中情局隐蔽行动的主要工具，是美国隐蔽行动中十分常见的方式之一。在中情局的隐蔽行动中，隐蔽政治行动的占比约为30%。③ 在《美国的秘密权力：民主社会中的中情局》一书中，约翰逊重申，隐蔽政治行动的主要实施方式就是向外国官员以及相关人物提供秘密的、基于政治目的的资金援助和支持，尤其是扶植具有潜在影响力的政治代理人和反共人士，此即"寂静的援助"。约翰逊指出，隐蔽政治行动的核心目标之一，就是支持选定的代理人进入政界高层并影响目标国的政治进程和政策抉择，促使目标国采取有利于美国的政策立场。④ 由此可见，约翰逊着力阐释了隐蔽政治行动的核心含义：运用秘密资金扶植美国的政治代理人并获致秘密的政治操控，从而为剖析美国的隐蔽政治行动提供了一个简明扼要的切入点。

在《需要知道：20世纪基金会研究团队关于隐蔽行动和美国民主的

① Gregory F. Treverton, *Covert Action*, pp. 17–21.

② Loch K. Johnson, "Covert Action and Accountability: Decision-Making for America's Secret Foreign Policy," *International Studies Quarterly*, Vol. 33, No. 1, 1989, p. 85.

③ Loch K. Johnson, "Strategic Intelligence: An American Perspective," *International Journal of Intelligence and Counterintelligence*, Vol. 3. No. 3, 1989, p. 309.

④ Loch K. Johnson, *America's Secret Power: The CIA in a Democratic Society*, New York: Oxford University Press, 1989, pp. 25–26.

报告》一书中，艾伦·古德曼和布鲁斯·伯科维茨将隐蔽政治行动称为政治影响行动。古德曼和伯科维茨认为，政治影响行动包括两种方式：一是在外国政府机构中扶植"影响代理人"，目的是促使其支持美国的对外政策；二是向外国领导人和政治组织提供资金支持，目的是敦促其采取符合美国利益的友好态度。① 尽管将隐蔽政治行动限定为政治影响行动，但古德曼和伯科维茨的分析依然展示隐蔽政治行动的核心含义：通过秘密资金支持、扶植政治代理人以推进美国的对外政策。

作为美国隐蔽行动理论研究的另一位重要代表人物，罗伊·戈德森对隐蔽政治行动作出了富有创意的系统解读。戈德森首先对隐蔽政治行动作出了一个新的界定，认为隐蔽政治行动是指利用政治手段（诸如政治劝告和指导、权势代理人以及物质支持等）影响外国事态；隐蔽政治行动既可以针对外国政府，也可以针对相关非政府团体（诸如工会组织、知识界、宗教界和商界等），甚至可以利用种族集团和犯罪集团展开隐蔽政治行动。② 随后，戈德森对隐蔽政治行动及其实施路径进行了全面分析。关于政治劝告和指导，戈德森认为，一方面，外交是公开影响外国政府的传统方式，另一方面，派驻特别人员与外国政府官员或非政府人士建立私人联系并提供政治劝告和指导则是秘密影响外国政治进程的有效方式，此即隐蔽政治行动框架下的政治劝告和指导；此种方式可以辅之以对相关人员的资金支持、医疗保健关怀以及保护措施等。相较于外交方式，隐蔽政治行动框架下的政治劝告和指导拥有独特优势，可以对外国政治进程产生无形的影响。③ 关于权势代理人，戈德森强调，扶植权势代理人是隐蔽政治行动的重要手段，其通常的实施方式就是以秘密方式资助和扶持权势代理人并借此影响目标国政府及其决策，进而影响目标国的政治进程。其中，"播种行动"是着眼于长远并具有战略意义的隐

① Allan E. Goodman and Bruce D. Berkowitz, *The Need to Know: The Report of the Twentieth Century Fund Task Force on Covert Action and American Democracy*, New York: The Twentieth Century Fund Press, 1992, p. 32.

② Roy Godson, *Dirty Tricks or Trump Cards: U. S. Covert Action and Counterintelligence*, Washington, D. C.: Brassey's, 1995, p. 3.

③ Roy Godson, *Dirty Tricks or Trump Cards*, pp. 135 – 138.

蔽政治行动，目的就是选拔和控制有现实或潜在影响力的权势代理人，支持其政治生涯，进而影响目标国的政治进程，因此，"播种行动"是一项长期细致的隐蔽政治工程。除长远的政治功效之外，权势代理人还有多种用途，包括情报搜集、暗中破坏、颠覆、制造动乱、从事暗杀，以及扮演商务代言人的角色等。戈德森指出，"播种行动"一般始于政治欺骗，因此，管控目标对象就成为一项极其艰难的工作，"播种行动"的每一个步骤都必须环环相扣，在目标对象的每一个政治上升阶梯上都必须给予大量的资金和物质支持。① 关于非政府团体和机构，戈德森指出，支持非政府组织和社会团体以影响目标国的政治进程是隐蔽政治行动的重要手段，其政策目标和政治功能是：通过秘密支持特定的组织或运动以达到预期的政治目标，包括塑造权力争斗的结果、影响特定的政策决策等。② 鉴于隐蔽政治行动往往需要大量的资金投入，因此，戈德森特别关注隐蔽政治行动的资金输送渠道和运作方式。戈德森认为，隐蔽政治资金既可以采用现金支付的方式，也可以通过设立秘密银行账户的方式输送资金，还可以借助购买商品的途径掩饰政治资金的运转。此外，向目标对象提供技术支持亦是实施隐蔽政治行动的方式之一。③

由此可见，戈德森不仅阐释了隐蔽政治行动的含义，而且详细剖析了美国隐蔽政治行动的实施路径和方式，从而对隐蔽政治行动作出了更为全面和深刻的理论解读，为审视美国的隐蔽政治行动提供了值得借鉴的分析框架。

二　21 世纪初期美国隐蔽政治行动的理论研究

在世纪之交的 2000 年，美国的隐蔽政治行动研究取得了新进展。在《中情局的黑色行动：隐蔽行动、对外政策与民主》一书中，约翰·纳特将隐蔽行动归纳为五种类型：资源发展（包括人力资源网络和基础设施网络）；政治行动；宣传和假情报；经济战；准军事行动。关于隐蔽政治

---

① Roy Godson, *Dirty Tricks or Trump Cards*, pp. 139 – 145.
② Roy Godson, *Dirty Tricks or Trump Cards*, pp. 145 – 146.
③ Roy Godson, *Dirty Tricks or Trump Cards*, pp. 147 – 148.

行动，纳特指出，隐蔽政治行动是旨在直接影响其他国家政治进程、决策和制度的努力，包括政治指导、对个人和组织的资助、非现金支持以及政治培训等。纳特认为，政治指导是指向友好国家的领导人或代理人提供政治咨询，目的就是帮助其确立或增加政治支持度。政治指导的方式之一就是提供选举支持，包括提升目标对象的公众信任度以及确保军方的忠诚等；政治指导的另一种方式就是向外国领导人提供统治之术的政治咨询，帮助其稳定政权。统治之术的政治指导具有胡萝卜和大棒的双重含义，胡萝卜式的统治之术是指治理方面的政治咨询，大棒式的统治之术则是指镇压技巧的政治咨询，包括暴乱的遏制、针对反对派的渗透、恶意讯问技巧（如酷刑）等。纳特指出，隐蔽政治行动的另一种类型就是提供资金支持，目标对象包括具有影响力的代理人、政党、政府机构（如警察和军队）、私人组织（如商会、媒体、工会等）。向政治代理人、政党和政府机构提供资金支持是隐蔽政治行动的惯用手段，但此种形式的政治资金支持亦存在诸多风险（如一旦东窗事发，将损害美国以及接受资金方的支持度和信任度，进而招致反对情绪）。对媒体的秘密资金支持是隐蔽政治行动十分有效的方式之一，此种资金支持既可以针对单个的媒体人，也可以针对特定的媒体机构。除秘密的资金支持之外，非现金支持（如提供武器装备和先进技术等）亦是隐蔽政治支持的有效工具。纳特强调，隐蔽政治行动之所以应秘密进行，就是因为要避免暴露美国对外国政治进程的影响或控制。①

由此可见，纳特有关隐蔽政治行动论述的最大特点是：纳特着重剖析了隐蔽政治行动的政治指导方式和秘密支持方式，进一步廓清并延展了美国隐蔽政治行动的实施路径，为探究美国的隐蔽政治行动提供了更具针对性的思考路径。

2004 年，威廉·多尔蒂出版《行政秘密：隐蔽行动与总统》一书，将传统隐蔽行动划分为三种类型：宣传行动、政治行动和准军事行动。多尔蒂认为，隐蔽政治行动是指利用秘密联系渠道或提供政治资金的方

---

① John J. Nutter, *The CIA's Black Ops*: *Covert Action*, *Foreign Policy*, *and Democracy*, New York: Prometheus Books, 2000, pp. 79 - 84.

式影响目标国的政治局势，为此，隐蔽政治行动实施国的情报机构应招募目标国人员并向其提供资金和装备以从事隐蔽政治行动。隐蔽政治行动实施国还可以在目标国建立掩护性的公司或组织以便利政治资金的输送。多尔蒂指出，隐蔽政治行动可以有多种形式，如秘密资助政治运动；向可靠且具有影响力的代理人提供资金支持；资助罢工、示威游行和街头政治；向友好的社会团体或机构提供资金支持以影响目标国的政治决策等。多尔蒂强调，向政治组织和政党提供秘密资金不仅是美国外交的传统方式，同时也是美国隐蔽行动的主要手段。在多尔蒂看来，隐蔽政治行动的功效就在于：以适当和可靠的政治方式静悄悄地推进美国的对外政策目标和国家利益。① 由此可见，多尔蒂对隐蔽政治行动的阐述至少具有两点新意：一是强调在目标国招募人员并建立掩护性机构以实施隐蔽政治行动；二是从资助罢工等街头政治的视角进一步充实隐蔽政治行动的实施手段和路径。因此，多尔蒂的论述为美国隐蔽政治行动的理论建构增添了新的内涵，拓展了美国隐蔽政治行动理论的研究范畴。

2015 年，多尔蒂发表《作为总统权力工具的政治行动》一文，进一步就隐蔽政治行动问题展开探讨。多尔蒂重申，隐蔽政治行动就是通过秘密操控等方式以获致对外国政治进程的影响力，在此期间，美国政府的挑唆手段始终保持隐匿状态。多尔蒂认为，隐蔽政治行动总是具有一定程度的挑衅性，既可以采取轻微的刺激行动（如资助抗议活动或贿赂官员等），又可以进行高度对抗性和敌对性的行动（如组织大罢工以打击目标国政权等）；隐蔽政治行动的目的就是寻求改变目标国政府的行为和政策。多尔蒂指出，尽管隐蔽政治行动违背国际法和《联合国宪章》并具有一定的政治风险，但美国依然将其作为政策选项，其原因在于，相较于其他政治施压方式，秘密操控一国政治进程的隐蔽政治行动所付出的成本更加低廉。② 至此，在前期研究的基础上，多尔蒂试图对隐蔽政治行动的烈度和递进阶梯进行归纳，从而为评估不同方式的隐蔽政治行动

---

① William J. Daugherty, *Executive Secrets: Covert Action and the Presidency*, Lexington: The University Press of Kentucky, 2004, pp. 81 – 84.

② William J. Daugherty, "Political Action as a Tool of Presidential Statecraft," in Loch K. Johnson, ed., *Essentials of Strategic Intelligence*, Santa Barbara: Praeger, 2015, p. 205.

及其政治功效提供了一个思考路径。

凯文·奥布赖恩在追溯隐蔽行动起源的基础上，着重对隐蔽政治行动进行了剖析。奥布赖恩首先阐述了冷战与隐蔽行动的内在联系，强调冷战是指除持续和公开的军事对抗手段之外的政治博弈，美国主导的西方世界与苏联主导的共产主义集团之间的冷战具有隐蔽特征，其较量方式更多地诉诸非军事手段以图削弱对手，同时维持对本集团的控制力和影响力。① 随后，奥布赖恩逐一解析了隐蔽政治行动的实施平台和方式：第一，政党。奥布赖恩认为，利用政党及其组织展开政治博弈是隐蔽政治行动的主要方式，目的就是通过影响世界各地的政党组织以直接或间接地削弱对手，同时巩固自身的地位和利益。第二，掩护性组织。奥布赖恩强调，设立并利用掩护性组织是展开隐蔽政治行动的普遍方式。根据隐蔽政治行动的需要和任务的类别，掩护性组织可以采用不同形式的伪装，总体上讲，掩护性组织的设立或利用主要有三种方式：一是由情报机构暗中出资开设旨在掩护其活动的隶属公司；二是利用新闻机构和传播媒体作为掩护工具以从事隐蔽政治行动；三是利用宗教组织、商业团体、学术团体、学生组织等社会机构作为展开隐蔽政治行动的平台。第三，政治代理人。奥布赖恩指出，扶植并利用政治代理人是实施隐蔽政治行动的惯常手段。除在目标国政府和军界中培养政治代理人之外，在移民和流亡者中寻找并培训政治代理人亦是实施隐蔽政治行动的重要途径之一；经过专门训练并精心包装的政治代理人既可服务于长远的战略目标，亦可服务于特定的政治和准军事行动。② 由此可见，奥布赖恩隐蔽政治行动理论的最大特色就是剖析了掩护性组织在隐蔽政治行动中的作用，分析了掩护性组织的主要类型及其政治功能，为透视美国的隐蔽政治行动提供了进一步的思考路径。

2015 年，J. 克拉克出版了《美国的隐蔽行动：问题指南》一书，对

① Kevin A. O'Brien, "Interfering with Civil Society: CIA and KGB Covert Political Action during the Cold War," in Loch K. Johnson and James J. Wirtz, eds., *Strategic Intelligence: Windows into a Secret World, An Anthology*, Los Angeles: Roxbury Publishing Company, 2004, p. 260.

② Kevin A. O'Brien, "Interfering with Civil Society: CIA and KGB Covert Political Action during the Cold War," in Loch K. Johnson and James J. Wirtz, eds., *Strategic Intelligence*, pp. 261 – 268.

美国的隐蔽政治行动作出了最新的解读。克拉克指出，相较于隐蔽宣传行动而言，隐蔽政治行动更具进攻性，正因为如此，所有形式的隐蔽政治行动均不同程度地具有争议性。从本质上讲，隐蔽政治行动是指运用政治手段以图影响、改变或强化其他国家政府的政策方向和立场。克拉克强调说，隐蔽政治行动的主要路径就是秘密资助目标国的个人或集团，核心目标就是促使其采取符合美国利益的政治立场。此外，隐蔽政治行动的资金支持对象还包括目标国的劳工组织、文化组织、知识界以及其他选定的社会机构，目的就是诱使其采取亲美立场，同时对抗敌视美国的集团。在克拉克看来，隐蔽政治行动具有多种功能，诸如影响目标国的经济运转；针对特定目标国营造对其不利的经济环境；支持目标国国内的政治势力发动政变等。① 由此可见，克拉克着重阐述了隐蔽政治行动的基本内涵、特征和功能，其中，克拉克对隐蔽政治行动的经济功能的分析具有一定的新意，充实了美国隐蔽政治行动的理论研究。

总之，隐蔽政治行动是指通过政治渗透、政治贿赂、政治恐吓和政治策反等手段，以期按照美国的政治意愿改变目标国政治力量的平衡，影响国外事态的发展，因此，隐蔽政治行动的本质就是秘密影响有关国家的政治进程。一方面，隐蔽政治行动可服务于长远的战略目标——培植亲美势力，发展政治代理人，借此影响目标国政府及其决策。另一方面，隐蔽政治行动亦可服务于特定的政治目的——影响目标国的选举，扰乱目标国政局，乃至实现政权颠覆等。鉴于隐蔽政治行动具有直接影响目标国政治进程的功能，且隐蔽政治行动还可以服务于多种政治目的，因此，隐蔽政治行动在美国隐蔽行动的政策和实践中占据了重要的地位。

在美国隐蔽政治行动的实施路径中，平台选择是发起隐蔽政治行动的前提，是支撑隐蔽政治行动有效展开的必不可少的组织保障。经过长期的政策实践，美国构建了形式多样的隐蔽政治行动实施平台，进而为美国隐蔽行动的铺展创造了政治空间。

---

① J. Ransom Clark, *American Covert Operations: A Guide to the Issues*, Santa Barbara: Praeger, 2015, pp. 8 – 9.

第二节　美国隐蔽政治行动的实施路径：
外国政府、军方和政党

一　美国隐蔽政治行动的实施对象——外国政府和军方

根据隐蔽政治行动的内涵，秘密影响甚至操控外国政府的执政环境和政策决策、按照美国的意愿左右和塑造外国的政治进程，是美国隐蔽政治行动最重要的政策目标，因此，外国政府和军方首当其冲地成为美国隐蔽政治行动的实施对象。

冷战时期，通过隐蔽政治行动秘密影响苏联以及东欧国家的政治环境和政策决策，秘密资助并策反苏东国家的政府官员，是中情局始终如一的目标，针对苏东集团的隐蔽政治行动成为中情局历史上持续时间最长、规模最大的隐蔽政治工程。

从 20 世纪 40 年代末期起，美国就对苏联的政治结构和决策机制展开了深入研究，设计制定了相关的政策计划，寻求针对苏联展开有组织的隐蔽政治行动，目的就是影响苏联国内的政治力量平衡，干扰苏联的政策决策。1950 年 10 月，美国政府相关部门召集来自麻省理工学院和哈佛大学的学者，启动代号为"特洛伊计划"的研究项目，着力探讨冷战背景下的政治战和宣传战等重大战略问题。1951 年 2 月，"特洛伊计划"项目组完成最终秘密报告并提交美国政府，进而对美国冷战宣传战和政治战的决策产生了巨大影响。在政治战方面，"特洛伊计划"最终报告明确提出，美国应着力研判苏联政治体制的脆弱性，瞄准苏联政治权力结构的薄弱环节，集中全力予以攻击。[①] 作为执行"特洛伊计划"的举措，美国政府相关机构随即启动代号为"超荷和延宕行动"（Operation Overload and Delay）的秘密政治战，目的就是通过不断地制造并注入政策议题、创设复杂和不可预期的政治环境等方式，加重苏共中央政治局的运载负荷，瘫痪苏联政治体系的决策系统，削弱苏联的决策能力，延宕苏联政

---

① 于群：《"特洛伊计划"：美国冷战心理宣传战略探微》，《东北师大学报》（哲学社会科学版）2007 年第 2 期，第 9 页。

策的执行过程，以期达到迫使苏联党和政府作出错误决策并在苏联制造政治和社会混乱的目的。① 除试图扰乱苏联的决策体系外，美国政府相关机构根据"特洛伊计划"的原则，设计制定了挑起苏联内斗的行动计划，代号为"废止行动"（Operation Cancellation），目的就是挑起并激化苏联内部的不满情绪，制造苏联领导层的分裂，以期助推苏联的变革。1952年11月，美国心理战略委员会批准实施"废止行动"②。由此可见，"超荷和延宕行动"旨在干扰和破坏克里姆林宫的政策决策，"废止行动"则致力于挑起苏联社会，尤其是克里姆林宫的权力争斗。③ 尽管相关文件尚未完全解密，但透过"超荷和延宕行动"以及"废止行动"的政策设计依然可以看出，冷战格局形成伊始，美国就不遗余力地寻求对抗苏联的政治手段，设计制定并批准实施相关的政策计划，力图通过隐蔽政治行动的方式削弱和击垮苏联政权。因此，隐蔽政治行动从一开始就是美国冷战博弈的重要手段。

除试图影响苏联的政治进程、改变苏联国内的政治力量平衡外，冷战初期美国对苏隐蔽政治行动的另一项重要使命就是锁定并招募具有利用价值的苏联官员，实施政治策反。在中情局策反的苏联官员中，奥列格·潘科夫斯基（Oleg Penkovsky）就是著名案例，是中情局对苏隐蔽政治行动的得意之作。经过长期的秘密联络，中情局于1961年4月成功策反供职于苏联国家科学技术委员会的潘科夫斯基。在此后的两年里，潘科夫斯基向美国输送了大量情报，包括苏联核武器和导弹体系的情报，从而为美国评估苏联的军事实力提供了相应的情报依据。在1962年10月古巴导弹危机期间，正是借助潘科夫斯基提供的有关苏联导弹系统的数据资料，美国对苏联部署在古巴的导弹及其性能作出了准确评估。如果没有潘科夫斯基的情报，美苏在古巴导弹危机上的对抗将更加危险。正因为如此，中情局认为，潘科夫斯基提供的情报是第二次世界大战结束

---

① Gregory Mitrovich, *Undermining the Kremlin: America's Strategy to Subvert the Soviet Bloc*, 1947 – 1956, Ithaca: Cornell University Press, 2000, pp. 75 – 77.

② Gregory Mitrovich, *Undermining the Kremlin*, pp. 81 – 82.

③ Gregory Mitrovich, *Undermining the Kremlin*, p. 184.

以来西方获取的最具价值的战略和军事情报。① 从这个意义上讲，潘科夫斯基案是中情局隐蔽政治行动的成功案例，从一个侧面彰显了美国隐蔽政治行动的情报功能和战略价值。

支持亲美的外国政治领导人的政治发展并利用其建立亲美政权，是美国隐蔽政治行动的一项重要功能。在支持亲美的外国领导人通过选举建立亲美政权方面，美国借助隐蔽政治行动影响 1953 年菲律宾选举就是一个典型案例。

在冷战格局形成后，美国积极支持以埃尔皮迪奥·基里诺为总统的菲律宾政府镇压菲律宾共产党领导的胡克武装（菲律宾人民抗日军，1948 年改组为菲律宾人民解放军）。但基里诺政权专横独裁，腐败无能，民心丧失殆尽。为维护在菲律宾的利益，美国遂起换人之意，转而决定支持亲美的菲律宾国防部前领导人拉蒙·马格赛赛参与 1953 年的菲律宾总统选举。基于美国的政策调整，中情局随即展开隐蔽政治行动，助推马格赛赛的竞选。为此，中情局设立专门的掩护性组织——自由选举全国运动（National Movement for Free Elections），运用秘密资金支持等政治手段操纵菲律宾的选举进程，包括发起声援马格赛赛、批评基里诺政权的宣传运动；中情局派往菲律宾的官员甚至还负责为马格赛赛撰写演讲稿，同时利用中情局在菲律宾的宣传资源进行广为传播，以期影响菲律宾的舆论环境和选举态势。② 在中情局的鼎力支持下，马格赛赛赢得选举并于 1953 年 12 月就任菲律宾总统。③ 由此可见，在 1953 年菲律宾总统选举中，中情局主要依托隐蔽政治行动方式支持亲美的候选人并借此影响选举进程，因此，1953 年菲律宾总统选举是中情局借助隐蔽政治行动成功影响发展中国家选举进程和政治发展的早期案例。

外国军方是美国隐蔽政治行动的重点实施对象，以军方人士为目标

---

① Harry Rositzke, *The CIA's Secret Operations*, pp. 70 – 71.

② William Blum, *Killing Hope: U. S. Military and CIA Interventions since World War* Ⅱ, Monroe: Common Courage Press, 1995, p. 43.

③ 在运用隐蔽政治行动支持马格赛赛的同时，中情局还制定了另一套方案：一旦马格赛赛落选，中情局将考虑策动政变，推翻基里诺政权，参见 Raymond Bonner, *Waltzing with a Dictator: The Marcoses and the Making of American Policy*, New York: Times Books, 1987, pp. 40 – 41.

的隐蔽行动是美国窃取军事、政治情报乃至策动政变的重要手段。为实施 1953 年制定的颠覆伊朗摩萨台政权的隐蔽行动计划——"阿贾克斯行动",美英针对伊朗军方的隐蔽政治行动全面展开。除继续拉拢支持美英的伊朗军官扎希迪之外,"阿贾克斯行动"军事小组还在早已为中情局效力的伊朗驻美武官阿巴斯·法扎尼根的协助下,积极在伊朗军队中展开隐蔽政治行动,最终在德黑兰驻军和警察中策反约 40 名官员,组建了相应的军事行动系统,完成了"阿贾克斯行动"的军事准备。① 除军方人士之外,收买伊朗议会议员亦是"阿贾克斯行动"的重要目标。为此,中情局拨付专款用于展开针对伊朗议员的隐蔽政治行动,尤其是资助和策动反对派议员挑起政治争斗,激化政治矛盾,进而瘫痪伊朗议会,搅乱伊朗政局,动摇摩萨台政权,策应美英的政变图谋。② 依托针对伊朗军方和议会的隐蔽政治行动,美英完成了策动政变的军事和政治准备,最终挑起了 1953 年伊朗"8·19 政变",颠覆了摩萨台政权,由此彰显了隐蔽政治行动在美国挑动政变过程中的策应功能,从一个侧面展示了美国隐蔽政治行动的政策手段和实施路径。

1953—1954 年,为推进颠覆阿本斯政府的"成功行动"计划,中情局针对危地马拉军方高级指挥官和政府高级官员的隐蔽政治行动随即展开。为此,中情局制定实施了所谓的"金行动方案"(King Program),主要目的就是通过拉拢、贿赂、美色等手段秘密离间并策反危地马拉军方和政府官员,将其置于美国的控制之下并加以利用——包括从事情报搜集甚至实施暗中破坏等秘密活动,进而为实现"成功行动"计划的政策目标创造条件。③ 从政策功效来看,"金行动方案"在离间并最终颠覆阿本斯政府的进程中发挥了不容低估的作用,导致危地马拉政府内部出现严重的分化与混乱,部分官员被成功策反,其中最典型的是,一名阿本

---

① Larry Hancock, *Creating Chaos: Covert Political Warfare from Truman to Putin*, London: OR Books, 2018, pp. 76 - 80. 石斌:《"清除人民党":1953 年美英对伊朗的准军事行动》,南京大学出版社 2018 年版,第 215—218 页。

② 石斌:《"清除人民党":1953 年美英对伊朗的准军事行动》,第 209—211 页。

③ 舒建中:《美国的"成功行动"计划:遏制政策与维护后院的隐蔽行动》,《世界历史》,2008 年第 6 期,第 9 页。

斯的高级军事幕僚被秘密策反并发展成为中情局间谍。[①] 在中情局隐蔽政治行动的历史上，"金行动方案"对隐蔽政治行动的资金运作、行动掩护等均作出了细致的安排，集中展示了美国隐蔽政治行动的政策手腕和实施路径，因此，"金行动方案"堪称中情局隐蔽政治行动的范本性文件。

为颠覆阿连德政府，智利军方从一开始就是美国展开隐蔽行动的政治平台。根据中情局于 1970 年 10 月制订的隐蔽行动计划——"中情局附件"的部署，智利军方是美国隐蔽行动的重点实施对象，其设计的政策手段包括：向能够影响智利政治局势的军方领导人提供直接的秘密资金支持；渲染古巴和苏联情报部门正试图控制智利的安全机构，目的就是通过虚假宣传以影响智利军方的政治立场。[②] 作为对智利隐蔽行动的具体决策者，基辛格明确表示，维持与智利军方的秘密联系并非仅仅着眼于搜集情报，而是服务于美国潜在的行动目标。中情局官员则直白地宣称，通过影响智利军方，美国的目的就是敦促其在政变中发挥决定性作用。[③] 为此，美国采取了多重举措，主要包括：第一，继续向智利军方提供更大规模的军事援助，目的是以军事援助作为政治手段，维持美国与智利军方的联系，延续美国对智利军方的影响，同时离间智利军方与阿连德政府的关系。[④] 第二，依据美国情报部门事先准备的情报资源名单，美国军事顾问被大量派往智利，在智利军队中展开拉拢和策反行动，[⑤] 以便为煽动政变作出铺垫。第三，针对智利军方展开隐蔽宣传行动，谎称古巴正在向智利军队渗透，[⑥] 以此动摇和蛊惑军心。第四，在巴拿马运河区的美军学校为智利军队提供培训，内容涉及反叛乱、颠覆、破坏、心

---

① James Callanan, *Covert Action in the Cold War: US Policy, Intelligence and CIA Operations*, London: I. B. Tauris, 2010, p. 127.

② 舒建中：《美国与智利 1973 年 "9·11 政变"》，《世界历史》2016 年第 2 期，第 127—128 页。

③ Jack Devine and Peter Kornbluh, "Showdown in Santiago: What Really Happened in Chile?" *Foreign Affairs*, Vol. 93, No. 5, 2014, p. 170.

④ Jaechun Kim, "Democratic Peace and Covert War: A Case Study of the U. S. Covert War in Chile," *Journal of International and Area Studies*, Vol. 12, No. 1, 2005, p. 35.

⑤ William I. Robinson, *Promoting Polyarchy: Globalization, US Intervention, and Hegemony*, New York: Cambridge University Press, 1996, p. 161.

⑥ Gregory F. Treverton, *Covert Action*, pp. 134 – 135.

理行动、侦察和情报搜集等军事和准军事行动技巧。[1] 为全力拉拢政变组织者，美国国防部和中情局官员数次与智利右翼将军奥古斯托·皮诺切特密谈，明确表示美国将采取一切必要的措施，支持其发动军事政变。[2] 在美国的鼓动和支持下，智利军方于 1973 年发动"9·11 政变"，颠覆了民选合法的阿连德政府。由此可见，不管是美国政府提供的公开的军事援助，还是中情局实施的隐蔽政治和宣传行动，均是美国影响智利军队的政策手段，目的就是离间智利军方与阿连德政府的关系，为策动军方制造政变作出铺垫，进而实现美国的准军事行动目标。

1981 年里根政府上台执政后，美国针对波兰的隐蔽行动的力度明显加大，渗透并策反波兰军队领导人则是美国隐蔽政治行动的重点。中情局的政治渗透活动很快取得进展，波兰一位国防部副部长被成功策反。此后，这位副部长通过信件等方式向中情局提供了大量机密情报，内容包括波兰军队的结构和装备情况，以及波兰有关国家安全的秘密计划等，从而拓展了中情局在波兰的情报来源。[3] 由此可见，在美国针对波兰的隐蔽政治行动中，军方从一开始就是中情局重点关注的对象。借助政治渗透和策反，中情局如愿以偿地推进了搅乱波兰的隐蔽行动。

二　美国隐蔽政治行动的实施对象——外国政党和反对派

冷战初期，西欧成为美国隐蔽政治行动最早的试验场。为遏制所谓共产主义的扩张，美国向西欧国家的政治领导人和反共产主义的政党提供了大量的秘密资金支持，目的就是加强有关政党的组织建设，抵御共产主义的渗透，巩固西方的民主政治体系。其中，支持反对共产主义的政党参与竞选并借此实现美国的对外政策目标是美国隐蔽政治行动的一

---

[1] Tanya Harmer, *Allende's Chile and the Inter-American Cold War*, Chapel Hill: The University of North Carolina Press, 2011, p. 90.

[2] Peter Kornbluh, ed. , *The Pinochet File: A Declassified Dossier on Atrocity and Accountability*, New York: New Press, 2003, pp. 95 - 96. Jack Devine and Peter Kornbluh, "Showdown in Santiago: What Really Happened in Chile?" p. 170.

[3] Peter Schweizer, *Victory: The Reagan Administration's Secret Strategy that Hastened the Collapse of the Soviet Union*, New York: Atlantic Monthly Press, 1994, p. 123.

个重要维度，此即中情局的所谓"选举工程"，1948 年意大利选举就是最著名的范例。

在第二次世界大战期间，意大利共产党坚持领导国内的反法西斯运动并日益壮大，到战争结束之际，意共已经成为西欧国家中实力最强的共产党，不仅在战后组成的联合政府中占有一席之地，而且在意大利北部拥有广阔的解放区。在冷战格局形成后，加斯贝利在美国的鼎力支持下于 1947 年 5 月将意共排挤出联合政府。为阻止意共在 1948 年的全国大选中赢得席位并重返政府，除展开有组织的宣传战之外，[①] 中情局还根据杜鲁门 1948 年 2 月的授权，向亲美的意大利天主教民主党（天民党）提供了大量秘密政治资金，竭力支持天民党的竞选活动，最终助推天民党赢得选举并再度组阁，由意大利共产党和社会党左翼组成的"人民民主阵线"在选举中败北，失去重返政府的机会。作为冷战格局形成之初美国实施的第一次有组织的隐蔽行动，美元是美国影响意大利选举的抓手之一。[②] 从这个意义上讲，1948 年意大利选举是美国运用秘密政治资金实施隐蔽政治行动、影响外国国内政治平衡和政治选举的早期成功实践，奠定了美国影响外国选举的所谓"选举工程"的基本模式。[③]

第二次世界大战结束后，一方面，美国单独占领日本（1945—1952年），因此，美国对战后日本的政治进程拥有特殊的控制力。另一方面，成立于 1922 年的日本共产党在战后日本社会中仍然拥有较大的影响力，是战后日本左翼力量的引领者。在 1946 年日本众议院选举中，日本共产党首次参选并赢得 5 个众议院席位。随着冷战格局的形成，日本共产党的政治活动引起了美国的极大担忧。艾森豪威尔政府上台执政后，美国在日本实施了一系列隐蔽政治行动，目的就是拉拢非极端民族主义和非

---

① 长期以来，学术界将美国干预 1948 年意大利选举的研究聚焦于宣传战，但实际上，包括隐蔽政治行动在内的政策手段同样是美国干预意大利选举的重要方式，因此，应从多角度审视美国对意大利选举的干预。有关争论参见 Kaeten Mistry，"Approaches to Understanding the Inaugural CIA Covert Operation in Italy: Exploding Useful Myths," *Intelligence and National Security*, Vol. 26, No. 2 - 3, 2011, pp. 246 - 268.

② J. Ransom Clark, *American Covert Operations*, p. 61.

③ Harry Rositzke, *The CIA's Secret Operations*, pp. 186 - 187. Gregory F. Treverton, *Covert Action*, p. 20.

左翼的政治集团，排挤和打压日本共产党。鉴于日本将于 1958 年举行众议院选举，艾森豪威尔遂于 1957 年 5 月指示中情局利用秘密资金和选举咨询等方式，向亲美和保守的日本政党提供政治支持。依托中情局隐蔽政治行动的助力，自由民主党（自民党）赢得众议院多数席位，岸信介第二次出任首相。正因为如此，美国对日本自民党的隐蔽资金支持是艾森豪威尔政府最成功但又鲜为人知的隐蔽行动之一，其战略意义就在于：美国针对日本自民党的隐蔽资金支持削弱了日本左翼力量，强化了东京与华盛顿的联系，有力地维护了美国在亚洲的安全利益。[1]　与此同时，为扶植更多亲美的反对派政党，中情局自 1959 年起开始实施另一项隐蔽政治行动计划，目的就是分化具有左翼倾向的日本社会党（1996 年改为日本社会民主党），以便为亲美的日本政治体系奠定更加稳固的基础。中情局对日本亲美政党的隐蔽资金支持一致持续到 1964 年，有力地夯实了日本的亲美政治制度。[2]　由此可见，在冷战对抗的背景下，隐蔽政治行动成为美国在日本扶植亲美势力、影响日本政治进程的重要手段。

在美国策动政变的准军事行动中，外国反对派政党是重要的政治依托，因而成为中情局隐蔽政治行动的实施对象。在针对英属圭亚那的隐蔽政治行动中，反对派政党就是中情局秘密资助的重要目标。1961 年 8 月，契迪·贾根（Cheddi Jagan）领导的人民进步党在选举中获胜并组建了以贾根为首的英属圭亚那政府。由于贾根政府实行了一系列国内改革措施，主张发展同苏东国家以及古巴的友好关系，美国遂将贾根政府视为共产主义在拉美的代言人，认为贾根政府对地区安全构成严重威胁。[3]　1962 年 2 月，肯尼迪总统下令情报机构采取紧急行动加强美国在英属圭亚那的情报能力，以便为展开隐蔽行动作出准备。[4]　根据肯尼迪的指示，中情局遂着手制定颠覆贾根政府的计划，美国针对英属圭亚那的隐蔽行

---

① 　William J. Daugherty, *Executive Secrets*, pp. 140 – 141.

② 　J. Ransom Clark, *American Covert Operations*, p. 91.

③ 　James Callanan, *Covert Action in the Cold War*, p. 179.

④ 　Michael Grow, *U. S. Presidents and Latin American Interventions*：*Pursuing Regime Change in the Cold War*, Lawrence：The University Press of Kansas, 2008, p. 63.

动渐次展开，隐蔽政治行动成为中情局的重要抓手。① 为此，中情局向福布斯·伯纳姆（Forbes S. Burnham）领导的英属圭亚那最大反对派政党——人民全国大会党（People's National Congress）提供了大量的秘密资金，支持其展开反对贾根政府的政治活动。② 面对人民全国大会党组织的接连不断的抗议活动，贾根遭遇强大的政治压力，美国实施的经济制裁亦加剧了英属圭亚那的经济危机。在此情况下，贾根被迫于 1964 年 12 月宣布辞职，③ 美国立即扶持伯纳姆出任英属圭亚那总理。至此，美国主要通过隐蔽政治行动的方式实现了政权更迭的目标。

在颠覆智利阿连德政府的隐蔽行动中，针对智利反对派政党的隐蔽政治行动是中情局策动政变的重要抓手。根据 1970 年 10 月 "中情局附件" 的安排，智利的非马克思主义政治力量是美国隐蔽政治行动的主攻对象，目的就是向反阿连德的非马克思主义政治集团及其控制的媒体提供秘密的资金支持，利用其制造具有一定规模的反政府运动。④ 为此，中情局向智利三大反对派政党——基督教民主党（智利最大的反对党）、民族党和民主激进党——提供了大量的秘密资金支持，帮助其购买广播电台和报纸并资助其政治活动，以期展示反对派的整体力量，增强反阿连德的政治势力。⑤ 凭借中情局隐蔽政治资金的支持，智利反对派政党发起政治抗议、示威游行等声势浩大的反政府运动，严重削弱了阿连德的执政能力，恶化了智利的政治局势，为军方策动 1973 年 "9·11 政变" 创造了条件。由此可见，中情局针对智利反对派政党的隐蔽政治行动达到了预期的效果，突出地展示了美国隐蔽政治行动的政权颠覆功能。

20 世纪 80 年代，美国针对尼加拉瓜桑地诺政权展开了以准军事行动为主要手段的系列隐蔽行动，但并没有实现颠覆桑地诺政权的目标。1989 年 2 月，第四次中美洲五国首脑会议在萨尔瓦多举行并就尼加拉瓜

---

① William J. Daugherty, *Executive Secrets*, p. 157. Piero Gleijeses, "The CIA's Paramilitary Operations during the Cold War: An Assessment," *Cold War History*, Vol. 16, No. 3, 2016, pp. 297–298.

② Michael Grow, *U. S. Presidents and Latin American Interventions*, pp. 63–64.

③ William Blum, *Killing Hope*, p. 113.

④ 舒建中：《美国与智利 1973 年 "9·11 政变"》，第 128 页。

⑤ 舒建中：《美国与智利 1973 年 "9·11 政变"》，第 131 页。

问题达成协议，规定取消驻扎在洪都拉斯境内的尼加拉瓜反政府武装的活动基地，解除其武装，允许尼加拉瓜反对派参加政治活动等；有关国家应停止向尼加拉瓜反政府武装提供援助；尼加拉瓜于1990年2月举行全国大选，各政党均可参加选举。1989年5月，美国新任总统乔治·布什（老布什）签署第8号国家安全指令，强调在尼加拉瓜全国大选前，美国应继续支持尼加拉瓜抵抗力量，同时制定支持尼加拉瓜内部反对派的计划。① 至此，在继续保持准军事行动的同时，美国将针对尼加拉瓜的隐蔽政治行动摆到更为突出的位置。根据第8号国家安全指令的安排，为角逐选举并最终击败桑地诺政权，在美国的秘密筹划和组织下，尼加拉瓜14个反对派组织于1989年6月结成"全国反对派联盟"（National Opposition Union），以期与"桑解阵"一决高下。在隐蔽政治行动的框架下，中情局主要通过美国民主基金会②秘密干涉和影响尼加拉瓜的选举进程，目的就是助推"全国反对派联盟"赢得选举并执掌政权。为此，美国民主基金会直接或间接向"全国反对派联盟"提供了超过1100万美元的秘密资金支持，主要用于资助"全国反对派联盟"的组织建设，以及支持"全国反对派联盟"控制的工会组织、妇女组织和新闻媒体的政治活动。与此同时，中情局亦向"全国反对派联盟"提供了数百万美元的秘密政治资金。③ 在美国的支持下，"全国反对派联盟"赢得1990年选举，"桑解阵"败北，美国主要借助隐蔽政治行动的方式实现了搞垮桑地诺政权的政策目标。

在20世纪80年代末90年代初的东欧剧变中，中情局以及美国民主基金会等机构的隐蔽政治行动发挥了难以估量的助力作用。1989年，保加利亚政局出现动荡。12月，保加利亚反对派组织"民主力量联盟"

① 白建才：《"第三种选择"：冷战期间美国对外隐蔽行动战略研究》，人民出版社2012年版，第378页。

② 20世纪80年代，美国决心重振海外秘密政治活动。除中情局之外，里根政府还开辟了隐蔽政治行动的新渠道——以非政府组织的形式展开隐蔽政治行动。基于美国政府的新构想，美国国家民主基金会（National Endowment for Democracy，简称美国民主基金会）于1983年宣布成立，其宗旨是通过发展民主制度、民主程序和民主价值观以实现人类的自由。从此以后，美国民主基金会成为美国以非政府组织的方式实施隐蔽政治行动的组织平台和掩护性载体。

③ William Blum, *Killing Hope*, pp. 304 – 305.

（Union of Democratic Forces）成立，其政治主张就是取消共产党的领导，解散共产党的基层组织，实行多党制。1990 年 4 月，保加利亚共产党改名为保加利亚社会党，宣布举行全国选举。为助推"民主力量联盟"的竞选活动，美国民主基金会（该基金会被称为中情局的替身）在推进民主的名义下，向"民主力量联盟"提供了 200 万美元的秘密资金支持，主要用于帮助"民主力量联盟"进行人员培训、组织建设和媒体宣传。[1] 借助美国的秘密支持，"民主力量联盟"赢得 1991 年选举并组建政府。由此可见，在助推保加利亚政治剧变的过程中，以提供秘密资金为主要方式的美国隐蔽政治行动可谓功不可没。

第三节　美国隐蔽政治行动的实施路径：社会组织

一　美国隐蔽政治行动的实施平台——工会组织

在美国的冷战战略体系中，工会组织扮演着特殊的角色。作为美国最大的工会组织，劳联—产联（AFL-CIO）始终追随并支持美国的冷战战略，是美国反共产主义对外政策的最坚定和最可靠的支持者。[2] 鉴于此，中情局遂将劳联—产联作为支持美国隐蔽行动的政治平台。在国际舞台上，通过资助非共产主义的工会团体并在特定领域组建新的反对派工会组织，是中情局培植秘密影响力的重要方法，[3] 同时也是美国实施隐蔽政治行动的重要路径。

第二次世界大战期间，一向反共的美国劳工联合会（American Federation of Labor，AFL，简称劳联）就开始大力资助欧洲的非共产主义工会，成为美国借以在欧洲抵御共产主义影响的排头兵。[4] 不仅如此，劳联还与

---

① William Blum, *Killing Hope*, pp. 314 – 315.

② Andrew Battista, "Unions and Cold War Foreign Policy in the 1980s: The National Labor Committee, the AFL-CIO, and Central America," *Diplomatic History*, Vol. 26, No. 3, 2002, pp. 419, 449.

③ Michael Warner, *The Rise and Fall of Intelligence: An International Security History*, Washington, D. C.: Georgetown University Press, 2014, p. 177.

④ Trevor Barnes, "The Secret Cold War: The C. I. A. and American Foreign Policy in Europe, 1946 –1956, Part 1," *The Historical Journal*, Vol. 24, No. 2, 1981, pp. 404 – 405.

美国国务院密切合作，力图按照美国的工会模式以及美国的对外政策目标，在世界范围内打造一个亲美反共的国际劳工体系，并将其作为美国主导的战后世界秩序的组成部分。[1] 第二次世界大战结束后，在美国政府的积极促成和鼎力支持下，美国劳工联合会和美国产业工会联合会（Congress of Industrial Organizations，CIO，简称产联）于 1955 年 12 月合并为劳联—产联。[2] 在成立之际，劳联—产联就明确宣布了反对共产主义、支持美国冷战政策的立场，声称将抵制共产主义对美国工会组织的渗透，同时制订了在全球范围内反对共产主义的计划，《劳联—产联章程》亦规定了禁止共产主义控制工会的条款。因此，劳联—产联从一开始就具有冷战的特征。[3] 源于反共产主义的基本政治取向，美国工会团体成为美国隐蔽政治行动的实施平台，服务于美国的冷战政策和遏制战略。

在国际层面，基于全球冷战战略的考量，美国将组建与苏联集团对抗的国际工会组织纳入行动议程。冷战初期，美国对待国际劳工运动的基本政策立场是削弱共产主义的影响力，阻止西欧国家的工会组织同共产主义政党和共产主义领导的工会展开合作。在实现这一政策目标的进程中，美国的"马歇尔计划"发挥了关键作用。[4] 除利用"马歇尔计划"吸引西欧的工会组织之外，美国政府还通过提供公开或隐蔽的资金支持的方式，在西欧国家发起反对共产主义的劳工行动，中情局以及美国的工会组织亦参与其中，目的就是巩固并强化反共产主义的欧洲工会组织，

---

①　Jon V. Kofas，"U. S. Foreign Policy and the World Federation of Trade Unions, 1944 – 1948," *Diplomatic History*，Vol. 26，No. 1，2002，p. 22.

②　美国劳工联合会（劳联）成立于 1886 年，是美国最大的工会组织。1938 年，美国共产党领导的工会组织从劳联独立出来，成立美国产业工会联合会（产联）。1946—1950 年，美国国内掀起了一场史无前例的大规模的反共清洗运动，产联成为重点清洗对象。反共清洗导致产联在意识形态上趋于保守归顺，逐渐转变为右翼工会组织。1955 年，产联不得不与劳联合并为劳联—产联，继续保持美国最大工会组织的地位。有关论述参见郭瑞芝、白建才《冷战初期美国反共清洗运动对"产联"的清洗及后果》，《陕西师范大学学报》（哲学社会科学版）2014 年第 6 期，第 118—125 页。

③　John B. Sears，"Peace Work：The Antiwar Tradition in American Labor from the Cold War to the Iraq War，" *Diplomatic History*，Vol. 34，No. 4，2010，pp. 706 – 707.

④　Peter Weiler，"The United States, International Labor, and the Cold War：The Breakup of the World Federation of Trade Unions，" *Diplomatic History*，Vol. 5，No. 1，1981，pp. 12 – 13.

同时支持建立新的反共劳工联盟。① 作为搭建反共国际劳工组织的重要步骤，美国和英国的非共产党工会在中情局的秘密资助下，于 1949 年 12 月组建新的工会组织——国际自由工会联合会（International Confederation of Free Trade Unions，简称"自由工联"），中情局则通过美国国内的工会组织——劳联—产联等，向"自由工联"输送秘密的政治资金。② 此后，"自由工联"成为美国尤其是中情局在国际工人运动中展开隐蔽政治行动的重要平台，目的就是将相关国家的工会组织和工人运动置于美国的控制之下，进而削弱共产主义的影响。

战后初期，法国和意大利的工人运动在共产党的领导下发展迅速，声势浩大，因而引起美国的极大关注。为抵消法共和意共在工人运动中的影响力，中情局采取了一系列隐蔽行动，一方面积极搜集法国和意大利工会以及工人运动的相关情报，另一方面致力于将亲西方分子扶上法国和意大利工会的关键位置，支持非共产主义工会的发展，以期影响法国和意大利的政治发展进程。与此同时，美国劳工联合会亦在中情局等美国政府相关机构的支持下，针对法国和意大利的工会组织展开劝诱和渗透活动，进而据此影响希腊等欧洲其他国家工会组织的政治进程和发展走向，极大地左右了欧洲工会的政治态度。③ 美国针对法国、意大利和其他欧洲国家工会组织的隐蔽政治行动取得一定效果，在"山姆大叔"看来，基于美国的努力，自由工会与民主程序的融合成为西欧社会的重要特征。④ 透过美国对欧洲工会组织的影响不难看出，隐蔽政治行动是美国控制欧洲工会组织和工人运动的政策手段之一，是美国冷战战略的重要工具。

为影响 1948 年意大利选举，包括中情局在内的美国政府机构不仅展

---

① Harry Rositzke, *The CIA's Secret Operations*, p. 186. Peter Weiler, "The United States, International Labor, and the Cold War: The Breakup of the World Federation of Trade Unions," pp. 13 – 14.

② John Ranelagh, *The Agency: The Rise and Decline of the CIA*, New York: Simon and Schuster, 1986, p. 247.

③ Trevor Barnes, "The Secret Cold War: The C. I. A. and American Foreign Policy in Europe, 1946 – 1956, Part 1," p. 413.

④ John Ranelagh, *The Agency*, pp. 248 – 249.

开了一场声势浩大的隐蔽宣传行动，而且，针对意大利工会组织的隐蔽政治行动亦密集展开。早在建立之初，中情局就密切关注意大利局势的发展并向反共产主义的意大利工会提供秘密资金，支持其对抗左翼工会的力量。与此同时，长期与美国政府保持联系的意大利美国劳工理事会（Italian American Labor Council）和国际妇女服装工人协会（International Ladies' Garment Workers' Union）亦积极以提供政治资金的方式参与美国在意大利的隐蔽行动，分别向意大利反共势力秘密输送了 5.5 万美元和 10 万美元的活动资金。[①] 在美国政府的策划和组织下，约 200 名意大利裔美国工会领导人还举行专门会议，并以会议的名义向意大利 23 家报纸发送电报，呼吁意大利工人抵制共产主义的红色风暴。[②] 不仅如此，中情局、美国国务院等政府机构充分利用劳联同意大利工会组织的传统联系，借助劳联这一渠道向意大利反共产主义的势力输送资金，煽动意大利工会发起抵抗共产主义扩张的政治活动。[③] 在运用隐蔽行动支持天主教民主党赢得意大利选举后，美国针对意大利工会组织的隐蔽政治行动仍然继续推进。依托中情局秘密政治资金的支持，自由意大利劳工总联盟（Free Italian General Confederation of Labour）于 1950 年 2 月建立，成为意大利劳工阵线中反对共产主义的急先锋，[④] 由此标志着美国在意大利工会组织中的隐蔽政治行动取得新的重大进展。借助对意大利工会组织和劳工运动的秘密支持和政治渗透，美国在很大程度上影响了意大利工会的政治立场和态度，进一步巩固了意大利作为美国冷战同盟的地位。

　　利用工会组织实施针对苏联的破坏和颠覆活动是冷战初期中情局的重要伎俩，是中情局对苏隐蔽行动的组成部分。为此，中情局以西德为基地，创建了一个由俄罗斯流亡者组成的工会组织——俄罗斯全国劳工联盟（National Union of Labor）。借助中情局的资金支持，俄罗斯全国劳

---

① Kaeten Mistry, *The United States*, *Italy and the Origins of Cold War*: *Waging Political Warfare*, 1945 - 1950, Cambridge: Cambridge University Press, 2014, pp. 133 - 134.

② William Blum, *Killing Hope*, p. 32.

③ James Callanan, *Covert Action in the Cold War*, pp. 34 - 35.

④ Trevor Barnes, "The Secret Cold War: The C. I. A. and American Foreign Policy in Europe, 1946 - 1956, Part 2," *The Historical Journal*, Vol. 25, No. 3, 1982, p. 662.

工联盟在 20 世纪 50 年代针对苏联展开了一系列隐蔽行动，包括向苏联派遣经中情局训练的劳工联盟成员从事情报搜集、暗中破坏、挑起反对苏共的政治斗争；通过气球等方式空投传单展开隐蔽宣传；通过接待并贿赂来自苏联的人员实施政治策反等。① 利用俄罗斯全国劳工联盟这一工会组织作为政治平台，中情局针对苏联实施了政治、宣传、准军事等隐蔽行动，展示了工会组织作为美国隐蔽行动平台的多重功能，是美国以隐蔽政治行动助力其他隐蔽行动的一个缩影。

　　20 世纪 50 年代中后期，拉美国家工会组织成为美国隐蔽政治行动关注的新目标。立足于影响拉美工人运动并遏制共产主义的战略考量，中情局于 1961 年秘密资助建立了一个区域性的美洲工会组织——美洲自由劳工发展协会（American Institute for Free Labor Development），并将其作为劳联—产联的附属机构。中情局组建美洲自由劳工发展协会的目的非常明确：以美洲自由劳工发展协会作为平台，联合美国的工会组织和商业机构，支持美国培训拉美国家工会官员的秘密计划，同时在拉美地区展开反共产主义宣传并搜集相关情报。因此，美洲自由劳工发展协会是中情局十分成功的杰作之一。② 此后，美洲自由劳工发展协会成为中情局在拉美国家工会组织和工人运动中展开隐蔽政治行动的平台；美洲自由劳工发展协会的建立还进一步表明，以工会组织掩护并支持隐蔽行动，是美国重要的政治手腕。

　　为颠覆英属圭亚那贾根政府，美国实施了一系列隐蔽行动，英属圭亚那工会组织则是中情局隐蔽政治行动的重要对象。立足于美国的政策目标，中情局专门制定了一项依托劳联—产联作为主要实施平台的隐蔽行动计划，代号为"定点飞越行动"（Operation Flypast），目的就是秘密资助英属圭亚那工会组织发起罢工，进而推翻贾根政府。③ 因此，策动工会组织发起反对贾根政府的运动是中情局隐蔽行动的重要手段，是美国筹划的颠覆活动的重要组成部分。

　　①　William Blum, *Killing Hope*, pp. 116 – 117.

　　②　John Ranelagh, *The Agency*, pp. 249 – 250.

　　③　Robert Waters and Gordon Daniels, "The World's Longest General Strike: The AFL-CIO, the CIA, and British Guiana," *Diplomatic History*, Vol. 29, No. 2, 2005, pp. 279, 302.

　　在英属圭亚那众多的工会组织中，工会理事会（Trades Union Council）成为美国撼动贾根政府的政治工具。[①] 作为英属圭亚那最大的右翼工会组织，工会理事会同美国的工会组织保持着紧密联系，中情局亦通过国际自由工会联合会、劳联—产联及其下属的美洲自由劳工发展协会等工会组织，同英属圭亚那工会理事会建立了直接联系，[②] 从而为中情局利用工会组织展开颠覆贾根政府的隐蔽行动奠定了组织基础。作为劳联—产联在拉美地区的活动平台，美洲自由劳工发展协会根据中情局以及劳联—产联的安排，为工会理事会领导人和年轻工人提供培训，渲染共产主义的危险性，甚至传授暴力和颠覆技巧。[③] 为便于向英属圭亚那工会理事会以及美国选定的其他工会组织提供隐蔽的政治资金支持，中情局专门设立"戈撒基金会"（Gotham Foundation）作为掩护性组织和秘密资金输送通道，资助英属圭亚那工会理事会展开反贾根的宣传活动。[④] 经过前期铺垫，中情局于1962年2月在英属圭亚那资助发起了一场大规模的抗议活动，进而引发一系列罢工和骚乱。为助推罢工浪潮，中情局秘密组织美国以及拉美国家的工会组织发起声势浩大的声援活动。为进一步向贾根政府施加政治压力并最终将其搞垮，中情局授意工会理事会于1963年4月发起新的总罢工。[⑤] 在此期间，美国不仅向罢工组织者提供培训和指导，而且利用中情局构建的秘密资金渠道，或通过美洲自由劳工发展协会、劳联—产联等渠道，向罢工者提供资金、食物以及医疗用品的支持。此外，为策应总罢工的展开，劳联—产联等美国工会组织还从外部向贾根政府施加压力，煽动加勒比国家的工会组织采取行动，扰乱英属圭亚那的进出口贸易，尤其是阻断英属圭亚那的粮食和石油进口，导致

---

　　① Michael Grow, *U. S. Presidents and Latin American Interventions*, p. 64.

　　② John Prados, *Safe for Democracy: The Secret Wars of the CIA*, Chicago: Ivan R. Dee, Publisher, 2006, p. 13.

　　③ Robert Waters and Gordon Daniels, "The World's Longest General Strike: The AFL-CIO, the CIA, and British Guiana," p. 297.

　　④ James Callanan, *Covert Action in the Cold War*, p. 180.

　　⑤ John Prados, *Safe for Democracy*, pp. 14 – 18.

英属圭亚那的粮食和石油日趋短缺。① 在中情局的秘密资助和操控下，总罢工演变为暴力活动，包括爆炸纵火、袭击政府办公楼等。为策应并支持中情局幕后操控的总罢工的强劲展开，中情局还针对贾根政府实施了一系列隐蔽宣传行动，包括伪造贾根妻子写给共产党的信件并予以公布等。面对总罢工引发的经济、政治和社会动荡，贾根被迫于1964年12月宣布辞职。② 由此可见，"定点飞越行动"是美国在英国的默认下，利用工会组织在英属圭亚那实施的以隐蔽政治行动为主要方式的颠覆活动。从某种意义上讲，美国在英属圭亚那的颠覆活动之所以达到预期目标，是因为中情局对反贾根政府的工会组织的隐蔽资金支持发挥了关键作用。③ 因此，"定点飞越行动"是中情局以工会组织为平台展开的隐蔽行动，是中情局通过隐蔽政治行动方式实现政权更迭的典型案例。

1961年8月，若昂·古拉特（João Goulart）就任巴西总统，并随即推行了一系列新的改革政策，包括实施国有化举措、奉行独立自主的外交政策、发展同社会主义国家的关系等。古拉特的新政招致美国的强烈不满，美巴关系快速逆转。④ 在此背景下，美国筹划并启动了一项隐蔽行动计划，目的就是驱逐古拉特。作为隐蔽行动的先声，巴西媒体在中情局的秘密资助下展开密集的宣传攻势，着力渲染古拉特力图将巴西变成苏联的马前卒和桥头堡，推动巴西实现"布尔什维克化"⑤。借助媒体营造的反古拉特的氛围，美国的隐蔽政治行动随即展开，巴西工会组织则是中情局锁定的重要行动目标。为此，美国一方面严厉指责共产主义已经实现了对巴西工会的渗透。⑥ 另一方面，为配合颠覆古拉特政权的隐蔽

---

① Robert Waters and Gordon Daniels, "The World's Longest General Strike: The AFL-CIO, the CIA, and British Guiana," p. 298.

② William Blum, *Killing Hope*, pp. 108 – 113. Michael Grow, *U. S. Presidents and Latin American Interventions*, p. 65.

③ John Prados, *Safe for Democracy*, p. 18.

④ 有关古拉特的改革举措以及美国反应的论述，参见洪育沂主编《拉美国际关系史纲》，外语教学与研究出版社1996年版，第281—283页。

⑤ Hal Brands, *Latin America's Cold War*, Cambridge: Harvard University Press, 2010, p. 75.

⑥ Joseph Smith, *Brazil and the United States: Convergence and Divergence*, Athens: The University of Georgia Press, 2010, p. 158.

行动，中情局加紧了针对巴西工会组织的隐蔽政治行动。除借助美国工会组织——劳联—产联——拉拢巴西工会领导人之外，中情局还利用其刚刚资助建立的政策工具——美洲自由劳工发展协会，针对巴西工会组织展开大规模的政治渗透。作为美国隐蔽政治行动实施的结果，巴西邮政、电报和电话行业的工会几乎完全被中情局操控。为向巴西工会领导人提供反共产主义培训，美洲自由劳工发展协会还在中情局的授意下，于 1963 年 5 月在巴西创办"特拉巴略文化研究所"（*Instituto Cultural Trabalho*），经由其培训的人员达 7000 人之多。至此，美洲自由劳工发展协会成为中情局在巴西从事隐蔽政治行动并煽动所谓"革命"的利器。① 随着美国隐蔽行动的渐次展开，巴西工会反对古拉特政权的声浪日渐高涨，为巴西军方发动军事政变创造了社会条件。1964 年 3 月 31 日，巴西军方在美国的暗中支持下发动军事政变（"3·31 政变"，Coup of March 31）。4 月 1 日，政变军队占领主要的政府机构，古拉特被迫离开巴西流亡乌拉圭，美国据此实现了颠覆古拉特政权的政策目标。② 不难看出，在美国策划的驱逐古拉特的隐蔽行动中，中情局针对巴西工会组织的隐蔽政治行动发挥了特殊的作用，美国染指的巴西工会组织成为"3·31 政变"的重要推动力量。

　　为实现颠覆智利阿连德政府的隐蔽行动目标，中情局针对智利工会组织的隐蔽政治行动随即铺开。自 1971 年以来，美国劳联—产联的附属机构——美洲自由劳工发展协会——就在中情局秘密资金的支持下，通过海外培训或举办研讨会等形式，资助智利工会领导人的活动。中情局认为，美洲自由劳工发展协会的海外计划是美国影响智利劳工的支点，其活动有助于维护美国在智利工会中的影响力。至此，智利工会组织成为美国隐蔽政治行动的实施对象，凭借秘密的资金输送，美国针对智利工会及其领导人的渗透活动日渐强化。不仅如此，中情局还积极鼓动智利反对派政党向智利最大的全国性劳工组织——智利劳工联合会——大

①　William Blum, *Killing Hope*, p. 168.
②　有关美国政府对巴西军方的支持以及美国海军策应"3·31 政变"的"山姆兄弟行动"（Operation Brother Sam），参见 Joseph Smith, *Brazil and the United States*, pp. 158 – 162.

举渗透。为角逐 1972 年 5 月的智利劳工联合会选举，智利基督教民主党
充分利用中情局提供的秘密政治资金展开竞选攻势。借助中情局隐蔽政
治资金的支持，基督教民主党在选举中的得票率位列第三，仅次于共产
党和社会党。在美国看来，这样的选举结果打破了共产党和社会党掌控
智利劳工联合会的局面，意味着反对派政党开始楔入智利重要的劳工组
织。至此，借助美国的资金支持，反对派政党插入并分化了智利劳工联
合会的组织结构，拓展了反对派政党的政治渗透空间，为美国影响并利
用智利劳工运动提供了新的渠道。[①] 由此可见，借助隐蔽政治行动，中情
局成功分化和影响了智利的工会组织，为美国策动政变创造了更为有利
的政治和社会条件。

　　为迫使牙买加曼利政府放弃国内社会改革以及对苏友好的外交政策，
中情局在 1972—1980 年实施了系列隐蔽行动，其目标有二：一是敦促曼
利政府按照美国的意愿调整政策；二是搞垮曼利政府。在中情局的隐蔽
行动方案中，针对牙买加工会组织的隐蔽政治行动是其重要的内在环节。
为此，中情局利用美洲自由劳工发展协会，极力唆使牙买加工会组织展
开反曼利政府的政治行动，进而挑起交通、电报电话等行业的罢工浪
潮。[②] 中情局在牙买加工会组织中的隐蔽政治行动收到了预期效果，面对
起伏不断的罢工浪潮和抗议活动，曼利政府的执政能力和政治威望严重
受损。在错综复杂的政治环境中，牙买加 1980 年选举拉开帷幕，曼利领
导的人民民族党在选举中败北，美国支持的牙买加工党赢得选举，工党
领袖爱德华·西加就任总理。借助中情局的隐蔽行动，美国实现了搞垮
曼利政权的政策目标。在此进程中，中情局针对牙买加工会组织的隐蔽
政治行动可谓功不可没，是美国利用隐蔽政治行动实现政权更迭的又一
个案例。

　　美国利用工会组织实现冷战战略目标、助推社会剧变的一个突出案
例，就是美国对波兰团结工会（全称为波兰独立自治团结工会）的支持。

　　① 陈露、舒建中：《美国隐蔽政治行动与智利"9·11政变"》，《历史教学问题》2020 年
第 5 期，第 113—114 页。

　　② William Blum, *Killing Hope*, p. 265.

长期以来，美国一直将波兰视为东方集团中的持不同政见者,① 是苏东集团的薄弱环节，因此，美国对波兰政局的变化始终密切关注并伺机加以利用。1980 年 8 月，莱赫·瓦文萨组建团结工会（Solidarity），成为东欧国家中第一个非共产党控制的工会组织，并以反对共产主义作为宗旨，公开挑战波兰的政治和社会制度。美国则抓住时机，将团结工会作为在波兰展开隐蔽行动的新平台。

对于团结工会的建立及其活动，美国予以积极响应。一方面，在团结工会建立之际，时任美国总统国家安全事务助理的布热津斯基就呼吁向团结工会提供援助以助推波兰乱局，声称美国拥有暗中支持团结工会的隐蔽渠道和资源。② 另一方面，因为时间仓促，尽管卡特政府向团结工会提供了秘密资金支持，但规模不大，中情局亦未与团结工会建立联系。③ 里根就任总统之后，美国加大了秘密支持团结工会的力度。在 1981 年 12 月的国家安全委员会会议上，里根决定向团结工会提供更大规模的秘密支持，要求政府相关部门制订援助团结工会的计划。④ 1982 年 2 月，中情局局长威廉·凯西提出一份支持团结工会的初步方案，内容包括：向团结工会提供具有决定性意义的资金支持以及先进的通信装备；动用中情局的情报资源支持团结工会。⑤ 经过进一步的酝酿和策划，里根于 1982 年 11 月批准了支持团结工会的隐蔽行动计划——"助力行动"（Operation QRHELPFUL），主要内容是：中情局应在隐藏"美国之手"的情况下，通过第三方向团结工会提供秘密的资金支持和物资援助，帮助其组织示威活动、印制反政府材料等；中情局应在波兰招募人员，建立隐蔽行动网络，暗中策应团结工会以及其他反对派力量。⑥

为推进"助力行动"，中情局组织了多条秘密资金的输送渠道，"助

① Abraham Brumberg, "Poland: The Demise of Communism," *Foreign Affairs*, Vol. 69, No. 1, 1989 – 1990, p. 70.

② William J. Daugherty, *Executive Secrets*, p. 188.

③ Peter Schweizer, *Victory*, p. 32.

④ Seth G. Jones, *A Covert Action: Reagan, the CIA, and the Cold War Struggle in Poland*, New York: W. W. Norton & Company, 2018, pp. 125 – 126.

⑤ Peter Schweizer, *Victory*, p. 75.

⑥ Seth G. Jones, *A Covert Action*, pp. 9 – 10, 138 – 139.

力行动"的资金支持成为团结工会最主要的资金来源。其中，仅中情局
就向团结工会提供了约 2000 万美元的秘密资金支持。此外，美国民主基
金会以及劳联—产联等美国工会组织亦参与到"助力行动"之中，向团
结工会提供秘密的资金援助。① 凭借美国尤其是中情局的支持，团结工会
购买了印刷机、油墨等展开隐蔽宣传的设备，以及汽油等从事暗中破坏
活动的各种物品。为确保相关物资和设备顺利运抵波兰，中情局专门为
团结工会开辟了一条从比利时的布鲁塞尔到瑞典的斯德哥尔摩再到波兰
的长期性秘密运输通道，并将相关设备包装成机器零部件、渔具等工业
和生活用品。② 不仅如此，中情局还于 1982 年秋资助团结工会安装了一
套秘密无线电广播发射机，专门用于向世界传播波兰的抗议活动及其他
反政府活动。③ 由此可见，隐蔽政治行动是中情局"助力行动"的核心内
容，中情局及其操控的基金会和工会组织向波兰团结工会提供的秘密资
金支持具有典型的隐蔽政治行动的属性，在助推波兰剧变中发挥了难以
估量的作用。

　　在美国"助力行动"的暗中支持下，团结工会于 1988 年发起全国规
模的大罢工，导致波兰政局陷入新的急剧动荡之中，波兰政府被迫与团
结工会对话，并于 1989 年 4 月宣布团结工会合法化，拉开了波兰剧变的
序幕。6 月，团结工会在议会选举中击败波兰统一工人党。9 月，团结工
会上台执政，其政治影响迅速扩散，开启了东欧剧变的肇端。④ 11 月，瓦
文萨应劳联—产联的邀请造访美国，受到美国总统布什的接见并被授予
美国总统自由勋章，⑤ 以此进一步为团结工会助力打气。12 月，团结工会
支持波兰议会通过宪法修正案，取消波兰统一工人党在国家政治生活中
发挥领导作用的条款，将国名由波兰人民共和国改为波兰共和国。1990
年 12 月，瓦文萨当选总统，波兰社会主义制度被彻底颠覆。纵观团结工

---

　　① Seth G. Jones, *A Covert Action*, pp. 304 – 305.

　　② Peter Schweizer, *Victory*, pp. 146 – 147.

　　③ Peter Schweizer, *Victory*, pp. 120 – 121.

　　④ 张汉清：《论 20 世纪世界的第三次大剧变与社会主义的前途》，《国际政治研究》1993
年第 1 期，第 5 页。

　　⑤ 刘邦义：《波兰政局的剧变与团结工会》，《世界历史》1995 年第 5 期，第 73 页。

会的发展历程，美国以隐蔽行动手段支持团结工会、确保其在"苏联帝国的心脏"得以生存的战略达到了预期目标，波兰团结工会的政治活动成为引爆东欧剧变的导火索之一。① 诚然，导致波兰剧变的因素错综复杂，但美国实施的以秘密支持团结工会为核心的隐蔽政治行动无疑发挥了特殊而巨大的作用，团结工会的发展以及波兰剧变的历程进一步昭示了美国隐蔽政治行动的隐形渗透力和巨大杀伤力。

二　美国隐蔽政治行动的实施平台——宗教组织和妇女组织

宗教是美国实施冷战宣传战的利器，是美国对抗共产主义的工具。在美国的隐蔽行动体系中，宗教组织成为美国隐蔽政治行动秘密资助和支持的重要对象，利用宗教的掩护展开包括隐蔽宣传行动在内的隐蔽行动亦是美国惯用的政治伎俩。

20 世纪 50 年代初期，出于推进亚洲冷战的战略考量，美国针对泰国实施了特定的政治和宣传战行动。1953 年 7 月，美国心理战略委员会向国家安全委员会递交了《美国对泰国的心理战略计划》草案（"PSB D-23"计划），目的就是针对以佛教为中心的泰国宗教组织展开隐蔽政治行动，并在此基础上发起形式多样的心理战行动，巩固泰国时任政府的统治，增强泰国政府和民众抵抗共产主义的能力，同时依托泰国向周边佛教国家展开心理战行动，培育东南亚国家和民众的亲美倾向以及抵抗共产主义的心理屏障。为此，中情局牵头组建了"PSB D-23"计划特别工作组，具体负责隐蔽政治行动和宣传行动的实施。在隐蔽政治行动方面，美国向泰国佛教组织及其相关机构提供了大量资金支持，增强了泰国宗教组织同美国的联系，为美国展开隐蔽宣传行动和宣传战作出了政治铺垫。在隐蔽宣传行动方面，通过鼓吹宗教自由、编造虚假新闻、捏造各种罪名污蔑共产党等灰色和黑色宣传手段，美国针对泰国展开了一场大规模的宣传战。"PSB D-23"计划的实施达到了美国的预期目标，

---

① 王帆：《美国对苏冷战战略及其启示》，《现代国际关系》2019 年第 8 期，第 60—61 页。

强化了泰国社会的亲美倾向，削弱了泰国国内共产主义的影响力。① 1954
年 9 月，泰国签署美国主导的《东南亚集体防御条约》，美泰军事同盟关
系初步确立。由此可见，在将泰国纳入美国亚太冷战同盟体系的进程中，
美国依托宗教组织的政治战和宣传战发挥了不容忽视的作用，是美国综
合运用隐蔽政治行动、隐蔽宣传行动和宣传战构筑冷战同盟体系的一次
具体实践。

　　借助在泰国成功实施的政治和心理战行动，美国进一步加大了利用
佛教在东南亚地区展开冷战博弈的力度。1956 年 5 月，艾森豪威尔政府
时期负责统筹隐蔽行动的专门机构——行动协调委员会——向美国国务
院、美国新闻署和中情局发出指令，要求研究佛教因素在亚洲国家所起
的作用，并就以佛教反击亚洲共产主义的行动提出建议。1957 年 1 月，
行动协调委员会批准了"关于锡兰、缅甸、泰国、老挝和柬埔寨之佛教
组织的计划纲要"（简称"计划纲要"），提出美国应利用美元资助佛教
研究以及佛教组织的活动。在具体的项目上，"计划纲要"设计了 21 个
重点实施的行动议题，包括从学术上批判共产主义的无神论并借此渗透
西方思想、资助当地佛教组织筹建图书馆、建立佛教研究中心、资助国
际宗教会议等。出于掩饰"美国之手"的考量，"计划纲要"强调，为避
免暴露美国政府的意图，美国的相关宗教团体、福特基金会和亚洲基金
会等民间机构应在筹建佛教图书馆、资助佛教书籍出版、支持青年佛教
领袖、创办佛教刊物等方面发挥主导和引领作用。此后，"计划纲要"所
列项目开始逐一实施。② 由此可见，"计划纲要"是美国针对东南亚佛教
国家展开心理宣传战的综合性方案，体现出美国以公开和隐蔽方式利用
佛教展开冷战宣传的政治手腕。同时应当看到，秘密的资金输送和支持
是实施"计划纲要"的关键环节，是东南亚佛教组织与美国相关机构之
间的连接点，利用秘密资金（其主要表现形式就是通过美国的宗教团体

　　① 有关美国在泰国实施的宣传战，参见史澎海《冷战初期美国对泰国的心理战行动：以
PSB D‑23 心理战计划为核心的考察》，《西南大学学报》（社会科学版）2012 年第 3 期，第
157—165 页。
　　② 张杨：《以宗教为冷战武器：艾森豪威尔政府对东南亚佛教国家的心理战》，《历史研
究》2010 年第 4 期，第 43—45 页。

和基金会输送资金）引导东南亚国家的佛教组织沿着美国设计的方向展开宗教活动是"计划纲要"的核心目标和基本特征。从这个意义上讲，"计划纲要"既是美国的心理战计划，同时也是一项隐蔽政治行动方案，由此从一个侧面再度展示了美国利用宗教组织展开政治行动、进而助力宣传行动的路径和手段。

早在建立之初，中情局就将南美地区的天主教会视为重要的冷战资源并陆续向其提供大量援助，尤其是支持天主教会发起"家庭'玫瑰经'运动"（Family Rosary Crusade）。借助秘密政治资金的输送，南美天主教会与中情局的关系日渐紧密，天主教会成为中情局在南美地区最具策略优势的资源，[1] 为中情局利用天主教会展开隐蔽行动作出了铺垫。

在针对危地马拉的隐蔽行动中，天主教会是美国实施隐蔽政治行动并展开宣传攻势的重要平台。根据中情局制订的颠覆阿本斯政府的"成功行动"计划，依托政治手段策动宗教组织传播反共产主义思想是中情局重要的行动议题。鉴于危地马拉的文盲率较高，普通民众对宗教具有很强的依赖性，因此，天主教在危地马拉具有广泛的社会影响力。中情局抓住危地马拉社会的这一特点，于 1954 年初派遣特工霍华德·亨特（Howard Hunt）与美国最有名的天主教传教士弗朗西斯·斯佩尔曼（Francis C. Spellman）取得联系，希望通过其牵线搭桥，在中情局和危地马拉天主教会之间建立联系，利用宗教组织助推美国"成功行动"计划的政变图谋。作为坚定的反共产主义者，斯佩尔曼欣然应允，迅速打通了中情局与危地马拉宗教界领导人之间的秘密联络渠道。[2] 至此，美国通过隐蔽政治行动方式达到了游说危地马拉天主教会参与颠覆阿本斯政权的秘密活动的目的，并在宗教教义的掩饰下展开政治宣传。1954 年 4 月 9 日，一封牧函在危地马拉所有教堂广为诵读，声称共产主义是反天主教的，是上帝的敌人，号召崇尚宗教的危地马拉人民奋起反击国际共产主义，捍卫危地马拉的宗教自由。第二天，危地马拉报刊亦纷纷报道并转

---

① Hugh Wilford, *The Mighty Wurlitzer: How the CIA Played America*, Cambridge: Harvard University Press, 2008, pp. 186 – 188.

② Stephen Kinzer, *Overthrow: America's Century of Regime Change from Hawaii to Iraq*, New York: Times Books, 2006, p. 138.

载这封牧函。由中情局炮制的"牧函事件"产生了深远的心理影响，危
地马拉各阶层对阿本斯的敌意明显上升。意想不到的收获让中情局大受
鼓舞，随即指示其危地马拉站持续展开针对危地马拉天主教会的政治攻
势，加大基于宗教的宣传战规模。在中情局的精心安排下，危地马拉天
主教会在每个礼拜日都会发布反阿本斯的牧函，以扩大宗教宣传的效
果。① 由此可见，在颠覆阿本斯的"成功行动"计划中，危地马拉天主教
会既是中情局隐蔽政治行动的对象，又是中情局隐蔽宣传行动的工具，
充分展示了美国隐蔽政治行动和隐蔽宣传的相互策应关系。

在助推波兰剧变的隐蔽行动中，宗教组织是美国展开隐蔽政治行动
的重要平台之一。在波兰历史上，天主教长期拥有强大的号召力和影响
力，是一支重要的社会力量。特别值得一提的是，执政 40 多年的波兰统
一工人党党员中竟有 2/3 是天主教徒，甚至波兰军队中也有天主教随军
神甫和军人教堂，此种现象在东欧社会主义国家中是绝无仅有的。② 鉴于
此，宗教成为美国撬动波兰政局的重要杠杆之一，是中情局隐蔽行动的
重要目标。

1978 年 10 月，波兰出生的大主教卡罗尔·沃伊蒂瓦当选为教皇，
即约翰·保罗二世。1979 年 6 月，保罗二世造访波兰，吸引了上百万
波兰民众的朝圣，从罕见的欢呼热浪中足以管窥天主教在波兰的政治和
社会影响力。从某种意义上讲，正是保罗二世的访问为团结工会的兴起
创造了有利的社会条件和政治环境。在团结工会成立后，保罗二世发表
讲话，鼎力支持团结工会，声称一个自由工会的建立具有重要意义。③ 在
此背景下，为推进针对波兰的隐蔽行动，里根政府除全力支持团结工会
外，还将目光盯住天主教会，认为团结工会和天主教会均是撬动波兰政

① Richard H. Immerman, "Guatemala as Cold War History," *Political Science Quarterly*, Vol. 95, No. 4, 1980 – 1981, p. 644. Stephen Kinzer, *The Brothers: John Foster Dulles, Allen Dulles, and Their Secret World War*, New York: Times Books, 2013, pp. 169 – 170.

② 腾海剑：《天主教与波兰政局变迁》，《历史教学》1996 年第 12 期，第 40 页。

③ Eric O. Hanson, *The Catholic Church in World Politics*, Princeton: Princeton University Press, 1987, pp. 198 – 200.

局的杠杆。① 1983 年夏，美国国务院、中情局等部门举行联席会议，商讨"助力行动"以及对团结工会的秘密援助问题，同时讨论了与天主教会的合作事宜。与会者一致认为，美国和梵蒂冈在团结工会问题上拥有共同的立场和利益，美国应借助天主教会在波兰的影响力支持团结工会。② 经过秘密协商和周密安排，中情局委托选定的天主教会神职人员将"助力行动"的部分资金和物资秘密带入波兰并转交给团结工会，由此构建了一个支持团结工会的地下网络。③ 透过美国在波兰的隐蔽行动不难看出，宗教组织是美国实施隐蔽政治行动的重要平台。在隐蔽行动的框架下，宗教组织是美国可资利用的政治载体和行动渠道，是美国实现其政策目标的有力工具。

构筑反对共产主义的社会体系是美国全球冷战战略的重要组成部分，妇女则是美国冷战社会体系中的重要环节。在美国看来，作为妻子和母亲，妇女是反对共产主义的关键力量，是反共十字军的重要支撑。通过参与投票等政治活动以及从事教育等方式，妇女可以为反共产主义事业提供独具价值的服务。④ 与支持国际和国内的反共产主义妇女活动相对应，在美国隐蔽政治行动体系中，妇女组织同样是重要的实施平台和对象，利用妇女在社会生活中的特殊地位实施政治分化亦是美国隐蔽政治行动的重要手段。

早在 1952 年，美国就酝酿通过提供秘密资金的方式设立一个专门的妇女机构，目的就是支持其他国家的妇女以民主模式组建相应的妇女组织和机构，共同对抗共产主义。借助中情局等美国政府机构提供的秘密资金，美国一个新的所谓民间妇女组织——通讯委员会（Committee of Correspondence）于 1953 年成立。从 1953 年到 1967 年，通讯委员会的资金几乎全部来自于中情局。为便于向通讯委员会提供持续的秘密资金，

---

① Carl Bernstein and Marco Politi, *His Holiness：John Paul II and the Hidden History of Our Time*, New York：Doubleday, 1996, p. 12.

② Seth G. Jones, *A Covert Action*, pp. 207 - 208.

③ Seth G. Jones, *A Covert Action*, pp. 208 - 211.

④ Mary C. Brennan, *Wives, Mothers, and the Red Menace：Conservative Women and the Crusade against Communism*, Boulder：University Press of Colorado, 2008, pp. 2, 10.

中情局建立了诸多资金通道。其中，设立于1954年的迪尔伯恩基金会
（Dearborn Foundation）就是中情局最主要的资金输送渠道。作为中情局
的掩护性机构，迪尔伯恩基金会的主要使命就是向通讯委员会转移资金。
1954—1966年，中情局通过迪尔伯恩基金会向通讯委员会提供的秘密资
金就达58.75万美元。[1] 依托中情局的秘密资助并在中情局的直接指导
下，通讯委员会通过公开发表报告和文章、举办巡回演讲和研讨会等形
式多样的活动，一方面声援美国的对外政策和遏制战略，另一方面则猛
烈抨击共产主义，目的就是影响美国以及国际舆论，呼应美国的冷战宣
传攻势。[2] 中情局对通讯委员会的秘密资助揭示了妇女组织在中情局隐蔽
行动中的地位和作用，以及中情局利用妇女组织作为有效渠道展开冷战
宣传的政策手段。[3] 正因为如此，通讯委员会是美国政府利用妇女组织从
事舆论塑造和冷战宣传的集中体现，是中情局利用隐蔽政治行动方式和
掩护性机构秘密资助妇女组织并在妇女界展开隐蔽宣传行动的典型案例。

除利用并秘密资助美国的妇女组织展开冷战宣传之外，在美国实施
的特定隐蔽行动中，妇女组织以及妇女同样是中情局隐蔽政治行动的
目标。

在1953—1954年实施的颠覆危地马拉阿本斯政府的"成功行动"计
划中，妇女组织成为美国隐蔽政治行动的重要对象，目的就是利用妇女
展开扰乱并加剧紧张局势的政治活动，进而策应"成功行动"计划的展
开。依托隐蔽政治行动的前期铺垫，中情局在"成功行动"的最后阶段
决定强化对危地马拉妇女的利用。在关键时刻，"成功行动"计划总部于
1954年6月13日向中情局危地马拉站发送题为"成功行动最后阶段的政
策指导"的紧急电文（简称"6·13急电"，Dispatch of June 13），要求
危地马拉站采取进一步的行动，通过隐蔽心理战等手段对危地马拉妇女

---

① Helen Laville, "The Committee of Correspondence: CIA Funding of Women's Groups 1952 – 1967," *Intelligence and National Security*, Vol. 12, No. 1, 1997, pp. 111 – 112.

② 有关中情局与通讯委员会关系的详细论述，参见 Hugh Wilford, *The Mighty Wurlitzer*, pp. 149 – 166.

③ Helen Laville, "The Committee of Correspondence: CIA Funding of Women's Groups 1952 – 1967," p. 119.

施加影响并寻求达到以下目的：第一，挑唆妇女采取干扰行动，以眼泪、倾诉等方式感化其在军队中服役的丈夫、儿子或情人，以期进一步离间军队与阿本斯政府之间的关系，促使危地马拉军队放弃抵抗。第二，煽动妇女在监狱、警察局以及政府办公楼周围举行示威、抗议和静坐等活动，要求释放政治犯，反对使用武力。第三，煽动妇女通过堵塞街道或卧轨等方式以妨碍并阻止政府军队的调动。① 由此可见，为实现颠覆阿本斯政府的政策目标，"6·13 急电"力图在前期施加的政治渗透和政治影响的基础上，强化针对危地马拉妇女和妇女组织的隐蔽行动，进而从一个侧面揭示了妇女在美国隐蔽行动中的特殊地位。

在针对智利阿连德政府的隐蔽行动中，妇女组织是中情局隐蔽政治行动的重要目标和行动平台。为此，中情局秘密支持智利反对派政党向智利妇女组织大肆渗透，煽动智利妇女发起政治抵抗运动。1971 年 12 月，基督教民主党和民族党及其控制的妇女团体联合发起由妇女作为主力的击锅游行，抗议食物短缺，并引发了示威者与警察之间的暴力冲突。此后，家庭妇女的击锅游行在智利接连发生，严重扰乱了智利的政治和社会局面。为进一步利用妇女运动作为政治工具，根据中情局的授意，基督教民主党和民族党还联合组建了半秘密的妇女组织——"太阳组织"，通过打电话或按门铃等行动，鼓动妇女参加反阿连德的政治活动。② 由此可见，妇女组织是中情局隐蔽政治行动的重要渗透对象，中情局幕后操控的妇女组织和妇女运动在搅动智利政局、策应美国政变图谋的进程中发挥了不容低估的作用。

在 1972—1980 年针对牙买加曼利政府的隐蔽行动中，妇女同样是中情局隐蔽政治行动的目标。为煽动牙买加妇女发起抗议曼利政府的活动，中情局秘密资助建立了两个牙买加妇女组织：一个是"渴求真理的基督教妇女"（Christian Women Agitators for Truth），另一个是"全国妇女联合会"（National Council of Women）。利用这些妇女组织，中情局策划展开

① 舒建中：《美国与 1954 年危地马拉政变》，南京大学出版社 2018 年版，第 187—188 页。
② 陈露、舒建中：《美国隐蔽政治行动与智利"9·11 政变"》，《世界历史》2016 年第 2期，第 112 页。

了大规模的反对曼利政府的示威活动。① 从政治功效来看,中情局在牙买加妇女组织中的隐蔽政治行动达到了预期目标,进一步加剧了牙买加的抗议浪潮和社会动荡,恶化了牙买加的政治局势,最终导致曼利领导的人民民族党在 1980 年选举中败北,美国鼎力支持的牙买加工党最终赢得选举。凭借中情局实施的包括针对妇女组织的隐蔽政治行动,美国实现了搞垮曼利政权的既定目标。

三　美国隐蔽政治行动的实施平台——大学、学术团体和学生组织

大学、学术团体和学生组织是美国隐蔽政治行动的重要对象,其主要目的就是通过秘密资助和联络大学及学生组织,以期达到特定或长远的政策和战略目标。

第二次世界大战结束后,接受政府资金支持和政治指导并从事与政策决策相关的研究成为美国大学的一个新趋向,从传统的学术公正和超然态度向现实政治关怀的知识和制度转向造就了所谓"冷战大学"(Cold War University),国家安全塑造了美国大学校园的基调,冷战氛围更强化了美国大学与政府机构合作的共识。② 从某种意义上讲,正是冷战背景为美国政府与大学展开合作创造了条件,同时也为中情局将触角伸向大学校园和学术机构提供了机会。

从 1947 年成立之日起,中情局就同美国学术界保持着紧密的联系,依托美国大学获取智力支持。③ 随着冷战的渐次展开,美国政府与大学之间的合作更趋紧密。借助美国政府提供的资金支持,哈佛大学于 1948 年设立"俄罗斯研究中心",致力于从事苏联研究,其研究人员的主体是二战期间美国战略情报局的苏联问题专家。哈佛大学"俄罗斯研究中心"是美国政府与大学合作开设的第一个新型大学机构,为美国政府与大学的项目合作提供了最初的样板。④ 鉴于其研究人员的构成主要是前美国战

---

　　① William Blum, *Killing Hope*, p. 265.

　　② Jeremi Suri, *Henry Kissinger and the American Century*, Cambridge: Harvard Univerity Press, 2007, pp. 93 – 94.

　　③ Loch K. Johnson, *America's Secret Power*, p. 157.

　　④ Jeremi Suri, *Henry Kissinger and the American Century*, p. 94.

略情报局的官员和专家，因此，"俄罗斯研究中心"与美国情报机构，尤其是中情局的联系不言自明，奠定了中情局涉足美国大学校园的基本路径。

为进一步推动大学的项目研究服务于美国的对外政策和冷战战略，美国国务院和中情局等相关政府部门于1950年10月联合召集来自麻省理工学院和哈佛大学的22名学者汇聚麻省理工学院，启动代号为"特洛伊计划"的项目研究，着力探讨冷战背景下美国的政治战和宣传战等问题。参与"特洛伊计划"的学者既有科学家和工程技术人员，也有心理学家、政治学家和历史学家，由此组成一个自然科学和社会科学相互交叉的项目组。1951年2月，"特洛伊计划"项目组完成最终的秘密报告并提交美国政府。作为最富有意义的构想，"特洛伊计划"建议在美国相关大学设立研究中心，由政府出资聘请学者从事政治战研究，以及与政治战相关联的现实问题研究，[1] 从而将政治战及相关国际问题的研究纳入美国政府—学术界的合作网络。因此，"特洛伊计划"是美国政府—学术界合作网络的扩展，其突出标志就是，美国大学的社会科学家第一次成为美国政府—学术界合作网络的成员，并以服务于美国的总体冷战战略作为目标。[2] 从这个意义上讲，"特洛伊计划"开辟了美国政府与大学展开政治合作的新渠道，夯实了美国大学与国家安全机构的合作模式，为美国情报机构将大学和学术机构作为行动平台作出了铺垫，为中情局利用大学和研究机构的学术渠道展开形式多样的隐蔽行动提供了可资借鉴的路径和方法，堪称美国政府依托大学学术资源展开政治战的开端。

作为落实"特洛伊计划"并拓展其行动范畴的举措，中情局在1951年启动一项"大学伙伴计划"（University Associates Program），目的就是先期与美国约50所大学建立秘密联系，进而构筑一个中情局—大学合作网络，资助这些大学的教授从事相关研究，进而为中情局提供政策咨询

---

① Allan A. Needell, "'Truth Is Our Weapon': Project TROY, Political Warfare, and Government-Academic Relations in the National Security State," *Diplomatic History*, Vol. 17, No. 3, 1993, p. 415.

② Allan A. Needell, "'Truth Is Our Weapon': Project TROY, Political Warfare, and Government-Academic Relations in the National Security State," p. 400.

服务。① 从根本上讲，"大学伙伴计划"的核心是由中情局提供秘密资金，支持并影响大学及其学术团队的研究项目，因此，中情局的"大学伙伴计划"具有隐蔽政治行动的特征，启动了中情局隐蔽校园行动（Covert Campus Action）的进程。随着"大学伙伴计划"的实施，中情局—大学合作网络初具规模，中情局利用大学校园展开隐蔽行动的路径基本确立。因此，"大学伙伴计划"及其构建的中情局—大学合作网络是中情局实施隐蔽校园行动的重要路径，从一个侧面展示了美国隐蔽政治行动无孔不入的特点。

为进一步强化学术资源作为政治行动平台的功能并据此展开冷战宣传攻势，美国心理战略委员会于 1952 年 9 月开始酝酿服务于冷战战略的学说宣传战。1953 年 6 月，美国心理战略委员会确立了以反对共产主义思想体系作为核心内容的宣传战项目——"学说宣传项目"（Doctrinal Program），从此以后，"学说宣传项目"一直是美国心理战的关键组成部分。从总体上讲，"学说宣传项目"的目标是：渲染共产主义的威胁；在学术自由的口号下推动美国以及自由世界思想的传播；削弱有悖于美国目标的学术思想的号召力和影响力。"学说宣传项目"的实施对象涵盖广泛的社会组织，但大学、学术团体和学生组织则是重点支持对象。② 毫无疑问，一方面，"学说宣传项目"就是冷战宣传，由美国政府资助大学以及相关研究机构在学术研究的名义下展开冷战宣传是"学说宣传项目"的重要目标。另一方面，公开和秘密的资金支持是美国政府推进"学说宣传项目"的主要手段，从这个意义上讲，"学说宣传项目"又具有隐蔽政治行动的特征，服务于美国的冷战宣传战。鉴于此，"学说宣传项目"为美国政府以公开或秘密的方式资助大学、学术团体和学生组织展开冷战宣传开辟了新的途径，为美国政府将学术团体和学生组织纳入隐蔽政治行动的范畴提供了新的政策方法。通过"学说宣传项目"的实施，美

---

① David Price, "Uninvited Guests: A Short History of the CIA on Campus," in Philip Zwerling, ed., *The CIA on Campus: Essays on Academic Freedom and the National Security State*, Jefferson: McFarland & Company, 2011, p. 38.

② 有关美国"学说宣传项目"的论述，参见于群《社会科学研究与美国心理冷战战略：以"学说宣传项目"为核心的探讨》，《美国研究》2007 年第 2 期，第 68—82 页。

国大学、学术团体和学生组织作为美国政治行动包括隐蔽政治行动平台的功能进一步强化。

通过设置具体的研究议题并借助掩护性渠道提供资金支持，吸引美国大学及相关研究人员参与中情局的政策研究并获取政策咨询，是中情局利用大学校园和学术团体实现其政策目标的方式之一。1953 年初，中情局秘密制订了一份"极限计划"（MKULTRA Program），主要内容就是通过掩护性资金渠道，资助大学教授甚至学生从事人类心理体验研究，以便搜集人类个体承受讯问、洗脑和酷刑手段的信息，进而为中情局情报和反情报技术，尤其是大脑控制技术的发展提供研究依据。根据"极限计划"的研究成果，中情局于 1963 年汇编成绝密的《反情报讯问指南》——《库巴克指南》（KUBARK Manual）。[1] 基于资金支持手段的间接性和隐蔽性，"极限计划"具有隐蔽政治行动的特征，"极限计划"的实施是中情局通过掩护性渠道秘密资助美国大学和研究机构从事特定问题研究的突出案例，是典型的隐蔽校园行动。

除资助特定问题的研究之外，中情局还根据隐蔽行动的需要，秘密资助大学教授和相关研究人员从事具有长远价值的历史和政治研究，但其研究成果和著作必须同中情局的宣传路线保持一致。例如，为帮助亚非拉地区的亲美政权巩固统治地位，中情局秘密资助美国大学和学术机构的相关学者展开系列的"冲突研究"，目的是探讨并设置反叛乱和反暴力的政策手段，包括警察行动、骚乱遏制和政治渗透等，进而形成相关的研究成果，中情局则据此为世界各地的亲美政权提供政策咨询和政治扶持。鉴于资金支持的秘密性和学术研究的独立性，在学术研究的名义下利用大学和学术机构的政治咨询更具"貌似否认"的特征。[2] 由此可见，中情局将大学和学术机构作为行动对象的一个重要功能，就是为美国的隐蔽行动提供政策咨询和政策指导，秘密资助所谓学术项目的研究则是中情局隐蔽政治行动的重要手段。

---

[1] David Price, "Uninvited Guests: A Short History of the CIA on Campus," in Philip Zwerling, ed., *The CIA on Campus*, pp. 41 – 42.

[2] John J. Nutter, *The CIA's Black Ops*, pp. 80 – 81.

　　根据"特洛伊计划"的安排,在相关的美国大学设立研究机构是中情局展开政治行动的重要方式之一,目的就是为中情局提供系统性的政策咨询服务。作为"特洛伊计划"的第一个直接成果,中情局于1952年1月出资在麻省理工学院设立国际研究中心(CENIS),着眼于"特洛伊计划"最终报告所列项目的研究,包括苏联问题、国际通讯问题、发展问题、东南亚问题研究等,以期为美国的冷战战略提供支持。① 直至1966年,麻省理工学院国际研究中心一直与中情局保持着紧密联系,接受中情局的秘密资金支持,同时根据中情局以及美国政府其他机构的需要发起并组织相关的研究项目。② 作为中情局—大学合作网络的典范,麻省理工学院国际研究中心为美国的冷战政策提供了智力支撑。例如,1952年"美国国家安全委员会第129/1号备忘录"(National Security Council Memorandum 129/1)明确提出,美国政府应鼓励并资助发展问题研究,目的就是最大限度地维护非共产主义政权的稳定。③ 根据美国国家安全委员会设置的议程并在中情局等美国政府机构的资助下,沃尔特·罗斯托提出经济增长模式,该模式成为美国在冷战经济竞争中赢得发展中世界心灵和思想的工具。④ 此后,中情局—大学合作关系进一步发展,中情局在相关大学设立并秘密资助的合作机构逐渐增多,包括密歇根州立大学的亚洲基金会、波士顿大学的非洲研究计划、哈佛大学的中东事务中心、康奈尔大学的产业和劳工关系学院、密歇根大学的社会研究所等,⑤ 由此在严格保密的前提下构筑起中情局的智囊团。

　　中情局涉足大学和学术团体并利用其展开隐蔽行动的最具创新性的

---

　　① Deborah W. Larson, "The Cold War and the University," *Diplomatic History*, Vol. 24, No. 1, 2000, p. 152.

　　② Allan A. Needell, " 'Truth Is Our Weapon': Project TROY, Political Warfare, and Government-Academic Relations in the National Security State," pp. 416 – 417. Daniel Golden, *Spy Schools: How the CIA, FBI, and Foreign Intelligence Secretly Exploit America's Universities*, New York: Henry Holt and Company, 2017, p. 168.

　　③ Deborah W. Larson, "The Cold War and the University," p. 153.

　　④ David Price, "Uninvited Guests: A Short History of the CIA on Campus," in Philip Zwerling, ed., *The CIA on Campus*, pp. 38 – 39.

　　⑤ Philip Zwerling, "Nine Steps to a Spy-Free Campus," in Philip Zwerling, ed., *The CIA on Campus*, pp. 191 – 192.

方式，就是在世界各地秘密资助学术会议。在学术会议的名义下，中情局的隐蔽行动意图主要有三：一是利用学术会议的议程设置引导学术界讨论美国关心的国际议题，为美国的对外政策营造声势。二是利用学术会议获取相关信息，尤其是技术信息和政府决策信息。三是利用在学术会议上的巧遇方式，寻找合适的对象或针对已经选定的对象，通过贿赂等手段实施策反。① 学术会议本来是践行学术自由原则、展开国际学术交流的平台，但中情局正是利用学术会议的这一特点，将学术会议异化为美国隐蔽行动的一个切入点，从而昭示了美国隐蔽行动无所不用其极的手段和本质。

除在大学设立研究机构并支持各种会议之外，中情局与美国大学的另一种互动方式就是利用大学举办公开或隐蔽的相关培训。鉴于哈佛大学拥有世界级的学术声望和学术资源，同时也是世界政治精英的摇篮，因而引起中情局的极大兴趣。20 世纪 50 年代中期，亨利·基辛格利用中情局提供的秘密资金，在哈佛大学设立哈佛国际暑期学校，目的就是吸引世界各国的学生前来接受培训，同时与这些各个领域未来的世界精英建立联系。② 至此，在学术和文化交流的名义下，哈佛国际暑期学校成为中情局隐蔽校园行动的重要平台，集中展示了中情局在大学校园从事隐蔽政治行动的政策手段。此后，中情局利用秘密资金支持的方式长期介入并将哈佛国际暑期学校作为美国冷战文化外交的工具。仅在 1960—1966 年，中情局就向哈佛国际暑期学校提供了 45.6 万美元的秘密资金，其中 13.5 万美元用于哈佛国际暑期学校的对外研讨班。③

利用大学作为掩护平台为中情局的海外隐蔽行动提供支持和服务，是美国情报机构秘密资助相关大学的一个重要目的，揭示了中情局在大学校园展开隐蔽政治行动的政策功能。

1955—1959 年，中情局在密歇根州立大学设立所谓学术培训中心，实际上是以此作为掩护手段，为南越政权培训秘密警察，5 名中情局官员

---

① Daniel Golden, *Spy Schools*, pp. 194 – 197.

② David Price, "Uninvited Guests: A Short History of the CIA on Campus," in Philip Zwerling, ed., *The CIA on Campus*, p. 39.

③ Hugh Wilford, *The Mighty Wurlitzer*, pp. 126 – 127.

参与了秘密培训计划。为此，中情局向密歇根州立大学提供了 2500 万美元的秘密资金。① 由此可见，利用大学平台服务于美国的隐蔽行动目标是中情局隐蔽校园行动的一项重要内容，以秘密政治资金换取美国大学为特定隐蔽行动提供服务的路径具有隐蔽政治行动的属性和特征。

相较于其他宣传手段，在学术研究伪装下的宣传行动具有更强的欺骗性，因而成为美国在特定隐蔽行动中展开秘密宣传的重要方式。美国借助所谓学术研究的名义支持隐蔽行动的一个典型案例，就是中情局针对智利展开的系列隐蔽行动。

为通过隐蔽政治行动影响智利 1964 年选举进程，阻止以阿连德为首的左翼政党联盟在选举中获胜，中情局专门制定了"卡米洛计划"（Project Camelot），目的是通过向智利以及其他拉美国家的学术机构提供秘密政治资金的方式，资助其展开"国家建设"和"反暴乱"研究，进而在学术研究名义下展开隐蔽的反阿连德的政治宣传，助力美国支持的基督教民主党候选人弗雷的竞选活动。② 1970 年，阿连德赢得总统选举并上台执政。为展开隐蔽宣传并实施颠覆阿连德政府的隐蔽行动计划，中情局遂向不便透露姓名的学者提供秘密资金支持，以便在学术研究的名义下对阿连德展开批评。不仅如此，中情局还秘密资助相关学术机构撰写并出版所谓系列学术报告（学术机构名称和出版物名称目前均尚未解密），对智利政治和经济局势展开猛烈抨击，这些报告不仅在智利传播，而且投送到世界其他国家。与此同时，中情局资助的一家研究公司（名称尚未解密）亦出版了一份有关智利经济的研究报告，渲染智利的经济困境，该报告在至少 54 个国家的新闻界传播，并被美国合众国际社和英国路透社等国际主流新闻媒体转载。显然，这些出版物和研究报告的目的就是挑起智利乃至国际社会对阿连德的不满和批评，多方位地推进美国的宣

———————

① Victor Marchetti and John D. Marks, *The CIA and the Cult of Intelligence*, p. 226. David Price, "Uninvited Guests: A Short History of the CIA on Campus," in Philip Zwerling, ed. , *The CIA on Campus*, p. 41.

② Rhodri Jeffreys-Jones, *The CIA and American Democracy*, New Haven: Yale University Press, 2003, pp. 144 – 145.

传战，服务于美国对智利的隐蔽行动。① 中情局依托秘密的资金支持、在学术研究的名义下展开的隐蔽宣传行动从一个侧面有力地证明，学术机构是美国隐蔽政治行动的重要平台。

除利用秘密政治资金支持发起反阿连德的学术宣传攻势之外，为实现颠覆阿连德政府的隐蔽行动目标，中情局还在智利的大学校园展开直接的隐蔽政治行动。借助中情局提供的秘密政治资金支持，智利反对派政党控制的青年组织于 1971 年底在智利大学策动学潮，挑起紧张局势并导致严重流血事件，进而引发了智利其他大学的暴力冲突。鉴于智利大学将于 1972 年 4 月举行校长和校董会选举，在蓄意搅动智利政治局势的政策框架下，智利大学选举为美国借助隐蔽政治行动进一步激化智利的社会和政治矛盾提供了新的契机。凭借中情局秘密政治资金的注入和有效运作，反对派政党支持的候选人战胜阿连德提名的候选人赢得智利大学校长选举，反对派人士亦占据校董会多数席位。美国认为，反对派政党在智利大学选举中的胜利是阿连德遭遇的又一次政治挫折，并为反对派政党的政治活动提供了新的动力。② 由此可见，智利大学选举是美国运用秘密资金力挺反对派政治活动的又一次成功实践，是美国对智利隐蔽政治行动取得新进展的重要标志。更为重要的是，策动学潮和资助大学选举充分表明，隐蔽校园行动是美国对智利隐蔽政治行动的重要组成部分，在助力美国的颠覆活动中发挥了独特的政治功效。

大学学生既是社会未来的中坚力量，也是最富热情但又最易受蛊惑的社会群体，因而始终是美国政府尤其是中情局特别关注的行动对象。

学生组织是大学生的主要活动平台，是具有独特影响力的社会组织，因而是包括中情局在内的美国政府机构密切关注并竭力加以利用的对象。美国将学生组织作为隐蔽政治行动的实施对象并据此展开隐蔽校园行动的一个典型案例，就是中情局对成立于 1947 年的美国全国学生联合会（United States National Student Association，USNSA）的秘密资助，目的就

---

① 舒建中：《美国宣传战与智利"9·11 政变"》，《史学月刊》2017 年第 8 期，第 85—86 页。

② 陈露、舒建中：《美国隐蔽政治行动与智利"9·11 政变"》，《世界历史》2016 年第 2 期，第 112—113 页。

是利用该组织将美国全国的学生组织以及世界各国的学生组织联合起来，共同参与美国对抗共产主义的冷战十字军，服务美国的全球战略。为此，中情局作出了长期努力，通过多种秘密渠道（包括中情局出资的基金会）向美国全国学生联合会提供资金支持，并将其作为中情局建立反共阵线的国际组织计划的一个重要环节。① 为更加有效地向美国全国学生联合会输送资金并增强资金支持的隐蔽性，中情局于 1952 年 6 月设立掩护性组织——"青年和学生事务基金会"（Foundation for Youth and Student Affairs，FYSA），专门用于向美国全国学生联合会提供秘密资金支持，尤其是资助美国全国学生联合会的海外计划。② 作为隐蔽校园行动的一个重大举措，中情局向美国全国学生联合会提供秘密政治基金的方式具有隐蔽政治行动的特征，充分表明学生组织是美国隐蔽政治行动的重要实施平台。在中情局以及相关政府部门的鼎力支持下，美国全国学生联合会成为"山姆大叔"展开冷战宣传战和隐蔽宣传行动的一支独特而重要的力量，先后配合美国政府实施了一系列宣传战和心理战项目，包括外国学生领袖项目、发展中国家学生项目、外国学生服务项目等，并据此发动反共并争夺心灵和思想的宣传战。③ 由此可见，美国针对学生组织的隐蔽政治行动具有鲜明的政治和战略导向，彰显了美国隐蔽政治行动的一个重要功能——借助一切可资利用的政治手段和政治平台发起公开或隐蔽的宣传战。

中情局利用美国全国学生联合会展开隐蔽政治行动的另一个案例，就是秘密资助国际学生会议（International Student Conference，ISC）的建立。为联合欧洲以及世界其他国家的学生组织共同对抗共产主义，美国全国学生联合会在成立之后就与中情局紧密合作，并在中情局的秘密资助和支持下，于 1950 年主导建立了一个新的国际学生组织——国际学生

---

① Harry Rositzke, *The CIA's Secret Operations*, pp. 159 – 160.

② Joël Kotek, "Youth Organizations as a Battlefield in the Cold War," *Intelligence and National Security*, Vol. 18, No. 2, 2003, pp. 185 – 186.

③ 有关中情局以及美国政府其他部门利用美国全国学生联合会展开宣传战的论述，参见史澎海、彭凤玲《美国全国学生联合会与冷战初期美国对外心理战》，《陕西师范大学学报》（哲学社会科学版）2019 年第 2 期，第 49—53 页。

会议。① 此后，中情局提供的秘密资金通过美国全国学生联合会源源不断地注入国际学生会议，借此支持其在国际学生运动的舞台上从事冷战宣传和反对共产主义的政治活动。例如，借助中情局的暗中组织和资助，国际学生会议采取积极行动，成功抵制了由具有进步倾向的国际学生联合会（International Union of Students）发起的 1962 年赫尔辛基世界青年节。② 由此可见，通过提供秘密资金支持等隐蔽政治行动方式，国际学生会议成为美国实施冷战战略的组织平台。

美国利用大学校园展开隐蔽政治行动的一个典型案例，就是所谓的"混沌行动"（Operation Chaos）。20 世纪 60 年代中期，由于新左派思潮的影响，包括美国在内的西方世界掀起了一场声势浩大的民权运动和反战运动，大学生则是运动的主力军。为利用并分化这场运动，以中情局为主的美国情报机构在 1967—1973 年实施了代号为"混沌行动"的隐蔽计划。③ 在"混沌行动"启动之际，其主要目标是秘密调查美国国内的反战团体和反战宣传与苏联的关系，但在执行过程中，"混沌行动"扩展到两个层面：一是调查美国国内的反战运动是否存在外国组织的资金支持和操控；二是派遣特工混入美国的抗议团体并以此为掩护，寻机向外国的反战组织和学生组织进行渗透。④ 为实施"混沌行动"，中情局作出了周密的安排和铺垫，其中的一项准备工作就是招募和培训美国大学生，并利用其对外国学生组织实施秘密渗透。为确保渗透计划获致成功，除指导选定的学生熟悉外国学生组织的情况之外，美国情报机构还资助招募的学生加入美国的学生团体，以便为其身份提供掩护。⑤ 由此可见，

---

① Karen Paget, "From Stockholm to Leiden: The CIA's Role in the Formation of the International Student Conference," *Intelligence and National Security*, Vol. 18, No. 2, 2003, p. 136.

② John Ranelagh, *The Agency*, pp. 250 - 251. 有关中情局在赫尔辛基世界青年节期间的隐蔽行动的详细论述，参见 Joni Krekola and Simo Mikkonen, "Backlash of the Free World: The US Presence at the World Youth Festival in Helsinki, 1962," *Scandinavian Journal of History*, Vol. 36, No. 2, 2011, pp. 230 - 255.

③ Scott D. Breckinridge, *The CIA and the U. S. Intelligence System*, p. 193. David Price, "Uninvited Guests: A Short History of the CIA on Campus," in Philip Zwerling, ed. , *The CIA on Campus*, pp. 46 - 47.

④ John Ranelagh, *The Agency*, pp. 533 - 534.

⑤ Harry Rositzke, *The CIA's Secret Operations*, pp. 217 - 219.

"混沌行动"从一个侧面揭示了美国隐蔽校园行动的实施路径和方式——招募学生作为向国外进行政治渗透的工具。因此,大学校园是美国展开隐蔽行动的重要平台,隐蔽校园行动具有政治行动的属性和特征。①

尽管美国政府尤其是中情局采取了诸多措施,力图隐瞒针对美国大学、学术团体和学生组织的隐蔽校园行动,但终究是纸包不住火。1966年,美国杂志《壁垒》(*Ramparts*)披露了中情局利用密歇根州立大学为南越培训秘密警察的消息。1967年,《壁垒》又披露了中情局秘密资助美国全国学生联合会的内幕,舆论一片哗然。面对压力,美国总统约翰逊不得不任命一个由副国务卿尼古拉斯·卡岑巴赫作为主席的专门委员会,负责审查中情局与教育机构的关系。作为审查的结果,卡岑巴赫委员会提交的报告("卡岑巴赫报告",Katzenbach Report)建议,美国联邦政府的任何机构不得以直接或间接的方式,向教育机构或私有组织提供秘密资金支持。但中情局对"卡岑巴赫报告"却不以为然,继续与美国大学和学术团体保持秘密联系,提供秘密的资金支持,并利用其展开宣传战等公开或隐蔽的各种政治活动。②

进入20世纪70年代之后,中情局的隐蔽行动再度引起广泛关注,美国国会遂展开了一系列调查和听证。据1976年美国参议院情报委员会特设委员会——丘奇委员会(Church Committee)——的报告显示,中情局始终与大学和学术界保持密切联系,利用数百个美国学术团体以及超过100所美国大学作为展开情报活动和其他秘密行动的平台,包括通过著书立说等方式从事海外宣传行动等。与此同时,中情局还利用美国的海外学术机构展开具有针对性的隐蔽行动。《丘奇委员会报告》强调指出,中情局与美国大学和学术机构的互动方式灵活多样,诸如研究项目、学者交流、国际会议、学术演讲等;互动的时限既有临时性合作,也有长期性合作。总之,自建立以来,中情局就致力于发展同美国大学和学术界

---

① 作为实施"混沌行动"的结果,中情局创建了一个代号为"九头蛇"(HYDRA)的计算机数据库,专门存储所谓涉外威胁的相关信息。有关详细论述参见 Jens Wegener, "Order and Chaos: The CIA's HYDRA Database and the Dawn of the Information Age," *Journal of Intelligence History*, Vol. 19, No. 1, 2020, pp. 77 – 91.

② Loch K. Johnson, *America's Secret Power*, pp. 157 – 158.

的秘密关系，但中情局的资助角色却始终藏而不露。① 由此可见，中情局在学术研究的名义下实施隐蔽行动的基本路径和方式，就是利用秘密政治资金支持美国大学以及相关学术团体展开服务于美国对外战略的研究，因而具有隐蔽政治行动的特征，美国大学及学术团体成为中情局隐蔽政治行动的重要实施对象和平台。

尽管遭遇多重压力，但中情局与大学和学术机构的联系依然长期保持。根据中情局于 1986 年 2 月制定的一份文件，中情局将继续与学术机构保持多种方式的联系。其中，就世界性议题展开磋商是中情局—学术界联系的最普遍的方式。除此之外，中情局还将继续支持并资助各种学术会议，资助大学和智库的学术研究，服务于美国的对外政策。② 由此可见，中情局与美国大学和学术机构的联系已经常态化，资金支持则是中情局引导并影响美国学术研究的主要方式。

与此同时，学生组织依然是中情局的行动对象，甚至成为中情局撬动和激化他国政局的有力工具。在美国助力 20 世纪 80 年代末 90 年代初保加利亚的剧变中，学生运动和学生组织是美国隐蔽政治行动的重要平台。为实现颠覆保加利亚社会主义政权的目标，作为美国以非政府组织方式实施隐蔽政治行动的最重要机构，美国民主基金会向保加利亚的学生组织——独立学生社团联盟（Federation of Independent Student Associations）——提供了约 10 万美元的秘密资金援助，主要用于支持独立学生社团联盟的组织建设和人员培训。此外，美国民主基金会还向独立学生社团联盟提供了传真机、复印机、录像机以及印刷装备等，支持其发起反政府的游行示威等政治和宣传活动。③ 借助美国的秘密支持，独立学生社团联盟发起了以街头政治为主要表现形式的一系列抗议活动，加剧了保加利亚的政治和社会动荡，推动保加利亚反对派组织"民主力量联盟"赢得 1991 年选举并组建政府。由此可见，在保加利亚剧变过程中，美国

---

① James M. Olson, *Fair Play: The Moral Dilemmas of Spying*, Washington, D. C.: Potomac Books, 2006, p. 96. David Price, "Uninvited Guests: A Short History of the CIA on Campus," in Philip Zwerling, ed., *The CIA on Campus*, pp. 48 – 49.

② Loch K. Johnson, *America's Secret Power*, pp. 160 – 161.

③ William Blum, *Killing Hope*, p. 316.

针对学生组织的隐蔽政治行动发挥了四两拨千斤的政治功效。

冷战结束后，美国情报机构的隐蔽校园行动并未销声匿迹，而是改头换面，以新的方式继续存在，其中有的行动已经趋于半公开化。1991年，美国国会颁布《国家安全教育法》，授权美国政府实施"国家安全教育计划"（National Security Education Program，NSEP）。为此，美国专门设立"国家安全教育计划"理事会，中情局是理事会成员方，从而为中情局继续展开隐蔽校园行动提供了依据。① 此后，美国情报机构的校园活动呈现出加速发展的态势。

2001年"9·11事件"后，中情局进一步强化了隐蔽校园行动。2005年，中情局开始构建所谓"学术精英情报共同体中心"（Intelligence Community Centers for Academic Excellence），目的就是与美国大学建立更加持久稳固的合作关系。因此，"学术精英情报共同体中心"计划是中情局进军美国大学校园的新举措，是中情局利用资金支持秘密干预美国大学、学术团体及其学术环境的新形式，② 为中情局实施公开和隐蔽相结合的校园行动开辟了新途径。至此，美国情报机构以公开方式涉足大学校园，彰显了美国情报机构校园行动的新动向和新趋势。

总之，自冷战格局形成以来，包括中情局在内的美国情报机构就将大学校园和学术机构作为实施隐蔽行动的重要渠道，展开了以隐蔽政治行动为主要形式的校园行动，目的就是为美国的冷战战略和隐蔽行动提供智力支持和掩护载体。冷战结束后，校园行动依然是美国情报机构的重要议题，以隐蔽或公开的方式影响学术界和学生组织依然是美国情报机构的行动目标。正是在美国情报机构的影响下，美国的大学已经远远偏离其核心价值——学术自由和开放的科学研究。③ 尽管美国大学和学术

① David Price, "Uninvited Guests: A Short History of the CIA on Campus," in Philip Zwerling, ed., *The CIA on Campus*, p. 52.

② David Price, "Uninvited Guests: A Short History of the CIA on Campus," in Philip Zwerling, ed., *The CIA on Campus*, pp. 52-53.

③ Roberto J. González, "Militarizing Education: The Intelligence Community's Spy Camps," in Piya Chatterjee and Sunaina Maira, eds., *The Imperial University: Academic Repression and Scholarly Dissent*, Minneapolis: University of Minnesota Press, 2014, p. 94.

界亦发出了抗争的声音，但美国大学和学术界的政治化趋向已经难以逆转，美国情报机构与大学和学术界的联系将长期存在。

第四节　美国隐蔽政治行动的实施路径：
流亡者和犯罪集团

一　美国隐蔽政治行动的实施平台——流亡者和叛逃者

来自苏东集团及其他社会主义国家的流亡者和叛逃者是美国隐蔽政治行动的重要目标，在美国看来，利用流亡者和叛逃者展开隐蔽行动是抵消共产主义宣传、削弱共产主义政权的最有效的方式。此外，叛逃者还是美国搜集苏联军事和政治情报的最佳渠道，同时也为检验美国政治战的有效性提供了第一手的评估依据。[1] 从准军事的意义来看，训练流亡者和叛逃者并派遣其渗入苏东国家从事暗中破坏等准军事行动亦是美国隐蔽政治行动的重要使命。

早在冷战初期，中情局就开始关注苏东流亡者的情报价值，为此，中情局在驻德美军情报部门，尤其是第 66 反谍支队的配合下，对苏东流亡者进行甄别和审查，一方面是搜集有关苏东国家的情报。另一方面，中情局和第 66 反谍支队还不遗余力地从苏东流亡者中招募并培训特工人员，进而为中情局针对苏东集团的隐蔽行动提供情报支持和行动力量。[2] 由此可见，苏东流亡者是美国隐蔽政治行动最早的实施对象，拉开了美国冷战隐蔽政治行动的帷幕。

美国利用苏联和东欧流亡者作为隐蔽政治行动平台并据此展开隐蔽宣传行动的最具代表性的案例，就是中情局秘密策划组建的对抗苏东共产主义政权的流亡者组织。作为二战期间美国情报领域的名将，威斯纳早在 1948 年初就带领一个高级别小组研究利用苏东流亡者服务于美国利益的问题。5 月，威斯纳小组研究报告出炉。8 月，威斯纳就任中情局政

---

① Gregory Mitrovich, *Undermining the Kremlin*, p. 78.

② John Prados, *Presidents' Secret Wars: CIA and Pentagon Covert Operations since World War Ⅱ*, New York: W. Morrow, 1986, p. 36.

策协调处处长。在进一步研究威斯纳小组研究报告的基础上，威斯纳主持制订了一份针对苏东流亡者和叛逃者的代号为"血石行动"（Operation Bloodstone）的隐蔽行动计划，主要目的就是将苏东流亡者组织起来并加以利用，支持其掌控工会、知识界、右翼集团等，进而从事反共产主义的活动。作为推进"血石行动"的重要成果之一，中情局于 1949 年 5 月秘密资助建立了一个由东欧国家流亡者组成的"自由欧洲国家委员会"①。此外，在中情局的资助下，一个由俄罗斯流亡者组成的"俄罗斯人民解放委员会"亦宣布建立。利用这两个所谓民间团体作为掩护，中情局建立了分别针对东欧国家和苏联的秘密无线电广播电台——"自由欧洲电台"和"自由电台"。中情局利用这些流亡者组织和秘密电台的目的非常明确：煽动苏东国家的抵抗运动，削弱共产党的控制，暗中破坏苏东政权，唤起"解放"苏东的希望。② 依托中情局的幕后协调和秘密资助，"自由欧洲国家委员会"还以国别和地区为单位设立分支机构，包括自由捷克斯洛伐克理事会、罗马尼亚国家委员会、波罗的海自由委员会、匈牙利国家委员会、保加利亚国家委员会等。③ 借助中情局的秘密支持，"自由欧洲国家委员会"发起了抵抗共产主义的"自由十字军运动"（Crusade for Freedom）。在此之后，"自由欧洲国家委员会"成为美国实施遏制政策的主要工具，同时也是中情局从事冷战秘密宣传战的一个公开面孔。④ 中情局运用政治资金秘密资助"自由欧洲国家委员会"和"俄罗斯人民解放委员会"的建立及其运转彰明较著地表明，流亡者团体是冷战初期美国隐蔽政治行动的重要实施对象，利用其展开政治和宣传攻势则体现了美国隐蔽政治行动的政策功能，服务于美国冷战遏制战略，尤其是隐蔽行动战略。

---

① Hugh Wilford, *The Mighty Wurlitzer*, pp. 30 – 31.

② Harry Rositzke, *The CIA's Secret Operations*, pp. 156 – 157.

③ 有关美国秘密资助建立"自由欧洲国家委员会"及相关分支机构，以及"自由欧洲国家委员会"及其相关分支机构所实施的隐蔽政治和宣传行动的详细论述，参见 Katalin K. Lynn, ed., *The Inauguration of Organized Political Warfare: Cold War Organizations Sponsored by the National Committee for a Free Europe / Free Europe Committee*, Saint Helena: Helena History Press, 2013.

④ Larry Hancock, *Creating Chaos*, p. 50.

在针对苏东流亡者实施的隐蔽政治行动中，中情局对乌克兰流亡者实施的隐蔽政治行动堪称代表性案例。苏联十月革命之后，大批乌克兰流亡者逃往英国和法国等西欧国家并组建流亡组织，其中最具规模的是乌克兰民族主义者同盟和乌克兰全国劳工联盟。这些流亡组织与西方势力相互勾结，长期致力于反苏活动并在乌克兰境内建立了一系列秘密的抵抗组织。在冷战格局形成后，美国遂将乌克兰流亡组织作为资助对象，秘密支持其从事反苏政治和宣传活动，利用其搜集相关情报，监视苏联的港口、军事基地以及其他目标，甚至实施暗中破坏活动。[1] 通过秘密资助乌克兰流亡组织，中情局不仅在乌克兰建立了情报资源网络，而且借助乌克兰流亡组织展开了包括隐蔽宣传行动和准军事行动在内的隐蔽行动，由此从一个侧面展示了美国隐蔽政治行动的多重功能，体现了隐蔽政治行动的战略功效。

冷战初期，美国将流亡者和叛逃者作为隐蔽行动对象的另一个突出案例，就是中情局针对东德流亡者和叛逃者的隐蔽政治行动。二战结束后，德国柏林被美国、英国、法国和苏联实施分区占领，此种格局为中情局实施隐蔽行动提供了极大的便利，此即所谓"柏林渠道"。为实施隐蔽政治行动，招募服务于美国的特工人员，中情局采取了一系列举措。例如，在西柏林报纸上刊登招聘广告，以高薪吸引东柏林的应聘者。经过一定的甄别程序（中情局遴选的重点对象是政府官员、警察、媒体从业者以及铁路、邮政系统的职员），中情局就会邀请选定的目标对象前往设在西柏林的安全屋进行面谈，并提供在此期间的生活以及往返费用。一旦应聘者接受条件成为中情局特工，中情局将指定官员与其保持秘密联系，敦促其搜集苏东集团的政治、经济和军事情报。[2] 在 1961 年柏林墙修建之前，柏林一直是美国隐蔽行动的重要舞台，招募居住在东柏林的德国人作为中情局特工并搜集情报则是美国实施隐蔽政治行动的一项重要内容。

美国利用东欧流亡者搭建隐蔽政治行动平台并据此展开隐蔽宣传行

---

[1]　John Prados, *Presidents' Secret Wars*, pp. 52 – 56.

[2]　Harry Rositzke, *The CIA's Secret Operations*, pp. 42 – 43.

动和冷战宣传战的一个典型案例，就是组建流亡者的体育运动组织——
"自由东欧运动员联盟"（Union of Free Eastern European Sportsmen，
UFEES）。20 世纪 40 年代末，中情局的掩护性组织——"自由欧洲国家
委员会"就开始向东欧国家流亡者中的运动员团体提供资金支持。其中，
成立于 1949 年的"匈牙利国家运动员联合会"（Hungarian National Sports
Federation，HNSF）是重点对象。① 此后，在美国相关机构的直接策划和
支持下，以"匈牙利国家运动员联合会"为主干的"自由东欧运动员联
盟"于 1950 年 2 月宣布建立，并以参加 1952 年赫尔辛基奥运会作为直接
诉求，目的就是在资本主义的旗帜下与东欧社会主义国家的运动员同场
竞技，以此作为毁损共产党政权威望的宣传手段。与此同时，美国政府
推动美联社、"美国之音"等新闻媒体发起了声援"自由东欧运动员联
盟"参加赫尔辛基奥运会的大规模宣传攻势，进而借此机会展开谴责共
产主义集团的宣传战。在美国的精心安排和操控下，"自由欧洲国家委员
会"和"自由欧洲电台"亦不遗余力地加入以所谓"冷战运动会"为主
线的宣传战行列。不仅如此，美国还秘密资助"自由东欧运动员联盟"
组建代表团前往赫尔辛基展开游说活动。② 尽管美国力挺"自由东欧运动
员联盟"参加赫尔辛基奥运会的图谋未能得逞，但围绕"自由东欧运动
员联盟"与赫尔辛基奥运会的政治博弈却从一个侧面表明，借助东欧流
亡者创设行动平台是美国隐蔽政治行动的重要手腕，依托创设的政治平
台实施公开和隐蔽相结合的宣传战则是美国的行动目标。

在策动"自由东欧运动员联盟"参加赫尔辛基奥运会的图谋失败后，
中情局继续将奥林匹克运动会作为行动目标。其中，中情局利用乌克兰
流亡者在 1960 年罗马奥运会期间实施的隐蔽政治和宣传行动就是代表性
案例。早在冷战初期，中情局就利用乌克兰流亡者创办了一个掩护性组
织——"普罗洛格研究公司"（Prolog Research Corporation）。依托中情局

---

① Toby C. Rider, "Political Warfare in Helsinki: American Covert Strategy and the Union of Free Eastern European Sportsmen," *The International Journal of the History of Sport*, Vol. 30, No. 13, 2013, p. 1496.

② Toby C. Rider, *Cold War Games: Propaganda, the Olympics, and U. S. Foreign Policy*, Urbana: University of Illinois Press, 2016, pp. 68, 77 - 80.

提供的秘密资金的支持，"普罗洛格研究公司"出版了大量图书并利用报纸杂志发表文章，针对乌克兰展开了密集的隐蔽宣传。① 鉴于 1960 年罗马奥运会即将举行，中情局遂于 1959 年开始策划利用罗马奥运会实施隐蔽行动，包括"普罗洛格研究公司"、乌克兰解放运动最高委员会（Supreme Ukrainian Liberation Council，UHVR）等在内的乌克兰流亡者组织成为中情局隐蔽行动的重要平台，目的就是针对乌克兰以及东欧国家展开隐蔽宣传行动，同时锁定相关目标实施政治策反。② 尽管策反图谋未能得逞，但中情局围绕罗马奥运会展开的隐蔽行动依然从一个侧面表明，苏东流亡者集团是中情局隐蔽政治行动的重要载体。

除利用苏东集团的流亡者和叛逃者作为隐蔽行动的平台之外，美国在冷战初期还制定了一个更具进攻性的隐蔽政治行动计划——"叛逃者项目"（Defector Program）。早在 1950 年初，中情局就启动了策反苏东国家官员的秘密行动。1950 年 10 月，美国国家安全委员会决定起草一份有关策反行动的政策文件，1951 年 2 月的"特洛伊计划"最终报告亦提出了针对苏东集团叛逃者的政策建议。经过一系列的精心筹划，美国国家安全委员会于 1951 年 4 月批准题为"美国针对苏联及其卫星国叛逃者的政策"的文件（NSC 86-1），从整体上规划了针对苏东国家的策反和利用政策，强调美国的长期目标就是煽动苏东国家的叛逃浪潮并据此向苏东集团施加最大限度的压力，同时推进美国针对苏东国家的情报和宣传等隐蔽行动，在苏东国家内部制造不满与混乱。③ 根据安排，新建立的心理战略委员会负责"叛逃者项目"的组织和实施。在进一步研究之后，心理战略委员会将"叛逃者项目"的行动代号正式确定为"贯注行动"（Operation Engross），并将其分为两个阶段。第一阶段（A 阶段）是前期

① Austin Duckworth and Thomas M. Hunt, "Espionage in the Eternal City: The CIA, Ukrainian Emigrés, and the 1960 Rome Olympic Games," *Journal of Intelligence History*, Vol. 18, No. 2, 2019, p. 234.

② 有关中情局利用乌克兰流亡者组织在 1960 年罗马奥运会期间实施隐蔽行动的详细论述，参见 Austin Duckworth and Thomas M. Hunt, "Espionage in the Eternal City: The CIA, Ukrainian Emigrés, and the 1960 Rome Olympic Games," pp. 241-251.

③ 厉荣：《美国心理战略委员会"叛逃者项目"探微（1951—1953）》，《世界历史》2012 年第 5 期，第 49—52 页。

铺垫，主要任务是妥善安置和照顾叛逃者。第二阶段（B 阶段）是"叛逃者项目"的核心，目的就是充分利用叛逃者和流亡者从事反对苏联集团的隐蔽行动。为此，美国应运用心理战以及其他压力手段削弱苏联的权力，同时利用苏东集团的人力资源增强美国和自由世界的权力。其中，策反苏联高级官员是 B 阶段的优先目标；招募苏东集团的叛逃者组建军事力量亦是 B 阶段的重要使命。1952 年 12 月，"贯注行动"的 B 阶段计划获得批准。[①] 从行动类型来看，针对苏东集团实施有组织、有计划的政治策反是"贯注行动"的核心，因而具有隐蔽政治行动的属性。就其政治功能而言，作为杜鲁门政府制订的隐蔽政治行动计划，"贯注行动"的政治功能主要包括：利用叛逃者展开隐蔽和公开相结合的心理宣传，塑造反共产主义的舆论氛围；利用叛逃者搜集苏东集团的政治、经济和军事情报；在叛逃者中招募隐蔽行动人员，组建抵抗苏东国家的所谓游击力量。由此可见，作为整体性的隐蔽政治行动计划，"贯注行动"服务于多重隐蔽行动功能，从一个侧面集中展示了美国隐蔽政治行动的战略用途，为美国实施针对苏东国家的隐蔽政治行动提供了政策指引。

1953 年夏季，民主德国（东德）、捷克斯洛伐克、波兰、阿尔巴尼亚等东欧国家爆发大规模骚乱，导致大量流亡者逃往西方国家。为利用流亡者展开隐蔽行动，中情局立即启动了一项东欧流亡者安置计划，秘密资助私人组织、慈善机构设立流亡者收容所，向东欧流亡者提供生活保障，目的就是增进流亡者对美国等西方国家的好感，强化反对苏联的情绪。与此同时，中情局还积极利用流亡者展开针对苏东集团的隐蔽行动。为此，中情局从流亡者中挑选人员，为其提供游击战技巧、潜伏技巧、发报技巧、宣传技巧等方面的特殊培训，并提供装备和资金指使受训流亡者潜回"铁幕"之后开展形式多样的隐蔽行动。[②] 由此可见，流亡者群体始终是中情局隐蔽政治行动的平台，是中情局借此展开宣传行动和准

---

① Gregory Mitrovich, *Undermining the Kremlin*, pp. 78 – 80.

② 史澎海、杨艳琪：《冷战初期美国对外隐蔽心理战的考察》，《河北师范大学学报》（哲学社会科学版）2011 年第 1 期，第 114—115 页。

军事行动的重要依托。

在东亚地区，流亡者同样是美国隐蔽政治行动的对象，以低廉的资金换取流亡者搜集相关情报则是中情局隐蔽政治行动的一个重要功能。朝鲜战争期间，中情局制订实施代号为"风铃草行动"（Operation Bluebell）的秘密计划，资助并鼓励朝鲜流亡者返回朝鲜北方开展情报搜集等隐蔽行动。中情局认为，"风铃草行动"的实施为美国提供了可靠的情报。① 因此，"风铃草行动"不仅再度表明流亡者是中情局施展隐蔽政治行动的重要平台和渠道；更为重要的是，"风铃草行动"还集中展示了中情局隐蔽政治行动所蕴含的最基本的政策功能——情报搜集，进而从一个侧面展现了中情局隐蔽政治行动的政策功效。

二　美国隐蔽政治行动的实施平台——有组织的犯罪集团

在美国隐蔽政治行动体系中，有组织的犯罪集团是重要的行动对象，是美国展开隐蔽政治行动的重要支点。以犯罪集团作为平台和支撑，美国可以实施多种多样的隐蔽行动，从某种意义上讲，有组织的犯罪集团为美国从事隐蔽行动提供了更为秘密的掩护载体。

在美国看来，依托犯罪集团展开情报和隐蔽行动具有诸多独特的便利。首先，有组织的犯罪集团接近社会看不见的阶层，拥有一定的社会控制力，这为美国隐蔽行动的实施提供了秘密的渠道。其次，有组织的犯罪集团成员熟悉各种暴力活动以及其他肮脏的行动方式，具有较强的行动能力。再次，有组织的犯罪集团同政府相关部门保持着千丝万缕的联系，从而有利于情报的搜集。最后，有组织的犯罪集团通常把持着黑色的资源和通道，诸如走私渠道、虚假身份资源等，所有这些均可以为隐蔽行动所利用。更为重要的是，利用犯罪集团展开隐蔽行动可以转移视线，更好地隐藏美国的角色，因而更具"貌似否认"的属性和特征。② 鉴于此，有组织的犯罪集团成为美国隐蔽政治行动的重要平台，并据此推动其他隐蔽行动的展开。

---

① John Prados, *Presidents' Secret Wars*, p. 69.

② John J. Nutter, *The CIA's Black Ops*, pp. 173 – 174.

在针对古巴的隐蔽行动中，中情局采用向黑手党提供秘密资金的方式，将黑手党作为美国隐蔽政治行动的对象，招募黑手党参与到美国针对古巴的秘密战之中，包括资助黑手党实施针对古巴领导人卡斯特罗的暗杀行动。早在 1960 年 9 月，中情局就通过特殊途径同古巴黑手党建立了直接联系并提供秘密资金，支持其暗杀卡斯特罗。为此，中情局向古巴黑手党提供了相关的暗杀器材和装备，包括含有生化毒素的药丸、含有致命毒素的雪茄以及涂抹了致命细菌的潜水衣等。借助中情局的支持，古巴黑手党在 1961 年针对卡斯特罗实施了系列暗杀活动，但所有行动均告失败。[1] 此后，除依托自身资源实施暗杀行动之外，中情局继续秘密支持古巴黑手党针对卡斯特罗等古巴领导人展开接连不断的暗杀活动。尽管中情局认为支持黑手党是暗杀卡斯特罗的最佳方式，但古巴黑手党的暗杀行动无一成功。[2] 由此可见，为寻求实现美国针对古巴的隐蔽行动目标，中情局通过隐蔽政治行动的方式同古巴黑手党建立了长期联系并提供秘密资助，目的就是指使古巴黑手党实施暗杀古巴领导人的准军事行动。尽管借助黑手党暗杀卡斯特罗实属下三烂之招，[3] 但却揭示了美国以犯罪集团作为政治行动的平台，并试图以此作为助推美国隐蔽行动包括暗杀行动的政策手段。

向贩毒集团提供秘密支持并指导其按照美国的意愿实施相关隐蔽行动，是美国隐蔽政治行动的另一种鲜为人知的方式，贩毒集团由此被纳入美国隐蔽政治行动的平台。从历史上看，中情局以及美国其他情报机构长期同世界各地的贩毒集团进行合作并向其提供支持，包括贩毒通道的安全保障和资金支持。中情局对贩毒集团的利用不是临时性的，恰恰相反，世界范围大规模的贩毒行动均得益于中情局的保护和支持。[4] 借助贩毒集团这一可资利用的隐蔽政治行动平台，中情局实施了一系列隐蔽

① James Callanan, *Covert Action in the Cold War*, p. 161.

② John J. Nutter, *The CIA's Black Ops*, pp. 172 – 173. 有关中情局试图借黑手党之手暗杀卡斯特罗的详细论述，参见 Jack Colhoun, *Gangsterismo: The United States, Cuba and the Mafia, 1933 to 1966*, New York: OR Books, 2013, pp. 154 – 170.

③ 崔建树：《折戟沉沙：美国"猪湾行动"始末》，南京大学出版社 2018 年版，第 142 页。

④ John J. Nutter, *The CIA's Black Ops*, p. 178.

行动，尤其是配合准军事行动的展开。

法国科西嘉集团是当时世界上大型的贩毒集团，因在第二次世界大战期间胁从维希政权而饱受指责。二战末期，美国情报机构同科西嘉集团建立联系并向其提供了大量资金支持，令其重整旗鼓并扩展了贩毒通道。此后，科西嘉集团成为美国展开隐蔽行动的一股重要力量。1947年秋季，法国共产党组织了一次抵制马歇尔计划的码头工人大罢工，导致停泊在马赛港的美国货物无法卸载。为破坏罢工，刚刚组建的中情局利用秘密的资金支持，指使并挑动科西嘉集团采取暴力行动阻止罢工并与码头工人发生严重的流血冲突。在科西嘉集团的暴力威逼下，罢工失败。1950年，科西嘉集团在中情局的指使下破坏了法国的另一次罢工，为此，中情局向科西嘉集团提供了数百万美元的秘密资金。① 由此可见，中情局对科西嘉集团的资金支持具有隐蔽政治行动的属性，同时昭示了美国隐蔽政治行动的政策功能：利用贩毒集团实施暗中破坏等隐蔽行动，服务于美国的冷战对抗战略。

在20世纪80年代针对尼加拉瓜桑地诺政权的隐蔽行动中，扶植尼加拉瓜反政府武装是美国政策的着力点，为此，中情局采取了一系列隐蔽的政治、经济和军事支持行动，其中，资助并保护尼加拉瓜反政府武装的贩毒活动就是中情局的重要手段之一。在尼加拉瓜反政府武装贩毒行动的背后，始终存在中情局的身影。② 鉴于贩毒是尼加拉瓜反政府武装的重要资金来源，维护相关的贩毒通道和毒品市场成为中情局拉拢尼加拉瓜反政府武装的重要政治伎俩。这就意味着，在美国的隐蔽行动中，毒品可以作为政治工具；以支持贩毒活动笼络尼加拉瓜反政府武装并借此助推其他隐蔽行动的展开，集中展示了中情局以毒品作为政治工具的权谋和手腕。

综上所述，中情局隐蔽政治行动的核心意涵是：以秘密的资金支持作为实施隐蔽政治行动的抓手，针对目标对象实施政治贿赂和政治拉拢；隐蔽政治行动具有多重功能，包括以隐蔽政治行动作为铺垫，进而展开

① John J. Nutter, *The CIA's Black Ops*, pp. 180–181.
② John J. Nutter, *The CIA's Black Ops*, pp. 186–187.

隐蔽宣传行动和准军事行动等。从实施路径来看，美国隐蔽政治行动的对象囊括了几乎所有的政治组织和社会组织以及具有利用价值的个人，由此展示了美国隐蔽政治行动的巨大渗透力和影响力。鉴于此，隐蔽政治行动堪称美国隐蔽行动战略的利器。

第 三 章

美国隐蔽经济行动的理论
框架和实施路径

在国家间关系的实践中，经济战是一种古老而久远的政治手段，是国家间战略博弈的重要方式。概括地讲，国际关系中的经济战就是国家之间以强制性经济手段进行的政治对抗。① 经济战的主要目标和战略功能是削弱对手的经济基础，迟滞其经济发展，打击其经济补给，根本目的就是在目标国制造经济恐慌和社会动乱，动摇其进行战争或战略对抗的物质基础。随着冷战格局的形成与发展，除公开的经济战之外，以秘密方式实施的隐蔽经济行动亦成为美国遂行遏制政策与战略、展开冷战较量的重要工具。

第一节　美国隐蔽经济行动的理论解读

从理论生成的层面看，隐蔽经济行动的概念及其理论体系形成于冷战时期，但在长期的国际关系实践中，隐蔽经济行动同经济战一样是历史久远的政治手段。冷战格局形成后，隐蔽经济行动成为美国隐蔽行动体系的重要组成部分，是美国推行隐蔽行动政策和战略的一个隐形撒手锏。从理论上讲，隐蔽经济行动和经济战之间既存在一定区别，亦具有内在联系。隐蔽经济行动主要指通过秘密的渠道和隐匿的方式，针对特定目标对象展开经济攻势，助推隐蔽行动计划的实施；经济战则指运用

---

① 李少军：《论经济安全》，《世界经济与政治》1998 年第 11 期，第 57 页。

公开的平台或机构施加公开的经济压力，是强制外交在经济领域的运用；经济战可以独立实施，并不必然包含隐蔽经济手段的因素，但隐蔽经济行动一般辅之以公开的经济战，目的就是扩大和增强隐蔽经济行动的政策效果。因此，作为美国隐蔽行动的政策工具，隐蔽经济行动往往与经济战相互配合，相互策应，以秘密和公开相结合的政策手段助推隐蔽行动的政策目标，进而彰显了经济因素在美国隐蔽行动中的政治功效。

一 美国隐蔽经济行动的早期理论研究

隐蔽经济行动从一开始就是美国隐蔽行动战略的重要组成部分，因此，在美国隐蔽行动理论建构之初，隐蔽经济行动就已经引起有关学者的关注并展开了初步探讨。

在 1974 年出版的《中情局与情报膜拜》一书中，维克托·马尔凯蒂和约翰·D. 马克斯就将经济行动作为美国隐蔽行动的八种政策策略和手段之一。在考察美国隐蔽行动政策实践的基础上，马尔凯蒂和马克斯认为，截至 20 世纪 70 年代中期，相较于隐蔽宣传行动和准军事行动等更为直接的隐蔽行动方式，中情局在经济领域实施的隐蔽行动计划相对较少，且没有取得明显的政策效果。尽管如此，马尔凯蒂和马克斯依然描述了隐蔽经济行动的实施路径，如通过秘密渠道向亲美政权提供经济援助和投资项目支持；利用投毒等方式秘密扰乱反美国家的对外贸易，制造经济恐慌，进而破坏其经济发展。[①] 至此，马尔凯蒂和马克斯将隐蔽经济行动纳入美国隐蔽行动体系的研究范畴，初步阐释了隐蔽经济行动的实施路径，具有一定的开创意义。

自 80 年代之后，美国的隐蔽经济行动研究取得突破性进展，洛赫·约翰逊的研究就是突出代表。1989 年，约翰逊发表《隐蔽行动与问责：美国秘密对外政策的决策》一文，对隐蔽经济行动作出新的探讨。约翰逊认为，作为隐蔽行动的重要手段，隐蔽经济行动是指秘密扰乱目标国经济的政策和行动，其实施手段包括：通过投放毒药以及其他化学物质

---

① Victor Marchetti and John D. Marks, *The CIA and the Cult of Intelligence*, New York: Dell Publishing, 1974, pp. 64, 72.

的方式污染目标国的产品；通过物价操控（包括压低物价）等方式削弱目标国的国际竞争力；在目标国港口秘密布雷以干扰其进出口贸易；污染目标国的石油输送管线和石油储备设施以威胁目标国的能源安全；破坏目标国的电力设施以扰乱其正常的经济和社会秩序等。[①] 同样是在 1989年，约翰逊的力作《美国的秘密权力：民主社会中的中情局》一书出版。关于隐蔽经济行动，约翰逊重申，隐蔽经济行动就是运用经济手段秘密扰乱并破坏目标国的经济。为此，约翰逊进一步剖析了美国隐蔽经济行动的政策手段并增添了新的内容，如伪造目标国货币以扰乱其金融体系；压低农产品国际价格以破坏目标国的国民经济；利用云雾技术操控目标国的降雨量；培植寄生生物以毁坏目标国的农作物等。[②] 至此，约翰逊率先阐释了隐蔽经济行动的政策含义，着力分析了美国隐蔽经济行动的实施路径和手段，为隐蔽经济行动的理论研究提供了更趋完整的分析框架。

冷战结束后，美国的隐蔽行动研究迈入高速发展的时期，隐蔽经济行动的研究随之向纵深推进。1992 年，约翰逊发表《论隐蔽行动分界线的划分》一文。除创造性地提出隐蔽行动升级模式之外，约翰逊还进一步论述了隐蔽经济行动的地位和作用。约翰逊指出，在隐蔽行动的第三阶梯（高风险隐蔽行动阶段），隐蔽经济行动开始启动以期扰乱目标国的经济，其手段和方式包括：破坏目标国的电力线路和设施，污染目标国的石油储备设施，挑动港口罢工以阻挠目标国的进出口贸易等。约翰逊强调，高风险隐蔽行动阶段的隐蔽经济行动应将烈度限制在骚扰行动的范围内，尽可能避免造成人员伤亡。约翰逊认为，在隐蔽行动的第四阶梯（极端隐蔽行动阶段），隐蔽经济行动明显升级且更具暴力色彩，其实施路径包括喷洒落叶剂或焚烧森林以污染江河湖泊，炸毁大坝以制造洪水泛滥，借助云雾技术以控制目标国的气象条件，伪造目标国货币以制

---

① Loch K. Johnson, "Covert Action and Accountability: Decision-Making for America's Secret Foreign Policy," *International Studies Quarterly*, Vol. 33, No. 1, 1989, p. 85.

② Loch K. Johnson, *America's Secret Power: The CIA in a Democratic Society*, New York: Oxford University Press, 1989, p. 26.

造通货膨胀，暗中破坏工业设施，毁坏农作物，在家禽牲畜中散播病毒等。[①] 至此，约翰逊从隐蔽行动升级模式的角度再度论述了美国隐蔽经济行动的实施路径和手段，剖析了隐蔽经济行动诸多手段在不同阶段的运用方式，从而为透视美国隐蔽经济行动的实际运作提供了更具操作性的分析平台，深化了美国隐蔽经济行动的理论研究。

在 1992 年出版的《需要知道：20 世纪基金会研究团队关于隐蔽行动和美国民主的报告》一书中，艾伦·古德曼和布鲁斯·伯科维茨将经济行动作为美国隐蔽行动的六种类型之一，认为隐蔽经济行动是指秘密操控外国经济和商业往来的努力和行动。[②] 尽管古德曼和伯科维茨的解读具有高度概括性，但却点明了美国隐蔽经济行动的关键：秘密操纵目标国经济。因此，古德曼和伯科维茨对隐蔽经济行动言简意赅的阐释依然具有指导意义。

二　21 世纪初期美国隐蔽经济行动的理论研究

世纪之交的 2000 年，美国学者约翰·纳特出版《中情局的黑色行动：隐蔽行动、对外政策与民主》一书，从经济战的角度对隐蔽经济行动进行了新的探讨。纳特指出，在和平时期秘密攻击对手的经济是国家间关系的历史传统，隐蔽经济战则是现代国家采用的更为老到和精妙的政策手段。纳特认为，隐蔽经济战是破坏、掠夺和摧毁目标国经济的一种委婉方法，其战略意图是：迫使对手将主要精力和资源转移到保护经济目标上，从而使其处于防御状态；促使对手处于持续贫穷状态，包括陷入饥荒、效率低下和巨额外债中；通过制造恶劣的经济环境，挑动目标国发生叛乱、革命甚至政变。在此基础上，纳特解读了隐蔽经济战的方法和实施路径，认为隐蔽经济战最简单的方法就是进行暗中破坏，如在农田纵火或用其他方式毁坏农作物以扰乱目标国的经济、与外国公司

---

① Loch K. Johnson, "On Drawing a Bright Line for Covert Operations," *American Journal of International Law*, Vol. 86, No. 2, 1992, pp. 288, 290.

② Allan E. Goodman and Bruce D. Berkowitz, *The Need to Know: The Report of the Twentieth Century Fund Task Force on Covert Action and American Democracy*, New York: The Twentieth Century Fund Press, 1992, p. 33.

合谋向目标国销售劣质的零部件以破坏其工业生产、在目标国的出口商品中投毒以震慑潜在的购买者等。纳特强调，攻击目标国的金融体系是隐蔽经济战中更加老练的方法，一种常用的技巧就是伪造目标国货币以制造通货膨胀，进而削弱政府的公信力；利用宣传手段制造伪币泛滥谣言和通货膨胀恐慌亦是隐蔽金融战的重要方式。纳特指出，隐蔽经济战还可以采取更加剧烈的方式，如秘密地利用云雾技术在目标国制造暴雨并引发洪灾，以此大面积毁坏农作物，进而引发经济混乱。纳特强调指出，第二次世界大战结束后，美国在世界经济中占据着强有力的优势地位，因此，美国拥有实施隐蔽经济战的诸多手段，由此为美国部署隐蔽经济行动创造了无可匹敌的条件。[①] 至此，纳特阐释了隐蔽经济战的含义，为隐蔽经济行动的研究提供了新的视角。除进一步论述隐蔽经济行动的实施路径和手段外，纳特有关隐蔽经济行动研究的最大新意，就是首度明确提出并分析了隐蔽经济行动的战略意图和目标，推动隐蔽经济行动的研究框架更趋完整，为剖析美国的隐蔽经济行动奠定了更加坚实的理论基础。

2004 年，约翰逊和詹姆斯·沃茨主编《战略情报：透视秘密世界的窗口，一部选集》一书出版发行。在前期研究的基础上，约翰逊和沃茨进一步论述了隐蔽经济行动在整个隐蔽行动中的地位，认为隐蔽行动武器库中的一件利器就是秘密破坏目标国的经济。此外，约翰逊和沃茨还对隐蔽经济行动的实施路径作出了延伸解读，强调随着全球计算机网络的发展，隐蔽经济行动的主要目标已经发展成为扰乱目标国的计算机系统。通过秘密干扰或破坏目标国的计算机网络，可以导致目标国的金融系统陷入混乱，通信系统全面瘫痪，因此，计算机网络攻击所造成的混乱决不亚于军事攻击。[②] 由此可见，约翰逊和沃茨将信息战（网络战）作为隐蔽经济行动的实施路径和平台之一，拓展了美国隐蔽经济行动的研

---

① John J. Nutter, *The CIA's Black Ops: Covert Action, Foreign Policy, and Democracy*, New York: Prometheus Books, 2000, pp. 88 – 90.

② Loch K. Johnson and James J. Wirtz, "Covert Action: Introduction," in Loch K. Johnson and James J. Wirtz, eds. , *Strategic Intelligence: Windows into a Secret World, An Anthology*, Los Angeles: Roxbury Publishing Company, 2004, pp. 256 – 257.

究范畴，为透视信息时代美国隐蔽经济行动的新手段提供了分析框架。

2006 年，马克·洛温塔尔的新版著作《情报：从秘密到政策》一书出版，其中的第八章专门探讨了隐蔽行动。除延续传统方式将隐蔽行动划分为宣传行动、政治行动、经济行动和准军事行动之外，洛温塔尔着重论述了隐蔽经济行动的政策背景和实施手段。洛温塔尔指出，由于经济混乱往往会导致政治动荡，因此，经济手段成为隐蔽行动有效展开的重要领域，是美国实施隐蔽行动计划的重要支撑。为此，洛温塔尔列举了隐蔽经济行动的手段，认为美国隐蔽经济行动的通常方式主要包括：通过隐蔽宣传以制造虚假的商品短缺信息并引发恐慌，进而推动隐蔽经济行动的进一步展开；通过制造洪水灾难等方式毁坏主要农作物以达到直接引发经济混乱的效果；伪造目标国货币以摧毁其货币金融的信用体系等。① 除剖析隐蔽经济行动的政策手段和实施路径之外，洛温塔尔有关隐蔽经济行动论述的一大亮点是：对隐蔽经济行动的政策背景和意义作出了更加明确的阐释，从而丰富了美国隐蔽经济行动的研究议程。

不难看出，美国学界对隐蔽经济行动的研究集中于探讨隐蔽经济行动的实施手段上，对于隐蔽经济行动展开的背景和条件则着墨不多。尽管如此，美国学者列举的诸多手段依然为思考隐蔽经济行动提供了有益的借鉴。毫无疑问，隐蔽经济行动从一开始就是美国隐蔽行动的重要组成部分；鉴于隐蔽经济行动不同程度地具有破坏性和暴力性的色彩，因此，美国的隐蔽经济行动往往与特定的隐蔽行动相联系，服务于特定的隐蔽行动目标。

第二节　美国隐蔽经济行动的实施路径及其政治功效

一　美国隐蔽经济行动的实施路径

隐蔽经济行动是美国隐蔽行动的重要类型，运用秘密的经济手段助力政策目标的实现是美国隐蔽行动的实施路径之一。一方面，在美国方

---

① Mark M. Lowenthal, *Intelligence: From Secrets to Policy*, Washington, D. C. : CQ Press, 2006, pp. 162 – 163.

面看来，经济体系是隐蔽行动可以利用和易于攻击的脆弱目标。① 另一方面，鉴于经济直接涉及民生问题，隐蔽经济行动的展开无疑将对普通民众的生活带来广泛影响，暴露风险随之增加。因此，在美国隐蔽行动的实施过程中，隐蔽经济行动的后果是美国决策者必须权衡的问题，因为一旦隐蔽经济行动泄露或被曝光，其引发的国际压力将是巨大的，这也许是美国政府对隐蔽经济行动始终讳莫如深的原因。纵观战后美国隐蔽行动的历史，相较于其他的隐蔽行动类型，有关隐蔽经济行动的具体案例相对较少；尽管美国在设计隐蔽行动时会讨论隐蔽经济行动，但在美国已解密的隐蔽行动资料中却很少提及隐蔽经济行动的实施情况。尽管如此，根据少数的案例，依然可以管窥美国隐蔽经济行动的实施路径。

早在冷战格局形成之初，中情局就联合欧洲盟国的情报机构于1949年启动代号为"格莱迪奥行动"（Operation Gladio）的系列准军事行动，东德则是整个20世纪50年代"格莱迪奥行动"的重点目标。作为"格莱迪奥行动"的组成部分和策应手段，中情局筹划和组织的隐蔽经济行动随之铺开。为此，中情局招募并利用欧洲的反共产主义势力，在东德境内实施了一系列极具破坏性的隐蔽经济行动，诸如，通过爆破、纵火、切断电路系统等方式破坏电站、桥梁、水坝和隧道等生产和公共设施；毁坏铁路、公路、机场等交通基础设施；使用酸性物质毁坏工厂的主要机器设备；通过投毒等方式毁坏农作物，毒杀家禽；在奶粉中投放肥皂等非致命性物质以期制造社会恐慌；伪造并秘密分发食物配给券以制造粮食短缺和骚乱；伪造虚假的征税通知以及其他政府文件以扰乱经济和社会秩序等。② 由此可见，隐蔽经济行动是中情局主导策划的"格莱迪奥行动"的重要组成部分，是策应准军事行动的重要方式，更是冷战初期美国隐蔽经济行动手段的一次大演练，集中展示了美国隐蔽经济行动实施路径的多样性和破坏性，充分表明隐蔽经济行动是美国对抗苏东集团、实施冷战战略的重要工具。

---

① Loch K. Johnson, *Secret Agencies: U. S. Intelligence in a Hostile World*, New Haven: Yale University Press, 1996, p. 168.

② William Blum, *Killing Hope: U. S. Military and CIA Interventions since World War II*, Monroe: Common Courage Press, 1995, pp. 62 – 64.

　　为颠覆危地马拉阿本斯政府，美国制定了系统的隐蔽行动计划——
"成功行动"计划，隐蔽经济行动则是其中的重要组成部分，目的就是扰
乱并破坏危地马拉的经济，从经济上对阿本斯施加强大压力。鉴于咖啡
是危地马拉主要的出口商品和外汇收入来源之一，对危地马拉经济具有
重要意义，为此，中情局制定了一个"咖啡行动计划"（Coffee Program），
其核心就是制造并散布危地马拉生产的咖啡含有有害真菌的谣言，以此
阻断危地马拉咖啡的出口，破坏危地马拉的经济支柱。时任中情局局长
的艾伦·杜勒斯认为，"咖啡行动计划"是很棒的主意，但也存在极大的
风险。一方面，"咖啡行动计划"付诸实施将严重损害美国咖啡商的利
益，进而招致强烈反对；另一方面，危地马拉咖啡含有有害真菌的消息
一旦传播，将引发媒体的关注，极有可能横生枝节，扰乱"成功行动"
计划的实施。鉴于此，杜勒斯紧急致电有关人员暂停实施"咖啡行动计
划"，等候进一步指示。从目前解密的档案资料看，尽管"咖啡行动计
划"并无下文，但美国意图实施隐蔽经济行动的手段已可管窥一斑。①

　　利用准军事行动方式图谋颠覆古巴卡斯特罗政权是美国长期追求的
目标，隐蔽经济行动则成为助力美国准军事行动的重要手段。为实施
1960年3月制定的"冥王星行动"并支持猪湾登陆计划，美国隐蔽经济
行动的主要伎俩就是伪造古巴比索，以期扰乱并破坏古巴经济，进而制
造政治和社会动荡，削弱古巴抵御外部威胁的能力，策应美国准军事行
动的展开。② 在1961年11月到1962年10月古巴导弹危机期间，中情局
实施了针对古巴的新的隐蔽行动计划——"猫鼬行动"。为配合准军事行
动的实施，隐蔽经济行动再次被纳入中情局的行动范畴，成为"猫鼬行
动"的重要内容。鉴于蔗糖是古巴最重要的出口商品，中情局训练的特
工利用猫在蔗糖种植园实施纵火，以期破坏古巴的蔗糖生产。此外，中
情局特工还在波多黎各的圣胡安港以及其他港口对来自古巴的蔗糖秘密
投放化学物品，目的就是制造恐慌，阻断古巴的蔗糖出口，打压古巴经

　　① 舒建中：《美国与1954年危地马拉政变》，南京大学出版社2018年版，第173—174页。
　　② Benn Steil and Robert E. Litan, *Financial Statecraft: The Role of Financial Markets in American Foreign Policy*, New Haven: Yale University Press, 2006, p. 149.

济。对于古巴进口的机器及其零部件,中情局特工在运输途中实施暗中破坏;中情局还与外国公司合谋,向古巴销售偏心的滚珠轴承,以此破坏古巴的工业生产。在货币金融领域,中情局继续大量伪造古巴比索,以期制造通货膨胀,扰乱古巴经济和社会秩序。中情局还训练古巴流亡分子,使其渗透到古巴境内,针对古巴的铁路、炼油厂、发电厂等基础设施进行了多轮袭击,目的就是制造经济和社会混乱,助推"猫鼬行动"的实施。[1] 由此不难看出,在美国针对古巴的隐蔽行动中,隐蔽经济行动是重要的政策工具,是美国力图运用秘密经济手段达到政治目的的政策手段,从一个侧面展示了美国隐蔽经济行动的实施路径。

在越南战争期间,为配合战争行动,美国针对北越的隐蔽经济行动随之展开。为此,中情局协助美军在北越港口秘密布雷,目的就是扰乱北越的海运通道,破坏北越的商业贸易。[2] 在实施隐蔽经济战时,大量使用落叶剂堪称美国最典型的手段。为迫使北越屈服,美国在越南丛林地带喷洒大量落叶剂,目的就是破坏北越战士的隐伏地点,但落叶剂的使用严重污染了土地,破坏了北越的农业生产。此外,美国针对北越的隐蔽经济行动还采取了一种更为剧烈的方式。鉴于越南的气象条件属于季风气候,美国遂秘密利用云雾技术在北越制造暴雨,目的就是引发洪灾并以此大面积毁坏农作物,进而引发北越的经济混乱。[3] 美国在越南战争期间实施的隐蔽经济战充分表明,隐蔽经济行动是美国策应战争行动的工具,以秘密的经济手段助推战争行为是美国隐蔽经济行动的一项重要功能。

运用隐蔽经济和政治行动相结合的方式在智利煽动罢工进而制造经济混乱,是美国颠覆智利阿连德政府的重要手段,典型的例证就是中情局秘密策划和资助的严重扰乱智利经济的"十月罢工"(October Stop-

---

[1]　John Prados, *Presidents' Secret Wars: CIA and Pentagon Covert Operations since World War Ⅱ*, New York: W. Morrow, 1986, pp. 212–213. John J. Nutter, *The CIA's Black Ops*, pp. 89–90.

[2]　Loch K. Johnson, *Secret Agencies*, p. 168.

[3]　John J. Nutter, *The CIA's Black Ops*, p. 90.

page）。① 由于智利缺乏完善的铁路系统，食物等生活必需品均依靠卡车运输，为此，中情局早就将智利卡车业主联盟作为政治渗透的对象，秘密提供活动经费，目的就是策动罢工，进而引发智利经济和社会混乱。② 依托中情局的资金支持，包括罢工补贴金，圣地亚哥于 1972 年 10 月爆发卡车业主联盟罢工，最终酿成波及智利全境的罢工浪潮，几乎导致智利经济陷入瘫痪状态。③ 从搅乱智利经济秩序并引发社会危机的角度看，"十月罢工"为美国影响智利政局并策动政变创造了有利的条件。在中情局的秘密撮合下，卡车业主联盟与美国选定的政变领导人皮诺切特达成秘谋，于 1973 年 7 月发起第二次全国性大罢工，目的就是促使智利陷入瘫痪，促成军方的干预。④ 从政治功效来看，美国幕后策划的智利卡车业主联盟第二次大罢工是点燃危机气氛的导火索，⑤ 从隐蔽经济行动的层面为美国挑起"9·11 政变"创造了社会条件，颠覆了合法的阿连德民选政府，彰显了美国隐蔽经济行动在煽动政变中的政治功能。

为搞垮牙买加曼利政府，中情局在 1972—1980 年实施了一系列隐蔽行动，隐蔽经济行动就是其中的重要组成部分。除采取信贷挤压、中止援助等经济战手段之外，中情局还实施了更具破坏力的隐蔽经济行动。例如，1975 年下半年，中情局在牙买加进口的面粉中秘密投放具有毒性的杀虫剂，导致 17 人中毒身亡。1976 年 10 月，中情局故技重施，在牙买加进口的大米中投放杀虫剂，但幸被牙买加政府发现，所有进口大米不得不被销毁，导致牙买加的粮食短缺问题继续发酵。⑥ 由此可见，为实

① Jaechun Kim, "Democratic Peace and Covert War: A Case Study of the U. S. Covert War in Chile," *Journal of International and Area Studies*, Vol. 12, No. 1, 2005, p. 41.

② Lubna Z. Qureshi, *Nixon, Kissinger, and Allende: U. S. Involvement in the 1973 Coup in Chile*, Lanham: Lexington Books, 2009, pp. 119 - 120.

③ William F. Sater, *Chile and the United States: Empires in Conflict*, Athens: The University of Georgia Press, 1990, pp. 177 - 178.

④ Gregory F. Treverton, *Covert Action: The Limits of Intervention in the Postwar World*, New York: Basic Books, 1987, p. 141.

⑤ Peter A. Goldberg, "The Politics of the Allende Overthrow in Chile," *Political Science Quarterly*, Vol. 90, No. 1, 1975, p. 111.

⑥ Michael Manley, *Jamaica: Struggle in the Periphery*, London: Writers and Readers Publishing, 1982, pp. 229, 236. William Blum, *Killing Hope*, p. 265.

现搞垮曼利政府的目标，中情局不惜采取极端的隐蔽经济行动手段，加剧了牙买加的经济混乱和社会动荡，经济问题成为曼利在 1980 年选举中败北的重要因素之一。因此，在针对牙买加的隐蔽行动中，隐蔽经济行动是助力美国政策目标的政治工具。

在 20 世纪 80 年代的尼加拉瓜行动中，隐蔽经济行动成为策应美国准军事行动的手段，为此，里根政府使用了几乎所有的隐蔽经济行动伎俩以对抗桑地诺政权。[①] 除对尼加拉瓜实施投资和贸易限制、敦促世界银行、美洲开发银行等国际金融机构撤销对尼加拉瓜的贷款等经济行动之外，为推进颠覆桑地诺政权的准军事行动计划，中情局的隐蔽经济行动全面展开。其中，在濒临大西洋和太平洋的尼加拉瓜海岸秘密布设水雷是中情局隐蔽经济战升级的重要标志。[②] 1983 年 9 月初，中情局策划实施了针对桑地诺港的两次袭击。随后，中情局进一步加大了袭击尼加拉瓜石油、交通（诸如港口和桥梁）等基础设施的力度，目的就是破坏并阻断桑地诺政权的进出口贸易渠道，扰乱尼加拉瓜经济。10 月，中情局支持的反政府武装袭击了尼加拉瓜科林托港的大型储油罐，导致桑地诺政权损失约 340 万加仑石油。与此同时，一艘装载食用油的尼加拉瓜运输船亦遭遇反政府武装的袭击。此后，位于尼加拉瓜大西洋海岸的加贝萨斯港也遭到中情局训练的反政府武装力量的攻击。为强化针对桑地诺政权的隐蔽经济行动，中情局还于 1983 年秋实施了在尼加拉瓜海域秘密布设水雷的计划，以期切断尼加拉瓜的进出口贸易。为此，中情局购买并改装了一艘普通运输船作为母舰，由中情局特工指导尼加拉瓜反政府武装人员在桑地诺港等重要港口实施布设水雷的行动，导致至少七艘外国商船触雷受损，从而发挥了震慑靠近尼加拉瓜海岸的外国商船、阻断尼加拉瓜进出口贸易的作用。[③] 依托中情局的支持，尼加拉瓜反政府武装还大

① Loch K. Johnson, "Economic Intelligence and the CIA," *Southeastern Political Review*, Vol. 25, No. 3, 1997, p. 509.

② Larry Hancock, *Creating Chaos: Covert Political Warfare from Truman to Putin*, London: OR Books, 2018, p. 158.

③ John Prados, *Presidents' Secret Wars*, pp. 392 – 393. William Blum, *Killing Hope*, pp. 291 – 292.

量毁坏农场设施、焚毁咖啡种植园，极大地破坏了尼加拉瓜的农业经济，造成严重的食物供给困难。[1] 中情局利用反政府武装对尼加拉瓜石油设施、港口以及农业设施的袭击服务于美国的准军事行动目标，具有隐蔽经济行动的特征，昭示了美国隐蔽经济行动的政治功能。

在美国隐蔽经济行动的历史上，针对苏联的隐蔽经济行动持续时间长，行动范围广，政策手段灵活多样，堪称美国隐蔽经济行动最突出的案例。其中，里根政府时期的美国对苏隐蔽经济行动最为集中，在助推苏联解体中发挥了不容忽视的作用。

遏制并颠覆苏联社会主义政权自始至终是美国冷战战略的首要目标，是美国隐蔽行动最重要的使命。1981 年 1 月底，里根主持了入主白宫后的第一次国家安全规划小组[2]会议，其中的一项议题就是对苏采取隐蔽进攻行动。新任中情局局长威廉·凯西强调，苏联的经济已经相当病态和脆弱，美国的目标就是在绝对意义上削弱苏联的实力。[3] 由此可见，针对苏联展开进攻性隐蔽行动是里根政府的优先事项，以削弱苏联经济实力为目标的隐蔽经济行动则是美国隐蔽行动的重要一环。1982 年 11 月，里根签署《国家安全决策第 66 号指令》（NSDD - 66），主要内容包括：禁止向苏联提供优惠贷款；禁止向苏联出口高技术；利用一切手段阻止苏联建设新的西伯利亚天然气管道，降低欧洲对苏联天然气的依赖。《国家安全决策第 66 号指令》是美国历史上涉及苏联经济的最重要文件，标志着美国决意发起针对苏联的秘密经济战。[4] 根据《国家安全决策第 66 号指令》确立的战略原则，美国秘密经济战的目的，就是通过对苏联经济赖以生存的资金、技术和能源"战略性三位一体"的关键资源展开攻击，以期瓦解苏联经济。[5]

---

[1]　Richard H. Ullman, "At War with Nicaragua," *Foreign Affairs*, Vol. 62, No. 1, 1983, p. 49.

[2]　国家安全规划小组（National Security Planning Group, NSPG）是里根就任总统后设立的一个专门审议隐蔽行动的高级别机构，是里根政府决意强化隐蔽行动的组织铺垫，参见 Gregory F. Treverton, *Covert Action*, p. 251.

[3]　Peter Schweizer, *Victory: The Reagan Administration's Secret Strategy that Hastened the Collapse of the Soviet Union*, New York: Atlantic Monthly Press, 1994, pp. 5 - 7.

[4]　Peter Schweizer, *Victory*, pp. 125 - 126.

[5]　王帆：《美国对苏冷战战略及其启示》，《现代国际关系》2019 年第 8 期，第 61 页。

　　在就任中情局局长之初，凯西就将对苏秘密经济战的矛头指向苏联的石油收入，为此，中情局在凯西的领导下建立了第一个监控苏联硬通货流通及外汇收入情况的跟踪体系，对苏联经济展开脆弱性评估，以期选择对苏联经济进行"挤压"的手段。根据中情局的评估，苏联经济体系对油气出口高度依赖，借助油气出口赚取的硬通货，苏联才能从西方国家购买粮食和技术，进而维持苏联的经济体制。[①] 基于此，美国扰乱苏联石油出口的政策框架初步确立，其核心是消耗苏联的硬通货——美元，迫使苏联无法进口粮食和技术设备，加剧苏联的经济困境，激化民族矛盾，进而颠覆苏联社会主义制度并肢解苏联。作为减少苏联美元收入的关键，压低国际石油价格是美国的首选目标。1981 年 4 月，凯西访问沙特阿拉伯，与之就运用降低国际石油价格的方式共同对抗苏联达成共识。至此，对苏秘密战争的基石之一初步构建形成。[②] 在《国家安全决策第66 号指令》确立了对苏秘密经济战的原则后，中情局随即启动秘密的"沙特行动"计划，目的就是根据已经达成的政策共识，敦促沙特阿拉伯增加石油产量以实质性地降低国际石油价格，进而大幅减少苏联的外汇收入。作为"沙特行动"的关键举措，沙特阿拉伯于 1985 年 8 月将石油日产量从 200 万桶提升至 900 万桶，国际石油价格应声暴跌，从 1985 年11 月的每桶 30 美元跌至 1986 年 4 月的每桶 12 美元。从政策效果来看，"沙特行动"致使苏联的外汇收入锐减，进一步激化了苏联的经济困境，严重影响了苏联进口设备、原料和农产品的能力，甚至导致几十个大项目因资金短缺而被迫中止。鉴于此，"沙特行动"以及石油价格暴跌对苏联而言堪称一场灾难性事件，导致苏联经济更加疲弱不堪。[③] 由此可见，"沙特行动"是美国精心策划的借助第三方平台针对苏联展开的秘密经济战，是美国依托其创建的"石油—美元机制"[④] 而针对苏联的经济支柱实

---

　　① Peter Schweizer, *Victory*, pp. 20 – 21, 103 – 104.

　　② Peter Schweizer, *Victory*, p. 32.

　　③ Peter Schweizer, *Victory*, pp. 242 – 243. 白建才：《"第三种选择"：冷战期间美国对外隐蔽行动战略研究》，人民出版社 2012 年版，第 389—390 页。

　　④ 有关"石油—美元机制"的建立及其对美国的意义，参见舒建中：《美国外交散论》，南京大学出版社 2018 年版，第 107—108 页。

施的秘密石油战和金融战。通过精准捕捉并打击苏联经济的脆弱面，"沙特行动"助推了美国对苏秘密经济战目标的实现，是美国隐蔽经济行动的一个成功案例。

技术优势是美国的强项，技术权力亦是美国从事冷战对抗的重要工具。按照对苏技术战的要求，里根政府单独或联合盟国强化了针对苏联的技术限制和管控。与此同时，美国对苏隐蔽经济行动亦渐次铺开。其中，伪造虚假的技术情报或提供真假掺杂的技术情报是美国对苏秘密技术战的重要路径和方法。早在 1981 年秋，中情局就制订了一份向苏联提供虚假技术情报和存在缺陷的装备的秘密计划并得到里根的批准，代号为"告别行动"（Operation Farewell），① 从而启动了针对苏联的秘密技术战。为进一步协同推进对苏秘密技术战，中情局和五角大楼于 1984 年初共同制订了一份通过故意制造假情报以破坏苏联经济的秘密计划，将目标对准苏联经济的核心部门及其对西方技术的依赖支点。② 至此，作为对苏隐蔽经济行动的组成部分，美国秘密技术战的政策设计基本定型，技术战成为美国对苏隐蔽经济行动的另一个重头戏。

为实施对苏秘密技术战计划，中情局通过各种渠道发布存在缺陷或容易引起误解的技术数据，以此误导苏联。中情局还通过设在海外的虚拟公司，向苏联出售歪曲的经济情报和存在缺陷的民用设备部件，诸如伪造的或不准确的设计图纸、已毁坏或已过时的计算机零件、精心设计的内藏缺陷的计算机硬件、虚假的近海石油钻井技术信息等。③ 为最大限度地获致隐蔽经济行动的欺骗效果，中情局特别强调，传递至苏联的情报必须真假混杂，虚实结合；因为只有在真实的情报中混杂足够的假情报，才能致使苏联的努力最终失败。虚假的技术情报不仅导致苏联耗费了大量资金，而且直接影响工程计划，致使许多工程瘫痪。例如，苏联鄂木斯克的一家化工厂因使用了美国的误导性技术资料，导致其扩建计

---

① Alan P. Dobson, "The Reagan Administration, Economic Warfare, and Starting to Close Down the Cold War," *Diplomatic History*, Vol. 29, No. 3, 2005, p. 540.

② Peter Schweizer, *Victory*, p. 187.

③ William J. Daugherty, *Executive Secrets: Covert Action and the Presidency*, Lexington: The University Press of Kentucky, 2004, p. 200.

划陷入技术迷宫，并为此付出 800 万—1000 万美元的沉重代价。乌克兰
一家拖拉机制造厂利用了中情局通过中间商提供的图纸改装工艺和生产
线，反而导致生产能力缩减一半以上。为推进天然气管道建设，苏联千
方百计地获得了来自西方的燃气涡轮机部件的设计图纸，根据图纸制造
出相关部件并安装在天然气管道上。但这些设计图纸在工程技术上存在
严重的问题，最终导致涡轮机出现故障，苏联的天然气管道建设项目被
迫推迟。美国还通过中间商向苏联出售已经被故意毁坏的计算机芯片，
直接导致数家苏联军用和民用工厂的设备陷入瘫痪，装配线被迫关闭。[1]
除由中情局领衔炮制民用项目的虚假技术情报之外，美国军方亦参与到
针对苏联的秘密经济战和技术战之中，故意向苏联传送虚假的军用技术
情报。例如，美国军方刻意炮制了 6 – 7 项敏感军事技术的虚假但逼真的
情报（包括隐形技术和先进战斗机技术），内容涉及开发时间表、样机性
能、结果测试、生产时间表以及运行业绩等，并通过特殊渠道转卖给苏
联，严重误导了苏联的军事项目开发，造成巨大损失。[2] 在 1986 年之后，
中情局以及美国政府相关部门扩大了制造假技术情报的计划。为此，中
情局的技术专家列出了一份苏联可能感兴趣的技术清单，并据此编造存
在缺陷的技术情报，再由欧洲的第三方将这些情报转卖给苏联的代理商。
例如，中情局伪造了美国对墨西哥湾近海石油钻井平台进行完善的相关
资料并将其转卖给苏联，导致苏联耗费数千万美元试图模仿但却毫无结
果；中情局还资助硅谷的美国公司为计算机和先进卫星设计出存在缺陷
的主机，并以 1.5 万美元的价格转卖给苏联代理商，导致苏联的相关研发
工作陷入僵局。[3] 由此可见，技术是美国对苏隐蔽经济行动的重点领域，
技术战是美国隐蔽经济行动的主攻方向。借助秘密技术战，美国迟滞了
苏联引进西方技术的进程，以不显山不露水的隐性方式最大限度地实现
了扰乱和破坏苏联经济，包括干扰苏联军事工业发展的战略目标。由于
技术信息和技术资料往往一时难以区分真伪，更具蒙蔽性和欺骗性，同

---

① Peter Schweizer, *Victory*, pp. 187 – 188.

② Peter Schweizer, *Victory*, pp. 188 – 189.

③ Peter Schweizer, *Victory*, pp. 248 – 249.

时也更具杀伤力,因而成为美国对苏隐蔽经济行动的重要切入点。

隐蔽经济行动是美国隐蔽行动序列的重要组成部分,既可以发挥针对特定经济领域的战术功能,亦具有涉及整个经济体系的战略功能。其中,破坏目标对象的经济基础是隐蔽经济行动的重要维度。[①] 据此不难看出,美国针对苏联的隐蔽经济行动是综合性的,既针对苏联经济的关键部门,亦具有暗中削弱和破坏苏联经济基础的战略指向。从其功效来看,里根政府针对苏联的隐蔽经济行动不仅取得了巨大的成功,而且从未被苏联察觉,[②] 进而从一个侧面昭示了美国隐蔽经济行动手段的多样性及其严重危害性。面对美国以隐蔽经济行动作为主要手段的经济战和技术战的轮番打压,苏联陷入了严重的经济和财政危机,进而引发剧烈的政治动荡。从某种意义上讲,经济状况的持续恶化乃至经济危机是引发苏联解体的关键诱因之一,而美国强力实施的经济战和隐蔽经济行动则是助推苏联解体的重要外部因素。

二 掩护性公司和组织——美国隐蔽经济行动的特殊形态

在国家间情报互动中,掩护性公司的历史源远流长,以掩护性公司或商业外衣作为伪装载体并据此策应和支持情报活动是国际关系的常态。随着隐蔽行动战略的确立,掩护性公司逐步发展成为美国国家安全工具库中的重要工具。在掩护性公司和组织的策应下,隐蔽行动的踪迹变得更加复杂,[③] 更具"貌似否认"特征。作为美国隐蔽行动的执行机构,中情局始终将设立掩护性公司作为实施隐蔽行动的手段。尽管掩护性公司的功能涉及隐蔽行动的所有方面,但鉴于其表面上以商业性质和私有企业作为掩饰,因此,中情局利用掩护性公司采取的隐蔽行动属于隐蔽经济行动的范畴,是美国隐蔽经济行动的特殊形态。诚然,在情报活动以及隐蔽行动中设立掩护性公司并非美国首创,但中情局却将掩护性公司

① Loch K. Johnson, *Secret Agencies*, p. 149.

② William J. Daugherty, *Executive Secrets*, p. 200.

③ Brian Champion, "Spies (Look) Like Us: The Early Use of Business and Civilian Covers in Covert Operations," *International Journal of Intelligence and Counterintelligence*, Vol. 21, No. 3, 2008, pp. 530, 558.

的运转范畴和行动功能推向新的水平。

对中情局而言，掩护性公司是执行所有隐蔽行动的掩饰载体，因此，掩护性公司是"中情局掩护机构"的重要组成部分。一方面，基于私有财产神圣不可侵犯的信条，表面上的私有性质可以为中情局的掩护性公司提供有效和有力的保障。另一方面，基于商业自由的规则，掩护性公司的商业伪装为中情局的隐蔽行动提供了广阔的自由活动空间和独特的行动便利，包括资金筹措和运转的便利条件，从某种意义上讲，掩护性公司的商业收益也是中情局活动经费的一个重要来源。更为重要的是，掩护性公司和组织是中情局实施隐蔽行动的多功能平台，其主要作用就是支援和策应特定的隐蔽行动，包括隐蔽政治行动、隐蔽宣传行动和准军事行动。[1] 正因为如此，中情局设立的掩护性公司是以商业方式和渠道掩饰并支援其他隐蔽行动的平台。鉴于掩护性公司的设立和运转具有高度隐蔽性，为确保相关公司始终处于保密状态，掩护性公司在中情局内部共有一个代名词——"特拉华公司"（Delaware Corporations）。[2] 这些公司表面上是私营的，实际上是由中情局组建或控股的，并在商业的幌子下从事隐蔽行动。[3]

1948 年意大利选举被美国视为冷战初期遏制共产主义扩张的第一场试验，为阻止意大利共产党通过合法选举重返政坛，美国政府几乎动用了除战争之外的一切手段。作为美国隐蔽行动的重要环节，中情局秘密资助意大利天主教民主党（天民党）政府及其政治同盟的隐蔽政治行动随即展开。除通过美国政府设立的经济稳定基金向天民党输送秘密资金之外，中情局还在美国和意大利设立了相应的掩护性公司，专门负责向天民党转送资金。在中情局为影响 1948 年意大利选举而设立的掩护性组织中，一家设在美国纽约的名为"共同事业公司"（Common Cause Incorporated）的"中情局掩护机构"扮演了重要的角色。中情局的目的就是利用"共同事业公司"向意大利天民党以及其他亲美组织转移秘密资金，

---

① Victor Marchetti and John D. Marks, *The CIA and the Cult of Intelligence*, p. 159.

② 鉴于美国特拉华州对公司的管理较为宽松，因此，中情局的掩护性公司多数在该州注册，故此将中情局设立的掩护性公司统称为"特拉华公司"。

③ Victor Marchetti and John D. Marks, *The CIA and the Cult of Intelligence*, pp. 146 – 147.

同时掩盖中情局与意大利之间的资金往来关系。① 由此可见，通过掩护性公司向意大利天民党以及其他亲美组织输送秘密资金是中情局影响意大利选举的手段，是中情局在掩护性公司的掩饰下展开隐蔽政治行动的早期案例。

出于在东欧地区展开冷战对抗的考量，中情局于 1950 年启动了一项针对阿尔巴尼亚的准军事行动计划，代号为"魔鬼行动"（Operation BG-FIEND)，目的就是通过支持阿尔巴尼亚的流亡力量，颠覆恩维尔·霍查领导的阿尔巴尼亚共产党政权。为实施"魔鬼行动"，中情局在西德的海登尔堡专门设立了一个秘密培训基地，负责招募并训练执行"魔鬼行动"的特工人员。为掩人耳目，该培训基地对外的招牌是一家私人公司——"4000 公司"。借助公司的名义，中情局招募了约 250 名阿尔巴尼亚流亡分子，以及部分美籍阿尔巴尼亚人，从而为"魔鬼行动"的展开准备了行动力量。② 由此可见，"4000 公司"是中情局为实施针对阿尔巴尼亚的"魔鬼行动"而设立的掩护性公司，从一个侧面表明掩护性公司是美国推进准军事行动的重要手段。

武器弹药是实施准军事行动的必要的物资保障，因此，为准军事行动提供秘密和稳定的武器来源是中情局始终关注的问题。为实施颠覆危地马拉阿本斯政府的"成功行动"计划并向反阿本斯的势力提供武器装备，同时掩人耳目，中情局遂于 1953 年出资 10 万美元创建了一家国际军火公司（International Armament Corporation)，秘密从事军火贸易。③ 此后，为便于展开更为有效的军火交易和行动支援，国际军火公司改头换面地变成私营企业，但其同中情局的关系依然密切，是为中情局准军事行动提供军用物资的重要渠道。④ 在创设国际军火公司的同时，为扩展向危地马拉反阿本斯势力提供秘密支持的通道，中情局还创办了另外一个

① Robert A. Ventresca, *From Fascism to Democracy: Culture and Politics in the Italian Election of 1948*, Toronto: University of Toronto Press, 2004, pp. 94 – 95.

② Michael W. Dravis, "Storming Fortress Albania: American Covert Operations in Microcosm, 1949 – 54," *Intelligence and National Security*, Vol. 7, No. 4, 1992, pp. 432 – 433.

③ 舒建中：《美国与 1954 年危地马拉政变》，第 116 页。

④ Victor Marchetti and John D. Marks, *The CIA and the Cult of Intelligence*, pp. 148 – 149.

掩护性组织。1953 年 12 月，中情局以企业家出资的名义，设立了一个以医疗机构作为掩护的"慈善基金会"，利用其向阿马斯领导的所谓"解放军"提供飞机等装备以及其他资金支持。通过国际军火公司、"慈善基金会"等掩护性机构，中情局向危地马拉反政府武装提供了大量秘密资金、武器装备以及其他物资，例如，在"成功行动"计划实施期间所使用的飞机，名义上由尼加拉瓜政府购买，实际上是中情局出资并经由掩护性公司出售给尼加拉瓜政府。① 由此可见，设立掩护性公司是中情局隐蔽经济行动的重要手段，是隐蔽经济行动更具"貌似否认"属性的重要支撑，利用商业名义和私营伪装支持隐蔽行动，尤其是准军事行动，则是中情局掩护性公司的主要政治功能。

中情局利用掩护性公司实施隐蔽行动的另一个典型案例，就是针对古巴的秘密行动。为入侵猪湾并对古巴卡斯特罗政府发动准军事进攻，中情局于 1960 年在加勒比海荒无人烟的天鹅群岛上设立"天鹅电台"（Radio Swan），专门针对古巴展开无线电广播宣传。为掩饰其隐蔽宣传行动，"天鹅电台"表面上由直布罗陀轮船公司（Gibraltar Steamship Corporation）运转，中情局则躲在幕后操控。此外，中情局控股的另一家掩护性公司——双切克有限公司（Double-Chek Corporation）亦参与了入侵古巴的猪湾行动，其主要任务就是为中情局训练的古巴流亡集团提供物资运送和空中支持。② 猪湾登陆失败后，中情局并不甘心，遂于 1961 年 11 月开始实施针对古巴的更为庞大的隐蔽行动计划——"猫鼬行动"。为推行这一计划，中情局在迈阿密大学校园内设立了一家掩护性的电子商行——齐尼思技术公司，其真实身份是中情局迈阿密站，目的就是为"猫鼬行动"提供掩护和支持。③ 由此可见，在针对古巴的隐蔽行动中，中情局的掩护性公司在隐蔽宣传行动、准军事行动等方面均发挥了独特的掩饰和策应作用，这从一个侧面揭示了中情局利用商业公司作为伪装、

---

① David Wise and Thomas B. Ross, *The Invisible Government*, New York: Bantam Books, 1964, p. 191. Stephen Schlesinger and Stephen Kinzer, *Bitter Fruit: The Untold Story of the American Coup in Guatemala*, New York: Anchor Press, 1983, p. 115.

② Victor Marchetti and John D. Marks, *The CIA and the Cult of Intelligence*, pp. 147 – 148.

③ John Prados, *Presidents' Secret Wars*, p. 211.

配合并支持隐蔽行动的政治伎俩。

随着隐蔽行动的渐次递进，中情局设立掩护性公司的方式更加多样，由中情局设立更具独立性的自筹资金的掩护性公司就是里根政府的一个创举。为支持尼加拉瓜的反政府武装，里根授意中情局设立一家所谓"实业公司"（Enterprise），以便绕开美国国会的监督，秘密向尼加拉瓜反政府武装提供支持。"实业公司"是由私有企业及其离岸银行账户构成的组织网络，为美国政府在尼加拉瓜的隐蔽行动提供了"貌似否认"的掩护，其首要目的就是支撑美国在尼加拉瓜从事的准军事战争。① 从资金运转路径来看，"实业公司"的经费不由政府列支，其经费来源一是私人捐款，二是外国政府的资助。此外，向伊朗出售武器装备亦是"实业公司"经费的重要来源。作为美国隐蔽经济行动的工具，"实业公司"将一部分资金用于秘密资助尼加拉瓜反政府武装，以资金支持的方式策应中情局在尼加拉瓜的隐蔽行动。② 除设立"实业公司"之外，为扩大支持尼加拉瓜反政府武装的渠道，中情局还创办了另外一个掩护性组织——美国维护自由基金会（National Endowment for the Preservation of Liberty），其主要任务就是利用美国向伊朗出售武器所获得的资金，秘密向尼加拉瓜反政府武装提供资金支持以及其他援助。③ 作为掩护性公司的组成部分，中情局帮助尼加拉瓜反政府武装在迈阿密设立了商店和货栈，以便作为购买并运送武器装备的秘密据点。与此同时，中情局还开设了诸多独立于中情局黑钱网络的离岸银行账户，目的就是通过秘密渠道向尼加拉瓜反政府武装输送资金。④ 由此可见，设立掩护性公司和组织是美国以隐蔽行动方式干涉尼加拉瓜事务的重要手段之一，再度揭示了美国隐蔽经济行动的实施平台和政治功能。特别值得一提的是，作为没有美国政府资金投

---

① Andrew Thomson, *Outsourced Empire: How Militias, Mercenaries, and Contractors Support US Statecraft*, London: Pluto Press, 2018, p. 110.

② Bob Woodward, *Veil: The Secret Wars of the CIA, 1981 - 1987*, New York: Simon and Schuster, 1987, pp. 539 - 540. John J. Nutter, *The CIA's Black Ops*, p. 260.

③ Richard H. Immerman, *The Hidden Hand: A Brief History of the CIA*, Malden: John Wiley & Sons Inc., 2014, p. 131.

④ Larry Hancock, *Creating Chaos*, pp. 161 - 162.

入的掩护性公司，"实业公司"的设立不仅是中情局以隐蔽经济行动方式支持准军事行动的重要路径，而且是"中情局掩护机构"的新发展，集中体现了里根政府时期美国隐蔽经济行动的新手段。

总之，隐蔽经济行动是美国隐蔽行动的重要组成部分，其具体含义有二：一是以经济手段破坏目标对象的经济活动，搅乱目标对象的经济秩序；二是以隐蔽手段针对目标对象的关键经济部门（如交通、能源、金融等基础设施）展开破坏活动，以期制造经济和社会混乱。在美国的隐蔽行动实践中，隐蔽经济行动的主要功能就是支持并策应其他隐蔽行动的展开。特别需要注意的是，掩护性公司和组织是美国实施隐蔽经济行动的一个重要路径，既是美国隐蔽行动的惯用伎俩，也是美国隐蔽经济行动"貌似否认"属性的集中体现，从掩护载体的角度进一步揭示了美国隐蔽行动的手段复杂性和功能多样性。

第三节　美国隐蔽行动的经济策应方式和手段

除直接由中情局采用秘密手段实施隐蔽经济行动，以及设立由中情局秘密出资并从幕后操控的掩护性公司从事隐蔽行动之外，美国还充分利用一切可资利用的经济手段和平台，策应隐蔽行动的展开。概括地讲，策应美国隐蔽行动的经济路径主要涉及三个层面：一是利用美国的经济权力获致隐蔽行动的政治目标；二是采用经济权谋支持隐蔽行动的铺展；三是利用私有公司参与并支持美国的隐蔽行动。作为经济层面的策应手段，美国经济权力和经济权谋的运用以及私有公司参与隐蔽行动的路径进一步彰显了美国隐蔽行动战略的系统性和全面性。

一　美国经济权力与隐蔽行动

经济是影响国家间关系的重要因素，是国家权力的组成部分。经济权力在国际关系中的运用体现为经济外交；在权力政治的框架下，经济外交通常是政治外交的工具。① 鉴于此，国际关系中的经济工具是一种硬权力，经济工具的运用往往具有强制性。②

随着国际经济的发展，经济权力的行使领域和类型构成日趋多元化，但可以对国际关系产生实质性影响的经济权力集中于三个层面，即贸易权力、货币金融权力和技术权力。

贸易问题是国家间关系中最古老的命题，实际上，正是国家间的贸易往来催生了国际关系的形成和发展。基于国际贸易的跨国特性，贸易从来就不是单纯的商业问题，而是具有浓厚的国际政治色彩，贸易亦成为国家权力的重要组成部分，此即贸易权力。③

贸易关系的发展催生了国家间的贸易结算，国际货币金融关系因之成为国际关系的一个重要范畴。与贸易关系相比，国际货币金融关系的政治维度更加突出，此即货币金融权力。基于国际货币金融关系的高度政治性，金融结构本身就是结构性权力的基本组成部分。④

技术权力是国际权力结构的重要组成部分，国家在国际事务中的地位主要取决于对先进技术的占有和利用。基于技术在国际关系中的权力功能，技术不仅是国际权力的基础，而且是国际权力的工具，技术成为实现国家对外政策目标的权力资源。⑤

利用经济手段寻求实现地缘政治目标和战略利益是美国外交的一个重要传统，美国的开国元勋亚历山大·汉密尔顿和托马斯·杰斐逊均深

① Diane B. Kunz, "When Money Counts and Doesn't," Economic Power and Diplomatic Objectives," *Diplomatic History*, Vol. 18, No. 4, 1994, pp. 452, 459.

② D. Robert Worley, *Orchestrating the Instruments of Power: A Critical Examination of the U. S. National Security System*, New York: Potomac Books, 2015, p. 232.

③ 有关贸易权力的论述，参见 Brian Hocking and Steven McGuire, eds., *Trade Politics*, New York: Routledge, 2004. David A. Deese, *World Trade Politics: Power, Principles, and Leadership*, New York: Routledge, 2008.

④ 有关货币金融权力的论述，参见 David M. Andrews, ed., *International Monetary Power*, Ithaca: Cornell University Press, 2006. Jeffry A. Frieden, *Currency Politics: The Political Economy of Exchange Rate Policy*, Princeton: Princeton University Press, 2015.

⑤ 有关技术权力的论述，参见 Otto Hieronymi, ed., *Technology and International Relations*, New York: St. Martin's Press, 1987. Eugene B. Skolnikoff, *The Elusive Transformation: Science, Technology, and the Evolution of International Politics*, Princeton: Princeton University Press, 1993. Daniel R. McCarthy, ed., *Technology and World Politics: An Introduction*, New York: Routledge, 2018.

信,经济是对外政策的工具,商业和贸易具有武器的价值和功能。[1] 在冷战格局形成之后,经济权力成为美国支持盟友、孤立共产主义集团的政治工具。[2] 作为杜鲁门主义及其冷战战略的经济维度,1947 年 6 月出台的马歇尔计划是美国运用经济权力联合西欧国家支持美国冷战战略和遏制政策的最典型代表。不仅如此,美国还将以贸易、货币金融、技术作为核心的经济权力运用于隐蔽行动中,以经济权力支持美国的隐蔽行动战略。为策应隐蔽行动的有效展开,"山姆大叔"通常相机行使并综合运用贸易权力(如贸易制裁和禁运)、金融权力(如信贷封锁以及削减或中止援助)、技术权力(如技术封锁以及高技术装备的贸易限制和禁运)等诸多经济权力手段,或明或暗地策应并支持美国的隐蔽行动政策和计划。鉴于此,在隐蔽行动的框架下,经济权力成为助力美国隐蔽行动的政策工具。

随着冷战战略的逐步推进,美国隐蔽行动的方式和手段更加纷繁复杂。在美国的隐蔽行动体系中,除秘密手段和秘密力量等黑色行动外,还有一种策应和支持隐蔽行动的手段:利用美国的经济权力助推美国政策目标的实现,这就是所谓的"绿色行动"(Green Operation)。作为策应美国隐蔽行动的经济手段,"绿色行动"主要包括两种方式:一是削减或中止援助,二是部分或全面禁运,目的就是破坏目标国的经济,制造社会和政治危机,[3] 助推隐蔽行动的展开。

为影响 1948 年意大利选举,阻止意大利共产党通过合法选举重返政坛,除展开隐蔽宣传和政治行动之外,美国还充分运用经济权力策应隐蔽行动的有效展开,主要方式就是向亲美的意大利天主教民主党(天民党)政府提供经济支持。[4] 在美国看来,经济援助是维系天民党政府的关

---

① Robert D. Blackwill and Jennifer M. Harris, "The Lost Art of Economic Statecraft: Restoring an American Tradition," *Foreign Affairs*, Vol. 95, No. 2, 2016, pp. 99 – 100.

② Diane B. Kunz, "When Money Counts and Doesn't: Economic Power and Diplomatic Objectives," p. 457.

③ John J. Nutter, *The CIA's Black Ops*, pp. 235 – 237.

④ 除经济援助之外,美国还向天民党政府提供了军事援助,包括大量的军事装备。为应对意外事件,美国甚至制定了军事干预意大利的预案。参见 Robert A. Ventresca, *From Fascism to Democracy*, p. 63.

键之举，如果美国不提供额外援助，意大利经济将迅速崩溃，进而为意大利共产党打压天民党并伺机赢得 1948 年选举创造有利条件。鉴于此，在马歇尔计划获得国会批准之前的 1947 年 12 月，美国就向天民党政府提供了紧急援助。[1] 在 1948 年之后，美国依托马歇尔计划，向天民党政府提供了大量经济援助，同时积极帮助意大利政府稳定意大利里拉的币值，应对通货膨胀压力，防止经济问题演变为棘手的政治问题。为利用马歇尔计划影响意大利选情，美国甚至公开声称，1948 年的意大利选举为在美国倡导的欧洲复兴计划（马歇尔计划）和苏联主导的共产党和工人党情报局（Cominform）之间作出国际选择提供了一个示例，[2] 彰显了美国竭力运用经济权力达到政治目标的战略意图。除此之外，美国还动用 1941 年建立的经济稳定基金，通过资金输送等方式鼎力支持天主教民主党及其政治盟友，助力其竞选活动。[3] 鉴于粮食短缺是意大利面临的一个紧迫问题，美国迅速采取措施，向意大利提供了额外的粮食援助。从对意政策的角度来看，美国向意大利天民党及其政府提供的援助不仅旨在发挥马歇尔计划框架下西方合作的潜力，而且强化了美国致力于保护意大利利益的形象，同时有效地抵制了共产主义和社会主义政党在意大利的政治影响。因此，美国的经济援助是挫败意大利共产党赢得选举的一个重要因素。[4] 不难看出，美国向意大利提供援助的背景就是策应中情局已经展开的隐蔽行动，支持天主教民主党击败共产党并赢得选举，由此展示了美国经济权力与隐蔽行动的有机互动，1948 年意大利选举成为美国运用经济权力支持隐蔽行动的重要案例。

石油是伊朗的支柱性产业，也是伊朗最主要的出口收入来源，因此，石油禁运始终是美国等西方国家打压伊朗的政策工具。在针对伊朗的隐

[1]　James E. Miller, "Taking off the Gloves: The United States and the Italian Elections of 1948," *Diplomatic History*, Vol. 7, No. 1, 1983, pp. 42–43.

[2]　Kaeten Mistry, *The United States, Italy and the Origins of Cold War: Waging Political Warfare, 1945–1950*, Cambridge: Cambridge University Press, 2014, p. 147.

[3]　Alessandro Brogi, *Confronting America: The Cold War between the United States and the Communists in France and Italy*, Chapel Hill: The University of North Carolina Press, 2011, p. 108.

[4]　Larry Hancock, *Creating Chaos*, pp. 64–66.

蔽行动中，石油禁运同样发挥了难以替代的作用。1953 年，美英两国策划实施了针对伊朗的隐蔽行动计划——"阿贾克斯行动"，经济手段成为美英最有力的武器之一。为此，美英政府联合"石油七姐妹"① 对伊朗石油实施禁运，从而切断了伊朗的外汇收入来源，导致伊朗无法进口必要的工业和生活物资，严重恶化了伊朗的经济状况，最终助推了"阿贾克斯行动"的实施，颠覆了摩萨台政权。② 鉴于世界石油公司主要掌控在美国手中，因此，石油禁运是美英两国，尤其是美国行使经济权力的手段，是支持美英隐蔽行动的工具，首度展示了石油禁运在支持并策应美国隐蔽行动中的作用。

　　1960 年 3 月，艾森豪威尔政府制订了颠覆古巴卡斯特罗政权的隐蔽行动计划，代号"冥王星行动"。为支持"冥王星行动"的强劲展开，美国遂行使经济权力，对古巴实施新的经济和贸易制裁，主要手段包括：禁止向古巴运送石油等能源物资；取消古巴蔗糖进口配额。鉴于蔗糖约占古巴对美出口的 80%，因此，取消古巴蔗糖进口配额成为美国策应"冥王星行动"的关键手段之一。③ 在"冥王星行动"失败后，肯尼迪政府于 1961 年 11 月制订了针对古巴的新的隐蔽行动计划——"猫鼬行动"。为加大策应并支持"猫鼬行动"的力度，美国动用了可资利用的一切经济手段，依托强大的经济权力展开了一系列经济战。除延续艾森豪威尔政府的贸易制裁工具之外，肯尼迪政府还增加了新的经济制裁措施，其政策手段主要包括：对古巴实施全面的贸易禁运；宣布凡是向古巴提供援助的国家，均不能获得美国的援助；凡是与古巴保持贸易运输往来的船只，不论其国籍，均禁止靠泊美国港口，目的就是最大限度地切断古巴与西方世界的联系；冻结古巴在美国的所有资产，目的就是阻止古

---

　　① "石油七姐妹"是指 7 家著名的国际石油公司，包括新泽西标准石油公司（后来的埃克森石油公司）、纽约标准石油公司（后来的美孚石油公司）、加利福尼亚标准石油公司（后来的雪佛龙石油公司）、海湾石油公司、德士古石油公司、皇家荷兰壳牌公司和盎格鲁波斯石油公司（后来的英国石油公司），其中前 5 家是美国石油公司。

　　② John J. Nutter, *The CIA's Black Ops*, p. 238.

　　③ Salim Lamrani, *The Economic War against Cuba：A Historical and Legal Perspective on the U. S. Blockade*, New York：Monthly Review Press, 2013, pp. 23 – 24.

巴在国际贸易中使用美元；实施针对古巴的旅游禁令等。① 与此同时，美国利用双边外交手段，敦促以色列、约旦、希腊和日本等国采取措施，限制其与古巴的贸易往来。② 除此之外，美国还积极寻求通过多边方式，加大向古巴施加压力的范围和力度。在 1962 年 1 月举行的美洲国家组织第八次外长会议上，美国竭力渲染古巴对美洲体系的威胁，推动会议通过了关于将古巴开除出美洲国家组织、停止同古巴进行一切武器和军事装备贸易的决议。作为配合美国经济施压政策的后续安排，拉丁美洲自由贸易协会于 2 月通过了开除古巴的决议。③ 由此可见，为支持针对古巴的隐蔽行动计划，肯尼迪政府在经济领域施展了规模空前的综合性的政策手段，经济权力成为策应"猫鼬行动"的重要支撑。

1961—1964 年，美国实施了密谋驱逐英属圭亚那贾根政府的隐蔽行动。除致力于推进隐蔽政治行动之外，经济权力是美国策应并支持隐蔽行动的重要手段。为此，美国宣布关闭与英属圭亚那之间的海运和港口服务，停止向英属圭亚那提供石油供应，暂停美国与英属圭亚那之间的民用航空运输服务，关闭主要民用航线。④ 美国的经济施压进一步加剧了贾根政府面临的经济困境，激化了社会矛盾，最终助推了美国政策目标的实现——迫使贾根辞职。透过英属圭亚那的案例不难看出，在美国的隐蔽行动中，经济权力是重要的策应和支持手段。

从美国的政策设计和实施进程来看，扰乱并破坏智利经济是美国实现颠覆阿连德政府的隐蔽行动目标的政策手段，而智利经济对美国资本和市场的严重依赖——包括融资依赖、援助依赖、投资依赖和贸易依赖等——及其所暴露的脆弱性则为美国行使经济权力以影响智利政治进程

---

① Salim Lamrani, *The Economic War against Cuba*, pp. 24–26.

② 王伟：《"猫鼬计划"：肯尼迪政府的秘密军事计划》，《吉林师范大学学报》（人文社会科学版）2006 年第 2 期，第 31 页。

③ 王伟、王佩：《试论美国对古巴禁运政策的形成》，《吉林师范大学学报》（人文社会科学版）2007 年第 1 期，第 106 页。

④ Michael Grow, *U. S. Presidents and Latin American Interventions: Pursuing Regime Change in the Cold War*, Lawrence: The University Press of Kansas, 2008, p. 65.

创造了条件。[①]早在阿连德当选总统之初，美国政府就决定对智利施加强大的经济压力，宣称美国决不会允许一颗螺帽和螺栓进入阿连德统治下的智利，[②]从而表明了美国运用经济手段打压智利的意图。阿连德就任总统之后，援助和金融成为美国行使经济权力的主要手段，目的就是通过中止对智利的援助以及压缩智利获得融资的国际空间，策应美国对智利的隐蔽行动和颠覆活动的展开。与其他拉美国家相比，智利对美国信贷资金和金融市场的依赖尤为突出，因此，凭借强大的金融权力施展信贷外交（Credit Diplomacy）就成为美国干涉智利的有效工具。[③]1970 年 11月，美国宣布拒绝向智利提供新的双边援助，包括美国国际开发署和美国进出口银行提供的贷款和出口担保。由于美国的信贷限制，阿连德政府从美国获得的资金急剧减少。相较于常年 2.2 亿美元的平均数，1972年智利从美国私人银行获得的短期信贷只有 3500 万美元，[④]仅此即可窥见美国向阿连德施加的经济压力。此外，美国还运用半公开的方式阻止美洲开发银行等国际金融机构向智利提供援助和贷款。基于美国的影响，世界银行同样以"银行标准"和"信用风险"为由，拒绝向智利提供新贷款。[⑤]实际上，在阿连德就任总统之前，智利经济就已经陷入停滞，其核心问题是国际收支失衡，因此，阿连德时期美国策划实施的一系列花

[①]　Inderjeet Parmar, *Foundations of the American Century*: *The Ford*, *Carnegie*, *and Rockefeller Foundations in the Rise of American Power*, New York: Columbia University Press, 2012, pp. 184 – 185.

[②]　Paul E. Sigmund, *The Overthrow of Allende and the Politics of Chile*, 1964 – 1976, Pittsburgh: University of Pittsburgh Press, 1977, p. 114.

[③]　Tanya Harmer, *Allende's Chile and the Inter-American Cold War*, Chapel Hill: The University of North Carolina Press, 2011, p. 157.

[④]　白建才:《"第三种选择": 冷战期间美国对外隐蔽行动战略研究》, 第 300 页。

[⑤]　Paul E. Sigmund, "The 'Invisible Blockade' and the Overthrow of Allende," *Foreign Affairs*, Vol. 52, No. 2, 1974, pp. 327 – 329. 对于智利与世界银行的关系, 凯达尔提出了不同的观点。凯达尔认为, 在阿连德执政时期, 世界银行始终保持中立并与智利政府展开谈判。导致世界银行没有向智利提供贷款的原因是多方面的, 其中, 阿连德政府拒绝提供国有化补偿, 而世界银行又将国有化补偿作为贷款的前提, 是智利与世界银行谈判破裂的关键因素, 参见 Claudia Kedar, "The World Bank-United States-Latin American Triangle: The Negotiations with Socialist Chile, 1970 – 1973," *The International History Review*, Vol. 39, No. 4, 2017, pp. 667 – 690. 笔者认为, 世界银行没有向阿连德政府提供任何新贷款是一个基本事实, 世界银行有关国有化补偿的谈判条件亦顺应了美国的立场, 因此, 尽管世界银行与智利政府举行了一系列谈判, 但谈判过程和实际效果仍然对智利构成经济压力。

样翻新的信贷限制和封锁在搅乱智利经济方面发挥了关键作用。①

在贸易领域，除实施严格的贸易限制之外，打压智利的出口贸易是美国行使经济权力的重要手段。铜业被称为"智利的薪水"，铜出口约占智利外汇收入的80%。② 正因为如此，美国遂在世界市场上抛售约25.8万吨的战略铜储备，导致国际市场铜价大跌，进一步加剧了智利的经济困境。③ 在美国经济权力的轮番逼迫和打压下，智利的经济状况迅速恶化。到1972年，智利的各种物资（包括生活必需物资）出现奇缺现象，其中，食物短缺所产生的社会影响尤其突出，成为智利反对派发起反政府抗议活动的关键诱因。④ 与此同时，智利的通货膨胀率节节攀升并超过300%，政府财政赤字率达到40%，经济陷入一片混乱中，进而为美国策动智利军方发动政变创造了有利条件。⑤ 就其政治功效而言，美国针对阿连德政府实施的经济行动助推了1973年"9·11政变"的发生，美国的经济围堵和封锁是导致智利政变的关键因素之一。⑥ 由此可见，为策应颠覆阿连德政府的隐蔽行动，美国不遗余力地施展经济权力，持续不断地运用信贷封锁、贸易限制等手段打压智利经济，以所谓"绿色行动"助力黑色的隐蔽行动，最终实现了颠覆阿连德政府的政策目标，集中展示了美国隐蔽行动战略与经济权力之间的有机联动。

在20世纪80年代针对尼加拉瓜桑地诺政权的隐蔽行动中，除针对尼加拉瓜实施隐蔽经济行动之外，美国再度行使经济权力支持隐蔽行动的展开，为此，中情局在1980年制订了一份扰乱尼加拉瓜经济的计划。作为运用经济权力策应美国隐蔽行动的方式，信贷封锁成为美国的政策首选。一方面，美国于1981年宣布中止对尼加拉瓜的双边援助；另一方面，美国还罗列不合理的所谓经济标准，同时利用美国的否决权，阻止国际

① Jaechun Kim, "Democratic Peace and Covert War: A Case Study of the U. S. Covert War in Chile," p. 36.

② Tanya Harmer, *Allende's Chile and the Inter-American Cold War*, p. 35.

③ Edy Kaufman, *Crisis in Allende's Chile: New Perspectives*, New York: Praeger, 1988, p. 11.

④ Tanya Harmer, *Allende's Chile and the Inter-American Cold War*, p. 157.

⑤ Paul E. Sigmund, *The Overthrow of Allende and the Politics of Chile*, 1964 - 1976, pp. 228 - 235.

⑥ John J. Nutter, *The CIA's Black Ops*, p. 235.

金融机构（包括世界银行、国际货币基金组织、美洲开发银行等）向尼加拉瓜提供信贷资金和多边援助。① 与此同时，美国还依托贸易权力支持针对尼加拉瓜的隐蔽行动。鉴于美国是尼加拉瓜的主要出口市场，蔗糖又是尼加拉瓜的支柱性产业和主要出口商品，里根政府遂于1982年5月宣布将尼加拉瓜蔗糖的进口配额大幅度削减90%，从而严重打击了尼加拉瓜的出口创汇能力以及进口机器设备的能力，加剧了尼加拉瓜的经济困境。② 为进一步打压尼加拉瓜经济，美国强劲支持在尼加拉瓜采取隐蔽行动，还于1985年宣布对尼加拉瓜实施全面禁运，从而强化了美国运用贸易权力作为策应隐蔽行动这一政治工具的力度。从美国行使经济权力的功效来看，美国的所谓"绿色行动"严重扰乱并打击了尼加拉瓜经济，不仅导致尼加拉瓜无法进口必要的生产和生活物资，而且造成尼加拉瓜通货膨胀率节节攀升。1986年，尼加拉瓜的通货膨胀率为682%，到1988年，通货膨胀率已经达到令人震惊的14316%。经济状况的持续恶化严重削弱了桑地诺政权的执政能力和地位，在1990年的选举中，"桑解阵"败北，桑地诺政权就此终结。凭借隐蔽行动和经济战的相互配合，美国实现了搞垮桑地诺政权的战略目标，而基于经济权力的经济战则是美国对抗桑地诺政权的重要政策工具。③ 尼加拉瓜行动进一步表明，经济权力是美国铺展隐蔽行动的重要手段，中止援助和禁运等经济战武器是支持和策应美国隐蔽行动的必不可少的政策工具。

瞄准苏联关键经济部门实施打压是美国经济冷战战略的核心内容，为此，除针对苏联展开隐蔽经济行动外，美国还充分行使经济权力，策应对苏隐蔽经济战的展开。其中，围绕能源问题在贸易和技术层面发动经济战是里根政府对苏行使经济权力的首要政策手段。④ 实际上，早在20世纪60年代，美国就推动北约组织针对苏联实施大口径输油钢管和相关

① Richard H. Ullman, "At War with Nicaragua," pp. 39, 48.

② Richard H. Ullman, "At War with Nicaragua," pp. 48 – 49.

③ John J. Nutter, *The CIA's Black Ops*, pp. 238 – 241.

④ 付瑞红：《里根政府对苏联的"经济战"：基于目标和过程的分析》，《俄罗斯东欧中亚研究》2019年第1期，第85页。

输油管线设备的禁运，目的就是遏制苏联经济和军事能力的发展。[①] 鉴于美国掌握了先进的钻井技术和装备，卡特政府遂于 1978 年 7 月宣布对出口到苏联的石油天然气钻井设备实施单边审查程序，[②] 由此表明美国依托强大的经济和技术权力，强化了针对苏联的出口管制。基于削弱苏联核心产业并策应对苏秘密经济战的战略考量，里根政府在上台之初就将苏联石油天然气作为经济遏制的首要目标，阻挠苏联天然气管线建设则是美国对苏经济战的基石。[③] 在 1981 年 7 月的七国集团渥太华峰会上，美国力图劝说西欧国家禁止向苏联出口石油天然气管道设备，认为此举将提升苏联的经济和技术能力。鉴于西欧国家普遍希望扩大进口苏联的石油和天然气，美国的提议并未得到积极回应。[④] 在此背景下，里根政府决定采取单边行动，于 1981 年 12 月宣布禁止美国公司向苏联出口石油天然气设备。在 1982 年 6 月的七国集团凡尔赛峰会上，美国再度敦促西欧国家参与针对苏联的石油天然气管道设备和技术禁运，但依然未果。于是，里根政府遂于 6 月单方面扩大对苏制裁范围，将禁止美国公司向苏联出口石油天然气设备和技术的禁令扩大到西欧的美国子公司，以及持有美国公司许可证的西欧公司所生产的设备上，宣称违反禁令者将按照美国的法律予以处罚。[⑤] 此举是典型的长臂管辖且有违西欧国家的利益，因而遭到西欧国家的反对，美国不得不调整政策策略。尽管只是一个插曲，但里根政府打压苏联天然气管线建设和天然气出口的意图昭然若揭，彰

① 有关美国以及北约组织在 20 世纪 60 年代对苏能源设备禁运的论述，参见李新华、魏建国《美国与北约对苏联的输油钢管禁运》，《世界历史》2002 年第 3 期，第 30—37 页。崔丕：《北约组织对苏联能源设备禁运政策的缘起与影响》，《世界历史》2016 年第 1 期，第 104—117 页。

② Philip Hanson, *Western Economic Statecraft in East-West Relations: Embargoes, Sanctions, Linkage, Economic Warfare, and Detente*, London: Routledge & Kegan Paul Ltd., 1988, p. 41.

③ Michael Mastanduno, "Strategies of Economic Containment: U. S. Trade Relations with the Soviet Union," *World Politics*, Vol. 37, No. 4, 1985, p. 519.

④ Daniel W. Drezner, *The Sanctions Paradox: Economic Statecraft and International Relations*, New York: Cambridge University Press, 1999, p. 80.

⑤ Michael Mastanduno, *Economic Containment: CoCom and the Politics of East-West Trade*, Ithaca: Cornell University Press, 1992, pp. 250 – 253.

显了美国动用战略性施压手段以期动摇整个苏联体系的图谋。① 从美国对苏遏制战略的全局来看，里根政府单方面扩大对苏制裁范围的举措堪称经济制裁服务于美国对外政策目标的最清楚和最重要的示例。② 鉴于扩大对苏隐蔽经济行动的规模和力度是里根政府业已确定的政策原则，因此，打压苏联石油天然气产业的举措从根本上讲是美国力图凭借经济权力助力美国对苏隐蔽经济行动，推进美国对苏政策和战略目标的政治手段。

在采取单边举措打压苏联天然气产业的努力遭遇挫折后，美国再度寻求通过多边渠道限制苏联天然气出口。根据里根于 1982 年 11 月签署的《国家安全决策第 66 号指令》，阻挠苏联天然气出口、降低欧洲国家对苏联天然气的依赖是美国对苏经济战的抓手，是打压苏联经济的重要手段。为落实这一经济战战略，美国于 1983 年春向由其主导的国际能源机构（IEA）③ 提交协议草案，其中的一项重要内容就是限制欧洲进口苏联天然气。在美国看来，西欧国家进口苏联天然气的数量不应超过其能源需求量的 30%，其战略目标有二：一是减轻西欧国家对苏联的能源依赖，避免西欧国家因对苏天然气依赖而干扰美国的对苏政策；二是通过限制天然气出口打压苏联经济。依托强大的政治和经济权力，美国的外交努力最终达到预期目标。在 1983 年 5 月举行的威廉斯堡峰会上，西方七国集团以美国提交的草案为基础正式签署了有关协议，决定限制从苏联的天然气进口，据此有效地切断了通往克里姆林宫的潜在的巨额资金流，本质上是美国阻止苏联获得硬通货的经济策略。④ 由此可见，威廉斯堡峰会有关限制苏联天然气进口的协议是美国政策实施的结果，完全符合里根政府确立的对苏经济战略目标，因而是美国对苏经济战的重要组成部分，充分体现了美国运用经济权力策应对苏秘密经济战的政策手段。美国利用经济权力打压苏联天然气产业的实践还充分表明，运用经济权力

---

① Michel Tatu, "U. S. -Soviet Relations: A Turning Point?" *Foreign Affairs*, Vol. 61, No. 3, 1982, p. 600.

② David A. Baldwin, *Economic Statecraft*, Princeton: Princeton University Press, 1985, p. 285.

③ 有关美国主导建立国际能源机构的论述，参见舒建中《美国对外能源政策与国际能源机构的建立》，《美国研究》2013 年第 1 期，第 87—101 页。

④ Peter Schweizer, *Victory*, p. 140.

支持美国的隐蔽行动战略具有间接性的特征，因此，以经济权力策应隐蔽行动战略更具隐蔽性。

在多边技术管制方面，成立于 1949 年的巴黎统筹委员会是以美国为首的西方国家针对社会主义国家实施技术封锁和贸易限制的组织载体。根据美国的提议，巴黎统筹委员会于 1984 年 7 月达成新协议，决定加强在浮动船坞、航天器材和航天发射装置、机器人控制器、合金产品技术和装备、工业用燃气轮机技术、超导材料等领域的对苏技术转让限制，[1]从而强化了针对苏联的技术战，并与美国业已付诸实施的对苏秘密技术战形成策应之势。因此，巴黎统筹委员会的新协议是美国利用经济和技术权力从公开渠道支持对苏秘密技术战的又一个战略布局，进一步彰显了美国运用公开手段支持对苏隐蔽行动战略的政治意图。

毫无疑问，运用占据优势的经济权力和技术权力向苏联施加压力是美国对苏战略的重要组成部分，在其诸多的政策目标中，加剧苏联的经济困境，削弱苏联维持强大军事力量的经济基础是美国政策的着力点。[2]更为重要的是，在决意针对苏联实施隐蔽经济战的战略框架下，美国对苏经济战成为与隐蔽经济行动相互配合、相互策应的政策手段。作为里根政府决策层的关键人物，国防部部长温伯格、中情局局长凯西、负责安全政策的国防部部长助理理查德·珀尔、国家安全委员会苏联问题专家理查德·派普斯等均坚持认为，美国发动全面经济冷战的目标就是引发苏联政权的变化甚至崩塌，[3]这从决策意图的层面昭示了美国对苏经济战的战略指向，并与美国对苏隐蔽经济行动的政策目标遥相呼应。

为推进秘密支持波兰团结工会的隐蔽行动，包括 1982 年 11 月确立的"助力行动"，在向团结工会提供秘密资金和物资援助的同时，美国还运用经济权力向波兰政府施压，以期从公开层面策应美国对团结工会的秘密支持。在团结工会创建之初，为防止波兰政府采取打压举措，美国向

---

[1]　Michael Mastanduno, *Economic Containment*, pp. 268 – 269.

[2]　茹莹：《论 70 年代以来"经济武器"在美国对苏外交中的运用》，《世界历史》1995 年第 6 期，第 6 页。

[3]　Alan P. Dobson, "The Reagan Administration, Economic Warfare, and Starting to Close down the Cold War," p. 537.

波兰提供了一定的经济援助（包括黄油、奶粉和谷物等），推迟波兰偿还美元贷款，同时发出明确警告：一旦团结工会遭遇压制，美国将中止援助。1981 年 12 月，波兰政府宣布实行军事管制并逮捕团结工会领导人，美国立即决定对波兰实施经济制裁，中止履行美国和波兰签署的经济协定，包括中止美国进出口银行向波兰提供的贷款担保，暂停波兰民用航空的飞机在美国管辖区域的航行权等。[①] 1982 年 10 月，波兰议会宣布取缔团结工会，美国遂宣布调整对波兰的贸易政策，取消波兰的最惠国待遇。[②] 1983 年 7 月，波兰解除军事管制，美国则继续施压，要求恢复团结工会的合法地位，同时挑动团结工会加强反政府活动。到 1987 年，团结工会的反政府活动达到新的高潮。为防止苏联的介入，美国遂宣布解除对波兰的相关制裁，恢复波兰的最惠国待遇，并公开向团结工会提供资金支持。至此，团结工会成为美国在波兰的代理人。[③] 由此可见，为策应支持团结工会的隐蔽政治行动，美国利用其强大的经济权力，以经济制裁和经济援助的交替使用作为杠杆，对波兰政府威逼利诱，软硬兼施，目的则始终如一：力挺反政府的团结工会，进而从一个侧面展示了美国经济权力在策应和支持隐蔽行动中的灵活运用。

二　美国经济权谋与隐蔽行动

除运用经济权力支持隐蔽行动的展开之外，经济权谋亦是美国策应隐蔽行动的方式。按照戴维·鲍德温的解释，所谓经济权谋（Economic Statecraft），是指政府运用经济手段施加影响的尝试和图谋。[④] 国际关系中的经济权谋是指一国政府运用经济手段向其他国家施加影响的尝试和图谋；经济权谋的影响范畴涉及目标对象的信念、态度、偏好和行为等。因此，经济权谋是一种政治行动，是具有影响功能的政治工具；经济权

---

① Alan P. Dobson, "The Reagan Administration, Economic Warfare, and Starting to Close down the Cold War," p. 543.

② Philip Hanson, *Western Economic Statecraft in East-West Relations*, p. 45.

③ 白建才：《"第三种选择"：冷战期间美国对外隐蔽行动战略研究》，第 343—345 页。

④ David A. Baldwin, *Economic Statecraft*, p. 30.

谋的要旨是运用经济手段寻求多样化的非经济目的。① 一方面，在鲍德温看来，经济权谋的核心意涵是以经济手段施加影响的尝试和图谋，从而为理解国际关系中的经济权谋提供了一个可资借鉴的视角。但另一方面，鲍德温没有阐明经济权谋与经济权力之间的区别，因而留下诸多值得商榷之处。

国际关系中的经济权谋源远流长，经济制裁和经济强制则是传统的表现形式。② 同时应当看到，经济权谋不仅涉及权力的行使，而且内含谋略的运用，因此，仅仅关注经济制裁和经济强制无法完整解读经济权谋的意涵。此外，随着国际关系的发展，经济权谋的类型日趋广泛和复杂，所有可以影响国家和国际行为体的经济手段均可作为经济权谋的载体。从政治功能的角度看，国际关系中的经济权谋可服务于广泛的政策目标，包括削弱或巩固他国政权、改变他国的政治和经济体制、推进特定的思想观念和意识形态、改变他国的行为能力、拒绝他国获得商品和服务等。③ 由此可见，国际关系中的经济权谋意味着以经济手段作为政治计谋，包含政策谋划和权力运用两个维度，目的就是以经济手段助力对外政策和战略目标的实现。

从隐蔽行动的角度来看，经济权谋与隐蔽行动关系最突出的表现形式就是所谓经济欺骗行动。正如欺骗是隐蔽行动的构成要素一样，经济欺骗同样是隐蔽经济行动的组成部分，是经济权术在隐蔽行动中的综合运用。因此，隐蔽行动中的经济欺骗就是经济诡计，是一国政府故意误导另一国政府的政策行为，是获致"貌似否认"的有效手段。④

基于上述分析，经济权谋和经济权力既具有内在联系，同时又存在一定的区别。作为国家对外政策的工具，经济权力的行使往往具有一定程度的公开性和持续性。经济权谋则指以经济作为权变的谋略，是一种机宜之法和因应之策。相较于经济权力的行使，经济权谋的实施路径更

① David A. Baldwin, *Economic Statecraft*, pp. 32 – 33, 39 – 40.

② Daniel W. Drezner, *The Sanctions Paradox*, pp. 5 – 6.

③ David A. Baldwin, *Economic Statecraft*, pp. 40 – 42.

④ Barrett J. Riordan, "State-Sponsored Economic Deception and Its Determinants," *Intelligence and National Security*, Vol. 17, No. 4, 2002, pp. 1 – 3.

具间接性、隐蔽性和欺骗性。基于独有的权变属性和功能，经济权谋不仅是美国行使经济权力的重要方式，而且是策应和支持美国隐蔽行动的重要手段。在特定的隐蔽行动中，利用经济权谋施加政治影响成为美国寻求实现隐蔽行动目标的政治伎俩。

　　为实现颠覆危地马拉阿本斯政府的政策目标，美国不遗余力地施展经济权谋，策应"成功行动"计划的展开。为此，中情局挑选有关商界人士组成所谓"纽约商人小组"，专门商讨针对危地马拉的经济谋略和计策，主要的政策目的就是制造危地马拉的进口短缺，削减危地马拉的出口收入，向危地马拉施加隐性经济压力，营造经济恐慌和心理压力，进而策应中情局隐蔽行动的逐步展开。[1] 根据"纽约商人小组"的建议，美国政府不间断地发出威胁，声称将运用一切可资利用的经济手段扰乱危地马拉经济，包括切断石油及其他能源供应、停止商务信贷、抽逃投资资金等，目的就是在危地马拉制造进一步的混乱，以期产生强烈的心理效果，[2] 进而全力配合并策应"成功行动"计划的实施，助推美国隐蔽行动目标的实现。由此不难看出，"纽约商人小组"的建议和美国政府的威胁围绕美危关系中的经济议题大肆鼓噪，真假难辨，具有经济权谋的特征，是美国施展经济权谋、助力美国隐蔽行动目标的重要案例。

　　美国将经济权谋作为策应隐蔽行动的政策手段的最典型案例，就是利用经济权谋支持对智隐蔽行动的展开，经济权谋是美国策动智利"9·11政变"的重要政治工具之一。

　　智利1973年"9·11政变"是美国隐蔽行动政策谋划与实施的结果，在此进程中，作为美国政治工具和外交手段的经济政策亦是不容忽视的助力因素。在阿连德就任总统之初，美国就确立了以经济作为政治工具的政策原则，经济权谋成为美国对智总体政治战略的组成部分，因为美国决策者坚信，源于经济恶化的社会动荡将助力美国的颠覆活动，推翻

---

　　① James Callanan, *Covert Action in the Cold War: US Policy, Intelligence and CIA Operations*, London: I. B. Tauris, 2010, p. 126.

　　② Blanche W. Cook, *The Declassified Eisenhower: A Divided Legacy of Peace and Political Warfare*, New York: Penguin Books, 1984, pp. 269–271.

阿连德政府。① 在对智经济外交权谋的具体实施过程中，除信贷限制外，美国还充分利用智利国有化政策以及美国铜业公司补偿问题、波音客机贷款问题、智利债务重新安排问题等美智关系中的具体议题，施展外交和经济权谋，最大限度地助力美国密谋策划的政变图谋。

（一）智利铜业国有化问题与美国的经济权谋

1971 年 7 月，阿连德政府决定对三家美国铜业公司——肯尼科特公司、安纳康达公司和塞罗公司的资产实施国有化。鉴于美国公司在智利铜业拥有巨大的经济利益，美国政府立即予以高度关注。面对美国政府内部出现的放松对智融资限制的声音，作为美国对智隐蔽行动的具体决策者，基辛格强调，美国在智利不仅有国有化补偿的经济利益，而且有广泛的政治利益。为获得美国铜业公司的国有化补偿而向智利开放国际融资无疑将有助于阿连德渡过日渐严峻的经济困境，损害美国的长远利益。因此，对智利国有化及其补偿问题的考量必须置于美国对智政策的总体政治战略框架下加以审视，以保持对智利的经济压力作为依归。基辛格重申，美国对智政策的基本目标就是尽可能将智利政府面临的经济困难推向极致，助长反对派势力并寻求颠覆阿连德政府。为此，美国应坚持融资限制政策，不惜在智利制造最大限度的经济混乱。②

为掩饰美国的真实意图，美国遂借助智利铜业国有化问题施展经济权谋。在 1971 年 10 月 6 日同智利外长阿尔米达的会谈中，基辛格明确表示，美国铜业公司的补偿问题将对美智关系产生重要影响；美国无意寻求同智利的对抗，只要铜业公司补偿问题达成令人满意的结果，美智友好关系就没有理由不继续维持下去。实际上，一方面，基辛格的基本政策立场是，与美国对智政策的总体目标相比，铜业公司问题微不足道，因此，有关铜业公司补偿和美智关系的言论是基辛格故意释放的烟雾弹，目的就是以外交手段掩盖美国已经付诸实施的对智隐蔽行动。另一方面，美国的经济权谋确实发挥了欺骗智利的作用，导致阿连德政府完全误读

---

① William J. Daugherty, *Executive Secrets*, p. 172.

② 有关智利铜业国有化问题与美国外交和经济权谋的论述，参见舒建中《经济权谋与外交：美国对智利阿连德政府的经济政策》，徐蓝主编：《近现代国际关系史研究》（第 17 辑），世界知识出版社 2020 年版，第 5—9 页。

了美国的政策，继续将铜业国有化问题视为影响美智关系的关键因素，[1]完全没有察觉出美国的真实意图。

作为对智隐蔽行动的具体执行者，中情局亦坦承，阿连德政府的铜业国有化政策反映了智利民众的愿望，美国强硬的报复行动将会巩固阿连德在国内的政治地位。在国际层面，多数美洲国家组织成员国均认同智利的铜业国有化举措，美国针对铜业国有化问题所采取的制裁措施将招致拉美国家的质疑，进而帮助阿连德赢得更多的国际同情和支持。综合以上因素，中情局认为，尽管美国可以根据国际法采取反制措施，但美国的报复行动将被视为挥舞美元外交的大棒，阿连德则变成了受害者。毫无疑问，施加经济压力、制造经济混乱是中情局的行动内容之一，但考虑到智利铜业国有化政策涉及诸多美国难以掌控的因素，中情局主张谨慎使用报复手段，目的就是避免美国的强硬报复行动反过来为阿连德赢得国内和国际支持提供契机，进而不利于美国隐蔽行动的展开。因此，中情局有关应对智利国有化问题的立场具有经济权谋的特质，从根本上讲是服务于美国对智隐蔽行动的总体战略目标的。

基于颠覆阿连德政府的总体战略目标，以及利用智利铜业国有化问题施展经济权谋的策略考量，美国总统尼克松于1972年1月发表讲话，声称凡是征收美国公司财产的国家，都将失去美国的援助。尽管尼克松没有点出具体的国家名称，但媒体普遍认为，讲话直接针对拉美国家（包括智利）的国有化问题。因此，尼克松的讲话遭到拉美国家的一致批评，阿连德更是坚信，尼克松的讲话主要是针对智利的。[2]从实现对智总体战略目标并施展经济权谋的角度看，尼克松的讲话含有投石问路的意思：如果反对声音较弱，美国政府就可以利用国有化问题采取明目张胆的报复措施，对智利施加新的经济制裁；如果反对之声强烈，美国则采取迂回策略，避免与阿连德政府形成公开对抗之势。面对一石激起千层浪的试探，美国没有对智利的国有化采取公开的报复措施。实际上，包

---

①　Tanya Harmer, *Allende's Chile and the Inter-American Cold War*, pp. 85 – 87.

②　Hal Brands, "Richard Nixon and Economic Nationalism in Latin America: The Problem of Expropriations, 1969 –1974," *Diplomacy & Statecraft*, Vol. 18, No. 1, 2007, pp. 227 – 228.

括尼克松在内的美国决策者并不在意智利的国有化补偿问题，而是关注搞垮阿连德的问题。① 基于颠覆阿连德政府的政策目标，即使没有智利的铜业国有化问题，美国依然不会放弃业已确立的对智政策，仍然可以找到实施融资限制的借口。因此，铜业国有化问题仅仅是美国加以利用的一张牌，体现了美国利用经济问题施展政治权谋的外交手段。

由此可见，美国主要从确保实现对智政策总体战略目标的角度审视智利铜业国有化及其补偿问题。为秘密和有效地推进颠覆阿连德政府的既定政策，美国并没有对智利铜业国有化实施公开和强硬的报复措施，而是采取了迂回的策略，一方面继续针对智利实施以融资限制为主要内容的经济压力，另一方面将美国铜业公司国有化补偿同智利债务的重新谈判相挂钩，以美国公司获得国有化补偿作为债务重新安排的前提条件。不管是美国政府的内部争论，还是尼克松的政策表态，均昭示了美国对智经济外交权谋的政策考量。因此，美国没有采取公开的报复措施只是为了瞒天过海，是美国为策应对智隐蔽行动、实现颠覆阿连德政府的总体战略而施展的外交伎俩，是以更为隐匿的经济手段推进对智政策目标的障眼法。

（二）波音客机贷款问题与美国的经济权谋

就在美国紧锣密鼓地筹划应对智利国有化政策之际，阿连德政府于1971年5月向美国进出口银行递交备忘录，提出拟为智利国家航空公司（LAN-Chile）购买三架波音客机，总价值约2100万美元，为此，智利希望获得美国进出口银行的波音飞机项目贷款。② 鉴于波音客机贷款问题不仅涉及美国对智利的金融限制政策，更事关美国对智经济权谋的有效展开以及美国对智政策的总体目标，因而成为美国政府关注的问题。③

为确保美国对智隐蔽行动的实施，防止波音客机贷款问题干扰美国

---

① James Lockhart, *Chile, the CIA and the Cold War: A Transatlantic Perspective*, Edinburgh: Edinburgh University Press, 2019, p. 222.

② Tanya Harmer, *Allende's Chile and the Inter-American Cold War*, p. 111.

③ 有关波音客机贷款问题与美国对智经济外交权谋的论述，参见舒建中：《经济权谋与外交：美国对智利阿连德政府的经济政策》，徐蓝主编：《近现代国际关系史研究》（第17辑），第9—14页。

对智总体战略，基辛格迅速阐明了美国的政策立场。基辛格指出，波音客机贷款带来的一个重大问题就是，该贷款是否构成美国对智限制性融资政策的例外。在基辛格看来，阿连德正致力于建立马克思—列宁主义政权，智利不会接受美国为波音客机贷款设置的条件；更为重要的是，削弱阿连德政权的最佳途径就是切断智利的国际融资渠道，因此，波音客机贷款不应成为智利打破美国贷款限制并获得国际融资的楔子。1971年6月9日，基辛格致函尼克松，重申自阿连德上台执政以来，美国对智政策的一项基本原则就是向智利施加强劲的经济压力，目的就是给阿连德制造经济麻烦，阻止其政权的巩固。在这一政策框架下，波音客机贷款不应作为一个特例，美国对智利应继续奉行严格的信贷限制政策，保持施压态势。但是，直接拒绝波音客机贷款会造成与阿连德政权的公开对抗，这将不利于美国既定政策的顺利实施，鉴于此，美国应在公开层面上保持政策的灵活性并掌控最终决定权。不难看出，拒绝波音客机贷款、持续向阿连德施加经济压力是美国决策者的本意，但由于公开的对抗政策将招致智利的谴责，且不利于美国对智隐蔽行动的展开，基辛格遂建议在波音客机贷款问题上采取灵活政策，避免授人以柄，根本目的依然是服务于美国对智政策的总体目标，为搅乱智利经济并伺机颠覆阿连德政府创造更为有利的条件。经过认真权衡，尼克松接受了基辛格的建议，推迟考虑波音客机贷款事宜。

不难看出，关于波音客机贷款问题，美国决策的主要依据是对智政策的总体目标——颠覆阿连德政府，而以融资限制为中心的经济施压则是美国实现这一目标的政策工具。在对智总体政策的框架下，任何放松融资限制的举措均不在美国的考虑之列。至此，美国明确将波音客机贷款问题纳入美国对智政策的总体框架，这是美国决定"推迟"考虑波音客机贷款事宜的最重要的因素，并从一个侧面展示了美国决意奉行对智经济外交权谋、以经济手段掩饰政治意图的政策立场，体现了美国利用波音客机贷款问题施展政治权术的意图。

对于美国"推迟"考虑波音客机贷款的决策，智利毫不知情，仍然继续寻求获得波音客机贷款。7月7日，智利正式向美国进出口银行提交波音客机贷款申请。根据基辛格的建议，尼克松随即作出了拒绝贷款的决策。在 8 月 5 日同基辛格的会晤中，智利驻美国大使奥兰多·莱特利尔专门提及波音客机贷款问题，基辛格巧舌如簧地声称不便介入单个的贷款事务，强调美国始终愿意维持同智利的友好关系，波音客机贷款的处理将基于商业原则。8 月 12 日，《纽约时报》报道称，美国进出口银行拒绝了智利的波音客机贷款申请，智利政府立即作出反应，认为此举是美国运用政治手段干涉包括国有化政策在内的智利内部事务，是对美智关系的一个沉重打击。面对事态的发展，为继续在外交上迷惑并欺骗阿连德政府，纳赫马诺夫于 8 月 13 日同莱特利尔通电话并转告了基辛格的态度，辩称波音客机贷款是纯粹的银行融资事务，不存在任何政治限制条件；美国进出口银行依然秉持开放态度，尚未作出最后决策。不难看出，基于对智政策的总体目标，美国已经决定不向智利提供波音客机贷款。但为避免节外生枝，美国在外交层面又故意摆出维持正常关系的姿态，在波音客机贷款问题上巧言令色，虚与委蛇，目的只有一个：掩饰美国对智政策的真实目的。

由此可见，波音客机贷款事宜不仅是阿连德政府时期美智关系的一个经济问题，而且是一个政治问题，正如美国新任驻智利大使戴维斯所言，美国关于波音客机贷款事宜的决策无疑是基于政治动机的。[①] 立足融资限制的经济谋略，美国毫无提供贷款的意愿，但为避免暴露美国对智政策的真实意图并为对智隐蔽行动的展开创造条件，美国又在波音客机贷款问题上采取了外交欺骗的策略，以所谓商业原则掩饰美国的政治意图；阿连德政府则完全被蒙在鼓里，落入美国设置的外交骗局却毫不知情。从根本上讲，美国围绕波音客机贷款的决策以及与智利方面的周旋均是服务于美国对智政策的总体目标的，在对智政策的总体框架下，波音客机贷款问题成为美国施展外交权术的载体，从一个侧面揭示了美国经济外交权谋的隐蔽性和欺骗性。

（三）智利债务谈判与美国的经济权谋

就在美国围绕智利铜业国有化寻求对策之际，阿连德于 1971 年 11 月

① Nathaniel Davis, *The Last Two Years of Salvador Allende*, Ithaca: Cornell University Press, 1985, p. 126.

9 日宣布，智利将寻求就债务重新安排与"十国集团"展开谈判，并停止偿还所有外债。①

鉴于法国、西德等有关欧洲国家均表达了参与智利债务重新谈判的意愿，美国面临艰难的政策抉择。在美国方面看来，智利经济正持续恶化，即使不能有效阻止智利债务重新安排的多边谈判，美国亦应竭尽所能地延宕谈判进程，凭借债务重新谈判暗中向智利施加压力，助推美国政策目标的实现。为此，美国国家安全委员会官员罗伯特·霍马茨和纳赫马诺夫于 1971 年 12 月 21 日联名向基辛格提交备忘录，认为美国不应成为唯一反对智利债务重新谈判的国家，美国应同意在多边框架下参与谈判，但美国的目标并不是寻求解决智利债务问题，恰恰相反，美国的目标应是：避免阿连德以美国拒绝参与债务谈判为由团结国内力量，增强其反美筹码；通过影响谈判进程，力争将智利在债务谈判中的获益最小化；将债务谈判与国有化补偿相挂钩，同时最大限度地保护美国在智利的投资利益。对于上述建议，基辛格立即表示认可。经过进一步的政策协调，美国政府内部达成共识：通过将债务谈判与铜业公司国有化补偿相挂钩，美国将获得对抗智利的新筹码，促使美国在暗中破坏阿连德政府的行动中处于更加有利的地位。② 至此，美国针对智利债务重新谈判的立场基本确立，即以参与的方式影响并控制谈判进程，既可避免授人以柄，又可借此向阿连德政府施加压力，从而将智利债务重新谈判变成助力美国对智政策目标的平台。透过美国的决策过程可以看出，面对无法公开阻止的智利债务多边谈判，美国设计出暗度陈仓的经济和外交谋略，目的依然是灵活运用多种方式对智利施加最大限度的压力。

1972 年 1 月，美国国务院正式通知智利和法国，称美国决定参加拟于 2 月初举行的"巴黎俱乐部"会议，强调第一次会议仅限于交换观点，以便先期就智利债务重新安排的程序和条件达成协议。与此同时，美国还打算将铜业国有化补偿问题与智利债务的多边谈判相挂钩。但在对智

① 有关智利债务谈判与美国经济外交权谋的论述，参见舒建中《经济权谋与外交：美国对智利阿连德政府的经济政策》，徐蓝主编：《近现代国际关系史研究》（第 17 辑），第 14—18 页。
② Tanya Harmer, *Allende's Chile and the Inter-American Cold War*, pp. 162 – 163.

隐蔽行动业已展开的情况下，美国的真实目的是以参与债务谈判作为掩护，策应美国对智隐蔽行动的展开。因此，美国的智利债务重新谈判策略打上了鲜明的经济外交权谋的烙印，归根到底是服务于美国对智政策的总体战略目标的。

就在智利债务谈判紧张进行的同时，美智关系不时增添新的纠葛。从 1972 年 3 月 21 日起，《华盛顿邮报》接连刊登系列文章，披露美国国际电话电报公司（ITT）试图影响智利政局，甚至参与支持政变。面对"国际电话电报公司事件"的持续发酵，美国亟须摆脱困局的途径，[①] 为此，美国不得不部分调整智利债务谈判的策略，以便通过尽快结束谈判展示美国的"友好"姿态，转移国际视线。4 月 20 日，"巴黎俱乐部"成员国同智利签署债务重新安排的多边协定。

应当看到，《巴黎俱乐部协定》是一个多边协定，更是阿连德执政时期智利同美国在经济领域达成的唯一安排。事实上，美国深知，债务重新安排的结果对于阿连德解决国内经济问题的作用极为有限；而且，即便达成债务多边安排，但具体落实却需要智利同包括美国在内的相关国家展开双边谈判，美国仍可借此继续向智利施加压力。更为重要的是，美国签署《巴黎俱乐部协定》只是摆了一个迷魂阵，美国对智政策的总体战略目标并没有发生任何改变。

根据有关安排，美国和智利围绕债务安排的前期磋商于 1972 年 6 月启动，在此期间，美国明确告知智利方面，同美国的双边债务谈判必须与国有化补偿谈判同时进行。至此，在完成了具有象征意义的债务多边谈判之后，双边债务谈判成为美国向智利施加经济压力的新途径。为达到这一目的，美国不断指责智利没有履行《巴黎俱乐部协定》以及有关谅解备忘录的义务，在美国最为关心的国有化补偿问题上含糊其辞，导致美智双边债务磋商毫无进展。实际上，基于对智政策的总体目标，美国根本无意解决智利债务问题，铜业国有化补偿谈判亦是美国向智利施加经济压力的政治手段。在美国看来，债务谈判的延宕可以产生两方面的功效：一是表明智利无意履行偿债义务，进而阻止智利获得新的国际

---

① Nathaniel Davis, *The Last Two Years of Salvador Allende*, p. 77.

融资；二是以债务问题困扰智利，将债务谈判的久拖不决作为影响智利经济的政策工具。更为重要的是，美国坚信，阻止智利减轻债务负担不仅可以给阿连德政府制造严峻的经济问题，而且将对智利的政治进程产生关键性的影响，助推华盛顿政策目标的实现。① 从根本上讲，美智围绕债务及相关问题的双边谈判是美国掩饰并策应对智隐蔽行动的外交手段，是美国对智实施经济外交权谋的又一个例证。

由此可见，一方面，向智利施加最大限度的经济压力是美国的既定政策，因此，美国丝毫没有谈判解决智利债务问题的政治意愿。另一方面，为避免在债务问题上同智利形成公开对抗，导致阿连德赢得国际同情和支持，暴露美国的政治图谋，美国又选择参与智利债务重新谈判，目的就是借此掩人耳目，同时暗中作梗，阻挠债务谈判的进程以及有关谈判成果的落实，策应美国真实的对智政策的贯彻实施。因此，不管是智利债务问题的多边谈判还是双边谈判，均是美国针对智利实施经济外交权谋的手段，服务于颠覆阿连德政府的总体目标。

总之，运用各种手段推翻阿连德政府是美国决意实现的目标，以施加经济压力为中心的外交权谋则是美国颠覆活动的重要环节。为此，美国对智利实施了严苛的融资限制和信贷封锁。与此同时，在施加最大限度的经济压力的政策框架下，美国刻意采用引而不发的策略处理智利国有化补偿问题，将美国铜业公司国有化补偿与智利债务谈判相挂钩。在美智两国具体交手的两个经济议题——波音客机贷款和债务重新安排——的博弈中，美国则玩弄外交手段进行鬼魅布局，虚与委蛇，极尽欺骗之能事，导致美智围绕这两个问题的交涉均流于形式，无果而终。就其政策功效而言，由于美国没有公开拒绝谈判波音客机贷款和债务重新安排问题，从而给智利政府传递了混杂的信号，② 导致阿连德误以为美国政府内部在对智政策上存在不同的声音，美智两国关系尚有转圜空间，美智之间的谈判通道并未彻底关闭等。凭借多层次的经济攻略，美国实现了预期目标：打压智利的国际经济活动空间、迷惑并欺骗阿连德政府，

① Lubna Z. Qureshi, *Nixon, Kissinger, and Allende*, p. 115.

② Tanya Harmer, *Allende's Chile and the Inter-American Cold War*, p. 146.

掩饰并策应美国的颠覆活动，进而间接助推了美国策动的"9·11 政变"。所有这些均揭示了美国经济外交权谋及其手段的隐蔽性和攻击力，充分证明美国是最善于运用经济手段达到政治目的的国家。[①]

三　美国私有公司与隐蔽行动

第二次世界大战结束后，美国公司遍布全球。一方面，借助这一有利条件，中情局寻机利用美国公司为其海外隐蔽行动提供掩饰平台和隐匿手段。另一方面，美国众多公司与中情局长期保持密切合作关系，愿意为中情局的海外行动提供掩护。[②] 更为重要的是，隐蔽行动中私有公司的角色更具"貌似否认"的特征，因而为美国政府策划实施特定隐蔽行动提供了"毫不知情"的掩饰外衣。[③] 诚然，美国一向以市场经济和自由企业作为处理国际经济事务的核心价值，标榜美国是所谓自由市场和自由经济的典范，从这个角度看，美国的私有公司似乎与政治毫无关联，与肮脏诡谲的隐蔽行动更是南辕北辙。但纵观美国隐蔽行动的发展历程，美国公司却时常基于利益的权衡，不同程度地支持和参与美国的隐蔽行动，甚至鼓动美国政府发起隐蔽行动，因此，私有公司并非完全置身美国政府的隐蔽行动之外。从总体上讲，在美国隐蔽行动中的公司支持行动（Corporate Support Operation）主要采取三种方式：一是为隐蔽行动提供支持；二是发起经济战以配合美国实施的隐蔽行动，三是营造声势助推美国政府实施隐蔽行动。[④]

私有公司参与美国隐蔽行动在行动类型上属于隐蔽经济行动的范畴，利用私有公司支持美国的隐蔽行动是中情局惯用的手段。从总体上讲，美国隐蔽行动中的公司支持行动包括情报和信息支持；资金支持；人员支持（尤其是公司的当地雇员）；设施支持（如房屋、港口、培训场地

---

① 舒建中：《经济权谋与外交：美国对智利阿连德政府的经济政策》，徐蓝主编：《近现代国际关系史研究》（第17辑），第18—19页。

② Loch K. Johnson, "Economic Intelligence and the CIA," pp. 506 – 507.

③ Arthur S. Hulnick, "Dirty Tricks for Profit: Covert Action in Private Industry," *International Journal of Intelligence and Counterintelligence*, Vol. 14, No. 4, 2001, p. 532.

④ John J. Nutter, *The CIA's Black Ops*, p. 222.

等）；交通支持（如汽车、铁路交通、轮船、飞机等）；装备支持（如广播和电视设备、印刷设备等）；为隐蔽行动人员提供民用身份的掩护；秘密通道支持（如走私通道）。[①]

美国跨国公司参与中情局隐蔽行动的最早案例，就是 1948 年意大利选举期间美国实施的隐蔽行动。一方面，早在 1948 年 3 月，美国国务院就拟定了一份计划，列出了可以为美国在意大利的反共产主义行动提供支持的跨国公司名单，包括美国现金出纳机公司（National Cash Register）、国际商业机器公司（IBM）、标准石油公司、美国通用电气公司等。美国的意图非常明确：将这些跨国公司作为输送秘密资金的私有渠道。另一方面，鉴于这些美国跨国公司在意大利拥有巨大的投资利益，均将共产主义力量在意大利的发展视为威胁并加以遏制，因而愿意为美国在意大利的行动提供支持。在政府—私有企业合作的框架下，美国跨国公司为中情局的隐蔽行动提供了资金募集和资金输送的便利。[②] 为理顺资金输送通道，美国政府相关机构还充分利用私有公司在纽约开设银行账户，构建了一个秘密的资金转移网络——纽约通道。其中，一个名为"基督教援助"（Christian Aid）的账户成为美国向意大利天主教民主党输送秘密资金的重要渠道。作为公司支持行动的方式之一，私有公司的秘密资金输送通道为美国政府在意大利实施的隐蔽行动提供了"貌似否认"的掩护。[③] 由此可见，在中情局实施的第一个综合性隐蔽行动中，美国跨国公司成为秘密资金输送的重要渠道，首次展示了美国跨国公司与中情局隐蔽行动的关系。

危地马拉行动是美国公司参与隐蔽行动的早期案例，再度揭示了美国公司支持中情局隐蔽行动的路径。1951 年初，中情局制订了一份驱逐危地马拉总统阿本斯的隐蔽行动计划——"财富行动"（Operation Fortune），目的就是向反阿本斯的势力提供武器装备和资金支持。[④] 基于维护其在危地马拉的巨大经济利益的考量，美国联合果品公司不仅积极支

---

① John J. Nutter, *The CIA's Black Ops*, p. 223.

② James Callanan, *Covert Action in the Cold War*, pp. 38 – 39.

③ Kaeten Mistry, *The United States, Italy and the Origins of Cold War*, pp. 133 – 135.

④ 舒建中：《美国与 1954 年危地马拉政变》，第 61 页。

持中情局设计制订隐蔽行动计划，还踊跃参与"财富行动"的实施，同意使用其轮船以运送"农业机械"的名义，协助中情局秘密运输枪支弹药，并指派公司顾问托马斯·科科伦作为与中情局沟通的联络官。① 作为一家私有公司，联合果品公司在中情局"财富行动"中的作用表明，美国公司在特定条件下可以成为中情局的协作方并涉足隐蔽行动。更为重要的是，联合果品公司在"财富行动"中的公司支持行动具有直接参与准军事行动的性质，从而为美国私有公司与隐蔽行动的互动关系增添了新的内涵和路径。

为颠覆智利阿连德政府，中情局从20世纪70年代初开始实施一系列隐蔽行动。作为在智利拥有巨大经济利益的美国公司——国际电话电报公司不仅掌控着智利的电信系统，而且控制了智利的港口等海运设施。为阻止阿连德的国有化改革措施危及公司利益，美国国际电话电报公司积极参与中情局的隐蔽行动，不仅向智利反对派力量提供了资金支持，而且允许中情局特工以公司雇员的身份进入智利境内。② 但毕竟纸包不住火，1972年3月，美国媒体披露国际电话电报公司试图影响智利政局，甚至参与支持政变，由此酿成"国际电话电报公司事件"。不难看出，"国际电话电报公司事件"再次揭示了跨国公司与美国隐蔽行动的关系，表明美国的私有公司在特定条件下可以作为中情局展开隐蔽行动的辅助平台。

1982年2月，中情局提出一份向波兰团结工会提供秘密资金援助的方案并经里根总统于11月批准实施，此即美国支持团结工会的隐蔽行动计划——"助力行动"。为疏通秘密资金的转移渠道，同时避免暴露隐藏的"美国之手"，中情局建立了一个复杂的国际金融机构网络。除借助欧洲的几家跨国公司通过为合法项目设立银行账户的办法向团结工会转移资金之外，中情局还利用美国的一家跨国公司为中情局开设了一个单独的银行账户，为其向团结工会提供秘密资金支持创造了极大的便利。③ 由

① Stephen Schlesinger and Stephen Kinzer, *Bitter Fruit*, pp. 92, 102.
② John J. Nutter, *The CIA's Black Ops*, p. 223.
③ Peter Schweizer, *Victory*, p. 76.

此可见，在美国向团结工会输送秘密资金的通道中，美国的私有公司是重要的资金转移平台，再次揭示了中情局利用私有公司展开隐蔽行动的伎俩。

除美国私有公司之外，美国与其他国家私有企业合作开设的合资公司亦是中情局展开隐蔽行动的一个特殊平台。1973 年，美国情报机构前官员迈克尔·汉德（Michael J. Hand）与澳大利亚律师弗朗西斯·钮甘（Francis J. Nugan）合资开办一家私有银行——钮甘—汉德银行（Nugan-Hand Bank），并与美国情报机构保持紧密联系，这实际上是一家中情局的银行。此后，钮甘—汉德银行参与了美国一系列的隐蔽行动，包括向美国在安哥拉和罗德西亚的代理武装力量秘密提供并运送武器装备、为美国支持的印度尼西亚总统苏哈托提供洗钱服务、为亲美的欧洲政党和组织输送中情局提供的秘密资金，以及毒品走私交易、国际军火交易等。更有甚者，钮甘—汉德银行还直接参与了中情局策划的政变阴谋。1975 年，中情局秘密筹划了一场驱逐澳大利亚总理爱德华·惠特拉姆（Edward G. Whitlam）的政变，对此，钮甘—汉德银行予以鼎力支持。鉴于其斑斑劣迹，钮甘—汉德银行受到澳大利亚政府的调查，并于 1980 年被迫关闭。① 透过钮甘—汉德银行这一案例不难看出，不仅是美国私有公司，而且连美国公司参与的合资公司都可以成为美国隐蔽行动的支持平台，多渠道、多方式的隐蔽经济行动成为助力美国隐蔽行动的重要支撑。

在美国的隐蔽行动中，私有公司扮演的另一个重要角色就是发起旨在扰乱目标国经济社会秩序的经济战，进而配合美国实施隐蔽行动。鉴于美国公司在世界经济中拥有市场、资源和技术优势，因此，美国公司配合隐蔽行动的主要方式就是切断目标国与世界市场的联系，诸如切断资金来源、切断进出口贸易、切断机器的零部件供应等。② 从根本上讲，美国私有公司策应隐蔽行动的经济战尽管表面上可以是公开的，但本质上属于隐蔽经济行动的范畴。

为实现颠覆智利阿连德政府的政策目标，美国私有公司积极配合中

---

① William Blum, *Killing Hope*, p. 249. John J. Nutter, *The CIA's Black Ops*, pp. 263 – 264.

② John J. Nutter, *The CIA's Black Ops*, p. 223.

情局的隐蔽行动，针对智利展开了一场经济战。其中，美国铜业公司所扮演的角色尤其突出。

智利的主要出口商品是铜，但智利铜业却被两家美国公司——肯尼科特公司和安纳康达公司——所控制。鉴于以美国为目的地的铜出口是智利最重要的外汇收入来源，因此，失去美国市场，智利将无法获得美元，进而无法从其他国家购买商品。在此背景下，打压智利的铜出口就成为美国公司配合中情局隐蔽行动的抓手。为遏制智利的铜出口，肯尼科特公司向所有智利铜矿的进口商发出公开信，声称智利出口的相关铜产品属于肯尼科特公司的财产，肯尼科特公司将采取一切必要措施捍卫其权益。肯尼科特公司的公开信在进口商中制造了不稳定性，为智利铜产品的出口设置了障碍。[1] 与此同时，基于美国政府确立的扰乱智利经济的政策部署，肯尼科特公司和安纳康达公司在倾力打压国际铜产品价格的同时，还竭力游说其他国家停止购买智利铜产品，导致智利铜产品几乎完全被排挤出国际市场。鉴于铜出口对智利经济的重要性，肯尼科特公司和安纳康达公司的经济战极大地削减了智利的出口收入，重创了智利经济。[2] 尽管肯尼科特公司和安纳康达公司发起的铜业经济战具有公开或半公开的色彩，然而，鉴于对智经济战的前提和背景是配合美国的对外政策，是美国在智利制造经济混乱政策的重要一环，因此，肯尼科特公司和安纳康达公司的经济战本质上属于美国隐蔽行动政策框架下的经济战，是美国私有公司策应美国隐蔽行动，尤其是配合美国隐蔽经济行动的代表性案例。

纵观美国隐蔽行动的历史，一方面，冷战时期中情局从事的隐蔽行动基本上是美国出于遏制共产主义的战略而制定实施的，鉴于此，冷战和遏制战略是美国发起隐蔽行动的主要政策动因。另一方面，在特定条件下，美国私有公司也会成为煽动隐蔽行动的推手，美国联合果品公司与1954年危地马拉政变的关系就是一个突出案例。

---

① 白建才：《"第三种选择"：冷战期间美国对外隐蔽行动战略研究》，第300—301 页。

② James Petras and Morris Morley, *The United States and Chile*：*Imperialism and the Overthrow of the Allende Government*, New York：Monthly Review Press, 1975, p. 92.

　　尽管美国并非完全出于维护联合果品公司的利益而决定推翻阿本斯政权，但联合果品公司通过发起大规模的舆论攻势，成功将美国的公众舆论聚焦于危地马拉的共产主义问题，从而顺应了艾森豪威尔政府的政策取向，对美国的政策决策产生了重要影响。① 作为宣传运动的发起者和组织者，联合果品公司公共关系顾问爱德华·伯奈斯（Edward L. Bernays）就坚信，通过发起旨在抹黑危地马拉政府的宣传运动，可以决定性地削弱阿本斯政权，并为加速阿本斯政权的崩溃制造舆论和媒体焦点。② 为此，伯奈斯组织《纽约时报》《时代》杂志等著名媒体发表一系列文章，竭力鼓噪共产主义在危地马拉的"红色进军"和颠覆活动，以及危地马拉局势对西半球安全的威胁。1953 年初，联合果品公司提供资金，邀请美国有影响力的出版商前往危地马拉进行所谓实地调查。根据联合果品公司的安排，美国的报刊接连发表相关报道，将危地马拉描绘成共产主义控制的苏联傀儡。③ 此外，联合果品公司还雇用杜鲁门政府时期负责美洲事务的助理国务卿斯普鲁伊尔·布雷登等著名人士作为公司代言人，通过发表巡回演讲、主持会议和论坛等方式，鼓噪危地马拉的紧张局势，呼吁艾森豪威尔政府采取措施阻止共产主义占领危地马拉，从而加深了美国公众对危地马拉政府性质及其政策意图的担忧与恐惧。④ 联合果品公司发起的一系列舆论攻势严重影响甚至误导了美国的舆论环境，导致美国社会根本无法知晓危地马拉的真相，美国媒体关于阿本斯的报道几乎全部是负面的。⑤ 与此同时，联合果品公司还积极利用其在华盛顿的各种关系，呼吁美国政府采取措施进行干涉。正因为如此，在中

---

　　① Michael Grow, *U. S. Presidents and Latin American Interventions*, p. 22.

　　② Stephen Kinzer, *Overthrow: America's Century of Regime Change from Hawaii to Iraq*, New York: Times Books, 2006, p. 134.

　　③ Edward L. Bernays, *Biography of an Idea: Memoirs of Public Relations Counsel Edward L. Bernays*, New York: Simon & Schuster, 1965, pp. 758 – 762.

　　④ Richard H. Immerman, *The CIA in Guatemala: The Foreign Policy of Intervention*, Austin: University of Texas Press, 1982, pp. 127 – 128. Stephen Schlesinger and Stephen Kinzer, *Bitter Fruit*, pp. 88 – 90.

　　⑤ Stephen Kinzer, *The Brothers: John Foster Dulles, Allen Dulles, and Their Secret World War*, New York: Times Books, 2013, p. 167.

情局颠覆阿本斯政府的隐蔽行动中，联合果品公司扮演了工具性的角色。① 由此可见，通过制造危地马拉共产主义威胁的媒体焦点，联合果品公司的舆论战助推了美国政策决策的进程。② 毫无疑问，颠覆阿本斯政权是艾森豪威尔政府的政治决断，但联合果品公司营造的反共产主义扩张的舆论氛围却顺应了美国政府的政治诉求，从而为美国隐蔽行动计划的制定实施提供了所谓的依据。从某种意义上讲，联合果品公司与危地马拉政变的关系确立了美国隐蔽行动的政府动员模式：美国公司基于经济利益，动员美国政府实施隐蔽行动。③ 因此，利用公司资源营造安全威胁的环境并据此推动政府采取行动，是美国私有公司参与隐蔽行动的方式之一。由于美国公司鼓动并参与隐蔽行动或基于经济动因，或运用经济手段，因而具有隐蔽经济行动的特征。

综上所述，隐蔽经济行动是美国隐蔽行动体系的重要组成部分，是实现美国对外政策和战略目标的重要抓手。一方面，由中情局直接组织实施的以扰乱目标对象的经济秩序、破坏目标对象的经济环境为目的的隐蔽行动，是美国实施隐蔽经济行动的重要方式。另一方面，掩护性公司和组织的设立亦是美国隐蔽经济行动的重要实施路径。此外，作为策应并支持美国隐蔽行动的手段，经济权力和经济权谋在美国的隐蔽行动中扮演了重要角色，是实现美国隐蔽行动目标的重要工具。在特定条件下，美国的私有公司也可以成为隐蔽行动的支持者甚至参与者。由此可见，美国的隐蔽经济行动具有手段多样、渠道多元、隐蔽性强、破坏力大的特点，隐蔽经济行动成为支持并推进美国隐蔽行动战略的重要一环。

---

① Andrew Thomson, *Outsourced Empire*, p. 45.
② 舒建中：《美国与1954年危地马拉政变》，第86页。
③ John J. Nutter, *The CIA's Black Ops*, pp. 224 – 225.

第 四 章

美国准军事行动的理论框架和实施路径

自隐蔽行动政策确立以来，准军事行动一直是美国隐蔽行动战略的重要组成部分，是美国隐蔽行动最具破坏性和暴力色彩的表现形式。在冷战期间以及冷战结束后，美国在全球各地实施了难以数计的准军事行动，包括若干政治暗杀和政权颠覆活动。正是由于强大的破坏力和广泛的影响力，准军事行动在美国隐蔽行动体系中始终占据着特殊的地位，成为美国实现对外政策与战略目标、维护全球霸权地位的战略工具。

第一节　美国准军事行动的理论解析

一　美国准军事行动理论研究的起步和发展

早在20世纪70年代，美国学界就已经注意到美国实施的准军事行动政策与战略，并就此展开了相关研究，拉开了美国准军事行动理论研究的序幕。

在1974年出版的《中情局与情报膜拜》一书中，维克托·马尔凯蒂和约翰·D. 马克斯就将旨在推翻或支持一国政权的准军事行动列为美国隐蔽行动的八种策略之一，强调准军事行动在隐蔽行动的诸多方式中占据着特别重要的地位。马尔凯蒂和马克斯指出，准军事行动具有好战的性质，虽然准军事行动计划均由中情局制订，但在实施过程中，准军事行动一般由中情局官员伙同雇佣军（既有美国人也有外国人）联合执行。在所有隐蔽行动策略中，准军事行动是最粗暴野蛮的，战争规则对于准军事行动而言毫不适用。^① 马尔凯蒂和马克斯强调，为实施准军事行动，除直接操控行动规划、后勤保障和通信事务之外，中情局还逐步形成了诸多准军事行动的实施方式，其路径和手段主要包括在美国国内或海外建立训练基地，为准军事行动培训行动人员，展开准军事行动演习；支持游击活动和地下抵抗运动；利用 U－2 飞机实施秘密空中侦察；利用"应急空中力量"实施空中支援，或针对地面目标实施轰炸；组织雇佣军（秘密军）展开准军事行动，等等。^② 由此可见，马尔凯蒂和马克斯初步阐述了准军事行动的实施路径和方式，为准军事行动的理论研究提供了可资借鉴的分析路径。尽管没有明确提及隐蔽空中行动的概念，但马尔凯蒂和马克斯将 U－2 飞机实施的秘密空中侦察和"应急空中力量"实施的空中支援纳入准军事行动的范畴，从而为思考隐蔽空中行动提供了重要的启迪。

鉴于准军事行动是冷战初期美国实施隐蔽行动的主要方式之一，因而持续引起美国相关研究者的关注。1975 年，哈里·罗西兹克发表《透视美国的秘密行动》一文，明确将准军事行动作为美国隐蔽行动的三大类型之一，并对准军事行动的实施手段进行了新的探讨。在罗西兹克看来，准军事行动的方式主要包括：支持目标国国内的抵抗运动以攻击和削弱对手；颠覆自由世界势力范围内的亲共产主义政权或左翼政权；以反暴动的方式支持遭受共产主义威胁的非共产党政府并巩固其统治。^③ 尽管罗西兹克的解读尚显单薄，但却揭示了美国准军事行动的一个重要特征——通过秘密军事手段实施干涉和颠覆活动，因而具有开创意义。

在 1977 年出版的《中情局的秘密行动：谍报活动、反谍报活动和隐蔽行动》一书中，罗西兹克对准军事行动作出了进一步的解读。罗西兹克界定了准军事行动的含义，认为准军事行动（非常规战争）是指支持

---

① Victor Marchetti and John D. Marks, *The CIA and the Cult of Intelligence*, New York: Dell Publishing, 1974, pp. 122 – 123.

② Victor Marchetti and John D. Marks, *The CIA and the Cult of Intelligence*, pp. 124 – 128, 131 – 132.

③ Harry A. Rositzke, "America's Secret Operations: A Perspective," *Foreign Affairs*, Vol. 53, No. 2, 1975, p. 342. .

或激发目标国国内的武装抵抗运动以反对执政当局的行动，或利用非常规武装力量侵犯其他国家并扰乱其政权的行动，或两者兼而有之。① 罗西兹克指出，准军事行动是所有隐蔽行动中"最喧嚣"的行动类型，贯穿美国遏制政策的始终。为此，罗西兹克剖析了准军事行动的实施对象和路径，主要包括：支持或秘密组织苏东集团内部的抵抗势力和运动；支持其他国家的反共产主义集团和游击活动；秘密培训地下抵抗运动力量并向其提供情报支持和武器装备；以美国的航空公司作为掩护，向抵抗运动和游击力量提供空中支持（如运送人员、物资和军事装备等）；针对特定目标国实施有组织的暗中破坏行动；颠覆发展中世界的左翼政权等。② 由此可见，罗西兹克首次对准军事行动的含义作出了初步界定，从学理上为相关研究的展开奠定了概念基础，具有重要的理论开创意义。此外，罗西兹克还对美国以航空公司作为掩护载体实施的空中支持行动进行了初步探讨，从而延展了美国隐蔽空中行动的内涵和行动手段，进一步确立了隐蔽空中行动在美国准军事行动中的地位，拓展了美国准军事行动理论的研究议程。总之，罗西兹克对美国准军事行动实施路径和方式的归纳有力地夯实了准军事行动的研究框架，堪称美国准军事行动研究的奠基之作。

在进入 20 世纪 80 年代之后，美国的准军事行动依然是学界持续研究的议题。在 1987 年出版的《隐蔽行动：战后世界中干涉的限度》一书中，格雷戈里·特雷弗顿将准军事行动作为美国隐蔽行动的三大类型之一，认为准军事行动的一般含义是指秘密的军事援助和培训，中情局操控的秘密战则是准军事行动的另一种表现形式。③ 特雷弗顿进而强调，隐蔽军事行动或准军事行动的目的往往是寻求实现政权颠覆，因而是获致政治目标的特殊手段。特雷弗顿认为，以秘密战的方式实施的准军事行动几乎等同于全面战争，所谓"隐蔽"仅仅是指美国可以否认直接介入

---

① Harry Rositzke, *The CIA's Secret Operations: Espionage, Counterespionage, and Covert Action*, New York: Reader's Digest Press, 1977, p. 152.

② Harry Rositzke, *The CIA's Secret Operations*, pp. 166–184.

③ Gregory F. Treverton, *Covert Action: The Limits of Intervention in the Postwar World*, New York: Basic Books, 1987, p. 13.

其中而已。准军事行动的另一种实施方式就是向特定集团提供秘密的资金支持、武器装备和人员培训，这是准军事行动的较为温和的表现形式。特雷弗顿特别关注提供武器装备的技巧，认为美国秘密提供的武器装备应是苏联或其盟国制造的，目的就是为美国的"貌似否认"提供最大的空间和便利。在特雷弗顿看来，隐蔽空中行动是准军事行动的重要方式，为此，中情局组建了一个空中运输网络——包括中情局拥有的航空公司以及从民用航空公司租用的飞机，以便在准军事行动中运送武器装备和其他物资。其中，中情局拥有的航空公司是典型的"中情局掩护机构"（CIA Fronts），是中情局空中运输网络的运行核心。此外，在美国国内和海外建立运输和培训基地亦是准军事行动的内在组成部分。① 至此，特雷弗顿廓清了美国准军事行动的政策内涵和战略意图，进一步梳理了美国准军事行动的实施路径和行动方式。特雷弗顿有关准军事行动理论的最大创新就是从空中运输网络的角度拓展了美国隐蔽空中行动的研究视野，强调了中情局民用航空公司的掩护机构属性，标志着美国的准军事行动研究取得新的进展。

作为美国隐蔽行动研究的领军人物，洛赫·约翰逊于 1989 年发表《隐蔽行动与问责：美国秘密对外政策的决策》一文，对准军事行动作出了新的探讨。约翰逊认为，在所有的隐蔽行动类型中，准军事行动是最具风险性和争议性的行动方式，是类似战争的行动。约翰逊指出，准军事行动的表现形式之一就是中情局秘密支持一国反对另一国家的大规模的秘密战；向目标国国内的叛乱力量提供支持并挑动其展开游击战则是美国准军事行动的另一种方式。此外，美国准军事行动的手段还包括：向特定力量或集团提供培训和军事咨询；向抵抗运动或反叛力量提供武器和其他军事装备；协助美国国防部发起非常规战争；策划并实施暗杀等。② 同样是在 1989 年，约翰逊有关隐蔽行动研究的力作《美国的秘密权力：民主社会中的中情局》一书出版。关于准军事行动，约翰逊进一

---

① Gregory F. Treverton, *Covert Action*, pp. 25 – 27.

② Loch K. Johnson, "Covert Action and Accountability: Decision-Making for America's Secret Foreign Policy," *International Studies Quarterly*, Vol. 33, No. 1, 1989, p. 86.

步拓展了美国准军事行动的实施路径，认为向第三世界的军方和警察提供人员培训、武器装备、技术咨询和情报支持亦是中情局实施准军事行动的方式。约翰逊强调，尽管面临多方质疑，但暗杀活动始终是中情局从事准军事行动的重要手段。中情局实施的暗杀活动不仅针对其他国家和地区的领导人，而且针对低级别的特定官员和重要人物，目的就是清除一切对美国不利的因素；在美国公开卷入的战争中针对特定目标实施暗杀亦是中情局隐蔽行动的方式之一。① 由此可见，约翰逊对美国准军事行动的政策目标和实施路径作出了进一步的归纳，为透彻理解美国的准军事行动提供了更加完整的分析框架。

随着冷战的结束，美国的隐蔽行动研究在 20 世纪 90 年代持续升温，准军事行动研究的范畴进一步拓展。在 1992 年出版的《需要知道：20 世纪基金会研究团队关于隐蔽行动和美国民主的报告》一书中，艾伦·古德曼和布鲁斯·伯科维茨将准军事行动作为美国隐蔽行动的六种类型之一，并对其作出了一个简明扼要的解读，认为美国准军事行动的范畴涉及诸如利用隐蔽行动资源实施人质解救的有限计划，以及支持叛乱行动的大规模的隐蔽行动。② 诚然，人质解救计划是否属于隐蔽行动框架下的准军事行动值得商榷，且古德曼和伯科维茨对准军事行动的解读过于简略，这就从一个侧面表明，对准军事行动的含义需要加以更加明确的界定。

同样是在 1992 年，约翰逊创立了隐蔽行动升级模式，进一步剖析了支持叛乱力量或抵抗运动在准军事行动中的作用和意义。约翰逊认为，准军事行动的展开是高风险隐蔽行动阶段的基本特点之一，其主要方式包括：向叛乱力量或抵抗运动秘密提供武器装备以及军事培训、为反政府势力提供避难场所等。约翰逊强调，随着极端隐蔽行动的启动和展开，准军事行动进一步升级，其手段主要包括：向目标国国内的叛乱力量或

① Loch K. Johnson, *America's Secret Power：The CIA in a Democratic Society*, New York：Oxford University Press, 1989, pp. 26 – 29.

② Allan E. Goodman and Bruce D. Berkowitz, *The Need to Know：The Report of the Twentieth Century Fund Task Force on Covert Action and American Democracy*, New York：The Twentieth Century Fund Press, 1992, p. 32.

抵抗运动秘密提供更具杀伤力的武器甚至尖端武器（如地—空导弹）以
增强其攻击能力，推动叛乱或抵抗行动的升级；通过政治暗杀以及情报
部门的秘密支持在目标国制造政变，则是极端隐蔽行动阶段的突出
特点。①

　　在关于美国准军事行动的研究中，罗伊·戈德森堪称最负盛名的学
者。1995 年，戈德森有关隐蔽行动的力作《肮脏的诡计或制胜的王牌：
美国的隐蔽行动与反情报》一书出版。戈德森对准军事行动作出了一个
明确的界定，认为准军事行动是指未公开承认的武力使用，或向叛乱力
量或抵抗运动提供秘密支持，包括武力支持的政策行为。② 在此基础上，
戈德森对准军事行动的手段和路径进行了深入剖析。戈德森指出，暗杀
是准军事行动最基本的方式，而且有效的暗杀行动应具备两个先决条件：
首先是执行暗杀行动的技术手段，其次是服务于政治目的的政策方案；
但暗杀行动最重要的决定因素是政治而非技术。戈德森认为，实施暗杀
行动的途径主要有二：一是通过贿赂、恐吓和感化等手段向目标随行人
员渗透，二是雇用并培训杀手，同时由情报机构或其他组织组建秘密的
策应团队以支持整个暗杀计划。与暗杀行动相对应，向特定目标提供保
护并使其免遭暗杀亦是准军事行动的内容之一。③ 戈德森认为，支持游击
活动、叛乱力量或其他抵抗运动是准军事行动的重要方式之一，其目标
就是运用隐蔽手段削弱或消灭对手，促成目标国的国内革命，进而实现
社会、经济和政治变革。戈德森强调，准军事行动框架内的隐蔽支持和
援助可以有多种形式，包括政治和道义支持、物质支持等。就政治和道
义支持而言，最有效的方式就是通过第三国或国际论坛向叛乱力量和抵
抗势力提供政治支持，并借此影响目标国的政治判断和政治决策；而且
这种类型的政治支持在很大程度上依赖于隐蔽宣传行动和隐蔽政治行动
的展开。在准军事支持行动方面，主要的方式就是向叛乱力量或抵抗势

① Loch K. Johnson, "On Drawing a Bright Line for Covert Operations," *American Journal of International Law*, Vol. 86, No. 2, 1992, pp. 289 – 290.

② Roy Godson, *Dirty Tricks or Trump Cards: U. S. Covert Action and Counterintelligence*, Washington, D. C.: Brassey's, 1995, p. 158.

③ Roy Godson, *Dirty Tricks or Trump Cards*, pp. 159 – 161.

力提供直接帮助,如培训,尤其是通过第三方提供的培训,政治和技术咨询,制订行动计划,协调军事行动等。在物质支持行动方面,向叛乱力量或抵抗运动秘密提供食品和医疗用品、先进的通信设备、武器装备和弹药等亦是准军事支持行动的重要手段。① 在戈德森看来,向游击和叛乱力量以及抵抗运动提供避难场所是辅助准军事行动展开的重要方式,目的就是策应并助推特定的准军事行动。戈德森指出,为推动准军事行动的展开,准军事行动实施方通常会考虑向叛乱力量或抵抗运动提供避难场所;尽管提供避难场所不是确保准军事行动获致成功的必要和充分条件,然而却是准军事行动的一个重要因素。戈德森同时认为,出于不暴露"无形之手"的策略考虑,准军事行动实施方还有另外一种选择:通过与第三方谈判以达成有关提供避难场所的安排。与此同时,为减轻向准军事力量提供避难场所的第三方的负担,准军事行动实施方通常会向第三方提供经济援助以作为交换条件。此外,为防止遭遇目标国及其盟国的报复,准军事行动实施方还会向第三方提供相应的军事援助。因此,作为准军事行动的辅助手段,避难场所通常是在准军事行动实施方的安排下由第三方负责提供,进而确保准军事行动的隐蔽性。② 戈德森认为,策动政变是十分重要的隐蔽行动之一,是准军事行动的最高表现形式。尽管制造政变的方式多种多样,但有效的政变均应具备相应的条件,如深思熟虑的政策策略、时机的选择与把握、训练有素的执行者(项目官员)、准确的情报支持等。戈德森进而指出,策动或支持政变的首要条件就是对政变行动以及政变领导者的情况进行分析和政策评估,时机选择则是发动政变的关键之举。鉴于军队在国家政治生活中的重要地位,通过隐蔽宣传行动和隐蔽政治行动诱导军队发动政变是制造政权颠覆的最有效的方式。与策动或支持政变相对应,保护亲美政权免遭政变或政变威胁亦是美国准军事行动的应有之义。③

由此可见,戈德森对准军事行动作出了迄今为止最为详尽的解析,

---

①　Roy Godson, *Dirty Tricks or Trump Cards*, pp. 164 - 168, 171.

②　Roy Godson, *Dirty Tricks or Trump Cards*, pp. 170 - 171.

③　Roy Godson, *Dirty Tricks or Trump Cards*, pp. 175 - 177.

极大地拓展了美国准军事行动研究的范畴和视野，深化了准军事行动的研究议程。首先，戈德森从学理上阐释了准军事行动的概念，界定了准军事行动的内涵，从而为准军事行动的学术探讨奠定了概念基础和研究界限。其次，戈德森对准军事行动的实施路径和行动方式进行了系统的归纳，厘清了准军事行动的政策手段及其实施条件，从而为准军事行动的研究提供了一个较为完备的分析框架。因此，在美国准军事行动理论的发展进程中，戈德森的研究成果具有重要的理论建构意义。

二　美国准军事行动理论研究的深化

在 2000 年出版的《中情局的黑色行动：隐蔽行动、对外政策与民主》一书中，约翰·纳特同样关注了准军事行动。在纳特看来，准军事行动是隐蔽行动的基本类型之一，其主要实施方式包括：向友好的国家或组织提供情报、培训和行动规划支持；支持游击活动；策动政变；实施暗杀等。纳特特别指出，由于具有无标记和可否认的特征，恐怖主义往往成为隐蔽行动的有用工具，恐怖活动是准军事行动的组成部分。恐怖活动的诸多手段（如匿名爆炸、劫持并炸毁民用航空器、劫持人质、出于政治目的的绑架等），均可作为有关国家针对特定目标实施准军事行动的方式，并据此向对手施加压力。① 在谈到暗杀行动时，纳特认为，在国际关系中，暗杀是解决令人恼怒的问题的简单、直接的方法，但暗杀外国领导人的行动亦充斥着风险，而"貌似否认"则是暗杀行动必须考量的关键问题，因为"貌似否认"既关乎暗杀行动的成败，亦关乎美国同其他国家的关系。② 毫无疑问，准军事行动中的诸多手段（如暗中破坏和暗杀等）确实带有恐怖活动的特征，因此，纳特有关准军事行动与恐怖活动之间关系的解读为进一步透析美国准军事行动的政策本质提供了新的切入点。特别需要指出的是，在美国隐蔽行动研究的众多学者中，纳特对暗杀行动作出了最为充分、全面和系统的理论分析，尤其是深透

---

① John J. Nutter, *The CIA's Black Ops: Covert Action, Foreign Policy, and Democracy*, New York: Prometheus Books, 2000, pp. 90 – 91.

② John J. Nutter, *The CIA's Black Ops*, pp. 121 – 149.

揭示了政治暗杀活动的本质特征，因而是美国准军事行动理论研究取得的新进展。

2004年，威廉·多尔蒂出版《行政秘密：隐蔽行动与总统》一书，再度对隐蔽行动的类型进行了探讨，认为准军事行动是传统隐蔽行动的三种类型之一。多尔蒂指出，准军事行动是中情局隐蔽行动的精神肖像，支持游击活动和叛乱运动则是其主要方式，向外国军队和警察力量提供秘密的培训和指导则是美国准军事行动中最常见的使命。在特定条件下，中情局官员会实际参与战斗行动，此即准军事行动中的秘密战。多尔蒂特别强调，向外国军队和警察力量提供秘密的培训和指导不仅是美国准军事行动的基本方式，而且有着更为长远的战略价值：通过准军事培训计划同有关国家建立专业联系，鼓励亲美的情感和立场；当美国军队需要陆海空军基地或其他支持行动时，接受美国准军事培训的国家往往会提供支持，进而展示了准军事培训计划的战略功能。[①] 由此可见，多尔蒂对美国准军事行动的解读更多地关注美国长期实施的秘密的准军事培训计划，并据此剖析了准军事培训计划的战略价值和功能，堪称独树一帜，为从长远的层面看待美国的准军事行动提供了一个新的研究视角。

同样是在2004年，约翰逊和詹姆斯·沃茨主编的《战略情报：透视秘密世界的窗口，一部选集》一书出版发行。在前期研究的基础上，约翰逊和沃茨进一步论述了准军事行动在整个隐蔽行动中的地位。约翰逊和沃茨特别指出，进入21世纪之后，利用携带摄像装备和导弹的无人机定点清除对手成为中情局实施准军事行动的最新行动方式，无人机侦察和袭击成为美国准军事行动清单中的新宠。[②] 通过将无人机行动纳入美国准军事行动的范畴，约翰逊和沃茨阐明了美国准军事行动的最新发展趋势，拓展了美国隐蔽空中行动的研究议程和领域，为透视信息时代美国准军事行动的新手段提供了新的分析基点。

---

① William J. Daugherty, *Executive Secrets*: *Covert Action and the Presidency*, Lexington: The University Press of Kentucky, 2004, pp. 84 – 85.

② Loch K. Johnson and James J. Wirtz, "Covert Action: Introduction," in Loch K. Johnson and James J. Wirtz, eds., *Strategic Intelligence*: *Windows into a Secret World*, *An Anthology*, Los Angeles: Roxbury Publishing Company, 2004, p. 257.

　　2006 年，马克·洛温塔尔的著作《情报：从秘密到政策》一书出版，该书将隐蔽行动划分为宣传行动、政治行动、经济行动和准军事行动。关于准军事行动，洛温塔尔指出，准军事行动是规模最大、烈度最强、最具危险性的隐蔽行动，其实施方式主要包括：在不动用自身武装力量的情况下，装备和培训武装集团以直接攻击特定的目标国；动用自身非建制武装人员秘密参与战斗行动。洛温塔尔强调，政变是隐蔽行动达到最高潮的形态，是隐蔽行动其他方式——宣传行动、政治行动和经济行动——综合实施的结果。① 由此可见，除论述实施路径之外，洛温塔尔着重分析了准军事行动的基本特点，丰富了美国的准军事行动研究。

　　杰弗里·里奇森根据国际关系的新发展，进一步扩展了准军事行动的研究范畴。在里奇森看来，准军事行动主要具有两大功能：一是传统功能，即推翻、暗中破坏或支持一国政权的隐蔽行动；二是现代功能，即抵制并阻止一国试图获得或发展先进武器的秘密行动，以及打击恐怖主义的隐蔽行动。② 通过总结准军事行动的战略功能，里奇森的研究进一步提升了美国准军事行动研究的层次，为从宏观上把握美国的准军事行动提供了更加清晰的框架。

　　2015 年，J. 克拉克出版《美国的隐蔽行动：问题指南》一书，对美国的准军事行动作出了最新的解读。克拉克对准军事行动作出一个十分严格的限定，认为中情局主导的准军事行动应被视为隐蔽准军事行动。克拉克指出，从暴力水平的角度看，隐蔽准军事行动是所有隐蔽行动中更具暴力色彩、更难以保持秘密状态和"貌似否认"的隐蔽行动，因此，大规模的隐蔽准军事行动往往处于"官方不承认"的状态。为此，克拉克着重从人员构成的层面分析了由中情局组织实施的隐蔽准军事行动，认为此类准军事行动的人员配备主要包括中情局官员、作为中情局官员助手的美国军方人员（主要参与培训和行动计划的制订）、中情局雇用的专业人员（如飞行员）、中情局培训和支持的外国人员。克拉克强调，由

---

　　① Mark M. Lowenthal, *Intelligence: From Secrets to Policy*, Washington, D. C. : CQ Press, 2006, pp. 163 – 164.

　　② Jeffrey T. Richelson, *The U. S. Intelligence Community*, Boulder: Westview Press, 2012, p. 3.

中情局直接提供装备的外国人员和破坏势力是隐蔽准军事行动的实际战斗力量，美方人员一般不是战斗行动的实际参与方，或仅有少量美方人员作为行动领导者参与战斗行动。从支持对象和方式来看，隐蔽准军事行动的支持对象主要是抵抗运动、叛乱力量以及反共产主义的各种势力，支持方式涵盖提供情报以及隐蔽的咨询、培训和援助等，目的就是支持其发动反对目标国政权的游击战和地下抵抗活动，包括袭扰和攻击政府军、暗中破坏或炸毁目标国的军事设施和经济设施、搜集情报等。克拉克特别指出，政治而非军事目的是隐蔽准军事行动的核心要素，所有隐蔽准军事行动都具有鲜明的政治属性。[1] 克拉克将中情局主导实施的准军事行动界定为隐蔽准军事行动的一个重要原因就是：克拉克力图将中情局主导的准军事行动同美国国防部主导的隐蔽的特别行动（非常规军事行动）区别开来，从这个意义上讲，克拉克有关隐蔽准军事行动的论述体现了美国学术界对隐蔽行动的新思考。通过区分准军事行动和非常规军事行动的不同范畴、界定隐蔽准军事行动的特定含义、点明隐蔽准军事行动的政治属性，克拉克为美国的准军事行动研究注入了新的内涵，是美国准军事行动研究取得的最新成果。

综上所述，在美国方面看来，准军事行动（隐蔽准军事行动）是美国对外政策和战略中富有价值的政策手段，其目标就是支持美国的安全和利益。[2] 为此，美国学界对准军事行动的内涵进行了理论界定，从而为准军事行动的理论研究奠定了学理基础。与此同时，美国学界还综合探讨了准军事行动的主要形式，认为准军事行动主要包括三种形式——政治暗杀、支持叛乱力量和抵抗运动、策动政变，从而为准军事行动的研究圈定了基本的范畴。此外，美国学界还探讨了美国准军事行动的特殊形态——隐蔽空中行动，拓展了准军事行动的研究议程。透过美国学界的理论总结不难看出，美国准军事行动的本质特征就是通过隐蔽军事行动的方式影响国外事态及其发展方向，促进美国对外政策和战略目标的

---

① J. Ransom Clark, *American Covert Operations: A Guide to the Issues*, Santa Barbara: Praeger, 2015, pp. 10 – 13.

② Nestor D. Sanchez, "Covert Military Operations and American Foreign Policy," *Harvard International Review*, Vol. 11, No. 3, 1989, p. 112.

实现。① 毫无疑问,政治暗杀是美国隐蔽行动的重要方式之一,但在美国的政策实践中,支持抵抗运动以及策动政变则是美国准军事行动中使用最为频繁的行动方式。冷战结束后,美国准军事行动的形态出现新变化,不仅包括对抵抗运动的支持,而且包括对宗教极端主义组织、民族分离主义组织的支持,目的就是通过支持上述组织采取破坏和恐怖活动削弱和打击竞争对手,维护美国的全球霸权地位。

第二节 美国军事谍报行动的实施路径

美国实施冷战对抗的方式多种多样,战略情报从一开始就是助力美国冷战和遏制政策的重要工具,从某种意义上讲,冷战首先是情报战。②因此,情报搜集活动在美国冷战战略中占据着至关重要的地位,是美国隐蔽行动不可分割的组成部分。

毫无疑问,谍报活动(又称情报活动)与隐蔽行动是相互联系的整体,两者密不可分。一方面,谍报活动是隐蔽行动的基础,没有谍报活动提供的情报支持,任何隐蔽行动都难以有效展开。另一方面,谍报行动,尤其是核心情报的搜集通常是以秘密方式进行的,因此,隐蔽行动是从事情报搜集的重要方式。③ 在美国的隐蔽行动体系中,谍报活动始终是美国隐蔽行动的组成部分,服务于美国的冷战政策和全球战略。从建立之日起,中情局就将谍报活动作为实施隐蔽行动战略的基础工程和重要支撑,并迅速启动了相关的情报搜集活动。

第二次世界大战结束后,奥地利被美国、英国、法国、苏联分区占领,首都维也纳亦处于四国占领之下。冷战格局形成后,维也纳成为东西方较量的敏感区域。鉴于维也纳帝国大厦是苏联占领军的总部所在地,因而成为美英情报机构的行动目标。从 1949 年至 1955 年,美英联合实施

---

① 舒建中:《美国的准军事行动理论》,《国际资料信息》2012 年第 12 期,第 18 页。

② Huw Dylan, David V. Gioe and Michael S. Goodman, *The CIA and the Pursuit of Security*: *History*, *Documents and Contexts*, Edinburgh: Edinburgh University Press, 2020, p. 54.

③ Richard H. Immerman, *The Hidden Hand*: *A Brief History of the CIA*, Malden: John Wiley & Sons Inc. , 2014, p. 20.

代号为"白银行动"（Operation Silver）的秘密窃听计划，目的就是通过监听苏联占领军总部与莫斯科之间的电报和通信，秘密获取苏联的有关情报。① 借助"白银行动"，美英破译了苏联的密码系统，不仅得以获悉苏联占领区的军事部署和政治动向，同时还窃取了苏联有关东西方政策的战略情报。② 因此，"白银行动"是中情局早期谍报活动的一个成功案例。

在实施"白银行动"的同时，中情局还启动了另外一项秘密窃听计划。1953 年，中情局局长艾伦·杜勒斯批准对苏联占领的东柏林实施秘密通信监听计划，此即"黄金行动"（Operation Gold）。③ 为此，中情局策划修筑了一条由美英法占领的由西柏林通往东柏林的秘密通道——"柏林隧道"（Berlin Tunnel），目的就是通过铺设地下电缆的方式窃听苏联方面的通信信息并获取相关情报，因此，"黄金行动"本质上是通信情报行动。④ 从行动功效来看，"柏林隧道"从 1954 年 8 月投入运行直至 1956 年 4 月败露，成为美国获悉苏联政治和经济情报，尤其是军事情报的重要来源。⑤ 由此可见，"黄金行动"的实施以及"柏林隧道"的运行是冷战前期中情局谍报活动的又一个典型案例，再次表明谍报活动从一开始就是美国隐蔽行动的组成部分。

随着冷战的逐步深化，军事情报在美国谍报活动中的重要性日渐显露，搜集苏联以及其他社会主义国家的军事情报成为美国谍报活动的主要任务。在此背景下，美国的谍报活动更多地具有准军事行动的特点。在准军事行动框架下的谍报行动又称军事谍报行动，其含义有二：一是

---

① 有关"白银行动"的详细论述，参见 David C. Martin, *Wilderness of Mirrors*, New York：Ballantine Books, 1980, pp. 74 – 77.

② John Ranelagh, *The Agency：The Rise and Decline of the CIA*, New York：Simon and Schuster, 1986, p. 140.

③ John Ranelagh, *The Agency*, pp. 289 – 290.

④ Huw Dylan, David V. Gioe and Michael S. Goodman, *The CIA and the Pursuit of Security*, p. 55.

⑤ 有关"柏林隧道"的运行及其作用和影响的论述，参见高文知《"柏林隧道"的修建与冷战期间美国对苏联的情报战》，《武汉大学学报》（人文科学版）2015 年第 6 期，第 119—124 页。

利用军用技术和装备（如军机、军舰等）从事侦察和谍报行动；二是除军事情报之外，谍报行动的内容尽管涉及政治、经济等诸多方面，但主要服务于军事目的。在继承传统情报手段的基础上，与科学技术的发展相对应，美国搜集军事情报的手段更加多样。从总体上讲，美国军事谍报行动的实施路径主要包括隐蔽的海洋侦察行动、空中侦察行动、卫星侦察行动等。

一 海洋侦察与隐蔽行动

冷战期间，控制全球水下空间的秘密争夺是美苏两国十分关注的头等大事。① 基于在大洋深处展开秘密角逐的战略考量，海洋侦察行动遂成为美国军事谍报行动的重要组成部分。

美国第一艘配备各种信号情报设备的"辅助综合环境研究船"——"牛津号"于 1961 年 7 月正式投入使用，② 开启了美国利用专门的间谍船从事海洋侦察行动的历程。

在美国利用"辅助综合环境研究船"秘密从事海洋侦察和间谍行动的案例中，"普韦布洛号事件"具有一定的代表性。1968 年 1 月，美军参谋长联席会议批准"普韦布洛号"船处女航的行动计划，目标就是侦测朝鲜东海岸电子情报收集环境、分析朝鲜海军活动情况、监视苏联海军在对马海峡的动向等。在执行海洋侦察行动期间，"普韦布洛号"船被朝鲜海军俘获，此即"普韦布洛号事件"③。尽管美国巧言辩解，但"普韦布洛号"船毫无疑问是一艘间谍船，执行的是侵略性的技术情报搜集行动，④ 因此，"普韦布洛号事件"充分表明，海洋侦察是美国军事谍报行动的重要途径，利用"研究船"或"考察船"等名义掩盖海洋侦察行动

① ［美］T. S. 伯恩斯：《大洋深处的秘密战争：美苏争霸海洋》，王新民、辛华译，海洋出版社 1985 年版，第 3 页。

② 刘焕成：《美国信号情报船的情报搜集活动记述》，《情报杂志》1991 年第 2 期，第 92页。

③ 有关"普韦布洛号事件"的详细分析，参见梁志《"普韦布洛号"危机决策与美国的国际危机管理》，《中国社会科学》2011 年第 6 期，第 167—183 页。

④ Victor Marchetti and John D. Marks, *The CIA and the Cult of Intelligence*, p. 204.

是美国惯用的手段，由此从一个侧面揭示了美国海洋侦察的隐蔽行动属性。

除利用专门的间谍船从事海洋侦察行动之外，利用携带窃听装置的军舰进行情报搜集等活动亦是美国海洋侦察行动的重要手段。1980年8月波兰团结工会组建之际，配备先进窃听装备的美军"卡伦号"驱逐舰被派往波兰临近海域，目的就是及时掌握有关情报，了解波兰政府的态度，同时注视团结工会的发展状况。① 由此可见，自波兰团结工会成立之时起，美国就利用包括海洋侦察行动在内的隐蔽行动手段搜集情报，以期为影响波兰政局提供情报支持。

利用潜艇从事情报搜集等海底侦察行动（又称水下侦察行动）是美国海洋侦察行动的另一个重要方式。其中，美国针对苏联的海底侦察行动堪称冷战时期美国实施的最大规模的海洋侦察行动。在美国方面看来，潜艇的主要特点就是隐蔽性，可以秘密潜入其他国家的港口、海军基地等禁区及其周边区域，进而进行观察、窃听和搜集信息，因此，潜艇是执行情报搜集的理想平台，是遂行谍报活动的完美工具。② 基于这一理念，以潜艇作为行动方式的海洋侦察行动成为美国军事谍报行动的一个重要路径，潜艇隐蔽行动成为美国隐蔽行动的新手段。

冷战初期，美国就借助潜艇这一隐蔽的水下平台针对苏东集团，尤其是苏联展开了一系列窃听和监视活动。到20世纪50年代末期，随着核潜艇的问世，利用设备更为先进、续航能力更强的核潜艇从事情报搜集和监视活动成为美国潜艇隐蔽行动的主要方式。在美国针对苏东集团的潜艇隐蔽行动中，代号为"沙石行动"（Operation Holystone）的海底侦察行动就是其中的代表。"沙石行动"由美国国防部主导，中情局等美国情报部门密切配合，是美国海军在和平时期执行的重要使命之一，其主要任务就是窃听苏联的海底电缆以获取军事情报、追踪并监视苏联潜艇的

---

① 刘焕成：《美国信号情报船的情报搜集活动记述》，第93页。

② Peter T. Sasgen, *Stalking the Red Bear: The True Story of a U. S. Cold War Submarine's Covert Operations against the Soviet Union*, New York: St. Martin's Press, 2009, pp. 4 – 5.

活动轨迹与动向，探测苏联潜射导弹的发射数据和情况等。① 20 世纪 60
年代，美国启动代号为"沙币行动"（Operation Sand Dollar）的新的隐蔽
海底行动，目的就是搜寻并打捞苏联发射并坠入太平洋海域的弹道导弹
的弹头，进而获取苏联的导弹数据和有关情报。② 因此，"沙石行动"和
"沙币行动"集中展示了美国海底侦察和隐蔽行动的路径和手段，既是美
国军事谍报行动的组成部分，同时也是美国实施隐蔽海底行动的突出
案例。

鄂霍次克海域是苏联海上力量出入北太平洋的咽喉要地，是苏联北
方舰队与太平洋舰队实施战略配合的必经海域，而且，鄂霍次克海东部
的堪察加地区还是苏联在远东部署的重要的核潜艇基地。因此，鄂霍次
克海域成为美国海洋军事情报战的重点区域，窃取苏联核潜艇和弹道导
弹技术的情报则是美国的优先考量。为实现这一政策目标，中情局在美
国国家安全局（National Security Agency, NSA）③ 和美国海军的密切配合
和支持下，于 1971 年夏季启动在鄂霍次克海域窃听苏联海底电缆的系列
谍报行动，代号为"常春藤之铃行动"（Operation Ivy Bells），目的就是
利用美国高性能的潜艇，严密监视并追踪苏联海军的动向。与此同时，
中情局还在苏联的海底电缆上安装具有防水性能的窃听装置，窃取军事
战略情报。④ 作为美国海洋侦察和隐蔽行动的典型案例，"常春藤之铃行
动"持续实施十余年，是美国成功的谍报行动之一，体现了美国隐蔽海
底行动的新发展，彰显了先进技术在美国隐蔽行动中所发挥的作用。⑤

20 世纪 70 年代美国隐蔽海底行动的另一个重要案例，就是"阿佐里

---

① 刘焕成：《美国信号情报船的情报搜集活动记述》，第 96 页。Peter T. Sasgen, *Stalking the Red Bear*, pp. 6 - 8, 21 - 23.

② John J. Carter, *Covert Action as a Tool of Presidential Foreign Policy: From the Bay of Pigs to I-ran-Contra*, Lewiston: The Edwin Mellen Press, 2006, pp. 167 - 168.

③ 美国国家安全局成立于 1952 年 11 月，早期的使命主要是从事密码破译，提升美国的密码技术，确保美国国防通信的安全，参见 Rhodri Jeffreys-Jones, *Cloak and Dollar: A History of American Secret Intelligence*, New Haven: Yale University Press, 2002, p. 175.

④ Nigel West, *Games of Intelligence: The Classified Conflict of International Espionage*, London: Hodder and Stoughton, 1989, p. 51. Peter T. Sasgen, *Stalking the Red Bear*, pp. 240 - 244.

⑤ 有关"常春藤之铃行动"的详细论述，参见马德义《20 世纪 70 年代美国在鄂霍次克海的谍报活动探析》，《东北亚论坛》2011 年第 2 期，第 30—36 页。

安行动"（Operation Azorian）。1968 年 3 月，苏联一艘装载核导弹的潜艇
（K－129）在距离夏威夷 750 英里的北太平洋海域沉没。鉴于 K－129 具
有从其他渠道无法获得的独特的情报价值，为获取苏联潜艇及其核导弹
装置的有关核心机密，助力美国赢得深海冷战，美国决定对沉没的苏联
潜艇实施秘密的海底打捞。为此，中情局于 1970 年设立专门小组，将制
订打捞 K－129 的计划作为最高级别的优先行动。[①] 经过四年的精心准备，
中情局于 1974 年 8 月开始实施代号为"阿佐里安行动"的隐蔽海底行动
计划。为掩饰美国的行动意图，中情局与霍华德·休斯公司（Howard
Hughes）签订一份秘密合同，斥资 2 亿美元，以在海底采矿的名义打捞
苏联潜艇。[②] 1974—1975 年，负责执行"阿佐里安行动"的"格洛玛·
勘探者号"打捞船进行了三次海底作业。借助霍华德·休斯公司海洋采
矿的掩饰，"阿佐里安行动"在执行过程中未被识破。尽管中情局在事后
宣称没有打捞到导弹、密码和关键部件，但实际情况是，"阿佐里安行
动"共打捞出 3 枚 SS－N－5 导弹、1 枚氢弹头、1 个水听器、若干鱼雷
以及潜艇舰体。[③] 由此可见，通过"阿佐里安行动"的隐蔽海底打捞工
程，美国更加全面地掌握了苏联潜艇及其装置的相关情报。作为中情局
牵头实施的又一次成功的隐蔽海底行动，"阿佐里安行动"从一个侧面再
度展示了美国隐蔽海底行动的实施类型和路径，进一步表明海洋是美国
隐蔽行动的重要场域。[④]

二　空中侦察与隐蔽行动

空中侦察行动（又称航空侦察行动）既是美国军事谍报行动的内在

---

① M. Todd Bennett, "Détente in Deep Water: The CIA Mission to Salvage a Sunken Soviet Sub-marine and US-USSR Relations, 1968－1975," *Intelligence and National Security*, Vol. 33, No. 2, 2018, p. 197.

② Nigel West, *Games of Intelligence*, p. 51.

③ ［美］T. S. 伯恩斯：《大洋深处的秘密战争：美苏争霸海洋》，第 24 页及译者注。

④ 有关"阿佐里安行动"的详细论述，参见 David H. Sharp, *The CIA's Greatest Covert Opera-tion: Inside the Daring Mission to Recover a Nuclear-Armed Soviet Sub*, Lawrence: University Press of Kan-sas, 2012. Norman Polmar and Michael White, *Project Azorian: The CIA and the Raising of the K－129*, Annapolis: Naval Institute Press, 2012.

组成部分，又是美国隐蔽空中行动的重要类型之一。就其谍报功能而言，空中侦察行动不仅是美国获取战术情报的基本手段，而且是美国窃取战略情报的重要途径。在长期的行动实践中，美国为空中侦察行动搭建了系列平台，其中，间谍飞机是美国珍贵的情报来源。①

早在冷战格局正式形成之前，美国就凭借航空领域的技术优势，启动了针对苏联的空中侦察行动，认为空中侦察是监视苏联以及东方集团的有效工具。② 1946 年，美军一架 RB – 29 侦察机从位于阿拉斯加的莱德空军基地起飞，抵近苏联楚克齐半岛外围实施空中侦察，主要目的就是搜集苏联的雷达信息并进行拍照。此次空中侦察行动是美国针对苏联实施的最早的一次抵近侦察飞行，③ 开启了针对苏联的隐蔽空中行动的历程。在冷战格局形成后，美军启动"和平时期飞行侦察项目"，并抓紧研制更先进的侦察机。20 世纪 50 年代初，美国空军开始列装配备照相机和电子侦探设备的 RB – 47 侦察机并针对苏联实施越境空中侦察，由此表明美国的空中侦察技术提升到了新的水平，隐蔽空中行动的实施路径进一步拓展。

在整个 50 年代前期，美国针对苏联的秘密空中侦察行动从未间断过，其中具有代表性的空中侦察行动包括 1955 年 3 月实施的"海滨行动"（Operation Seashore）和 1956 年 3—5 月实施的"全垒打行动"（Operation Home Run）。在此期间，美国还将空中侦察的范围扩展到苏联以外的其他社会主义国家，实施了针对东欧国家的秘密空中侦察行动，包括针对捷克斯洛伐克、匈牙利和南斯拉夫等国的"飞马座行动"（Operation Pegasus），以及飞越克里米亚、乌克兰和苏联西部地区的"史蒂夫·布罗迪行动"（Operation Steve Brody）。通过这些行动，美国窃取了大量有关苏联和东欧国家军事基地、军事部署以及雷达站的情报。④ 由此不难看出，秘密空中侦察是冷战前期美国隐蔽空中行动的重要方式之一。

---

① Victor Marchetti and John D. Marks, *The CIA and the Cult of Intelligence*, p. 203.

② Richard H. Immerman, *The Hidden Hand*, p. 56.

③ Dino A. Brugioni, *Eyes in the Sky: Eisenhower, the CIA, and Cold War Aerial Espionage*, Annapolis: Naval Institute Press, 2010, p. 65.

④ Dino A. Brugioni, *Eyes in the Sky*, pp. 72 – 73.

　　自冷战格局形成以来，利用飞机针对目标对象实施空中侦察始终是美国军事谍报行动的重要途径，在相关案例中，"EC－121 事件"是又一个典型例证。1969 年 4 月 15 日，美国海军一架 EC－121 大型电子侦察机在朝鲜附近的海域上空被朝鲜人民军空军的两架米格战斗机击落，机上 31 名人员全部罹难，这就是轰动一时的"EC－121 事件"[①]。鉴于 EC－121 电子侦察机所执行的是秘密的情报搜集任务，具有准军事行动的特征，因此，"EC－121 事件"是美国利用空中侦察从事军事谍报行动的又一个缩影，再度昭示了美国隐蔽空中行动的实施路径。

　　在美国的空中侦察机序列中，U－2 飞机的问世具有特别重要的意义。作为中情局主导研制开发的最著名的间谍飞机，U－2 飞机是中情局实施的第一个大规模的谍报技术发展工程，是情报领域的一场革命。[②] 1954 年5 月，时任中情局局长的艾伦·杜勒斯呼吁美国应加速开发特制的航空器，以便从事更加有效的空中照相和电子侦察活动。[③] 11 月，美国总统艾森豪威尔批准 U－2 飞机的研制计划，指定由中情局负责具体实施，研制经费从中情局紧急预备金中拨付。[④] 1956 年 6 月 20 日，U－2 飞机开启服役之后的第一次空中侦察，行动目标包括东德、波兰和捷克斯洛伐克。7 月 2 日，U－2 飞机实施第二次空中侦察，行动范围扩大到保加利亚、匈牙利、罗马尼亚和南斯拉夫，获取了包括潜艇设施、空军基地等在内的大量军事情报。[⑤] 在针对东欧国家的隐蔽空中侦察顺利实施并取得重大进展之后，中情局开始考虑利用 U－2 飞机实施针对苏联的隐蔽空中行动。经过周密策划并获得艾森豪威尔批准后，U－2 飞机于 1956 年 7 月 4 日首

---

　　① 有关"EC－121 事件"的详细分析，参见邓峰《美国与 EC－121 危机：对 1969 年美国大型侦察机被朝鲜击落事件的研究》，《世界历史》2008 年第 2 期，第 14～23 页。

　　② Monte Reel, *A Brotherhood of Spies: The U－2 and the CIA's Secret War*, New York: Doubleday, 2018, pp. 9－10.

　　③ Richard H. Immerman, *The Hidden Hand*, p. 58.

　　④ Dino A. Brugioni, *Eyes in the Sky*, pp. 100－101.

　　⑤ William E. Burrows, *By any Means Necessary: America's Secret Air War in the Cold War*, New York: Farrar, Straus and Giroux, 2001, pp. 235－236.

次飞越苏联上空进行空中侦察。① 此后，U－2 飞机的活动范围扩展到其他社会主义国家，中情局利用 U－2 飞机实施隐蔽空中行动的布局全面铺开。

从总体上讲，在经年累月的间谍飞行史上，U－2 飞机的轨迹遍布全球，为美国窃取了大量战略和战术情报。一方面，U－2 飞机的空中侦察和间谍飞行促使美国更加全面地了解苏联的军事实力和部署情况，提振了美国对抗苏联的信心。② 另一方面，借助 U－2 飞机的全球飞行，美国获取了大量有关社会主义国家的军事部署情报，为美国冷战战略的制定和实施提供了强有力的情报支持。就技术与情报的关系而言，U－2 飞机项目汇集了先进的高空成像技术和传感技术等高端技术要素，集中展示了技术发展对情报搜集的促进作用，因此，U－2 飞机项目开启了美国技术情报的历程，是中情局历史上十分成功的项目之一。③ 不仅如此，U－2 飞机的研制成功标志着中情局占据了世界技术情报的领先位置，成为技术情报的引领者。④ 从隐蔽行动的角度看，与传统情报方式不同，U－2 飞机的诞生标志着美国的秘密侦察能力实现了巨大的突破，⑤ U－2 飞机行动堪称美国隐蔽空中行动历史上最具代表性的空中侦察行动。

在针对苏联实施空中侦察并研制 U－2 飞机的同时，美国还玩弄外交权谋。1955 年 7 月，美国总统艾森豪威尔在日内瓦会议期间提出"开放天空"（Open Skies）倡议，要求大国，尤其是美苏之间相互开放天空，以便对地面军事设施（包括军事基地和军用机场等）展开相互的空中核查。对此，苏联以美国的间谍阴谋为由拒绝了"开放天空"倡议。其实，在策划酝酿"开放天空"倡议之际，美国就已经预计苏联将不会接受，因此，"开放天空"倡议归根到底是美国的外交伎俩，美国在实施针对苏

---

① Richard M. Bissell, Jr., *Reflections of a Cold Warrior: From Yalta to the Bay of Pigs*, New Haven: Yale University Press, 1996, p. 92. William E. Burrows, *By any Means Necessary*, pp. 236 – 237.

② Michael Warner, *The Rise and Fall of Intelligence: An International Security History*, Washington, D. C.: Georgetown University Press, 2014, p. 151.

③ 葛腾飞、肖杰：《U－2 飞机与冷战时期美国高空越境侦察》，南京大学出版社 2018 年版，第 22、77 页。

④ John Ranelagh, *The Agency*, p. 321.

⑤ Harry Rositzke, *The CIA's Secret Operations*, p. 63.

联的隐蔽空中侦察行动的同时，又借助"开放天空"倡议赢得了一次宣传胜利。① 由此可见，"开放天空"倡议是美国精心设计的外交举措，目的就是以外交权谋获致宣传效果，进而策应美国的隐蔽空中侦察行动，并从一个侧面展示了美国外交与隐蔽行动的互动关系，体现了美国隐蔽行动手段的多样性和复杂性。

三　卫星侦察与隐蔽行动

所谓卫星侦察行动（又称航天侦察行动），是指利用侦察卫星从事的侦察和谍报活动。相较于主要由飞机执行的空中侦察，卫星可以在更高的太空轨道运行，隐蔽性更强；而且卫星停留在某个区域上空的时间可以相对延长，其拍摄照片的数量也大大增加。所有这些均展示了卫星侦察行动的独特优势，体现了卫星侦察的战略价值。作为新型战略工具，卫星可以实现对地球的全方位全天候的侦察覆盖，具有关键性的保障支援作用。② 太空是卫星活动的场域，是第四维战略空间，卫星侦察行动成为美国军事谍报行动的新手段。

凭借先进的技术实力和强大的军事装备，基于太空的卫星侦察行动是美国遂行军事谍报行动十分有效的途径之一。在美国看来，苏联是封闭的社会，在此情况下，人力情报资源仅能获得有限的信息。利用火箭将间谍卫星送入太空不仅可以弥补人力情报资源的不足之处，而且可以填补情报的空缺。③ 早在 1954 年 7 月，美国总统科学咨询委员会就根据艾森豪威尔的指令设立了"技术能力小组"（又称"基利安委员会"，Killian Commission），目的就是研究美国的太空政策。11 月，"基利安委员会"提交报告，除涉及 U-2 飞机研究之外，该报告着重围绕太空侦察提出政策建议。"基利安委员会报告"直接塑造了美国的太空情报政策，因而被视为艾森豪威尔政府时期最具影响力的研究报告，标志着美国太

---

① Walter L. Hixson, *Parting the Curtain: Propaganda, Culture, and the Cold War*, 1945 – 1961, New York: St. Martin's Press, 1997, pp. 99 – 100. Richard H. Immerman, *The Hidden Hand*, p. 59.

② 武桂馥、杨承军、王湘穗：《21 世纪初的航天科技与新军事变革》，《太平洋学报》2006 年第 3 期，第 7 页。

③ Rhodri Jeffreys-Jones, *Cloak and Dollar*, p. 174.

空侦察政策的启动。①

在进一步研究和筹划之后，艾森豪威尔总统于 1958 年 2 月作出决定，指定由中情局负责研发侦察卫星，项目代号为"科罗纳工程"（Project Corona）。为保密起见，"科罗纳工程"侦察卫星项目对外的公开名称是"发现者计划"。在此后的运行中，"科罗纳工程"均以"发现者计划"作为掩护。② 在经历了 12 次发射失败后，美国第一颗侦察卫星"发现者 13 号"最终于 1960 年 8 月 11 日发射成功，太空由此被纳入美国军事利用的范围，③ 同时启动了美国实施卫星侦察行动的历史进程。紧随"发现者 13 号"之后，"发现者 14 号"于 8 月 19 日发射成功并顺利进入预定太空轨道，拍摄并传回了包括苏联导弹部署情况在内的大量情报，开启了美国第一次间谍卫星侦察行动。④ 因此，在美国卫星侦察行动的发展历史上，"科罗纳工程"具有开创性意义，是美国十分成功的情报项目之一，堪称情报搜集领域的一次革命，⑤ 标志着美国占据了卫星侦察的世界领先地位。从运行规模的角度看，美国发射了世界上数量最多的侦察卫星，拥有强大的太空侦察实力，进而为美国在太空展开军事谍报行动提供了强有力的保障。

除利用卫星侦察进行情报搜集等谍报行动之外，卫星侦察行动在美国实施的特定准军事行动中也发挥了重要作用。1979 年 12 月，苏联入侵阿富汗。仅仅一周之后，美国就通过侦察卫星掌握了苏军集结地域和行军路线、投入兵力以及飞机机型和数量等大量军事情报，从而为美国制定准军事行动战略提供了有力的情报支持。不仅如此，中情局还向抵抗

---

① Robert M. Dienesch, *Eyeing the Red Storm: Eisenhower and the First Attempt to Build a Spy Satellite*, Lincoln: University of Nebraska Press, 2016, pp. 58 – 59.

② Robert M. Dienesch, *Eyeing the Red Storm*, pp. 140 – 141. 葛腾飞、肖杰：《U - 2 飞机与冷战时期美国高空越境侦察》，第 287、296—297 页。

③ William E. Burrows, *By any Means Necessary*, p. 305. 高杨予兮：《美国太空慑战略的历史演进》，《国际研究参考》2017 年第 6 期，第 28 页。

④ Rhodri Jeffreys-Jones, *The CIA and American Democracy*, New Haven: Yale University Press, 2003, p. 114.

⑤ Richard M. Bissell, Jr., *Reflections of a Cold Warrior*, p. 93. Richard H. Immerman, *The Hidden Hand*, p. 61.

苏联的阿富汗穆斯林游击队提供卫星侦察情报，通过目标定位引导穆斯林游击队袭击阿富汗的军事目标以及苏联的设施，包括打击阿富汗和苏联之间天然气管道等。① 因此，卫星情报是中情局支持阿富汗穆斯林游击队抵抗苏联的重要手段，展示了卫星侦察与美国隐蔽行动之间的紧密联系。

第三节　美国准军事行动的基本方式

从总体上讲，美国准军事行动的基本方式包括支持叛乱力量或反政府武装、政治暗杀以及策动政变。除此之外，通过准军事行动介入他国内战、打击竞争对手、阻断目标对象的物资供应等，亦是美国准军事行动的重要手段。

一　美国准军事行动的实施路径——支持叛乱力量或反政府武装

支持叛乱力量或反政府武装是美国实施冷战对抗的重要手段，是美国准军事行动的重要组成部分。随着冷战格局的形成，美国针对苏东国家的准军事行动渐次展开。其中，在波罗的海地区支持反苏的叛乱力量和抵抗运动是冷战初期美国准军事行动的早期代表性行动。

苏联是美国冷战对抗的主要对手，是美国遏制战略的主要对象。鉴于波罗的海三国——爱沙尼亚、拉脱维亚、立陶宛——与苏联存在诸多纠葛，因而成为美国对苏实施准军事行动的首选目标，为此，美国主导发起了所谓"波罗的海行动"。一方面，中情局积极在波罗的海三国流亡者中招募行动人员，以便为准军事行动提供人力资源的准备。另一方面，中情局还联合英国情报机构共同向波罗的海三国国内的反苏势力提供秘密的资金援助和武器装备，支持其展开暗中破坏等隐蔽行动，力图以此发起反苏游击战。从 1949 年到 1956 年，美英支持的流亡力量数次在波罗的海三国实施登陆，但均告失败，波罗的海三国国内反苏势力的所谓游

---

① Peter Schweizer, *Victory: The Reagan Administration's Secret Strategy that Hastened the Collapse of the Soviet Union*, New York: Atlantic Monthly Press, 1994, pp. 118 –119.

击活动亦土崩瓦解，美英策划的"波罗的海行动"最终夭折。①

招募并利用反共产主义势力针对东欧国家展开以暗中破坏为主的准军事行动，是冷战期间中情局隐蔽行动的重要方式。为此，中情局联合欧洲盟国的情报机构，于 1949 年秘密启动代号为"格莱迪奥行动"（Operation Gladio）的系列准军事行动。鉴于东德是战后初期冷战对垒的中心，因而成为 20 世纪 50 年代"格莱迪奥行动"的重点目标，目的就是通过暗中破坏和颠覆活动以扰乱东德的经济和政治秩序。为推进针对东德的"格莱迪奥行动"，中情局主要借助相关的反共产主义团体展开准军事行动。其中，"反野蛮战斗小组"（Fighting Group against Inhumanity）和东方政治难民协会（Association of Political Refugees from the East）是中情局秘密提供资金支持并指导其实施准军事行动的两股主要力量。在中情局等相关西方情报机构的策动下，"反野蛮战斗小组"、东方政治难民协会等反共产主义团体针对东德实施了一系列准军事行动，诸如，投掷恶臭炸弹扰乱政治聚会；袭击并破坏东德和东柏林的政府以及左翼力量的办公场所，窃取相关成员名单；攻击并伺机暗杀东德官员和左翼人士；通过袭击参会者、制造爆炸和纵火事件等方式破坏在东柏林举行的世界青年节等。② 作为冷战初期中情局主导策划的综合性准军事行动，针对东德的"格莱迪奥行动"集中展示了美国准军事行动的破坏功能及其实施方式的多样性，充分表明准军事行动是美国对抗苏东集团、实施冷战战略的重要手段。

在实施"格莱迪奥行动"的同时，美英针对阿尔巴尼亚的准军事行动亦正式启动。早在 1948 年，英国就制订了一份秘密的准军事行动计划——"宝贵行动"（Operation Valuable），目的就是通过支持阿尔巴尼亚的流亡力量和抵抗武装，扰乱甚至推翻恩维尔·霍查领导的阿尔巴尼亚共产党政权。1949 年 3 月，英方提议美英共同行动。鉴于"宝贵行动"完全符合美国的冷战战略目标，因此，美国遂决定参与"宝贵行动"并

---

① John Prados, *Presidents' Secret Wars: CIA and Pentagon Covert Operations since World War II*, New York: W. Morrow, 1986, pp. 40 – 44.

② William Blum, *Killing Hope: U. S. Military and CIA Interventions since World War II*, Monroe: Common Courage Press, 1995, pp. 62 – 64, 106 – 107.

接管行动主导权。① 为执行"宝贵行动"，美英两国情报部门作出了精心的准备，包括人员培训和装备供应等。鉴于针对阿尔巴尼亚的行动规模和实施方式远超"格莱迪奥行动"，美国甚至将"宝贵行动"视为在东欧实施大规模准军事行动的第一个试验场。② 在 1950 年后，面对苏联拥有核武器的现实，英国担心行动败露可能会引发与苏联的全面核战争，加上前期行动屡屡失利，因此，英国宣布退出"宝贵行动"。但美国并不打算罢手，中情局遂于 1950 年春决定单独实施针对阿尔巴尼亚的准军事行动，代号为"魔鬼行动"（Operation BGFIEND）。③ 与"宝贵行动"主要依托海上登陆和陆地潜入不同，"魔鬼行动"将空投阿尔巴尼亚流亡分子的隐蔽空中行动作为新的行动方式。11 月，"魔鬼行动"的第一次空投启动。④ 尽管美国为"魔鬼行动"煞费周章，通过海上登陆、陆地潜入和空投等多种方式倾力支持阿尔巴尼亚流亡力量实施以破坏和颠覆为主的准军事行动，但所有行动均告失败。到 1954 年，中情局不得不放弃针对阿尔巴尼亚的准军事行动。⑤

　　美国在 1956—1958 年印度尼西亚外岛叛乱期间实施的隐蔽行动，是中情局以准军事行动方式支持叛乱力量的又一例证。为扶植反共势力，打击印尼政府的亲共倾向，美国不仅支持印尼外岛地方势力与中央政府对抗，而且竭力唆使其展开反政府的武装叛乱。早在 1954 年初，中情局负责行动的副局长威斯纳就指示中情局远东分局局长艾尔弗雷德·厄尔默，声称要让印尼总统苏加诺"足浴地火"，为此，中情局向印尼派遣了

　　① Sarah-Jane Corke, *US Covert Operations and Cold War Strategy*：*Truman*，*Secret Warfare*，*and the CIA*，*1945 – 53*，London：Routledge，2008，p. 95.

　　② Gregory Mitrovich, *Undermining the Kremlin*：*America's Strategy to Subvert the Soviet Bloc*，1947 – 1956，Ithaca：Cornell University Press，2000，pp. 42 – 43.

　　③ Sarah-Jane Corke, *US Covert Operations and Cold War Strategy*，p. 98.

　　④ Curtis Peebles, *Twilight Warriors*：*Covert Air Operations against the USSR*，Annapolis：Naval Institute Press，2005，pp. 28 – 35.

　　⑤ 伍斌：《冷战初期（1949—1954）美国对东欧准军事行动探析》，《中南大学学报》（社会科学版）2011 年第 4 期，第 121 页。有关"魔鬼行动"的详细论述，参见 James Callanan，*Covert Action in the Cold War*，pp. 76 – 85.

大量特工和准军事行动专家，意图在印尼制造动乱。① 印度尼西亚外岛叛乱爆发之初，中情局迅速与外岛叛军建立联系，暗中支持其展开反对苏加诺政权的活动。1957 年 9 月，美国国家安全委员会负责研判印尼局势的专门委员会提交报告，认为美国应利用外岛叛乱力量整合并推动印尼的反共势力。该报告获得美国国家安全委员会和艾森豪威尔总统的批准，成为美国秘密干涉印尼外岛叛乱的授权书。② 基于遏制共产主义的冷战战略，中情局立即展开了秘密援助和支持外岛叛军的准军事行动。1957 年 11 月，中情局决定斥资 1000 万美元实施"黑客行动"（Operation Haik）。同月，中情局根据"黑客行动"的安排，向外岛叛军运送了第一批武器弹药。③ 此后，中情局又相继实施了"汉斯行动"（Operation Hance）和"苹果一号行动"（Operation Apple 1）等秘密军事援助计划，向外岛叛乱力量提供了大量的武器装备和资金援助。借助中情局的秘密军事支持，印尼外岛叛乱逐步扩大并最终演变为内战。④ 由此可见，为支持印尼外岛叛乱力量，中情局实施了一系列以提供武器装备为主要内容的准军事行动，再度展示了准军事行动在美国隐蔽行动战略中的地位和作用。

　　在美国实施准军事行动的历史上，针对古巴的一系列准军事行动具有典型的代表性。为破坏并颠覆古巴卡斯特罗政权，中情局在 1960 年 3 月制订了一份题为"反对卡斯特罗政权的隐蔽行动计划"并获得艾森豪威尔的批准，其主要内容是由美国训练古巴流亡者和抵抗势力，组建反对卡斯特罗的准军事力量，寻求通过准军事行动颠覆卡斯特罗政府并建立一个符合美国利益的新政权。该隐蔽行动计划的代号为"冥王星行动"

---

① Larry Hancock, *Creating Chaos: Covert Political Warfare from Truman to Putin*, London: OR Books, 2018, pp. 117 – 118.

② 高艳杰：《艾森豪威尔政府秘密支持印尼"外岛叛乱"的缘起》，《世界历史》2015 年第 1 期，第 35—37 页。

③ John Prados, *Safe for Democracy: The Secret Wars of the CIA*, Chicago: Ivan R. Dee, Publisher, 2006, pp. 169 – 170. Larry Hancock, *Creating Chaos*, p. 120.

④ 有关美国对印尼外岛叛乱的准军事介入的论述，参见白建才、代保平《1956—1958 年印度尼西亚外岛叛乱与美国的隐蔽行动》，《陕西师范大学学报》（哲学社会科学版）2007 年第 2 期，第 77—84 页。

（Operation Pluto），① 由此拉开了美国长期支持古巴流亡势力并针对卡斯特罗政权实施一系列准军事行动的大幕。1961 年 4 月，美国一手策划并装备的由古巴流亡分子组成的叛乱力量在猪湾登陆，试图一举推翻卡斯特罗政权，但惨遭失败，此即"猪湾事件"，"冥王星行动"画上句号。紧随"猪湾事件"之后，中情局于 1961 年 5 月向肯尼迪总统提交一份"推翻卡斯特罗政府的秘密行动计划"，目的就是利用经济、政治和心理战等手段，实现颠覆卡斯特罗政权的目标。11 月，肯尼迪批准了中情局的计划，代号"猫鼬行动"（Operation Mongoose）。② 在准军事行动方面，中情局招募大量古巴流亡分子并进行秘密培训，提供全套武器装备，先后向古巴派遣了 11 个行动组展开颠覆活动。但"猫鼬行动"收效甚微，基本上以失败告终。③ 随着古巴导弹危机的出现，美国担心隐蔽行动曝光并招致苏联的强烈反应，遂于 1962 年 10 月终止实施"猫鼬行动"计划。

　　作为针对古巴的隐蔽行动的组成部分，美国的私人武装组织发挥了独特作用。在"猫鼬行动"落空之后，中情局继续培训和支持古巴流亡势力。在整个 60 年代，中情局支持的古巴流亡分子持续实施了一系列扰乱和袭击古巴的准军事行动，例如，潜入古巴实施暗中破坏；驾驶小艇闯入古巴的港口并袭击旅馆等设施。除得到中情局的资助外，古巴流亡分子的袭扰和破坏活动还得到美国一家私人武装公司——"国际渗透力量"（International Penetration Force）——的鼎力支持。作为私人武装公司，"国际渗透力量"不仅培训和资助古巴流亡分子，而且直接参与针对古巴的军事行动。④ 尽管是私人组织，但"国际渗透力量"实施的行动却是准军事行动，因而是美国私人武装组织参与美国隐蔽行动的典型案例，这从一个侧面展示了美国隐蔽行动实施渠道的多样性。更为重要的是，

---

　　① John Prados, *Presidents' Secret Wars*, pp. 178 – 179. 崔建树：《折戟沉沙：美国"猪湾行动"始末》，南京大学出版社 2018 年版，第 111—114 页。

　　② 王伟：《"猫鼬计划"：肯尼迪政府的秘密军事计划》，《吉林师范大学学报》（人文社会科学版）2006 年第 2 期，第 29—30 页。

　　③ 赵学功：《简论肯尼迪政府对古巴的隐蔽行动计划》，《南开学报》（哲学社会科学版）2007 年第 5 期，第 10—18 页。

　　④ John J. Nutter, *The CIA's Black Ops*, p. 249.

"国际渗透力量"参与美国在古巴的准军事行动清楚地表明，鉴于私人武装组织具有"貌似否认"的特征，因而是美国隐蔽行动的重要力量。①

为反对索摩查家族在尼加拉瓜的独裁统治，寻求建立独立的民族民主政府，成立于 1961 年 7 月的"桑地诺民族解放阵线"（简称"桑解阵"，FSLN）展开了长期而艰苦的武装斗争。1979 年 7 月，"桑解阵"占领首都马那瓜并宣布组建民族复兴政府，亲美的索摩查政权被推翻。新建立的"桑解阵"政府奉行独立自主和不结盟的外交政策，积极发展同古巴、苏联以及东欧社会主义国家的关系，因而引起美国的担忧。1979 年秋，美国总统卡特签署指令，授权中情局向尼加拉瓜反桑地诺政权的力量提供秘密支持。② 在 1980 年之后，卡特政府决定加大干预尼加拉瓜事务的力度，授权中情局借助商业团体、民间社团、劳工组织等渠道，向反桑地诺政权的力量秘密输送约 2000 万美元的资金。③ 1981 年 3 月，新任美国总统里根签署总统令，要求中情局强化在中美洲的隐蔽行动，包括向抵抗"桑解阵"政府的反对派力量和武装提供资金援助和政治支持。④ 在美国的秘密策划和支持下，由亲索摩查势力组成的"尼加拉瓜民主力量"（Nicaraguan Democratic Force, FDN）于 8 月在美国的迈阿密组建完毕，并联络其他反对派力量共同结成尼加拉瓜反政府武装（Contras），与"桑解阵"政府展开对抗。11 月，里根再度签署指令，授权中情局继续在尼加拉瓜展开隐蔽行动，尤其是准军事行动，目的就是向对抗"桑解阵"的尼加拉瓜反政府武装提供秘密的经济和军事支持，包括提供武器装备、给养和相关情报，进而将尼加拉瓜反政府武装作为武器以推翻桑地诺政权，击退共产主义在中美洲的进攻。⑤ 为此，里根要求中情局招募并整合反桑地诺政权的游击力量，培训其在尼加拉瓜从事隐蔽

---

① John J. Nutter, *The CIA's Black Ops*, p. 255.

② J. Ransom Clark, *American Covert Operations*, p. 144.

③ Michael Grow, *U. S. Presidents and Latin American Interventions: Pursuing Regime Change in the Cold War*, Lawrence: The University Press of Kansas, 2008, p. 123.

④ Holly Sklar, *Washington's War on Nicaragua*, Boston: South End Press, 1988, p. 71. John J. Carter, *Covert Action as a Tool of Presidential Foreign Policy*, p. 213.

⑤ Michael Grow, *U. S. Presidents and Latin American Interventions*, p. 135.

政治行动，尤其是履行准军事行动使命，诸如暗中破坏、实施爆炸等。①
一方面，除暗中支持尼加拉瓜反政府武装之外，中情局还策划了一项新
的准军事行动计划——"单方管理的拉美资源"（Unilaterally Controlled
Latino Assets，UCLAs），目的就是招募并培训来自洪都拉斯、危地马拉及
其他拉美国家的雇佣兵，并将其纳入中情局的尼加拉瓜行动之中，针对
尼加拉瓜实施暗中破坏、爆炸等活动，策应中情局业已铺开的准军事行
动。② 直至 1990 年尼加拉瓜战争结束，中情局向尼加拉瓜反政府武装提
供秘密军事支持的行动从未间断。另一方面，鉴于尼加拉瓜反政府武装
的处境日渐不利，为防止尼加拉瓜成为"另一个越南"，美国国会遂于
1986 年授权里根政府向尼加拉瓜反政府武装提供军事援助，从而将美国
对尼加拉瓜反政府武装的支持公开化。③ 尽管美国试图通过准军事行动乃
至公开的军事援助寻求颠覆桑地诺政权的目标并未实现，但是在尼加拉
瓜战争期间美国的政策举措再次表明，向叛乱力量提供秘密支持是美国
实施准军事行动的重要路径。

在针对尼加拉瓜桑地诺政权的隐蔽行动中，美国准军事行动的一个
重要特色就是鼓励私人组织以人道主义救援的名义，秘密向尼加拉瓜反
政府武装输送武器装备和物资。在里根政府启动针对尼加拉瓜的隐蔽行
动之后，美国私人组织迅速参与其中。依托里根政府的支持，"难民救济
国际"（Refugee Relief International）和"民间军事援助"（Civilian Military
Assistance）两大美国私人组织向尼加拉瓜反政府武装提供了紧急医疗援
助，"民间军事援助"甚至协助培训尼加拉瓜反政府武装人员。④ 此后，
美国私人组织参与尼加拉瓜行动的规模逐渐扩大。按照里根政府的暗中
授意，美国关怀基金会（Americares Foundation）向尼加拉瓜反政府武装
提供了超过 1400 万美元的医疗用品以及其他物资；另一家美国私人组织

---

① John Prados, *Presidents' Secret Wars*, pp. 378 – 379, 382 – 384. Gregory F. Treverton, *Covert Action*, pp. 145 – 147.

② Andrew Thomson, *Outsourced Empire: How Militias, Mercenaries, and Contractors Support US Statecraft*, London: Pluto Press, 2018, pp. 108 – 109.

③ Joshua Muravchik, "The Nicaragua Debate," *Foreign Affairs*, Vol. 65, No. 2, 1986, p. 366.

④ John Prados, *Safe for Democracy*, p. 546.

"自由同伴"（Freedom's Friends）同样向尼加拉瓜反政府武装提供了大量医疗用品和军用装备；美国的一家民间广播机构——基督教广播网（Christian Broadcasting Network）启动了针对尼加拉瓜的宣传攻势，声称尼加拉瓜战争是马克思主义无神论与基督教世界之间的精神争夺战，并发起支援尼加拉瓜反政府武装的募捐活动。鉴于此，美国在尼加拉瓜的准军事行动甚至被称为"中美洲的私人战争"①，这从一个侧面展示了里根政府时期美国准军事行动的新路径和新手段。

支持亲美政权镇压国内抵抗运动是美国隐蔽行动的又一项重要内容，是美国准军事行动的另一个实施路径。第二次世界大战期间，菲律宾共产党领导的胡克武装（人民抗日军）在吕宋山区展开抗日斗争并逐步发展壮大。抗战胜利后，人民抗日军继续展开争取民族独立的游击战争并于1948年改组为菲律宾人民解放军。立足全球冷战战略，美国积极支持亲美的菲律宾政府镇压菲律宾共产党领导的胡克武装，将其视为美国支持的准军事反叛乱行动的试验场。② 到1950年初，美国向菲律宾政府提供了超过2亿美元的军事装备和物资援助。与此同时，基于美国确立的所谓反叛乱行动的政策目标，中情局随即在菲律宾展开了一系列隐蔽行动。在准军事行动方面，中情局主要负责培训和重组菲律宾政府武装，提供游击战术的指导，增强菲律宾政府武装的作战能力。作为配合美国准军事行动的手段，中情局还展开隐蔽宣传行动，其主要实施路径就是联合菲律宾政府的各级机构大肆散布反共产主义的宣传材料，目的就是削弱胡克武装的凝聚力和影响力，蓄意离间菲律宾民众与胡克武装的关系。在美国的支持以及中情局的直接参与下，菲律宾共产党领导的胡克运动到1953年基本被平息。③ 由此可见，20世纪50年代初期中情局在菲律宾实施的以反叛乱为借口的准军事行动，是战后美国以隐蔽行动方式介入东南亚事务的开端，准军事行动成为美国维护在东南亚地区战略利

---

① Kyle Burke, *Revolutionaries for the Right: Anticommunist Internationalism and Paramilitary Warfare in the Cold War*, Chapel Hill: The University of North Carolina Press, 2018, pp. 146 – 147.

② Andrew Thomson, *Outsourced Empire*, p. 77.

③ William Blum, *Killing Hope*, pp. 40 – 44. J. Ransom Clark, *American Covert Operations*, pp. 73 – 74.

益的重要手段。

拉丁美洲是美国的冷战后院，运用一切手段维护亲美政权并巩固其统治是美国拉美政策的一个重要目标。其中，借助准军事手段支持亲美政权就是美国惯用的手段。美国利用准军事行动支持拉美国家的亲美政权镇压国内抵抗运动的一个典型案例，就是中情局筹划并实施的秘鲁行动。20世纪60年代初期，秘鲁政局频现动荡，亲美的军事执政委员会面临巨大压力。出于支持亲美的秘鲁政权镇压东部地区反政府武装的政策目标，中情局实施了一次大规模的秘密干涉行动，这就是所谓的美国—秘鲁联合反叛乱行动（秘鲁行动）。为此，中情局出资在秘鲁丛林中建立了一座秘密培训基地，招募当地人员并对其进行特别行动训练，同时提供武器装备和资金支持。不仅如此，中情局还充分利用技术和经验优势，向秘鲁政府传授所谓反叛乱技巧，包括向秘鲁政府和军方提供情报支持。借助美国—秘鲁联合反叛乱行动，尤其是中情局准军事手段的支持，秘鲁东部的反政府武装很快被消灭殆尽。[1] 由此可见，秘鲁行动再度展示了美国准军事行动的一个政策功能：以隐蔽行动支持亲美政权。

二 美国准军事行动的实施路径——政治暗杀

从历史上看，暗杀是一种重要的政治手段，[2] 同时也是准军事行动相当原始的方式之一。自隐蔽行动政策确立以来，暗杀就是美国准军事行动的重要组成部分，同时也是美国准军事行动序列中充满争议的特殊方式，[3] 是中情局肮脏的政治手段的集中体现。

在美国隐蔽行动的实践中，策动暗杀的案例不胜枚举，暗杀卢蒙巴就是中情局实施暗杀活动的典型案例。[4] 1960年6月，刚果摆脱比利时的

---

① Victor Marchetti and John D. Marks, *The CIA and the Cult of Intelligence*, pp. 137 – 138. William Blum, *Killing Hope*, pp. 172 – 174.

② J. Bowyer Bell, "Assassination in International Politics," *International Studies Quarterly*, Vol. 16, No. 1, 1972, p. 59.

③ Loch K. Johnson and James J. Wirtz, "Covert Action: Introduction," in Loch K. Johnson and James J. Wirtz, eds., *Strategic Intelligence*, p. 258.

④ 有关中情局参与暗杀卢蒙巴的研究综述，参见 David N. Gibbs, "Secrecy and International Relations," *Journal of Peace Research*, Vol. 32, No. 2, 1995, p. 222.

殖民统治获得独立，卢蒙巴就任刚果民主共和国总理。鉴于卢蒙巴政府反对美国介入刚果事务，积极发展同苏联的关系并寻求从苏联获得军事援助，美国据此认为，卢蒙巴政权将为共产主义夺取刚果开辟道路，为苏联势力在非洲的全面扩张提供一个基地。[1] 鉴于此，美国政府开始策划通过隐蔽行动颠覆卢蒙巴政权。1960 年 8 月，根据艾森豪威尔的提议，美国政府负责统筹隐蔽行动的"5412 委员会"同意制订一个驱逐甚至暗杀卢蒙巴的计划。在获得授权之后，中情局随即将颠覆卢蒙巴政权并除掉卢蒙巴作为首要任务和隐蔽行动的重心。[2] 为此，中情局实施了系列隐蔽行动：在隐蔽政治行动方面，中情局制定了专门的"术士行动"（Operation Wizard），目的就是向卢蒙巴的反对派以及军方领导人提供秘密资金支持，挑唆反对派势力展开反对卢蒙巴的街头抗议和示威游行，进而瘫痪卢蒙巴政权，同时打造并扶植发起政变的政治资源。[3] 在隐蔽宣传行动方面，中情局利用秘密无线电广播展开抹黑卢蒙巴及其政府的宣传攻势，目的就是进一步搅动刚果局势，制造政治和社会紧张气氛，以便为策动政变并推翻卢蒙巴政权创造可资利用的条件。[4] 在中情局的秘密筹划和支持下，刚果陆军司令蒙博托于 9 月 14 日发动政变（"蒙博托政变"，Mobutu Coup），解散卢蒙巴政府，卢蒙巴不得不求助于联合国维和部队的保护。

　　尽管卢蒙巴政权被中情局煽动的政变推翻，但美国并未就此罢手。在中情局看来，卢蒙巴是具有政治影响力的人物，在刚果乃至非洲拥有极高的政治威望和庞大的追随者，随时有可能卷土重来。鉴于此，中情局坚持认为，卢蒙巴一日不除，对美国乃至西方世界而言就始终是一个

---

① James Callanan, *Covert Action in the Cold War: US Policy, Intelligence and CIA Operations*, London: I. B. Tauris, 2010, p. 145.

② 白建才：《"第三种选择"：冷战期间美国对外隐蔽行动战略研究》，人民出版社 2012 年版，第 245—246 页。J. Ransom Clark, *American Covert Operations*, p. 87.

③ John Prados, *Safe for Democracy*, pp. 275 – 277.

④ David Robarge, "CIA's Covert Operations in the Congo, 1960 – 1968: Insights from Newly Declassified Documents," *Studies in Intelligence*, Vol. 58, No. 3, 2014, p. 3. Stephen R. Weissman, "What Really Happened in Congo: The CIA, the Murder of Lumumba, and the Rise of Mobutu," *Foreign Affairs*, Vol. 93, No. 4, 2014, p. 16.

重大威胁。[①] 鉴于除掉卢蒙巴是美国决意采取的行动，中情局利奥波德维尔站制订了至少8项暗杀计划。其中付诸实施的一项计划是，由中情局派遣特工携带致命生物病毒[②]潜入刚果，伺机暗杀卢蒙巴。但由于卢蒙巴处于联合国维和部队的保护下无法接近，生物病毒暗杀计划不得不放弃。[③] 由于担心美国和蒙博托集团的继续加害，卢蒙巴于11月摆脱联合国维和部队的保护逃往北方，[④] 中情局闻讯后立即会同蒙博托集团启动抓捕卢蒙巴的行动，中情局利奥波德维尔站站长劳伦斯·德夫林甚至在未获得授权的情况下参与了追捕计划的制订，并派遣中情局特工协助蒙博托武装一路追杀逃亡中的卢蒙巴，同时秘密联合加丹加冲伯集团，最终于1961年1月将卢蒙巴残忍杀害，中情局的暗杀计划如愿以偿。[⑤] 由此可见，"卢蒙巴事件"是中情局策划并参与的暗杀事件，是美国暗杀外国领导人的系列事件中具有代表性的案例，同时也是美国非洲政策中的一个污点，[⑥] 进而彰明较著地表明，政治暗杀是美国隐蔽行动的重要手段。

在中情局组织实施的暗杀外国领导人的行动中，针对古巴领导人菲

---

① Emmanuel Gerard and Bruce Kuklick, *Death in the Congo: Murdering Patrice Lumumba*, Cambridge: Harvard University Press, 2015, p. 147.

② 中情局研究生物病毒的历史由来已久。建立后不久，中情局就下设一个专门的"健康改变委员会"（Health Alteration Committee）从事生物病毒研究。1952年，中情局与美国军方达成协议，利用美军设在马里兰州德特里克堡（Fort Detrick）的生物实验室储存生物制品和致命毒素。到1970年，德特里克堡生物实验室储存的生物病毒已经达到相当规模，包括肉毒毒素、蛇毒，以及可以生成炭疽、溪谷热、布鲁氏菌病、沙门菌、天花等生物病毒的配料。参见 Rhodri Jeffreys-Jones, *The CIA and American Democracy*, p. 81.

③ Nigel West, *Games of Intelligence*, p. 37. William Blum, *Killing Hope*, p. 158.

④ 此时的联合国驻刚果维和部队处于美国的影响之下，主管联合国刚果维和行动的官员亦同美国保持着秘密联系与合作。鉴于卢蒙巴处于联合国驻刚果维和部队的保护之下，为实施暗杀计划，中情局亦设计了相关方案，如组织特工攻击联合国驻刚果维和部队营地并抢夺卢蒙巴；引诱卢蒙巴逃出联合国驻刚果维和部队营地并将其抓捕和杀害等。有关详细论述，参见 David N. Gibbs, "Secrecy and International Relations," p. 221. Emmanuel Gerard and Bruce Kuklick, *Death in the Congo*, pp. 152 – 155.

⑤ Stephen R. Weissman, "CIA Covert Action in Zaire and Angola: Patterns and Consequences," *Political Science Quarterly*, Vol. 94, No. 2, 1979, pp. 265 – 270. Stephen R. Weissman, "What Really Happened in Congo: The CIA, the Murder of Lumumba, and the Rise of Mobutu," pp. 17 – 18.

⑥ John J. Nutter, *The CIA's Black Ops*, pp. 112 – 114. J. Ransom Clark, *American Covert Operations*, p. 88.

德尔·卡斯特罗的暗杀行动是次数最多但又屡遭败绩的准军事行动。1959 年 1 月，卡斯特罗领导的武装起义推翻了亲美的巴蒂斯塔政权，古巴革命取得胜利。为应对古巴局势的发展，维护美国在古巴的政治和经济利益，中情局遂于 12 月制订了一项暗杀卡斯特罗的隐蔽行动计划，由此拉开了系列暗杀行动的序幕。① 1961 年 "猪湾事件" 之后，除继续采用准军事手段支持古巴流亡势力之外，暗杀卡斯特罗一直是中情局最重要的行动目标。为此，中情局可谓绞尽脑汁，煞费周章地设计实施了一系列暗杀计划，且手段五花八门，但所有暗杀行动均以失败而告终。② 据不完全统计，中情局针对卡斯特罗的暗杀行动多达 630 余次，仅此足以表明，政治暗杀在美国的隐蔽行动政策中堪称根深蒂固，是中情局践行准军事行动的重要方式。

在越南战争期间，中情局组织实施了系列暗杀行动。为挽救美国在越南战争中的颓势，中情局于 1967—1970 年直接策划和组织了针对越共和南越抵抗力量的大规模暗杀计划——"凤凰行动"（Operation Phoenix）。为此，中情局进行了周密部署，到 1967 年，西贡站已经发展成为中情局在海外最大的情报站，拥有强大的情报和行动优势。为推动 "凤凰行动" 的实施并解决情报需求问题，中情局和美国军方帮助西贡政府建立了遍布南越全境的审讯网络。③ 根据中情局的安排，南越情报机构具体负责 "凤凰行动" 的实施，中情局则是 "凤凰行动" 暗杀计划的幕后黑手。④ 据不完全统计，在 "凤凰行动" 实施期间，中情局及其支持下的南越情报机构暗杀了约 2 万名越共党员，以及 4.5 万名无辜百姓。尽管中情局在 1969 年发布有关 "凤凰行动" 的新指令，要求西贡站主导的隐蔽行动不得违反战争法规，但并未终止 "凤凰行动" 的实施，鉴于此，中

---

① Rhodri Jeffreys-Jones, *The CIA and American Democracy*, p. 97. Jack Colhoun, *Gangsterismo: The United States, Cuba and the Mafia, 1933 to 1966*, New York: OR Books, 2013, p. 85.

② Nigel West, *Games of Intelligence*, pp. 38－39. 杰里尔·A. 罗赛蒂：《美国对外政策的政治学》，周启朋等译，世界知识出版社 1996 版，第 199—200 页。

③ Andrew Thomson, *Outsourced Empire*, p. 86.

④ Rhodri Jeffreys-Jones, *Cloak and Dollar*, p. 203. Richard H. Immerman, *The Hidden Hand*, p. 78.

情局的新指令实质上是试图为美国策划的"凤凰行动"提供"貌似否认"的借口。① 就其惨烈度而言，"凤凰行动"堪称中情局隐蔽行动历史上规模空前的准军事行动，是一项臭名昭著的暗杀计划，② 是美国隐蔽行动历史上最黑暗的篇章。

在 20 世纪 80 年代针对尼加拉瓜桑地诺政权的隐蔽行动中，除运用提供武器装备等准军事方式支持尼加拉瓜反政府武装之外，策动暗杀亦是中情局的政治手段。为此，中情局支持尼加拉瓜反政府武装实施了一系列暗杀活动，暗杀对象包括教师、医务工作者、农业技术员等，目的就是要证明桑地诺政权无力保护其支持者。③ 据统计，仅到 1985 年底，尼加拉瓜反政府武装就在中情局的支持下杀害了 3600 多名平民，绑架 5200 余人。④ 由此可见，中情局在尼加拉瓜策动并支持的暗杀行动目标已经不限于政治领导人和共产主义分子，而是扩大到了普通平民，进而从一个侧面昭示了美国暗杀行动的残忍性，以及为达目的不择手段的政治本质。

三　美国准军事行动的实施路径——策动政变

在中情局隐蔽行动序列中，策动政变是美国运用隐蔽手段实现政权更迭的主要方式，是获致隐蔽政权更迭（Covert Regime Change）目标的基本途径。所谓隐蔽政权更迭，是指替换外国政治领导人的行动，但实施干预国家的角色并未公开承认。⑤ 作为实现隐蔽政权更迭的最高表现形式，政变是准军事行动的突出标志，同时也是隐蔽行动最高级别的组成部分，因此，作为颠覆他国政权的手段，政变是隐蔽行动诸多手段，包

① John J. Carter, *Covert Action as a Tool of Presidential Foreign Policy*, pp. 126 – 127.

② Michael Warner, *The Rise and Fall of Intelligence*, pp. 192 – 193.

③ Richard H. Ullman, "At War with Nicaragua," *Foreign Affairs*, Vol. 62, No. 1, 1983, p. 41.

④ Andrew Thomson, *Outsourced Empire*, p. 108.

⑤ Lindsey A. O'Rourke, *Covert Regime Change: America's Secret Cold War*, Ithaca: Cornell University Press, 2018, p. 14. 在 2020 年的一篇文章中，林赛·奥罗克对美国实施隐蔽政权更迭的战略逻辑、目标和类型作出了新的理论探讨，参见 Lindsey A. O'Rourke, "The Strategic Logic of Covert Regime Change: US-Backed Regime Change Campaigns during the Cold War," *Security Studies*, Vol. 29, No. 1, 2020, pp. 92 – 127.

括隐蔽宣传行动、隐蔽政治行动和隐蔽经济行动等的运用达到高潮的结果,[1] 是隐蔽行动最激烈的表现形式。

在艾森豪威尔政府时期,美国的隐蔽行动进入一个高潮期,隐蔽行动成为艾森豪威尔政府冷战战略的一个核心构成要素。[2] 在此期间,策动政变是美国在其他国家实现隐蔽政权更迭的重要方式,1953 年伊朗政变和 1954 年危地马拉政变就是典型代表。

冷战渐次展开时期美国以准军事行动方式颠覆他国政权的一个成功案例,就是美国策动的 1953 年伊朗政变。早在第二次世界大战期间,英国就利用占领伊朗的便利,建立了一个以伊朗人拉斯德里为领导的情报网络。鉴于伊朗是冷战初期美苏角逐的重点区域,中情局在伊朗的隐蔽行动遂于 20 世纪 40 年代末逐渐铺开,包括在伊朗南部的部落地区秘密组建游击力量,在伊朗与苏联接壤的边境地区从事跨越国界的谍报和颠覆活动等。与此同时,中情局还于 1948 年在伊朗秘密组建代号为"诅咒"(TPBEDAMN) 的行动网络,目的就是通过隐蔽宣传和政治行动以抵消苏联的影响。[3] 从长远来看,拉斯德里情报网和"诅咒"行动网的建立为美英在伊朗展开隐蔽行动搭建了组织平台和行动铺垫。1951 年 4 月,穆罕默德·摩萨台就任伊朗首相并实施石油国有化改革,同时增加了和苏联的交往。面对伊朗局势的发展,以隐蔽行动方式策动政变成为艾森豪威尔政府伊朗政策的基本目标。[4] 为推翻摩萨台政权,中情局伊朗站早在 1953 年 4 月就拨付行动资金,专门用于暗中削弱伊朗政府的统治基础,[5] 由此表明美国已经开始实施秘密颠覆摩萨台政权的隐蔽行动。同样是在 1953 年 4 月,美国与英国加紧合作,共同酝酿政变方案,并于 6 月制订实施了一项隐蔽行动计划——"阿贾克斯行动"。一方面,美英依托"诅

---

① Mark M. Lowenthal, *Intelligence*, p. 163.

② William J. Daugherty, *Executive Secrets*, p. 131.

③ Kermit Roosevelt, *Countercoup: The Struggle for the Control of Iran*, New York: McGraw-Hill, 1979, pp. 78 – 80. Mark J. Gasiorowski, "The 1953 Coup D'etat in Iran," *International Journal of Middle East Studies*, Vol. 19, No. 3, 1987, p. 268.

④ Ofer Israeli, "The Circuitous Nature of Operation Ajax," *Middle Eastern Studies*, Vol. 49, No. 2, 2013, pp. 246 – 247, 256.

⑤ James Callanan, *Covert Action in the Cold War*, p. 115.

咒"行动网和拉斯德里情报网，针对伊朗展开猛烈的宣传战，利用黑色宣传和灰色宣传等方式诋毁和抹黑摩萨台政府，搅动伊朗政局。另一方面，美英还向反摩萨台的势力提供经济和军事支持，尤其是挑唆伊朗军队发动政变。与此同时，中情局派出 5 名特工组成特别行动团队并携带活动经费，在德黑兰的地下室组织政变。① 借助综合实施的各种隐蔽行动手段，美英最终策动了伊朗 "8·19 政变"。在成功颠覆摩萨台政权后，美国扶植巴列维王朝复辟，建立了亲美独裁政权。

由此可见，正是美英的隐蔽干涉直接导致了摩萨台政权的垮台。诚然，"阿贾克斯行动" 由美英共同制定，但在具体的行动安排和指导中，美国发挥了更大的作用。一方面，中情局向政变提供了至少 6 万美元的资金支持；另一方面，中情局组建的 "诅咒" 行动网络及其隐蔽行动极大地削弱了摩萨台的政治基础，在策动 "8·19 政变" 中扮演了关键角色。因此，在 "8·19 政变" 的策动过程中，美国发挥了决定性作用；没有美国强有力的支持，"8·19 政变" 极有可能不会发生。② 尽管政变图谋由英国率先提出，但 "阿贾克斯行动" 实际上是由中情局主导、英国支持的政变行动。③ 作为一次成功的政权颠覆行动，"阿贾克斯行动" 在战后美国准军事行动历史上具有重要的意义，是冷战时期美国取得的第一次准军事行动的胜利。④

美国在其他国家策动政变的另一个例证，就是 1953—1954 年美国密谋颠覆危地马拉阿本斯政府的隐蔽行动计划——"成功行动"。作为实施 "成功行动" 的准军事手段，美国向以阿马斯为首的反政府势力提供了秘密的军事培训和大量武器装备。为助推颠覆计划，中情局还制定了一份暗杀名单，向反政府力量传授暗杀技巧，并向危地马拉派遣数支 "特别K 小组"（Special K Group）执行暗杀计划。⑤ 与此同时，中情局运用隐蔽

---

① Rhodri Jeffreys-Jones, *The CIA and American Democracy*, p. 89.

② Mark J. Gasiorowski, "The 1953 Coup D'etat in Iran," pp. 277–278.

③ Torey L. McMurdo, "The United States, Britain, and the Hidden Justification of Operation TPAJAX," *Studies in Intelligence*, Vol. 56, No. 2, 2012, p. 15.

④ John Prados, *Presidents' Secret Wars*, p. 97.

⑤ Andrew Thomson, *Outsourced Empire*, p. 58.

政治手段策反危地马拉军队，并在"成功行动"最后阶段向阿马斯集团提供空中打击的军事支持，最终实现了美国的政策目标：颠覆阿本斯政府并扶植亲美政权。① 与"阿贾克斯行动"不同，"成功行动"是美国隐蔽行动历史上由中情局独自筹划的以策动政变为目标的首个隐蔽行动，彰显了中情局隐蔽行动的政治伎俩和行动手段，进而巩固了中情局在美国情报界的主导地位。② 具有讽刺意味的是，在实施"成功行动"并颠覆合法的阿本斯民选政府后，中情局马不停蹄地启动了代号为"历史行动"（Operation PBHistory）的隐蔽计划，意图寻找共产主义渗透危地马拉的所谓依据，以便为美国的颠覆活动作出辩解。尽管中情局煞费周章，但"历史行动"实施的结果却是，美国并没有找到阿本斯是克里姆林宫傀儡的任何证据。③ 这就再次证明，美国实施"成功行动"并颠覆阿本斯政府的政策本质是：在拉美地区奉行冷战遏制政策并维护美国后院的稳定。

中东是美国全球冷战战略部署的前沿阵地，因此，遏制共产主义在中东的影响、防止苏联的渗透就成为冷战时期美国中东冷战战略的重中之重。在此背景下，叙利亚局势的发展引起美国的关注。1955 年 8 月，苏克瑞·库阿特利（Shukri Quwatly）当选叙利亚总统，并组建了以左翼力量为主的叙利亚联合政府，大力发展同苏联的友好关系。为应对叙利亚局势的发展，美英两国于 10 月开始密谋通过政变方式颠覆亲苏的叙利亚联合政府。④ 1956 年 3—4 月，中情局和英国军情六处（MI6）共同制订代号为"迷乱行动"（Operation Straggle）的隐蔽行动计划，目的就是采用一切手段，向叙利亚国内的反政府势力提供秘密的军事支持，鼓励其制造政变，颠覆叙利亚左翼政府，建立亲西方的新政权。⑤ 10 月，"迷

---

① 舒建中：《美国的"成功行动"计划：遏制政策与维护后院的隐蔽行动》，《世界历史》2008 年第 6 期，第 4—13 页。

② Gregory F. Treverton, *Covert Action*, p. 83.

③ Kenneth Osgood, *Total Cold War: Eisenhower's Secret Propaganda Battle at Home and Abroad*, Lawrence: The University Press of Kansas, 2006, p. 147.

④ Douglas Little, "Mission Impossible: The CIA and the Cult of Covert Action in the Middle East," *Diplomatic History*, Vol. 28, No. 5, 2004, p. 674.

⑤ Wilbur C. Eveland, *Ropes of Sand: America's Failure in the Middle East*, New York: Norton, 1980, pp. 168 – 172.

乱行动"计划败露，叙利亚安全部队逮捕了政变图谋的主要参与者，美英合作的"迷乱行动"计划濒临夭折。[1] 与此同时，苏伊士运河危机日渐加深，英国迅速将秘密干涉埃及事务置于优先地位。鉴于此，美国对英法联合以色列执意发动苏伊士运河战争深表愤怒，认为苏伊士运河战争的一个令人恼火的后果就是，美国被迫取消已箭在弦上的旨在联合英国推翻叙利亚政府的"迷乱行动"计划。[2]

尽管"迷乱行动"计划胎死腹中，但美国并未就此罢休。根据艾森豪威尔的指示，中情局随即于1957年5月拟订了一份针对叙利亚的新一轮隐蔽行动计划，代号为"威魄行动"（Operation Wappen），目的就是策动叙利亚军队发起政变，颠覆库阿特利政府。[3] 为实施"威魄行动"，中情局针对叙利亚军方以及其他政府官员展开了密集的隐蔽政治行动，力图运用秘密资金支持的方式策动叙利亚军方发动政变。为此，中情局仅用于政治策反的资金就达300万美元。[4] 但令美方意想不到的是，中情局的政变图谋从一开始就在叙利亚安全部队的掌控之中。8月，美国策动政变的阴谋曝光，叙利亚安全部队逮捕了数名参与政变阴谋的叙利亚人，包围了美国驻叙利亚大使馆并驱逐3名美国使馆官员，"威魄行动"以失败告终。

由此可见，一方面，为实现从内部颠覆叙利亚左翼政府的目标，美国煞费周章地接连策划和实施了一系列隐蔽行动，但所有的政变图谋无一例外都以破灭收场。尽管如此，美国针对叙利亚的系列隐蔽行动依然表明，通过策动政变寻求实现政权颠覆是美国隐蔽行动的政治手段，是美国准军事行动的重要方式。另一方面，"威魄行动"失败后，美国仍然没有善罢甘休，加紧支持与叙利亚交恶的土耳其向土叙边境地区持续增

---

[1] Matthew Jones, "The 'Preferred Plan': The Anglo-American Working Group Report on Covert Action in Syria, 1957," *Intelligence and National Security*, Vol. 19, No. 3, 2004, p. 403.

[2] Stephen Blackwell, "Britain, the United States and the Syrian Crisis, 1957," *Diplomacy & Statecraft*, Vol. 11, No. 3, 2000, pp. 141 – 142.

[3] Wilbur C. Eveland, *Ropes of Sand*, p. 245. Douglas Little, "Mission Impossible: The CIA and the Cult of Covert Action in the Middle East," pp. 676 – 677.

[4] John Prados, *Safe for Democracy*, p. 164.

兵，进而引发了 1957 年叙利亚危机。①

拉丁美洲被美国视为后院，是美国全球冷战战略的大后方，因此，拉丁美洲成为美国策动政变的重灾区。20 世纪 60 年代初期，美国在厄瓜多尔接连策动了两次政变，由此拉开了继危地马拉政变之后美国在拉美制造系列政变的序幕。1960 年 9 月，何塞·贝拉斯科·伊瓦拉就任厄瓜多尔总统。由于伊瓦拉坚持奉行独立自主的内外政策，拒绝按照美国的意愿断绝同古巴的关系，拒绝镇压共产党和左翼力量，因而招致美国的不满和敌意。在此背景下，中情局的隐蔽颠覆活动随即展开。在隐蔽政治行动方面，中情局针对厄瓜多尔政府机构的政治渗透堪称前所未有，其中，邮政总署、海关和移民局等机构几乎被中情局秘密掌控。不仅如此，中情局的渗透活动还囊括了厄瓜多尔的所有政治组织——不管是左翼还是右翼组织。此外，中情局根据行动的需要，秘密建立新的公民组织或团体，甚至虚构根本不存在的所谓反共产主义团体，目的就是策应颠覆活动的展开，包括煽动示威游行等。在隐蔽宣传行动方面，中情局捏造了大量反共产主义的新闻，并利用报纸、无线电广播、期刊等媒体渠道在厄瓜多尔以及其他拉美国家大肆传播，着力营造反共产主义的舆论氛围。在准军事行动方面，中情局特工暗中策划实施了系列破坏活动，诸如在教堂和右翼组织办公楼内制造爆炸事件并嫁祸于左翼力量；混入左翼游行队伍，打出污辱军方的标语并高喊口号，以此激怒军方并挑动政变。在中情局的煽动下，厄瓜多尔军方于 1961 年 11 月发动政变，伊瓦拉被迫辞职，卡洛斯·阿罗塞梅纳·蒙罗伊接任总统。但蒙罗伊并非美国的意中人，于是，中情局的隐蔽行动继续展开，并于 1963 年 7 月策动新的政变，蒙罗伊被赶下台，由美国扶植的军事执政委员会开始代行政府职权。鉴于中情局在厄瓜多尔政变中使用了诸多新的肮脏的手段，因而被称为中情局隐蔽颠覆活动的教科书，② 虚构根本不存在的政治和社会组织成为中情局以隐蔽政治行动方式助推政变的新伎俩。

① 薛丹、郭永虎：《美国艾森豪威尔政府对叙利亚政策新探（1954—1957）》，《历史教学问题》2017 年第 2 期，第 25 页。
② William Blum, *Killing Hope*, pp. 153 – 155.

　　在密谋厄瓜多尔政变的同时，美国还将策动隐蔽政权更迭的矛头指向了具有左翼倾向的巴西古拉特政权，目的就是阻断巴西的改革进程，培植亲美右翼政权。1961 年，若昂·古拉特就任巴西总统，并在履职后实施了国有化改革和土地改革等一系列社会变革措施，积极发展同社会主义国家的关系。古拉特的改革举措和对外政策引起美国的高度关注，担心巴西局势的发展危及美国在拉丁美洲的地位。在此背景下，中情局开始密谋扰乱甚至颠覆古拉特政权。在隐蔽政治行动方面，中情局向古拉特的反对派秘密提供了大量资金支持，挑动其组织大规模的游行示威活动；中情局还向巴西的工会组织和妇女组织提供支持，煽动其参与街头抗议。在隐蔽宣传行动方面，中情局向选定的巴西媒体提供秘密资金，指使报纸等新闻媒体大量发布并传播具有挑衅性的文章，抹黑古拉特政权。与此同时，中情局针对巴西军方实施了密集的隐蔽政治和宣传行动，不断暗示美国将支持军方采取行动。[①] 在美国煽动和怂恿下，巴西军方于 1964 年 3 月 31 日发动军事政变（"3·31 政变"），古拉特被迫流亡乌拉圭，美国据此实现了一次不流血的隐蔽政权更迭，并扶植亲美政权上台执政。[②] 由此可见，1964 年巴西"3·31 政变"与美国的隐蔽行动密切相关，再度昭示了美国运用隐蔽行动在他国策划政权更迭的政策路径。

　　中情局策动的智利 1973 年"9·11 政变"，是美国运用准军事行动手段颠覆他国合法政权的又一个典型案例。为此，中情局进行了周密的政策谋划，于 1970 年 10 月制定完成了一份针对阿连德政府的隐蔽行动方案及其附件（"中情局附件"），明确指出美国隐蔽行动的目标就是唆使智利反对派势力推翻阿连德政权。随后，美国针对智利展开了全方位的隐蔽行动，包括隐蔽宣传行动、隐蔽政治行动和准军事行动，以及公开的经济和外交压力。借助以隐蔽行动作为主要行动方式、以经济权力和经济权谋作为策应措施的诸多政策手段，美国最终引爆了智利"9·11 政变"，颠覆了阿连德政府。因此，美国的隐蔽行动是导致智利"9·11 政变"的

---

　　① 洪育沂主编：《拉美国际关系史纲》，外语教学与研究出版社 1996 年版，第 283—286 页。

　　② John J. Nutter, *The CIA's Black Ops*, pp. 97 – 98.

直接诱因与幕后黑手，"9·11 政变"则是美国隐蔽行动实施的结果。①

运用包括准军事行动在内的隐蔽行动营造施压环境并影响其他国家的选举进程，是中情局寻求实现政权更迭的另一种方式。1972 年 3 月，迈克尔·曼利（Michael Manley）就任牙买加总理，并开始进行具有民主社会主义色彩的国内改革，同时不顾美国的反对，同古巴和苏联建立外交关系。曼利政府的内政外交引起美国的强烈不满，中情局针对牙买加的隐蔽行动随即启动，目的就是搅乱牙买加的社会秩序，迫使曼利改弦更张或逼其下台。在中情局实施的搅乱行动中，准军事行动是重要的政治手段。为此，中情局向牙买加反对派力量秘密运送大量武器装备和通信器材，并将中情局培训的古巴流亡者秘密派往牙买加，支持其从事爆炸、纵火和暗杀行动。例如，在牙买加旅游景点实施爆炸和袭击活动，营造恐怖气氛。1976 年 6 月，中情局还秘密资助牙买加反对派势力——牙买加工党——实施了一次未遂的颠覆阴谋。不仅如此，中情局还通过秘密渗透的方式，策动牙买加安全部队实施了至少三次暗杀曼利的隐蔽行动，但均告失败。② 尽管如此，中情局的准军事行动却极大地破坏了牙买加的政治稳定，引发了严重的社会骚乱，导致曼利领导的人民民族党在 1980 年 10 月的选举中败北，美国支持的牙买加工党赢得选举，工党领袖爱德华·西加就任总理，美国则按照其意愿实现了政权更迭的目标。

随着冷战的全面铺开，东南亚地区成为美国冷战博弈的新舞台，艾森豪威尔政府甚至将老挝视作在远东地区与共产主义争夺势力范围过程中一张关键的多米诺骨牌。③ 为此，美国不惜采用策动政变的方式维护其在东南亚的冷战布局，老挝则成为美国挑起政变的重灾区。根据 1954 年恢复印度支那和平的《日内瓦协定》，包括老挝在内的印度支那三国获得政治独立。1957 年 11 月，老挝成立了包括具有左翼倾向的爱国阵线党参加的第一届联合政府，主张奉行和平中立政策的富马亲王出任首相。为

---

① 有关美国策动智利"9·11 政变"的详细论述，参见舒建中《美国与智利 1973 年"9·11政变"》，《世界历史》2016 年第 2 期，第 125—136 页。

② William Blum, *Killing Hope*, pp. 264 – 266.

③ 温荣刚：《1960—1962 年美国中央情报局对老挝局势的评估和预测》，《近现代国际关系史研究》2019 年第 1 期，第 51 页。

扶植亲美势力并遏制所谓共产主义渗透，艾森豪威尔政府针对老挝的隐蔽行动随即展开，并以策动政变作为主要的政策手段。1958 年 8 月，美国暗中支持以萨纳尼空为代表的右翼势力发动政变，推翻富马联合政府，驱逐爱国阵线党成员，建立起以萨纳尼空为首相的亲美政权。1959 年底，中情局再度策动军事政变，萨纳尼空被推翻，新政府的实权落入由中情局支持的富米·诺萨万手中。1960 年 8 月 "贡勒政变" 后，富马亲王复出并组建了新政府。面对老挝局势的新发展，美国毫不迟疑地策划和支持诺萨万等亲美势力在沙湾那吉成立非法政府，并于 12 月发动武装叛乱。凭借美国提供的秘密军事支持，诺萨万叛乱武装最终攻占首都万象，富马政府被迫迁至查尔平原地区，老挝处于内乱之中。[①] 由此可见，美国的隐蔽行动，尤其是准军事行动是导致老挝政变频发并深陷内战旋涡的重要因素，集中体现了美国隐蔽行动对有关国家和地区局势的破坏力。

美国的政变图谋不仅指向所谓的反美政权，对于美国认为已经失去利用价值的盟友和亲美政权，美国同样会借助政变加以推翻，通过策动政变颠覆南越吴庭艳政权就是典型案例。为在东南亚地区实施冷战战略并遏制共产主义，美国支持吴庭艳于 1955 年发动政变，废除法国支持的末代皇帝保大，宣布成立越南共和国并就任总统。但吴庭艳的独裁统治激起南越民众的强烈不满和抵抗。为维护美国在南越的战略利益，挽救美国在越南战争中的不利局面，美国总统肯尼迪以及美国国务院均认为，吴庭艳必须予以撤换，并将这一想法传递给南越军方，声称吴庭艳的继承者将获得美国的承认。[②] 根据肯尼迪的授权，中情局遂策动杨文明于 1963 年 11 月 1 日发动军事政变，吴庭艳及其兄弟被政变军队打死，此即中情局策动的 "11·1 政变"（Coup of November 1）。[③] 透过美国蓄意策划的 "11·1 政变" 不难看出，美国的准军事行动是以美国利益作为旨归的，其实施对象是全方位的，既包括美国的对手，也有可能是美国的盟

---

① 有关美国艾森豪威尔政府与老挝政变的论述，参见 William Blum, *Killing Hope*, pp. 140 – 142. 白建才：《"第三种选择"：冷战期间美国对外隐蔽行动战略研究》，第 210—212 页。

② Scott D. Breckinridge, *The CIA and the U. S. Intelligence System*, Boulder: Westview Press, 1986, p. 235.

③ John J. Nutter, *The CIA's Black Ops*, p. 120.

友，因此，"11·1 政变"从一个侧面揭示了美国隐蔽行动的政策本质：
顺我者昌，逆我者亡。

四 美国准军事行动的实施路径——介入内战和局部战争

自 20 世纪 60 年代初期起，葡萄牙的非洲殖民地陆续爆发民族解放战
争。在安哥拉，得到苏联和古巴支持的"安哥拉人民解放运动"（简称
"安人运"，MPLA）积极开展游击战并取得重大胜利。到 1975 年 1 月，
葡萄牙不得不同意安哥拉独立并向"安人运"移交政权。出于全球冷战
战略的考量，美国不希望亲苏的"安人运"上台执政，为此，美国遂积
极扶植安哥拉另外两大派系"安哥拉民族解放阵线"（简称"安解阵"，
FNLA）和"争取安哥拉独立全国联盟"（简称"安盟"，UNITA）与
"安人运"对抗。早在 60 年代中期，中情局就开始向"安解阵"提供秘
密军事援助。在 70 年代之后，美国更加关注安哥拉局势的发展，时任国
务卿基辛格就明确表示，苏联代理人在安哥拉执掌政权将严重损害美国
的利益。[1] 基于冷战对抗的战略考量，美国针对安哥拉的隐蔽行动再度升
级。1975 年 1 月，美国负责隐蔽行动决策的"40 委员会"决定加大向
"安解阵"提供秘密援助的力度。[2] 2 月，安哥拉内战爆发。6 月，美国制
定了一份应对安哥拉局势的隐蔽行动计划，内容包括向"安解阵"和
"安盟"提供秘密资金援助、武器装备和军事培训等，目的就是阻止安哥
拉沦为苏联的势力范围。[3] 7 月，"40 委员会"批准中情局的新方案，同
意出资 1400 万美元支持中情局在安哥拉的隐蔽行动。[4] 依托庞大的资金
支持，中情局正式启动代号为"特色行动"（Operation Feature）的隐蔽
计划，美国在安哥拉的隐蔽行动全面展开并强力推进，导致安哥拉局势
日趋复杂化。[5] 除向"安解阵"和"安盟"提供秘密资金和武器装备之

---

① William J. Daugherty, *Executive Secrets*, p. 179.

② Gregory F. Treverton, *Covert Action*, p. 152.

③ 田金宗：《冷战与内战：美国对安哥拉内战的介入》，《历史教学问题》2014 年第 4 期，
第 100 页。

④ John J. Carter, *Covert Action as a Tool of Presidential Foreign Policy*, p. 175.

⑤ 有关"特色行动"的论述，参见 John Prados, *Presidents' Secret Wars*, pp. 340 – 342.

外，中情局还出资招募雇佣军以增强"安解阵"和"安盟"的战斗力。与此同时，中情局派遣特工和军事顾问前往安哥拉，向"安解阵"和"安盟"提供培训和指导。① 尽管中情局为实施"特色行动"计划总计耗资 3100 万美元，但却没有达到预期目标，"安解阵"和"安盟"建立的所谓安哥拉人民民主共和国最终解体，"安人运"建立的安哥拉人民共和国得到世界绝大多数国家的承认。至此，中情局的"特色行动"不得不偃旗息鼓，美国在安哥拉的秘密军事干涉行动以失败告终，时任美国国务院负责非洲事务的助理国务卿纳撒尼尔·戴维斯亦坦承，美国在 1975 年作出的秘密干涉安哥拉事务的决策是错误的。②

　　1976 年 12 月，安哥拉正式加入联合国，但安哥拉内部各派系的纷争并未就此停息，若纳斯·萨文比领导的"安盟"继续展开反对"安人运"政权的游击活动。里根就任总统后，美国再度将秘密支持"安盟"并遏制苏联和古巴在南部非洲的渗透提上议事日程。为此，里根敦促美国国会于 1985 年 8 月废除了禁止向安哥拉反共产主义力量提供秘密援助的《克拉克—腾尼修正案》，从而为美国重启对"安盟"的秘密援助打开了大门。11 月，里根授权向"安盟"提供秘密军事支持，中情局在安哥拉的隐蔽行动再次展开。在此期间，中情局依托扎伊尔的卡米纳空军基地，向"安盟"空投了大量武器装备，包括地空导弹和重型坦克等。③ 至此，美国再度以准军事行动的方式介入安哥拉内战，一直持续至冷战结束。1991 年 7 月，古巴和南非达成从安哥拉撤军的协议，美国亦中止了对"安盟"的秘密援助。2002 年 4 月，安哥拉政府和"安盟"签署和平协议，"安盟"解除武装，安哥拉内战宣布结束。

　　由此可见，在安哥拉内战爆发前直至整个内战期间，美国以冷战战略为引领，先后在安哥拉实施了一系列以准军事行动作为主线的隐蔽行

① William Blum, *Killing Hope*, p. 252. John Prados, *Safe for Democracy*, pp. 450–451.

② Nathaniel Davis, "The Angola Decision of 1975：A Personal Memoir," *Foreign Affairs*, Vol. 57, No. 1, 1978, p. 123.

③ J. Ransom Clark, *American Covert Operations*, p. 142. Sobukwe Odinga, "'The Privileged Friendship': Reassessing the Central Intelligence Agency Operation at Zaire's Kamina Airbase," *Diplomacy & Statecraft*, Vol. 29, No. 4, 2018, pp. 692–693.

动，严重扰乱了安哥拉局势。因此，安哥拉行动从一个侧面充分表明，准军事行动是美国以隐蔽行动方式实施全球冷战战略、秘密介入他国内战的重要路径，进而昭示了美国准军事行动的新内涵。

阿富汗位于中亚、南亚和西亚的交汇处，战略地位突出，因而成为美苏冷战博弈的重要区域之一。早在苏联入侵阿富汗之前的 1979 年 1 月，美国卡特政府就开始酝酿相关计划，目的是助力阿富汗穆斯林武装和部落集团展开抵抗苏联支持的人民民主党政府的活动。① 3 月，阿富汗爆发兵变，中情局随即制订了一份新的隐蔽行动计划并于 7 月获得卡特总统批准，其主要内容就是继续向抵抗阿富汗人民民主党政府的穆斯林游击队提供秘密援助。仅在 1979 年，中情局向阿富汗穆斯林游击队提供的秘密援助就高达 3000 万美元。② 由此不难看出，在苏联入侵阿富汗之前，中情局在阿富汗的隐蔽行动已经强劲展开。

1979 年 12 月，苏联入侵阿富汗。出于抗衡苏联的地缘战略考量，美国随即决定扩大隐蔽行动的规模，准军事行动则是美国在阿富汗铺展隐蔽行动战略的最主要的行动方式，③ 其实施路径就是向抵抗苏联的阿富汗穆斯林游击队提供武器装备和军事援助。为增强阿富汗穆斯林游击队的抵抗能力，美国总统卡特于 1980 年再度授权中情局向抵抗苏联的阿富汗穆斯林游击队提供武器装备，同时针对阿富汗展开宣传战和心理战。④ 1981 年 1 月就任总统后，里根遂要求中情局在阿富汗展开更大规模的隐蔽行动，尤其是向阿富汗穆斯林游击队提供秘密的军事援助，同时与沙特阿拉伯和巴基斯坦的情报机构展开进一步的密切合作，向阿富汗穆斯林游击队提供资金支持和军事装备。基于授权，中情局成为美国在阿富汗隐蔽行动的最重要的协调者。为此，中情局派遣特工秘密潜入阿富汗，

①　William J. Daugherty, *Executive Secrets*, p. 188.

②　John Prados, "Notes on the CIA's Secret War in Afghanistan," *The Journal of American History*, Vol. 89, No. 2, 2002, p. 467. Austin Carson, *Secret Wars: Covert Conflict in International Politics*, Princeton: Princeton University Press, 2018, p. 260.

③　白建才：《论美国对苏联入侵阿富汗的政策与隐蔽行动》，《陕西师范大学学报》（哲学社会科学版）2011 年第 6 期，第 31 页。

④　Richard H. Immerman, *The Hidden Hand*, p. 158.

帮助训练穆斯林游击队；除提供先进的武器装备，如毒刺导弹之外，中情局还特意安排向阿富汗穆斯林游击队提供苏联制式的武器装备，目的就是掩盖美国方面的卷入，避免授人以柄。[①] 不仅如此，为筹措资金，中情局暗中支持阿富汗穆斯林游击队从事毒品运输和交易，导致阿富汗成为世界上主要的海洛因生产地之一，[②] 这再度揭示了美国隐蔽行动不择手段的特性。依托美国的隐蔽支持和援助，阿富汗穆斯林展开了长达十年的抗苏游击战，最终迫使苏军撤出阿富汗。[③] 基于对抗苏联的重大战果，阿富汗行动被称为中情局最成功的准军事支持行动，[④] 同时也是美国隐蔽行动历史上用时最长、耗资最多的准军事行动。

五 美国准军事行动的辅助手段

所谓准军事行动的辅助手段，是指通过向叛乱力量或抵抗运动提供训练基地和情报支持等方式，助推准军事行动的展开。因此，辅助手段是准军事行动有效推进的重要保障。

在中情局设立的诸多海外训练基地中，塞班岛的训练基地是颇负盛名的基地之一。位于太平洋上的塞班岛并非美国属地，而是一个由美国管理的联合国托管区。在冷战格局形成后，基于独特的政治属性，塞班岛成为中情局海外训练基地的理想选择。除展开军事训练之外，为对训练基地加以掩饰，每当联合国官员前往视察时，精通掩盖手段和欺诈伎俩的中情局特工就会对基地进行伪装，训练人员和教练统统销声匿迹，带刺的铁丝网和"未经许可不得入内"的牌子一概拆除。一旦联合国官员离开，一切就恢复如初，中情局的特别行动训练重新开始。[⑤] 作为中情

---

① William Blum, *Killing Hope*, p. 345.

② John Prados, "Notes on the CIA's Secret War in Afghanistan," p. 469.

③ 实际上，到1985年，美国在阿富汗的隐蔽行动就已经是公开的秘密，但美国政府依然拒绝承认其在阿富汗所扮演的角色。究其原因，主要有两点：第一，公开承认美国所扮演的角色将导致美国的准军事行动和援助行动无法有效实施；第二，否认美国所扮演的角色可以避免来自苏联的报复行动，导致苏联难以采取反击措施。参见 Austin Carson, *Secret Wars*, pp. 268 – 269.

④ John Prados, *Presidents' Secret Wars*, pp. 355 – 362. Douglas Little, "Mission Impossible: The CIA and the Cult of Covert Action in the Middle East," pp. 688 – 690.

⑤ Victor Marchetti and John D. Marks, *The CIA and the Cult of Intelligence*, pp. 124 – 125.

局在东南亚地区最重要的专门训练基地，塞班岛基地的设立充分表明，为叛乱力量或抵抗运动提供军事培训从一开始就是中情局准军事行动的组成部分，体现了中情局实施准军事行动的政治意愿和政策准备，刻意的伪装和掩饰则进一步昭示了美国准军事行动的隐蔽性质。

在 1953—1954 年针对危地马拉的"成功行动"计划中，向由危地马拉流亡分子组成的准军事力量提供培训基地是美国准军事行动的重要组成部分。为此，在美国扶持的尼加拉瓜独裁者安纳斯塔西奥·索摩查的支持下，中情局在尼加拉瓜建立了两个训练基地：一个设在索摩查的庄园，主要对约 150 人的危地马拉流亡分子进行破坏和爆破训练；另一个设在马那瓜湖畔的一个火山岛上，对其余约 150 名流亡分子以及雇佣军进行武器装备的使用训练。此外，作为实施空中打击的前期准备，中情局还将由大约 12 名流亡分子组成的飞行小组派往大西洋沿海的一个简易机场，由中情局特工对其进行专门的空投和轰炸训练。[1] 至此，美国为"成功行动"计划布局的培训基地已基本完成，进而从一个侧面表明，向叛乱力量提供专门的训练基地是美国隐蔽行动，尤其是准军事行动的重要辅助手段。

为实施制定于 1960 年的针对古巴卡斯特罗政权的"冥王星行动"，中情局在培训古巴流亡分子方面进行了周密部署，精心挑选了诸多专门的培训基地。为此，中情局在位于墨西哥湾的乌泽帕岛建立了首个培训古巴流亡分子的专门基地。随后，中情局又根据"冥王星行动"的实际需要，在危地马拉设立了更大规模的培训基地——特拉克斯营地。此外，位于巴拿马运河区的美军古利克堡丛林战训练营亦被用作培训古巴流亡分子的基地。不仅如此，中情局还在危地马拉雷塔卢莱乌附近的梅德基地设立飞行中心，专门训练古巴流亡分子的飞行员。[2] 由此可见，为实施"冥王星行动"，中情局为古巴流亡分子提供了大量培训，煞费周章地选择了相应的培训基地，可谓不惜血本，进而从一个侧面再度表明，秘密

---

[1] David Wise and Thomas B. Ross, *The Invisible Government*, New York: Bantam Books, 1964, pp. 185–186.

[2] 崔建树：《折戟沉沙：美国"猪湾行动"始末》，第 130—136 页。

提供训练基地是美国准军事行动的重要环节，由此彰显了培训基地作为美国准军事行动手段的辅助功能。

基于装备和技术优势，美国军方在准军事行动中亦扮演了重要角色。朝鲜战争期间，美军远东指挥部实施了一项庞大的准军事行动计划，在朝鲜海岸以外的岛屿上建立培训基地，专门为所谓的"远东指挥部联络大队（朝鲜）"（Far East Command Liaison Detachment-Korea）提供准军事行动培训。经过美军训练后的特工人员组成所谓"联合国朝鲜游击部队"（United Nations Partisan Forces in Korea）并被派往朝鲜，执行暗中破坏、袭扰等准军事行动。① 由此可见，为从事朝鲜战争，除公开参战之外，美国还实施了相应的准军事行动计划，秘密训练朝鲜族的准军事行动人员，以策应美国在朝鲜战场上的军事行动，而设立培训基地则是美国准军事行动计划的重要一环，再次展示了秘密培训基地在美国准军事行动中的作用。

在准军事行动的辅助手段中，情报支持同样占有重要地位。一般而言，情报主要具有两大功能：一是提供政策预警，尤其是针对敌对国家的政治、经济和军事计划的预警；二是为政策决策提供信息依据。② 基于情报的上述功能，情报和情报支持在准军事行动中同样可以发挥重要而独特的作用。首先，通过向叛乱力量或抵抗运动提供秘密的情报支持，可以在很大程度上改善并增强叛乱力量或抵抗运动的行动能力，推动准军事行动的展开。其次，借助于情报渗透和情报交换，准军事行动实施国可以通过叛乱力量或抵抗运动进一步搜集目标国的政治、经济和军事情报，从而为制订详细的准军事行动计划提供更加有力的情报支撑。③

毫无疑问，情报支持是准军事行动有效展开的重要条件，没有准确的情报支持，准军事行动实际上难以真正展开。在针对危地马拉的"成功行动"计划和针对古巴的"猫鼬行动"计划展开之前，美国均进行了大量的情报搜集和分析工作，并向危地马拉和古巴的反政府势力提供了

---

① John Prados, *Presidents' Secret Wars*, p. 72.

② Roger Hilsman, Jr., "Intelligence and Policy-Making in Foreign Affairs," *World Politics*, Vol. 5, No. 1, 1952, p. 2.

③ Roy Godson, *Dirty Tricks or Trump Cards*, pp. 169, 177–179.

大量的情报支持。即使针对古巴的"猫鼬行动"计划因种种原因而被取消，但在美国随后针对古巴的隐蔽行动包括准军事行动中，情报支持一直是其中的一个重要方面。纵观美国隐蔽行动的发展历程，情报支持始终是必不可少的环节。

第四节　美国准军事行动的特殊形态：
隐蔽空中行动

一　美国隐蔽空中行动的基本内涵和实施方式

自20世纪30年代以来，美国的航空技术就一直遥遥领先于世界，到第二次世界大战结束之际，美国已经在国际航空领域占据了绝对的优势地位，并据此构建了一个"空中帝国"，航空优势成为所谓"美国世纪"的重要组成部分，是美国影响世界的重要抓手。[①] 从航空与隐蔽行动的角度看，航空优势还为美国展开形式多样的隐蔽空中行动奠定了基础。

所谓隐蔽空中行动（Covert Air Action），是指美国情报机构利用航空器（包括军用飞机和民用飞机等）所实施的隐蔽行动，尤其是准军事行动。除配合美国空军实施隐蔽空中侦察行动之外，中情局主导的隐蔽空中行动主要致力于空投特工、武器装备等准军事行动，以及与准军事行动相关的后勤保障和物资运送，同时辅之以空投传单等心理战行动。[②] 因此，隐蔽空中行动是中情局实施准军事行动的特殊方式，其主要功能就是支持并配合特定隐蔽行动的展开。

冷战初期，美国就向乌克兰等东欧国家空投特工，主要使命就是执行情报搜集和暗中破坏等隐蔽行动。第二次世界大战结束后的乌克兰拥有东欧最庞大的反共势力，尽管苏联采取了相应的打击措施，但仍有部分反共组织成员在卡帕特山区建立基地，并从1949年起展开所谓"游击战争"[③]。基于冷战战略，美国遂决定以准军事行动方式（包括隐蔽空中

---

① 有关美国航空优势及其世界影响的论述，参见 Jenifer van Vleck, *Empire of the Air: Aviation and the American Ascendancy*, Cambridge: Harvard University Press, 2013, pp. 13 – 17.

② Richard H. Immerman, *The Hidden Hand*, pp. 57 – 58.

③ 伍斌：《冷战初期（1949—1954）美国对东欧准军事行动探析》，第121—122页。

行动）向乌克兰反共武装提供秘密支持。1949 年 9 月初，美军一架 C -
47 运输机从美国驻德国占领区起飞，向乌克兰空投了两名经中情局训练
的乌克兰籍特工，目的就是寻求在中情局和乌克兰境内的反苏势力之间
建立联系，同时侦察并搜集苏联的相关情报，尤其是军事情报。作为中
情局隐蔽空中行动的组成部分，此次空投行动是中情局通过空中渠道针
对苏联集团实施的第一次深度渗透，① 开启了美国隐蔽空中行动的新功
能。尽管美国针对乌克兰的准军事行动在 1953 年底就在悄无声息中结束，
但空投特工却成为冷战时期美国隐蔽空中行动的重要方式。

在乌克兰实施第一次空投行动之后，中情局隐蔽空中行动的范围迅
速扩展到其他社会主义国家，空投频率逐渐加大。1954 年，中情局针对
东欧国家连续实施了"樱桃行动"（Operation Cherry）和"野樱桃行动"
（Operation Wild Cherry），主要使命就是向目标国家和地区秘密空投传单
和间谍、实施通信监听和空中照相侦察等。② 一方面，尽管中情局为秘密
空投行动而煞费周章，但空投特工的隐蔽空中行动成效不大。在谈到美
国实施的空降行动时，中情局官员理查德·赫尔姆斯甚至讥讽地戏称，
在铁幕后实施空降行动没有多大意义，仅能证明地心引力法则在乌克兰
和美国的训练基地同样有效。③ 另一方面，鉴于美国研制的新型空中侦察
工具取得积极进展，中情局遂于 1954 年底停止了向苏东集团空投特工的
隐蔽空中行动。④ 两年后的 1956 年，U - 2 飞机开启了针对苏东集团的隐
蔽空中侦察行动。

利用空中打击的方式支持特定的准军事行动是美国隐蔽空中行动的
另一项功能，集中体现了美国隐蔽空中行动的准军事属性。

为推进颠覆危地马拉阿本斯政府的"成功行动"计划，作为美国准
军事行动组成部分的隐蔽空中行动随即展开。从 1954 年 5 月起，由中情

① Harry Rositzke, *The CIA's Secret Operations*, pp. 18 - 19. Curtis Peebles, *Twilight Warriors*, pp. 22 - 23.

② William E. Burrows, *By any Means Necessary*, p. 170. Dino A. Brugioni, *Eyes in the Sky*, pp. 76 - 77.

③ Richard Helms, *A Look over My Shoulder*: *A Life in the Central Intelligence Agency*, New York: Random House, 2002, p. 126.

④ Harry Rositzke, *The CIA's Secret Operations*, p. 38.

局出资购买并由中情局官员指挥的飞机开始频繁飞临危地马拉城上空，投掷了大量煽动性传单，威胁阿本斯必须立即辞职，否则，危地马拉城将面临空中轰炸。在 6 月之后，由中情局官员指挥的飞机开始对危地马拉的特定目标实施空中打击，具体的打击范围包括：对亚当机场实施空中火力压制；对亚当的石油储罐实施空中扫射；对汉科实施轰炸。在中情局看来，空中打击的实施是基于战略含义，即空中打击的目的就是通过展示实力与决心，以便向危地马拉军队施加压力并削弱其士气。随着空中打击的正式展开，以心理战为直接目的的空中打击成为美国隐蔽行动计划的重要组成部分甚至有效的战略工具，[①] 有力地助推了美国"成功行动"计划政策目标的实现。

在 1961 年 4 月的猪湾登陆中，美国不仅装备了由古巴流亡分子组成的叛乱力量，而且向猪湾登陆提供了空中支持。一方面，古巴流亡势力借助中情局提供的飞机和装备，在登陆的前两天就开始针对古巴的空军基地和设施展开轰炸；另一方面，作为登陆行动的补充，中情局协助古巴流亡势力实施空投，中情局雇用的美国飞行员亦直接参与了向猪湾登陆提供空中支持的行动。为掩饰美国支持的空中行动，中情局专门对其提供的飞机进行涂饰。[②] 此外，为配合中情局隐蔽空中行动的顺利展开，美国国家气象局和美国联邦航空管理局还在位于加勒比海的天鹅群岛上设立基站，以便为针对古巴的隐蔽空中行动提供气象和无线电通信支持。[③] 因此，猪湾登陆期间美国的空中行动具有典型的准军事行动属性。尽管猪湾登陆以失败而告终，但美国在此期间实施的空中支持行动再度展示了空中力量在隐蔽行动中的作用，进一步昭示了美国隐蔽行动框架下准军事行动与隐蔽空中行动的策应与互动关系。

在 20 世纪 80 年代针对尼加拉瓜的准军事行动中，美国的隐蔽空中行动再次现身，成为策应美国准军事行动的重要手段。为支持"尼加拉瓜民主力量"等反对派势力对抗桑地诺政权，推进美国制订的准军事行动

---

① 舒建中：《美国与 1954 年危地马拉政变》，南京大学出版社 2018 年版，第 181—182、197—198 页。

② John Prados, *Presidents' Secret Wars*, pp. 201 – 204.

③ J. Ransom Clark, *American Covert Operations*, p. 93.

计划的实施，美国飞行员驾驶的侦察机进行了大规模的空中侦察，目的
就是锁定地面爆炸与破坏目标、追踪尼加拉瓜政府军的动向和部署、定
位地面通信设施等，以便为尼加拉瓜反政府武装的军事进攻提供详尽的
情报。[1] 借助美国隐蔽空中行动的支持，尼加拉瓜反政府武装展开了极具
针对性的爆炸和破坏活动，加剧了尼加拉瓜的局势动荡。

二　美国隐蔽空中行动的掩护载体——民用航空公司

作为全球权力的快捷通道，民用航空促进了资金、物资、武器装备、
技术以及宣传要素的跨国流动，因此，跨国民用航空具有重要的战略价
值。在美国的冷战战略中，民用航空扮演了关键角色。[2] 在冷战格局形成
伊始，美国就将民用航空作为与苏联展开冷战博弈的工具，力图通过限
制民用航空技术和材料对苏东国家的出口、压缩西欧国家与苏东国家之
间的航班数量和航线安排等方式，构筑一个对抗的空中铁幕。[3] 更为重要
的是，在冷战框架下，美国还将民用航空纳入隐蔽空中行动的范畴，依
托民用航空作为掩护载体实施具有针对性的隐蔽行动。

从历史上看，国际航空本身就是情报史和隐蔽行动史的组成部分，
是隐蔽行动武器库中的重要一员。对于美国而言，以隐瞒真相的方式利
用民用航空器从事秘密行动是美国隐蔽行动的惯用手段，[4] 同时也是美国
展开隐蔽空中行动的重要路径。从准军事行动的层面看，利用民用航空
公司以假定的私有角色动员和部署军事资源，亦是美国实现战争参与的
隐蔽形式之一。[5]

在冷战格局形成之后，远东既是冷战博弈的重要区域，同时也是美

---

①　William Blum, *Killing Hope*, p. 293.

②　Jenifer van Vleck, *Empire of the Air*, pp. 200 – 201.

③　有关冷战初期美国构建对抗的空中铁幕的论述，参见 James Gormly, "The Counter Iron Curtain: Crafting an American-Soviet Bloc Civil Aviation Policy: 1942 – 1960," *Diplomatic History*, Vol. 37, No. 2, 2013, pp. 248 – 279.

④　Brian Champion, "Subreptitious Aircraft in Transnational Covert Operations," *International Journal of Intelligence and Counterintelligence*, Vol. 11, No. 4, 1998, p. 453.

⑤　Austin Carson, "Facing off and Saving Face: Covert Intervention and Escalation Management in the Korean War," *International Organization*, Vol. 70, No. 1, 2016, p. 107.

国最早利用民用航空公司从事隐蔽空中行动的地区。早在 1949 年 5 月，中情局就开始考虑利用民用航空公司作为掩护性载体，策应并支持美国在亚洲地区的隐蔽行动。① 1950 年 6 月，中情局批准了一项组建民用航空公司以便在远东地区执行隐蔽行动的计划。根据这一计划，中情局秘密投资改组民用航空运输公司（Civil Air Transport，CAT）并获得控制权，② 由此为中情局展开隐蔽空中行动提供了一个掩护性的组织载体和实施平台，民用航空运输公司亦成为中情局在远东地区从事隐蔽行动的重要资源，③ 是典型的"中情局掩护机构"。一方面，民用航空运输公司为中情局在亚洲地区展开隐蔽行动提供了可靠的空中交通运输保障。另一方面，更为重要的是，民用航空运输公司还为中情局组建秘密空中帝国奠定了基础，④ 为中情局以民用航空公司作为掩护实施隐蔽行动创造了先例，开辟了中情局隐蔽空中行动的新路径。

中情局组建秘密运行的民用航空运输公司适逢朝鲜战争爆发之际，因此，朝鲜战争为中情局依托民用航空公司实施隐蔽空中行动提供了第一个舞台。朝鲜战争期间，中情局利用民用航空运输公司这一平台，秘密参与并配合美国的军事行动。除执行"书籍空运"的宣传战使命之外，民用航空运输公司还根据安排，为中情局的各种隐蔽行动提供秘密的航空运输，包括空投中情局训练的数百名游击队员和特工等，⑤ 中情局的隐蔽空中行动初露锋芒。

在朝鲜停战协定签署后，中情局运行的民用航空运输公司旋即被派往印度支那战场，以隐蔽空中行动的方式支持法国在印度支那战争中的

① William M. Leary and William Stueck，"The Chennault Plan to Save China：U. S. Containment in Asia and the Origins of the CIA's Aerial Empire，1949 – 1950，" *Diplomatic History*，Vol. 8，No. 4，1984，pp. 353 – 354.

② William M. Leary，*Perilous Missions：Civil Air Transport and CIA Covert Operations in Asia*，Tuscaloosa：University of Alabama Press，1984，pp. 110 – 112. Brian Champion，"Subreptitious Aircraft in Transnational Covert Operations，" p. 459.

③ Richard H. Immerman，*The Hidden Hand*，p. 77.

④ William M. Leary and William Stueck，"The Chennault Plan to Save China：U. S. Containment in Asia and the Origins of the CIA's Aerial Empire，1949 – 1950，" p. 364.

⑤ William M. Leary，*Perilous Missions*，p. 126.

作战行动。鉴于法国殖民军在印度支那战场上节节败退，时任中情局局长的艾伦·杜勒斯遂按照艾森豪威尔总统的指示，于 1953 年 4 月下令民用航空运输公司立即执行代号为"印第安女人 1 号行动"（Operation SQUAW Ⅰ）的隐蔽空中支持行动，包括向法军提供物资的空中投送，以及为法国培训飞行员等，[①] 由此拉开了民用航空运输公司在东南亚实施隐蔽空中行动的帷幕。在 1954 年 3—5 月的奠边府战役期间，民用航空运输公司实施代号为"印第安女人 2 号行动"（Operation SQUAW Ⅱ）的系列隐蔽空中行动，目的就是为法军运送武器弹药、通信设备和医疗用品等战争物资。在奠边府战役结束后，中情局西贡军事代表团迅即抵达越南并分为两个小组。一个小组在越南南方建立情报基地，另一个小组则被派往越南北方建立准军事行动网络，目的就是骚扰北方的共产党政权。根据中情局的指示，民用航空运输公司开始实施代号为"柯纳克白兰地酒行动"（Operation COGNAC）的秘密空中支援计划，目的就是向中情局北方小组及其组建的游击力量运送武器弹药、无线电台等装备，以便其展开暗中破坏活动。[②] 在印度支那战争期间民用航空运输公司的空中支援行动具有准军事行动的属性，是中情局利用民用航空公司实施隐蔽空中行动的又一个典型案例。

1955 年 11 月，越南战争（第二次印度支那战争）爆发，中情局麾下的民用航空公司——美国航空公司（Air America）——的隐蔽空中行动随即展开，其主要使命有二：一是为美军运送武器弹药和补给物资；二是为中情局训练并派遣的特别行动人员运送装备和补给。为避免泄露特别行动的目标和行踪，美国航空公司甚至不远千里为中情局行动人员运送妓女。作为中情局掌控运营的名义上的民用航空公司，美国航空公司的行动即使不是完全秘密的，至少也没有显现出显而易见的"美国

---

① Brian Champion, "Subreptitious Aircraft in Transnational Covert Operations," p. 459. Curtis Peebles, *Twilight Warriors*, p. 227

② 有关"柯纳克白兰地酒行动"的详细论述，参见 William M. Leary, *Perilous Missions*, pp. 185 – 193.

之手"①。除为美军的作战行动提供物资和人员运送以及救援任务之外，美国航空公司还包揽了中情局在老挝的隐蔽空中行动。不仅如此，美国航空公司的飞机甚至参与到作战行动中，执行空中侦察乃至战斗使命。②由此可见，美国航空公司在越南战争期间的支援行动具有准军事行动的属性，是中情局以民用航空公司作为掩护载体实施隐蔽空中行动的又一个典型例证，再度揭示了中情局隐蔽空中行动路径的隐蔽性和手段的多样性。

在1956—1958年印度尼西亚外岛叛乱期间，为煽动叛军对抗苏加诺政权，中情局不仅向叛军提供了秘密的军事援助，而且通过隐蔽空中行动的方式向叛军提供进一步的支持。经艾森豪威尔总统批准，民用航空运输公司根据中情局的部署，启动实施印度尼西亚行动，向外岛叛军提供秘密的空中支援。不仅如此，执行印度尼西亚行动的民用航空运输公司飞行员所驾驶的飞机甚至直接参与战斗行动，扫射和轰炸印度尼西亚政府军。③作为隐蔽空中行动的组成部分，中情局官员则负责提供地面保障。此外，中情局招募的飞行员还以外岛叛军的名义，驾驶中情局提供的飞机实施隐蔽空中行动，包括攻击印尼政府机场和兵营、商船、港口、石油设施等。④1958年5月，以民用航空运输公司名义雇用的中情局飞行员艾伦·波普驾驶的飞机被印度尼西亚政府军击落，波普被捕，中情局的隐蔽空中行动败露，"貌似否认"的托词被揭穿，中情局不得不中止支持印尼外岛叛军的隐蔽行动。⑤由此可见，在印度尼西亚外岛叛乱期间，美国再度以民用航空公司作为掩护，实施了更大规模的隐蔽空中行动。除提供秘密的空中支援外，中情局在印度尼西亚的隐蔽空中行动再度升级，利用民用航空运输公司的所谓"民用飞机"实施空中打击成为中情

①　Victor Marchetti and John D. Marks, *The CIA and the Cult of Intelligence*, pp. 132 – 134. Gregory F. Treverton, *Covert Action*, p. 27.

②　有关美国航空公司在越南战争期间执行隐蔽空中行动的详细论述，参见 Curtis Peebles, *Twilight Warriors*, pp. 235 – 256.

③　Victor Marchetti and John D. Marks, *The CIA and the Cult of Intelligence*, p. 150. Brian Champion, "Subreptitious Aircraft in Transnational Covert Operations," pp. 459 – 460.

④　Larry Hancock, *Creating Chaos*, pp. 123 – 125.

⑤　J. Ransom Clark, *American Covert Operations*, p. 85.

局印度尼西亚行动的突出特点。至此，借助掩护性的民用航空公司实施包括空中打击在内的隐蔽行动成为美国准军事行动的新手段。

除民用航空运输公司和美国航空公司之外，中情局还在不同时期组建或购买其他民用航空公司以满足其情报和隐蔽行动，尤其是准军事行动的需要，这些航空公司主要包括：加勒比海航空公司（Caribbean Marine Aero Corp）、亚洲航空公司（Air Asia）、山间航空公司（Intermountain Aviation）、南方航空运输公司（Southern Air Transport）、① 大西洋通用公司（Atlantic General Enterprises Inc.）、航空投资有限责任公司（Aviation Investors Inc.）等，② 由此扩大了航空领域"中情局掩护机构"的规模。此外，中情局还通过签约等方式，将美国的民用航空公司，诸如美国大陆航空公司（Continental Airlines）、美国西北航空公司（Northwest Airlines）等作为支持并服务于美国准军事行动的后备力量。借助直接掌控民用航空公司资源以及签约民用航空公司等方式，中情局构筑了一个以航空公司为主干的空中之翼，民用航空公司成为中情局机构的私有化延展和美国权力的重要工具，服务于美国的政策目标。③ 从这个意义上讲，庞大的秘密航空公司网络不仅为中情局隐蔽空中行动的实施提供了有力的组织保障，而且拓展了中情局隐蔽空中行动的活动空间。正因为规模如此巨大，到20世纪60年代中期，就连时任中情局局长的赫尔姆斯都弄不清中情局到底拥有多少航空公司和飞机，④ 仅此即可管窥中情局隐蔽空中行动的强度，具有掩护性的民用航空公司是美国实施隐蔽行动并寻求实现对外政策目标的重要资源。

---

① 南方航空运输公司原本为一家民用航空公司。为执行针对古巴的猪湾登陆行动，中情局局长杜勒斯下令出资30余万美元购买南方航空运输公司的股份，从而将南方航空运输公司变成中情局麾下的民用航空公司。从中情局隐蔽空中行动的发展进程来看，购买南方航空运输公司股份为中情局利用民用航空公司展开隐蔽行动创造了一个新的先例，进一步拓展了中情局以民用航空手段从事隐蔽空中行动的行动框架。有关详细论述参见 Andrew Thomson, *Outsourced Empire*, pp. 60 – 61.

② L. Fletcher Prouty, *The Secret Team: The CIA and Its Allies in Control of the United States and the World*, New York: Ballantine Books, 1973, p. 18. Victor Marchetti and John D. Marks, *The CIA and the Cult of Intelligence*, p. 149.

③ Andrew Thomson, *Outsourced Empire*, pp. 55 – 56.

④ Brian Champion, "Subreptitious Aircraft in Transnational Covert Operations," pp. 460 – 461.

在 20 世纪 60 年代以后，非洲大陆成为中情局隐蔽空中行动的另一个重要战场。1960 年 6 月，刚果摆脱比利时的殖民统治实现独立，但很快又陷入内战。9 月，美国秘密策动蒙博托发动政变，推翻了卢蒙巴政权。为支持蒙博托集团以及美国扶持的冲伯政权巩固统治地位，肃清国内反对力量，尤其是亲卢蒙巴的力量，美国随即提供了大量经济和军事援助，包括由美国空军实施的空中支援以及协助组建刚果的空军力量等。1965 年 11 月，蒙博托在中情局的支持下再次发动政变，推翻冲伯政权，取代卡萨武布就任总统。为扶持蒙博托政权，镇压亲卢蒙巴和亲冲伯集团的势力以及其他反对力量，除向蒙博托提供资金支持之外，中情局的隐蔽空中行动亦逐步展开。① 一方面，由中情局雇用的古巴流亡者驾驶的中情局军用飞机为蒙博托集团运送各种物资，中情局特工则进行现场指导和监督。另一方面，中情局创建的民用航空公司——山间航空公司——亦参与中情局在刚果的准军事行动，包括为中情局雇用的古巴飞行员提供培训和指导等。② 不难看出，为鼎力支持蒙博托肃清国内反对力量并巩固政权，中情局继续在刚果实施隐蔽行动，隐蔽空中行动则是美国隐蔽行动的组成部分。③ 因此，隐蔽空中行动一直是中情局支持蒙博托政治势力的重要手段。不仅如此，在刚果行动中，美国隐蔽空中行动的实施方式还趋于多样化，除中情局控制的所谓民用航空公司之外，美国空军和中情局的军机也参与到刚果行动之中，进一步彰显了隐蔽空中行动在美国准军事行动中的独特作用。

经过长期的民族解放战争，安哥拉于 1975 年摆脱葡萄牙的殖民统治并取得独立。但独立后的安哥拉随即陷入内部纷争并爆发内战。出于冷战战略的考量，美国积极支持"安解阵"和"安盟"与得到苏联和古巴支持的"安人运"展开对抗。为此，美国于 1975 年 7 月启动代号为"特

① Stephen R. Weissman, "What Really Happened in Congo: The CIA, the Murder of Lumumba, and the Rise of Mobutu," pp. 18 - 20.
② 有关山间航空公司在刚果执行隐蔽行动使命的论述，参见 Curtis Peebles, *Twilight Warriors*, pp. 218 - 224.
③ John Prados, *Presidents' Secret Wars*, pp. 236 - 237. J. Ransom Clark, *American Covert Operations*, pp. 108 - 109.

色行动"的隐蔽行动，主要的实施方式就是向"安解阵"和"安盟"提供秘密援助。为加快武器装备的运送速度并确保隐蔽性，隐蔽空中行动成为中情局在安哥拉实施隐蔽行动的主要路径之一。除利用军用运输机实施空投之外，中情局还借助民用航空公司秘密向"安解阵"和"安盟"运送武器弹药等物资。[1] 借助途经扎伊尔的空中通道，美国以安哥拉为目的地的隐蔽空中行动强劲展开。从 7 月起，中情局动用 8 架各型军用和商用飞机，向"安解阵"和"安盟"运送了 1500 吨的武器装备和物资。[2] 因此，隐蔽空中行动是美国介入安哥拉内战的政策手段，利用民用航空运输作为掩护载体实施隐蔽空中行动则是中情局搅动安哥拉内战的重要方式。

在 20 世纪 80 年代针对尼加拉瓜的准军事行动中，为秘密支持尼加拉瓜反政府武装的军事行动，除向"尼加拉瓜民主力量"等反对派势力提供空中侦察及情报支持之外，中情局还从民用航空公司租赁飞机，向抵抗桑地诺政权的势力提供秘密空中支持，包括运送武器弹药、医疗物资及相关装备。尽管向中情局提供租赁服务的航空公司，诸如航空投资租赁公司（Investair Leasing）、军品航空公司（Armairco）、巅峰航空公司（Summit Aviation）在名义上是私人航空公司，但实际上是新一代专门为中情局提供服务的专业航空公司。[3] 与此同时，中情局旗下的民用航空公司——南方航空运输公司——亦参与了美国在尼加拉瓜的隐蔽空中行动，主要负责向设在萨尔瓦多、洪都拉斯、哥斯达黎加的尼加拉瓜反政府武装营地运送军事物资。[4] 1986 年 10 月，南方航空运输公司的一架飞机被桑地诺政府军队击落，三名机组成员被击毙，一名机组成员被捕，中情局的隐蔽空中行动败露，美国以私有航空公司名义向尼加拉瓜反政府武装提供的秘密空中支持被迫中止。[5] 美国在尼加拉瓜实施的准军事行动再

① Brian Champion, "Subreptitious Aircraft in Transnational Covert Operations," pp. 466 – 467, 470 – 471.

② John Stockwell, *In Search of Enemies: A CIA Story*, New York: Norton, 1978, p. 209.

③ John Prados, *Presidents' Secret Wars*, pp. 389 – 390. Larry Hancock, *Creating Chaos*, p. 157.

④ Kyle Burke, *Revolutionaries for the Right*, p. 147.

⑤ J. Ransom Clark, *American Covert Operations*, p. 147.

次表明，隐蔽空中行动是中情局隐蔽行动的重要平台，依托民用航空公司（不管是直接创建并掌控民用航空公司还是以租赁方式利用私人航空公司）为隐蔽行动提供空中服务和支援，则是中情局实施隐蔽空中行动的基本路径之一，由此彰显了美国隐蔽空中行动的手段多样性和隐蔽性。

综上所述，经过长期的政策实践，美国构筑了完备的准军事行动体系，准军事行动成为中情局隐蔽行动的关键组成部分。除采取支持叛乱力量或反政府武装、政治暗杀以及策动政变等基本行动方式之外，隐蔽空中行动，包括以民用航空公司作为掩护载体实施的隐蔽空中行动，从一开始就是美国实施准军事行动的重要手段。基于路径的多样性和手段的隐蔽性，准军事行动成为美国以隐蔽行动方式实现全球战略目标的政策工具。

第 五 章

美国隐蔽网络行动的理论
框架和实施路径

网络技术（又称信息技术）的发展深刻地改变了国际政治的运行环境，国家间的互动方式已经从物理空间延伸到网络空间，导致国际关系的样态出现革命性变化。同时应当看到，信息革命并没有从根本上改变国家间关系的权力属性，基于网络技术的信息流通和传播并非在真空中运行，而是运转于政治空间。① 因此，跨越国界的网络空间同样具有国际政治的基本特征，网络权力则是网络空间政治属性的集中体现，是美国实施隐蔽网络行动的权力基础。

第一节　美国隐蔽网络行动的理论解读

一　网络权力与隐蔽网络行动

网络空间（指陆、海、空、天之外的第五空间）从诞生之日起就具有鲜明的权力属性，此即所谓网络权力（Cyber Power）。一方面，从总体上讲，网络权力是指利用网络空间创造优势并影响事态发展的能力。鉴于网络空间覆盖了国际关系的所有领域，囊括了几乎所有的权力要素，

---

① Robert O. Keohane and Joseph S. Nye, Jr., "Power and Interdependence in the Information Age," *Foreign Affairs*, Vol. 77, No. 5, 1998, p. 84.

因此，网络权力是一种综合性的权力工具。① 不仅如此，基于信息技术的网络权力还极大地拓展了国际政治权力的内涵，除经济权力、军事权力和政治权力外，网络权力（又称信息权力，Information Power）成为国际政治权力的第四大支柱。② 由此可见，运行于网络空间的网络权力是囊括了军事、经济、社会、文化和政治权力资源的综合性权力形态；网络权力在强化传统国际权力结构的同时，还为国家施展经济、军事和政治权力提供了新的综合性的工具和路径。

另一方面，作为新型权力形态，网络权力及其运作亦有独特之处。与陆权、海权、空权和太空权力均拥有各自的物理空间且在各自领域发挥战略功效不同，网络权力可以在所有权力领域发挥战略功效，可以作为外交、媒体传播、经济和商务等领域的权力工具。除一般意义上的权力运作之外，网络权力还可以发挥更为隐秘的政策和战略功能，诸如在网络空间实施的政治战、文化战、心理战、经济战、情报搜集和欺骗等。因此，信息时代的网络权力及其影响几乎无所不在。不仅如此，网络权力还具有灵活性、间接性和隐秘性等基本特征，可以更加便捷和隐蔽地在全球范围内实现投送和展开。正是基于网络权力的战略功效和隐蔽特性，网络权力成为国家对外政策包括实施隐蔽行动的更加有效的工具。③

美国是信息革命的引领者，拥有搜集、加工信息并据此采取行动的优势，以及传播信息的优势，同时具有无与伦比的整合复杂信息系统的能力。因此，信息优势为美国维护世界领导地位提供了新的平台。④ 更为重要的是，美国始终将以互联网为中心的网络空间视为国际政治博弈的

① Stuart H. Starr, "Toward a Preliminary Theory of Cyberpower," in Franklin D. Kramer, Stuart H. Starr, and Larry K. Wentz, eds., *Cyberpower and National Security*, Washington, D. C.: National Defense University Press, 2009, p. 48.

② 蔡翠红：《信息网络与国际政治》，学林出版社 2003 年版，第 40 页。

③ David J. Lonsdale, "Information Power: Strategy, Geopolitics, and the Fifth Dimension," *Journal of Strategic Studies*, Vol. 22, No. 2 – 3, 1999, pp. 143 – 146. John B. Sheldon, "Toward a Theory of Cyber Power: Strategic Purpose in Peace and War," in Derek S. Reveron, ed., *Cyberspace and National Security: Threats, Opportunities, and Power in a Virtual World*, Washington, D. C.: Georgetown University Press, 2012, pp. 214 – 215.

④ Joseph S. Nye, Jr. and William A. Owens, "America's Information Edge," *Foreign Affairs*, Vol. 75, No. 2, 1996, pp. 20, 22 – 23.

途径和舞台，不仅将网络空间作为推进美国对外政策目标的新型通道，而且将网络空间作为美国战略权力的运行载体。鉴于网络空间的运行机理具有便捷性和隐蔽性的特点，因而成为美国铺展隐蔽行动的新平台，此即隐蔽网络行动（Covert Cyber Action）。

所谓隐蔽网络行动，是指一国情报机构、军方及相关政府部门利用跨越国界的网络空间实施的具有政治和战略指向的隐蔽行动，是借助网络渠道展开谍报行动以及隐蔽的宣传行动、经济行动、政治行动和准军事行动的政策和行为。鉴于隐蔽网络行动主要依托计算机和互联网实施并展开，因此，作为隐蔽行动体系的组成部分，隐蔽网络行动又被视为国家发起的计算机网络行动，是隐蔽行动的现代类型。鉴于网络空间的重要性日渐增长，隐蔽网络行动（计算机网络行动）已经占据了隐蔽行动的最前沿。① 与传统隐蔽行动相比，隐蔽网络行动是源于并依托信息技术的新型隐蔽行动，是综合实施隐蔽行动的新渠道。更为重要的是，由于不受地理距离的限制，隐蔽网络行动已经成为影响国家间权力关系的新因素。②

对于隐蔽网络行动，国内外学界迄今没有明确解读，有关美国学者甚至直接将网络战（信息战）视为隐蔽行动的组成部分。应当看到，隐蔽网络行动和网络战既有联系，又存在明显区别。所谓网络战（Cyber Warfare），是指在网络空间（包括计算机系统、网络系统、传播系统及其辅助性设施）展开的具有政治目的的网络攻击。基于概念界定，一方面，网络战和隐蔽网络行动的共同之处是：两者均具有政治和战略目的，均属网络攻击。③ 另一方面，网络战和隐蔽网络行动的区别在于：网络战的实施主体既可以是国家，也可以是国家支持的非国家行为体，隐蔽网络

---

① Aaron F. Brantly, "Cyber Actions by State Actors: Motivation and Utility," *International Journal of Intelligence and Counterintelligence*, Vol. 27, No. 3, 2014, pp. 472, 474. 根据目前检索到的资料，阿伦·布兰特利在这篇文章中第一次使用了隐蔽网络行动（Covert Cyber Action）的概念，但并未阐述隐蔽网络行动的内涵。——笔者

② Aaron F. Brantly, "Cyber Actions by State Actors: Motivation and Utility," p. 481.

③ 需要强调的是，并非所有的网络攻击都是网络战，只有得到国家支持并出于某种政治目的和敌对倾向的网络攻击，才可以称之为网络战，参见杜雁芸《网络军备控制为何难以施行？基于客观层面视角分析》，《国际论坛》2015 年第 2 期，第 2 页。

行动的实施主体仅限于国家，尤其是情报机构和军方；网络战的实施方式既可以是秘密的，也可以是公开的，隐蔽网络行动的实施方式基本上是隐藏的，具有"貌似否认"的属性和特征。

鉴于隐蔽网络行动在美国隐蔽行动序列中是一种新型的行动方式，是传统隐蔽行动在网络空间的综合运用，因此，美国学界以网络空间的权力属性作为基点，围绕与隐蔽行动相关的信息战和网络战的含义、功能及其国际影响进行了初步探讨。随着美国学者将相关网络行动纳入隐蔽行动的范畴，美国隐蔽网络行动的研究议程和研究框架初现端倪。

二　美国隐蔽网络行动理论研究的起步

世纪之交，美国的隐蔽网络行动研究就已起步，在 2000 年出版的《最佳原理：信息时代的情报》一书中，布鲁斯·伯科威茨和艾伦·古德曼专门探讨了信息时代的隐蔽行动。在伯科威茨和古德曼看来，随着科学技术尤其是信息技术的快速发展，一种新的隐蔽行动方式——信息战（Information Warfare）——应运而生。所谓信息战，是指攻击对手的信息系统，或利用信息作为武器。[①] 伯科威茨和古德曼指出，信息战具有诸多优势：首先，相较于摧毁对手的石油设施、航空器和海军舰船而言，以信息战的方式攻击对手的传感器、通信设施、计算机系统和数据库将更加有效。其次，鉴于现代社会依赖于信息系统，且民用设施的保护水平远低于军用设施，因而更易攻击，鉴于此，挫败对手的最佳路径就是攻击其民用信息基础设施，诸如电话系统、电视和广播站、金融系统、交通系统等。最后，美国拥有信息技术优势，因此，信息战为美国无须诉诸武力而采取有效行动提供了新的政策选项。正是基于信息战所具有的政策功效和行动特征，伯科威茨和古德曼认为，信息战是传统隐蔽行动的直系后裔。[②] 伯科威茨和古德曼强调，一方面，作为隐蔽行动的新方式，信息战将在未来的国际关系中扮演重要角色；另一方面，鉴于信息

[①]　Bruce D. Berkowitz and Allan E. Goodman, *Best Truth: Intelligence in the Information Age*, New Haven: Yale University Press, 2000, p. 143.

[②]　Bruce D. Berkowitz and Allan E. Goodman, *Best Truth*, pp. 143 – 144.

战是一个敏感的议题，美国实施的信息战必须是隐蔽的。① 尽管论述相对简略，但在美国的隐蔽行动研究中，伯科威茨和古德曼明确将信息战纳入隐蔽行动的范畴，首次从隐蔽行动的视角对信息战作出了初步阐释，将信息战视为传统隐蔽行动的新发展，因而具有开创性。

　　威廉·多尔蒂既是美国隐蔽行动研究的代表人物，又是美国隐蔽网络行动研究的另一位重要开拓者。在其 2004 年出版的《行政秘密：隐蔽行动与总统》一书中，多尔蒂同样将信息战纳入隐蔽行动的范畴并作出了进一步的理论探讨。多尔蒂认为，自 20 世纪 80 年代以来，鉴于各国政府部门及相关机构对计算机系统的依赖日渐增强，由此出现了一种新型的情报搜集和隐蔽行动方式——信息战。借助计算机网络系统，信息战为情报活动以及隐蔽行动创造了一幅全新的图景。② 在多尔蒂看来，网络时代的信息战是一种跨越国界的新型武器，可以用于暗中破坏目标国的政府设施、能源网络、银行以及金融系统、新闻媒体机构等。多尔蒂指出，在隐蔽行动的框架下，信息战的手段堪称多种多样，其基本的实施路径是：一国军方、情报或安全部门通过网络途径秘密入侵目标对象的电脑系统，窃取、修改或毁坏电脑数据，甚至破坏或摧毁电脑硬件和软件。鉴于各国政府部门及相关机构普遍依赖计算机系统和数据库，多尔蒂坚信，作为隐蔽行动工具的信息战已经成为影响甚至威胁国家安全的重要因素。③ 多尔蒂强调，互联网的出现为隐蔽宣传行动的展开提供了更为有效的平台，相较于传统的隐蔽宣传手段，互联网与国际卫星通信的结合大幅提升了隐蔽宣传的辐射面和影响力。④ 由此可见，除将信息战纳入隐蔽行动的范畴之外，多尔蒂还进一步探讨了信息战的政策功能和实施路径，尤其强调了信息战的新手段在实施隐蔽宣传行动中的意义，初步阐明了信息战的宣传维度和政策功能，从而为美国隐蔽网络行动体系的研究增添了新的内涵，拓展了美国隐蔽行动的研究议程。

① Bruce D. Berkowitz and Allan E. Goodman, *Best Truth*, pp. 144 – 145.

② William J. Daugherty, *Executive Secrets：Covert Action and the Presidency*, Lexington：The University Press of Kentucky, 2004, p. 72.

③ William J. Daugherty, *Executive Secrets*, pp. 85 – 88.

④ William J. Daugherty, *Executive Secrets*, pp. 222 – 223.

　　同样是在 2004 年，由洛赫·约翰逊和詹姆斯·沃茨主编的《战略情报：透视秘密世界的窗口，一部选集》一书出版发行。除阐释美国隐蔽行动的传统类型和方式之外，约翰逊和沃茨还着重从隐蔽经济行动和准军事行动两个维度对网络战作出了延伸解读。约翰逊和沃茨强调，随着全球计算机网络的发展，隐蔽经济行动的方式出现革命性变化，其主要目标已经发展成为扰乱目标国的计算机系统。通过秘密干扰或破坏目标国的计算机网络，可以导致目标国的金融系统陷入混乱，数据失窃，通信系统全面瘫痪。在准军事行动方面，网络战可以导致目标国军事指挥和控制系统的失灵，因此，计算机网络攻击所造成的混乱和破坏决不亚于军事攻击，网络战成为实施准军事行动的新利器。① 至此，约翰逊和沃茨将网络战视为隐蔽经济行动和准军事行动的新的实施路径，拓展了美国隐蔽行动的研究范畴，为透视信息时代美国隐蔽经济行动和准军事行动的新手段提供了新的分析框架和切入点。

　　随着信息技术的日新月异及其对国际关系的影响日渐显著，美国的隐蔽网络行动研究开始向纵深推进，新的研究成果接连涌现。在 2012 年发表的有关网络攻击的论文中，阿伦·布雷彻着力分析了网络攻击与隐蔽行动之间的关系。为此，布雷彻首先解读了网络攻击的含义，认为所谓网络攻击，是指蓄意改变、扰乱、欺骗、削弱甚至摧毁目标对象的计算机系统和网络的行动，或蓄意将特定信息和程序植入或传送至目标对象的计算机系统和网络的行动；网络攻击的关键特征是难以确定攻击源及其归属。布雷彻指出，具有非归属性特征的网络攻击既可以由美国军方实施，也可以由美国情报机构实施，因此，由美国军方和情报机构所实施的网络攻击应划归隐蔽行动的范畴。② 不仅如此，布雷彻特别强调，隐蔽行动框架下的网络攻击更具兼容性和灵活性，美国所有政府部门和机构实施的网络攻击均可纳入其中，包括具有军事、准军事和情报功能

---

① Loch K. Johnson and James J. Wirtz, "Covert Action: Introduction," in Loch K. Johnson and James J. Wirtz, eds., *Strategic Intelligence: Windows into a Secret World*, An Anthology, Los Angeles: Roxbury Publishing Company, 2004, p. 257.

② Aaron P. Brecher, "Cyberattacks and Covert Action Statute: Toward a Domestic Legal Framework for Offensive Cyberoperations," *Michigan Law Review*, Vol. 111, No. 3, 2012, pp. 425 - 426.

的网络攻击；隐蔽行动框架下的网络攻击还适用于篡改目标国的银行数据，破坏目标国的能源设施，毁坏目标国的计算机系统；间谍活动亦是网络行动的组成部分。① 总之，在布雷彻看来，美国是世界上拥有最强的信息技术和装备以实施进攻性网络攻击的国家，隐蔽行动则是美国实施进攻性网络攻击的最佳手段。②

毫无疑问，非归属性是网络攻击的天然属性，隐蔽性是确保网络攻击发挥效力的前提。③ 布雷彻以美国政府机构实施的具有政治目的的进攻性网络攻击作为分析基点，从准军事行动和隐蔽经济行动的视角阐述了网络攻击与隐蔽行动之间的关系，强调网络攻击是美国隐蔽行动的内在组成部分，从而为探究美国的隐蔽网络行动提供了进一步的思考路径。

戴维·塔克于 2014 年出版的《情报的终结：信息时代的间谍与国家权力》一书是探讨信息技术与隐蔽行动关系的第一部专门著作，具有重要的学术开创意义。塔克指出，在隐蔽行动的实施过程中，信息技术的运用具有独特优势，例如，相对于人力资源而言，信息技术的运用更具隐蔽特性；在信息技术时代，隐蔽行动可以实现远程运作和操控，减少了人员使用的风险和代价。为此，塔克将运用信息技术的隐蔽行动称为技术型隐蔽行动（Technological Covert Action）。塔克强调，尽管技术型隐蔽行动依然存在暴露或泄露的可能，但隐蔽行动的关键并非不被察觉，而是官方的"貌似否认"，正是从这个意义上讲，技术型隐蔽行动是更具"貌似否认"属性的隐蔽行动。④ 塔克认为，从隐蔽政治行动实施路径的角度看，信息技术的发展推动了隐蔽政治行动与媒体的融合。利用信息时代的媒体及其他传播渠道，隐蔽政治行动可以更好地发挥秘密哄骗、煽动和操控的作用，进而隐蔽地策划和指导世界各地的政治运动，因此，

---

① Aaron P. Brecher, "Cyberattacks and Covert Action Statute: Toward a Domestic Legal Framework for Offensive Cyberoperations," pp. 433 – 435.

② Aaron P. Brecher, "Cyberattacks and Covert Action Statute: Toward a Domestic Legal Framework for Offensive Cyberoperations," pp. 426, 447.

③ Troy E. Smith, "Cyber Warfare: A Misrepresentation of the True Cyber Threat," *American Intelligence Journal*, Vol. 31, No. 1, 2013, p. 83.

④ David Tucker, *The End of Intelligence: Espionage and State Power in the Information Age*, Stanford: Stanford University Press, 2014, p. 93.

网络空间为隐蔽政治行动提供了更加隐匿的平台。尽管信息技术在很大程度上增强了国际社会的开放度和透明性，但在信息时代，依托网络空间的隐蔽政治行动依然是美国至关重要的对外政策工具。[①] 塔克指出，信息技术增强了美国实施隐蔽军事行动（准军事行动）的能力，信息时代的隐蔽军事行动具有新的作用和功能，主要包括：借助信息技术的支持，隐蔽军事行动可以针对特定目标展开追捕和攻击；针对具有重要军事价值的实验室、后勤设施以及其他基础设施展开隐蔽军事行动；利用技术型隐蔽军事行动作为获致战略目标的强制措施等。[②]

作为跨越国界的网络空间，互联网是在世界范围内联络政治集团、协调和组织政治运动的重要载体，因此，基于信息和通信技术的隐蔽政治行动是隐蔽网络行动的重要维度，其行动范畴涉及联络、支持和操控外国政治集团和组织，乃至煽动叛乱等。[③] 塔克从媒体宣传与政治行动相互融合的角度，率先探讨了信息技术与隐蔽网络政治行动之间的关系，为美国隐蔽网络行动的研究增添了新的内涵。此外，塔克还分析了信息技术对准军事行动的影响，强调信息技术增强了美国遂行隐蔽军事行动的能力，进一步拓展了美国网络准军事行动的研究议程。更为重要的是，塔克敏锐地抓住了隐蔽网络行动的关键特征：技术型隐蔽行动。立足技术型隐蔽行动的概念，塔克阐述了信息时代美国隐蔽行动的新的实施路径和功能，从而为分析信息时代的美国隐蔽行动提供了新的视角和方法，从技术型隐蔽行动的层面审视美国的隐蔽行动堪称重要的理论创新，为包括隐蔽网络行动在内的美国隐蔽行动研究搭建了一个新的理论平台。

2015 年，J. 克拉克出版《美国的隐蔽行动：问题指南》一书，从隐蔽行动的视角对美国的网络战作出了新的解读，明确将网络战视为美国隐蔽行动的最新类型。克拉克指出，随着网络技术的发展，信息战扩展为一个新的概念——网络战。鉴于网络战是国际关系理论体系中的全新概念，鉴于网络战的诸多因素和手段依然处于保密状态，国际关系学界

---

① David Tucker, *The End of Intelligence*, pp. 93, 96.

② David Tucker, *The End of Intelligence*, pp. 96 – 97.

③ Philip H. J. Davies, "Intelligence, Information Technology, and Information Warfare," *Annual Review of Information Science and Technology*, Vol. 36, No. 1, 2002, pp. 333 – 334.

对网络战并没有形成标准的界定。为此，克拉克借鉴美国兰德公司的解读，对网络战作出一个新的界定，认为所谓网络战，是指国家或由国家支持的国际组织通过电脑病毒或拒绝服务攻击（Denial-of-Service Attacks）等隐匿方式，攻击或破坏其他国家电脑系统和信息网络的行动。在此基础上，克拉克认为，信息时代的新技术手段为隐蔽行动工具库增添了新的政策选项，信息技术和互联网成为以网络战为中心的网络空间隐蔽行动的新利器。其中，电子邮件（E-mail）是情报部门实施隐蔽宣传行动的新路径和新手段。克拉克指出，如同传统隐蔽行动一样，隐蔽行动框架下的网络战亦存在不同烈度，既包括低侵略性的网络战，也涉及高侵略性和高破坏性的网络战；随着网络技术的发展，隐蔽网络攻击的运用将持续增强，手段将更加复杂、巧妙。①

由此可见，除将网络战纳入隐蔽行动类型之外，克拉克着力阐释了隐蔽网络行动的实施路径和手段，包括病毒植入、拒绝服务攻击和电子邮件等。此外，克拉克还探讨了信息技术对隐蔽宣传行动的影响，解析了电子邮件与隐蔽宣传行动之间的关系，从而再度彰显了网络战在隐蔽行动中的地位和作用，进一步充实了美国的隐蔽网络行动研究。

2016年，阿伦·布兰特利出版《攻击的决定：军事和情报的网络决策》一书，明确将由国家行为体实施的进攻性网络行动（网络攻击）视为隐蔽行动的新手段。② 布兰特利指出，网络间谍是隐蔽网络行动的常规方式，目的就是进行常规的情报搜集，包括秘密渗入外国网络获取有关的军事和政治情报等，此即网络利用；网络利用包含进攻性网络利用和防御性网络利用两个层面，进攻性网络利用具有侵略性，但不具扰乱性和破坏性。除网络利用之外，网络攻击的方式还涉及旨在影响舆论的网络宣传、网址破坏、拒绝服务攻击、扰乱和摧毁关键基础设施（如电力、能源、通信、交通设施等），以及植入恶意软件等。③ 在将隐蔽网络行动

---

① J. Ransom Clark, *American Covert Operations: A Guide to the Issues*, Santa Barbara: Praeger, 2015, pp. 6, 9 – 10.

② Aaron F. Brantly, *The Decision to Attack: Military and Intelligence Cyber Decision-Making*, Athens: The University of Georgia Press, 2016, p. 43.

③ Aaron F. Brantly, *The Decision to Attack*, pp. 114 – 117.

纳入隐蔽行动研究范畴的同时，布兰特利还对洛赫·约翰逊的隐蔽行动
升级模式进行了补充，将网络领域的隐蔽行动分别归入隐蔽行动的不同
阶梯：在适度隐蔽介入阶段的第二阶梯，隐蔽网络行动主要表现为网络
利用；在高风险隐蔽行动阶段的第三阶梯，隐蔽网络行动的方式主要是
削弱关键基础设施和拒绝服务攻击，以及扰乱信息通信系统等；在极端
隐蔽行动阶段的第四阶梯，隐蔽网络行动明显升级，包括针对外国军事
设施的精准数字攻击、摧毁关键基础设施等。① 关于隐蔽网络行动的军事
意义，布兰特利强调，信息差距是制约国家战争能力的重要因素，但隐
蔽网络行动却可以不同程度地改变国家之间的信息差距，进而获致政治
功效。②

由此可见，布兰特利以进攻性网络攻击作为切入点，对隐蔽网络行
动进行了新的探讨，其最具特色之处，就是从隐蔽网络行动的视角，对
隐蔽行动的升级模式作出了新的阐释，初步圈定了隐蔽网络行动的递进
阶梯，率先阐释了隐蔽网络行动的层次界限，从而为解读隐蔽网络行动
的实施路径提供了新的分析方法，进一步拓展了美国隐蔽网络行动的研
究议程，标志着美国隐蔽网络行动的理论研究取得新的进展。

除将网络战纳入隐蔽行动范畴并构建隐蔽网络行动的研究议程之
外，③ 美国学界还从归因难题、进攻优先和安全困境等角度剖析了实施网
络战的前提和基础，从而延伸了美国隐蔽网络行动的研究视野，充实了
隐蔽网络行动的研究议程。

归因难题既是网络战的理论前提，也是隐蔽网络行动的理论基础。
所谓归因难题，是指对网络攻击实施者进行地址追溯和身份识别的问题。
基于独特的虚拟性和隐蔽性，网络空间的攻击行为无法及时准确地予以

---

① Aaron F. Brantly, *The Decision to Attack*, pp. 54 – 55.

② Aaron F. Brantly, *The Decision to Attack*, p. 54.

③ 与其他学者不同，杜维内奇和索姆斯从网络反情报的角度探讨了隐蔽网络行动，将网络
空间的谍报活动、欺骗和假情报行动、影响行动以及其他隐蔽行动方式均纳入网络反情报的范
畴，认为网络反情报活动具有隐蔽行动的所有特征，参见 P. C. Duvenage and S. H. von Solms,
"Cyber Counterintelligence: Back to the Future," *Journal of Information Warfare*, Vol. 13, No. 4, 2014,
pp. 45, 52.

认定，捕获并核查网络战所采取的手段更是难上加难。[1] 由此可见，网络攻击具有内在的否定性，不确定性和隐蔽性是网络战最显著的特征，从这个意义上讲，网络战的归因难题契合隐蔽行动的间接性、秘密性和非归属性特征，为美国学界展开隐蔽网络行动研究提供了最基本的理论背景和支撑。不仅如此，在美国方面看来，网络空间是一个进攻优先的战略领域，其最直接的后果就是进一步加剧了国家间的战略竞争以及由此带来的国家间关系的安全困境。[2] 鉴于此，进攻优先论和安全困境论不仅是美国致力于网络战的前提和基础，同时也为美国实施隐蔽网络行动提供了进一步的理论依据。

综上所述，网络技术的发展为隐蔽行动开辟了新的领域。在网络空间，国家拥有影响国际事务的新阵地，但其行动却更具备无须承认的条件，或仅存在有限的暴露风险，因此，网络空间赋予隐蔽行动新的特征。[3] 同时应当看到，隐蔽网络行动涉及诸多不同层次，囊括了从无害的情报行动到运用网络手段破坏关键基础设施的极端行动，因而同样是填补外交和军事手段之间空白区域的政策工具。[4] 从这个意义上讲，一方面，信息战时代隐蔽行动的基本原理就是，隐蔽行动融合了所有的传统工具，进而在更大规模上采取政治影响等隐蔽网络行动。[5] 另一方面，鉴于隐蔽网络行动是全新的隐蔽行动类型，尚处于发展初期，诸多细节尚未披露，因此，隐蔽网络行动的理论建构尚未形成完整的体系。尽管如此，美国学术界立足网络权力的概念，围绕网络战框架下的隐蔽行动展开了一系列探讨，率先提出了信息时代美国隐蔽行动的新方

---

[1] 杜雁芸：《网络军备控制为何难以施行？基于客观层面视角分析》，第 3 页。关于归因难题及其理论争鸣的详细阐述，还可参见何奇松《美国网络威慑理论之争》，《国际政治研究》2013 年第 2 期，第 56—59 页。

[2] Lucas Kello, "The Meaning of the Cyber Revolution: Perils to Theory and Statecraft," *International Security*, Vol. 38, No. 2, 2013, p. 32.

[3] Austin Carson, *Secret Wars: Covert Conflict in International Politics*, Princeton: Princeton University Press, 2018, p. 297.

[4] Aaron F. Brantly, "Cyber Actions by State Actors: Motivation and Utility," p. 477.

[5] Philip H. J. Davies, "Intelligence, Information Technology, and Information Warfare," p. 331.

式——技术型隐蔽行动，从而为隐蔽网络行动的研究奠定了基础。不仅如此，美国学界还初步分析了网络空间隐蔽行动的类型（包括隐蔽的网络宣传行动、政治行动、经济行动和准军事行动等），开创性地梳理了美国隐蔽网络行动的政策功能和主要的实施路径，从而为美国隐蔽网络行动的理论研究确立了初具规模的分析框架，开辟了美国隐蔽行动研究的新领域。

第二节　美国隐蔽网络行动的实施路径

美国是世界上第一个将网络空间视为战场的国家，同时也是第一个组建网军和网络司令部的国家。早在 20 世纪 90 年代中期，美国就开始着手规划网络战略。1995 年，美国空军发布《信息战基础》的报告，率先列举了信息战的六个构成要素，包括心理战、军事欺骗、物理摧毁、电子战、安全措施和信息攻击。[1] 由此可见，作为网络战的最初概念形态，美国空军对信息战的解读已经蕴含了隐蔽行动，尤其是隐蔽宣传和心理行动的成分。2002 年，美国总统小布什签署《国家安全第 16 号总统令》，决定由国防部牵头，组织中情局、联邦调查局、国家安全局[2]等部门联合制定美国网络战战略。[3] 至此，网络战成为美国的国家战略，美国网络战的政策原则和组织框架初步定型，其中，中情局、国家安全局等情报部门成为网络战的组织机构充分表明，美国的网络战战略与隐蔽行动战略从一开始就密不可分。

鉴于美国军方在网络人才、网络技术和装备等方面占据得天独厚的优势，因此，美国军方成为实施网络战，尤其是网络准军事行动的主导部门。随着网络战及相关行动被纳入美国军方的议事日程，美国国防部

① 王军：《多维视野下的网络战：缘起、演进与应对》，《世界经济与政治》2012 年第 7 期，第 84 页。

② 美国国家安全局成立于 1952 年，隶属于美国国防部，早期的主要职责是截取和破译外国的通信，后来发展成为美国最重要的技术情报部门，尤其是与通信有关的高技术行动。

③ 蔡翠红：《美国网络空间先发制人战略的构建及其影响》，《国际问题研究》2014 年第 1 期，第 42 页。

先后设立联合参谋部指挥与控制中心、联合参谋部信息战局、信息系统安全中心、国家保密局信息战处、国防大学信息资源管理学院等机构。至此，美国国防部成为全球最强大的信息战指挥中心。2009 年 6 月，美国国防部宣布成立网络司令部，专门负责协调美国军方各部门和机构的网络战行动。基于国防部在网络技术领域的优势地位，网络司令部成为美国在网络空间实施隐蔽行动的重要角色。[1] 除美国国防部之外，美国国家安全委员会以及相关情报机构也建立了 40 多个信息网络机构，其主要职责就是展开网络情报战等公开或隐蔽的网络行动，尤其是窃取他国的经济、技术、政治和军事情报。[2]

由此可见，随着网络战战略的确立，美国迅即组建了相关的网络战机构，包括隐蔽网络行动的实施机构，从而构建了具有一定规模的隐蔽网络行动组织体系。与此同时，相关机构业已展开的网络战亦表明，隐蔽网络行动已经成为美国隐蔽行动的新方式和新领域。

一　网络空间与美国谍报行动

情报行动（即广义上的谍报行动）包括公开和隐蔽两个维度，就实施路径而言，情报行动的方式多种多样，以情报搜集和情报分析为目的的信息战和网络战则是网络时代情报行动的具体实施方式之一。[3] 对于谍报活动而言，互联网堪称天赐之物，互联网和谍报术的结合为情报活动提供了新的手段，拓展了有关国家间谍活动的空间。网络谍报活动的发展亦表明，随着国际互联网的出现，互联网成为情报搜集增长最快的领域之一。基于成本、安全、快速和有效等因素的考量，互联网成为情报和间谍活动的优先选择。[4]

所谓网络间谍，是指一国利用互联网平台，在有价值的网络系统中

---

① Aaron F. Brantly, *The Decision to Attack*, pp. 123 – 124.

② 卢新德：《论美国信息安全战略的扩张性》，《当代亚太》2005 年第 7 期，第 26 页。

③ 赵冰峰：《论情报（下）：情报活动机理及和平建设型国家情报体系》，《情报杂志》2015 年第 8 期，第 4 页。

④ Frederick L. Wettering, "The Internet and the Spy Business," *International Journal of Intelligence and Counterintelligence*, Vol. 14, No. 3, 2001, pp. 342, 358 – 359.

植入恶意软件，从而以最小的成本获取所需要的信息和情报。① 与此相对应，隐蔽行动框架下的网络谍报行动是指由国家情报机构实施的具有政治和军事目的的网络情报政策和行为。在隐蔽网络行动序列中，网络谍报行动是最普遍的行动类型，也是隐蔽网络行动最早展开的领域。从源头上讲，网络谍报活动可追溯到20世纪80年代初期，国际互联网一经问世就成为有关国家情报机构利用网络工具搜集情报并从事间谍活动的平台。② 相较于互联网时代之前的间谍活动，网络谍报活动能够在较短的时间内窃取更多的信息，网络平台的剪接功能亦为网络谍报活动提供了"貌似否认"的掩护工具。③ 因此，与传统谍报行动不同，网络空间的情报搜集和谍报活动更加全面和隐蔽，更具虚拟特征，因此，网络谍报行动是一种新型的情报搜集和处理方式。

美国是网络空间技术的发源地，拥有强大的信息技术和网络资源，因此，网络空间成为美国在全球范围内展开情报搜集和谍报行动的新平台。自网络诞生以来，中情局就一直从网络空间窃取外国情报，④ 网络谍报活动从一开始就是美国隐蔽网络行动的表现形式。

在利用网络空间从事情报搜集等谍报行动中，"黑包行动"（Operation Black Bag）是中情局早期的代表性行动，其实施方式包括在外国政府、军方的计算机系统中秘密植入恶意软件或监控装置，目的就是窃取相关情报。⑤ 作为网络空间谍报行动的延续，中情局于2002年组建了美

---

① 郎平：《网络空间安全：一项新的全球议程》，《国际安全研究》2013年第1期，第133页。此外，还有学者从计算机情报战的角度探讨网络谍报行动，认为所谓计算机情报战，是指以竞争对手（或敌方）用于战争或者在其他方面起重要作用的计算机网络系统作为攻击、破坏和打击目标，通过各种技术手段，窃取情报，致使计算机网络陷入失灵、混乱和瘫痪，进而达到摧毁其指挥和作战能力的一种特殊的作战方式。参见刘凤喜《试析情报战场上的新主角：计算机情报战》，《情报杂志》1999年第2期，第88页。

② Michael Vatis, "The Next Battlefield: The Reality of Virtual Threats," *Harvard International Review*, Vol. 28, No. 3, 2006, p. 59.

③ Mark Stout, "Covert Action in the Age of Social Media," *Georgetown Journal of International Affairs*, Vol. 18, No. 2, 2017, p. 97.

④ Michael Warner, *The Rise and Fall of Intelligence: An International Security History*, Washington, D. C.: Georgetown University Press, 2014, p. 301.

⑤ Shane Harris, *@ War: The Rise of the Military-Internet Complex*, Boston: Houghton Mifflin Harcourt, 2014, p. 77.

国情报系统中的第一支黑客团队——信息行动中心（Information Operations Center），其核心使命就是发起隐蔽网络攻击，包括招募外国间谍从事网络攻击，以便通过网络空间秘密获取外国政治、经济和军事情报。[①]随着隐蔽网络行动的渐次展开，中情局于 2015 年 3 月宣布一项重组计划，新设数字创新指挥部，专门负责统管中情局的网络行动，其具体职责包括：为美国特工人员提供网络技术培训；改善中情局的数据资源管理水平；提升研判能力，更好地提供预警性情报等。[②] 为进一步强化网络情报能力，中情局于 2016 年将信息行动中心扩编为网络情报中心（Center for Cyber Intelligence），目的就是提升技术创新，尤其是网络技术及其运用在美国隐蔽行动体系中的地位和作用，由此表明数字革命及其成果运用已经成为中情局使命（包括网络间谍、反情报、情报搜集和分析、隐蔽行动等）的内在组成部分。[③] 作为美国隐蔽行动的组织者和实施者，中情局网络行动部门的设立意味着隐蔽网络行动已经被纳入中情局的工作议程，网络谍报行动是中情局隐蔽网络行动的一项重要内容。

　　除中情局之外，成立于 1952 年并隶属于军方的美国国家安全局亦在网络谍报行动中扮演了重要角色。作为专注于信号情报的专门机构，美国国家安全局以其在设备、技术和人员上的优势而成为美国从事网络情报（谍报）行动最活跃和最重要的主体。[④] 在美国国家安全局实施的一系列网络谍报行动中，"微软密钥事件"堪称突出代表，是美国利用网络空间实施情报搜集和谍报行动的又一个突出例证。1999 年 8 月，加拿大科学家安德鲁·费尔南德斯发现美国微软公司的 Windows 操作系统中存在第二把密钥——"NSA Key"，而 NSA 是美国国家安全局的简称，这就意味着微软公司在每个 Windows 操作系统中都安装了一个程序上的"后

---

①　Shane Harris, @ War , p. 78.

②　赵晨：《美国网络安全建设的新举措》，《国际研究参考》2016 年第 2 期，第 22 页。

③　Huw Dylan, David V. Gioe and Michael S. Goodman, The CIA and the Pursuit of Security: History, Documents and Contexts, Edinburgh: Edinburgh University Press, 2020, pp. 471 - 472.

④　汪晓风：《网络战略：美国国家安全新支点》，复旦大学出版社 2015 年版，第 231 页。

门",专供美国国家安全局进入全世界 Windows 用户的电脑。① 举世震惊的"微软密钥事件"揭示了美国经由网络空间窃取他国机密的行径,彰显了美国利用互联网展开网络谍报行动的新路径。

自"微软密钥事件"之后,美国军方和情报机构利用网络实施全球监控和谍报活动的秘闻屡屡见诸报端,"棱镜门事件"则是美国网络监控和谍报活动等隐蔽网络行动的集中曝光。2013 年 6 月,中情局前雇员爱德华·斯诺登(Edward J. Snowden)曝光了美国情报机构于 2007 年启动的代号为"棱镜"(PRISM)的绝密监控项目,此即震惊世界的"棱镜门事件"(又称"斯诺登事件")。作为美国迄今为止实施的最大规模的秘密监控项目,"棱镜计划"的监控范围涉及全球通话和互联网系统,遭到秘密监听的国家包括法国、墨西哥、德国、英国、巴西、西班牙等诸多国家,其中,35 个国家领导人的通话被美国秘密监听;包括微软、雅虎、谷歌、脸书、苹果等 9 家美国大型科技公司参与了"棱镜计划"的监控项目。一方面,作为一项网络谍报行动,美国情报机构经由"棱镜计划"获得的数据包括电子邮件、语音交谈、视频、照片、网络通话、文件传输以及社交网络上的详细资讯,因此,"棱镜门事件"展示了美国情报界对互联网的超乎想象的渗透和控制。② 另一方面,"棱镜门事件"表明,美国的网络监控计划既包含以国家安全为目标的间谍活动,也涉及以盈利为目标的间谍活动。③ 其中,以国家安全为目标的网络间谍活动属于隐蔽网络行动的范畴,因此,"棱镜门事件"昭示了美国隐蔽网络行动的规模和力度。就其影响而言,"棱镜门事件"是国际网络安全发展史上的一个里程碑,拉开了网络空间情报化和军事化的帷幕,同时引发了全球性的网络安全危机,④ 而美国在网络空间实施的包括网络谍报行动在内的隐

---

① 蔡翠红:《信息网络与国际政治》,第 194—195 页。刘勃然、黄凤志:《当代网络空间国际政治权力格局探析》,《学术论坛》2012 年第 7 期,第 43 页。

② 汪晓风:《"斯诺登事件"后美国网络情报政策的调整》,《现代国际关系》2018 年第 11 期,第 63 页。

③ 李恒阳:《"斯诺登事件"与美国网络安全政策的调整》,《外交评论》2014 年第 6 期,第 114 页。

④ 鲁传颖:《网络空间安全困境及治理机制构建》,《现代国际关系》2018 年第 11 期,第 49 页。

蔽网络行动则是导致全球网络安全危机的重要因素。

二　网络空间与美国隐蔽宣传行动

网络空间的核心功能之一就是储备观念权力并将其转化为全球影响力资源，由此体现了政治与网络空间的高度融合。① 基于完全不同于传统媒介及其传播渠道的特性，以国际互联网为中心的网络空间为思想观念、意识形态以及文化和社会模式的全球投送提供了新的平台，网络心理（宣传）战超越了政策工具的功能，成为一种战略性的武器和手段，② 工具性和战略性的有机结合是网络宣传战的最大优势，充分展示了网络宣传战的政策功能和战略属性。

美国始终将信息权力视为新型的权力资源，认为美国在信息革命中的领导地位增强了美国观念和价值的全球传播能力。③ 早在 20 世纪 80 年代，美国就将网络空间视为思想和意识形态较量的竞技场，认为网络信息是一种特别有效的武器。首先，通过传播观念和改变认知，网络信息具有塑造思维的功能，可以发挥宣传和政治动员的作用，此即网络心理行动。④ 其次，借助蓝牙技术（Bluetooth）、无线局域网（Wifi）和全球定位系统（Global Positioning System，GPS）等网络技术，网络心理行动可以更快和更广泛地影响受众的认知，以独特的工具优势达到特定的政策目的，诸如制造焦虑甚至恐慌，削弱目标对象的凝聚力，蓄意抹黑目标对象等。⑤ 鉴于网络宣传可以最大限度地提升宣传战的辐射面和影响力，因而成为美国展开宣传战的重要渠道。

除借助网络空间实施公开的宣传战之外，利用网络平台进行隐蔽宣传业已成为美国隐蔽网络行动的最大特色，是美国在更高层次、更大范

---

① Nazli Choucri, *Cyberpolitics in International Relations*, Cambridge：The MIT Press, 2012, p. 10.

② 张应二、曹二刚主编：《网络心理战》，国防大学出版社 2007 年版，第 2—3 页。

③ Joseph S. Nye, Jr. and William A. Owens, "America's Information Edge," p. 29.

④ Mary M. Manjikian, "From Global Village to Virtual Battlespace：The Colonizing of the Inernet and the Extension of Realpolitik," *International Studies Quarterly*, Vol. 54, No. 2, 2010, pp. 396 – 397.

⑤ Martin C. Libicki, "The Convergence of Information Warfare," *Strategic Studies Quarterly*, Vol. 11, No. 1, 2017, pp. 52 – 53.

围展开隐蔽宣传行动的新渠道。一方面，国际互联网的一个基本功能，就是可以将新闻媒体（包括报纸等）、影视作品、图书期刊等传播途径置于网络平台，而且，以互联网为中心的网络传播渠道具有传播范围广、传递速度快、隐蔽性更强的特点，因而成为美国进行文化和意识形态渗透的主要阵地。① 另一方面，作为连接网络媒体的主要平台，互联网同样具有隐蔽性和非归属性的特点，因而是从事隐蔽宣传行动，尤其是黑色宣传的新通道。② 鉴于此，国际互联网成为美国隐蔽宣传武器库中的新宠。

美国借助网络空间展开隐蔽宣传行动的一个基本方式，就是在目标对象的网络系统（如电脑、扫描仪等）中秘密配置特定程序并借此散布虚假信息，目的就是欺骗对手并将其引向美国期待的方向，③ 进而实现隐蔽宣传的目标。此外，利用网络空间展开秘密宣传攻势并借此影响目标国的国内政局，亦是美国隐蔽网络宣传行动的重要功能。

在 2009 年伊朗总统选举期间，为按照美国的意愿影响伊朗的选举进程和政治走向，美国政府一方面向流亡国外的伊朗反政府势力提供网络技术和信息支持以壮大其声势和影响。另一方面，美国政府还利用推特（Twitter）等网络传播渠道，在伊朗网民中大肆散布蓄意捏造的各种谣言，指责内贾德操纵选举，要求宣布选举结果无效，目的就是混淆视听，煽动伊朗民众对抗政府，破坏伊朗政局和社会稳定，进而引发了一场造成流血冲突的严重社会事件。④ 这一事件是美国利用包括隐蔽网络宣传行动在内的宣传战在他国实施政治渗透、秘密影响他国政局的代表性案例，突显了美国隐蔽网络宣传行动的政治功效。

美国利用网络宣传秘密影响和操控他国政局、制造政治动荡的另一个典型案例，就是美国幕后推动的 2011 年"阿拉伯之春"。早在"阿拉

---

① 舒建中：《美国宣传战的政策功能与实施平台》，《国际研究参考》2017 年第 7 期，第 24—25 页。

② Frederick L. Wettering, "The Internet and the Spy Business," p. 352.

③ P. C. Duvenage and S. H. von Solms, "Cyber Counterintelligence: Back to the Future," p. 52.

④ 唐小松、刘彦社：《奥巴马政府网络外交论析》，《国际问题研究》2010 年第 6 期，第 21 页。

伯之春"爆发之前，美国就在伊朗、叙利亚和利比亚等国组建秘密无线网络，对阿拉伯国家进行宣传蛊惑和政治渗透，通过网络制造和传播谣言，渲染街头革命，直接推动了"阿拉伯之春"的爆发。因此，"阿拉伯之春"是一场受计算机影响的后冷战时代的无形战争，[①] 昭示了美国隐蔽网络宣传行动的渗透力和破坏力。

2013—2015 年乌克兰危机期间美国及其北约盟国展开的舆论攻势，是美国利用网络平台实施公开和隐蔽相结合的宣传战的又一个突出案例。借助推特、脸书（Facebook）等网络传播渠道以及电脑、手机和其他移动媒介等信息技术工具，美国及其北约盟国展开了一场冷战模式的网络宣传战，利用真假难辨、来历不明的网络舆论影响国际社会对乌克兰危机的认知，营造了虚假的舆论共识，在挑动世界舆论以及乌克兰政局的同时，更为美国及其盟国对俄罗斯实施制裁创造了有利的舆论环境，展示了网络宣传战的巨大威力。[②] 因此，在乌克兰危机期间美国实施的公开和隐蔽手段相交织的网络宣传战清楚地表明，网络时代的媒体已经成为美国撬动和操控国外政治事件以及公众认知的工具。依托信息技术与社会媒体的高度融合，美国公开的宣传战和隐蔽的网络宣传行动实现了有机整合，更具欺骗性和危险性。

网络空间隐蔽宣传行动的另一个重要功能就是利用心理攻势瓦解对手的战斗意志，助推美国的军事行动。1991 年海湾战争期间，以美国为首的多国部队依托计算机网络大肆散布真假难辨甚至完全虚假的诱导性信息，发起了一场公开和隐蔽手段相配合的网络宣传战，形成强大的心理战效应，目的就是利用信息威慑、蛊惑和欺骗等方式，动摇伊拉克的民心和军心，打击伊拉克的战斗意志。[③] 海湾战争不仅揭开了网络心理战的序幕，而且充分表明，公开的网络宣传战和隐蔽的网络宣传行动已经

[①]　刘兴华：《奥巴马政府对外网络干涉政策评析》，《现代国际关系》2013 年第 12 期，第 56—57 页。

[②]　K. J. Boyte, "An Analysis of the Social-Media Technology, Tactics, and Narratives Used to Control Perception in the Propaganda War over Ukraine," *Journal of Information Warfare*, Vol. 16, No. 1, 2017, pp. 93 – 97, 100 – 101.

[③]　张应二、曹二刚主编：《网络心理战》，第 1 页。

成为美国实现军事目标的重要手段。

在 1999 年科索沃战争期间，网络心理战和宣传战再度成为以美国为首的北约国家打击南联盟的有力武器。战争开始后，美国等北约国家在互联网上设置"北约空袭""科索沃危机""贝尔格莱德动态"等多个网站展开公开的心理宣传战，大量发布反南联盟政府的信息，抹黑南联盟及其领导人。不仅如此，美国还利用计算机信息处理技术、信号模拟和仿真技术等高技术手段，合成虚假战况在电视节目和网络中传播，并炮制出一个塞族人屠杀阿族人的所谓"万人坑事件"，以此为北约空袭打造舆论声势。① 由此可见，网络空间不仅为美国从事公开的宣传战提供了新的平台，网络技术还为美国实施虚假宣传提供了新的手段，运用网络技术捏造和虚构信息并展开宣传攻势成为美国隐蔽宣传行动的新路径。

在 2003 年伊拉克战争期间，美国故伎重演，针对伊拉克发起了一场隐蔽的网络宣传战。在发动伊拉克战争之前，美国情报部门就通过网络渠道向伊拉克军官秘密发送邮件，敦促其放弃抵抗并实施策反。② 此外，美国情报机构还通过秘密途径向伊拉克国内具有社会影响力的人士发送电子邮件，悉数萨达姆的"罪状"，竭力劝降社会主流人物。在战争开始后，美国军方和情报机构通过网络不断制造和散布假新闻，如萨达姆在美军的第一轮空袭中被炸身亡、电视画面中的萨达姆并非其本人等；美军还通过计算机图像合成技术，制造根本不存在的"战场实况"，以此实施信息诱导。③ 由此可见，在伊拉克战争进程中美国实施的网络宣传攻势是美国利用网络空间展开隐蔽心理战的又一个典型案例。在此期间，美国网络宣传行动最具代表性的发展，就是第一次利用互联网针对伊拉克发起了一场规模空前的电子邮件运动，④ 借助电子邮件展开秘密的心理攻势从一个侧面展示了美国隐蔽网络宣传行动的新手段。

鉴于网络心理战和宣传战在战争中发挥了巨大的效应，美国遂决定

---

① 张应二、曹二刚主编：《网络心理战》，第 18—19 页。
② Richard A. Clarke and Robert K. Knake, *Cyber War*, New York：Harper Collins, 2010, pp. 9 - 10.
③ 张应二、曹二刚主编：《网络心理战》，第 27 页。
④ Athina Karatzogianni, *The Politics of Cyberconflict*, London：Routledge, 2006, p. 189.

加强网络宣传力量的组织建设。2006 年底，美国国防部组建专门的"网络媒体战部队"，主要目的就是 24 小时全天候监控互联网及相关媒体报道，以便及时纠正错误信息，处理"不准确信息"，积极引导利己报道的传播。[①] 由此可见，美国"网络媒体战部队"的使命是以秘密和集成的方式监视和处理网络媒体报道，通过网络空间从事服务于美国的心理宣传战，由此提升了美国网络宣传战的组织构架和应对能力，预示着美国将展开更大规模的网络宣传战和隐蔽网络宣传行动。

三　网络空间与美国隐蔽经济行动

在信息时代，网络空间已经将世界经济连为一体，因此，网络空间一方面强化了世界经济的相互融合与相互依赖；另一方面，网络空间也增强了各国经济，尤其是基础设施应对外来威胁的脆弱性。通过扰乱或毁坏计算机网络系统，模糊了实施角色和路径的远程网络攻击可以导致能源基础设施（如电力和石油实施）、金融基础设施（如银行以及其他金融系统）、交通基础设施（如铁路运输、海上运输、民用航空运输）等无法运转或陷入瘫痪。[②] 鉴于网络对世界经济具有重要意义，因此，网络空间成为美国实施经济战和隐蔽经济行动的重要平台。

美国拥有对世界经济的广泛影响力和强大的网络权力，以及由此形成的对网络空间的掌控能力，所有这些均为美国在网络空间展开隐蔽经济行动提供了独一无二的便利条件。

1982 年 6 月，美国通过秘密植入恶意软件，利用网络系统攻击苏联西伯利亚的天然气管线并引发爆炸，但苏联对隐藏的"美国之手"却毫无察觉。作为美国利用网络空间实施的隐蔽经济行动，"西伯利亚攻击"（Siberia Attack）是世界历史上的第一次网络攻击，展示了网络武器的有效性，[③] 彰显了基于网络的隐蔽经济行动的强大威力及其实施路径的高度

---

① 倪海宁：《美军"网络战"理论和实践》，《国际资料信息》2008 年第 7 期，第 16 页。

② Lene Hansen and Helen Nissenbaum, "Digital Disaster, Cyber Security, and the Copenhagen School," *International Studies Quarterly*, Vol. 53, No. 4, 2009, p. 1161.

③ Richard B. Andres, "The Emerging Structure of Strategic Cyber Offense, Cyber Defense, and Cyber Deterrence," in Derek S. Reveron, ed., *Cyberspace and National Security*, p. 89.

隐蔽性。"西伯利亚攻击"还清楚地表明,在国际互联网初创时期,美国就已经利用网络空间作为遂行隐蔽经济行动的平台,开启了美国实施隐蔽网络经济行动的历程。

在 1999 年科索沃战争期间,美国利用信息技术针对南联盟展开了以金融、电信等领域为主要对象的隐蔽网络经济行动。战争开始后,美国总统克林顿立即授权中情局启动以南联盟金融系统为目标的秘密网络攻击;美国还采用拒绝服务攻击方式,停止了在南斯拉夫地区的商业网络服务,目的就是干扰并搅乱南联盟的经济秩序。此外,美国利用网络媒体散布蓄意捏造的谣言,称米洛舍维奇等领导人已将南联盟国库中的钱财转移到塞浦路斯等国的银行,美国情报机构的黑客已被派往这些国家展开调查,[①] 目的就是制造金融恐慌。不仅如此,以美国为首的北约国家还针对南联盟秘密投放以破坏电信系统为主要目标的石墨炸弹,并对南联盟的通信系统实施秘密的强电磁干扰。[②] 由此可见,科索沃战争期间美国针对南联盟的隐蔽经济行动既包括秘密的网络金融和电信攻击,也涉及虚假的经济信息和网络宣传,从一个侧面展示了网络时代美国隐蔽经济行动的新手段,秘密的网络经济战成为美国实施隐蔽经济行动的新方式。

四 网络空间与美国准军事行动

自信息革命以来,美国就特别重视网络空间的军事和战略意义,将网络空间视为展开新型军事行动,包括准军事行动的重要领域。2008 年 1 月,美国布什政府秘密制定了"综合国家网络安全倡议",要求美军应具备进入任何距离的计算机网络系统的能力,隐蔽地窃取信息,进而达到欺骗、阻止、瓦解、削弱或摧毁对方民用和军用网络系统的目标。[③] 至此,利用网络空间针对目标国相关设施和机构展开隐蔽的网络攻击成为美军网络战的重要维度,目的就是扰乱和摧毁目标对象的信息和通信系

① 张应二、曹二刚主编:《网络心理战》,第 20 页。
② 陈岸然、王忠:《信息战视野中的典型战例研究》,学林出版社 2009 年版,第 60 页。
③ 高望来:《信息时代中美网络与太空关系探析》,《美国研究》2011 年第 4 期,第 66 页。

统，尤其是破坏其军事指挥和控制体系。① 其中，以非战争手段秘密入侵并攻击目标对象的军用计算机网络展示了美国网络战的准军事行动属性。

为实施网络准军事行动，美国相关部门进行了周密的准备。美国中情局研制了专门的军用病毒，意在将密码病毒固化在出口的集成电路芯片中长期潜伏，战时遥控触发。美国国防部启动了计算机武器的研发计划，目的就是将计算机病毒远距离注入目标对象的飞机、舰艇等战术系统中，以便在关键时刻激活病毒，瘫痪目标对象武器系统中的电脑等设施。② 由此可见，中情局和美国国防部的网络战规划具有网络准军事行动（隐蔽网络军事行动）的特征，袭扰、破坏和瘫痪目标对象的军事设施和指挥系统则是美国网络准军事行动的新目标。

在设计制定网络准军事行动的政策方案的同时，美国还将有关网络准军事行动的构想付诸实施。在 1991 年海湾战争期间，美国针对伊拉克实施了一次成功的隐蔽网络军事行动。在海湾战争爆发之前，美国情报部门获悉伊拉克从法国购买了用于防空系统的新型电脑打印机，准备通过约旦首都安曼偷运到巴格达。为破坏伊拉克的防空系统，美国特工迅即抵达安曼并在机场偷梁换柱，将带有病毒的同型号芯片植入打印机。海湾战争爆发后，美军激活病毒并通过打印机侵入伊军电脑，致使伊拉克防空系统陷入瘫痪。美国实施的此次网络攻击是世界上首次将计算机病毒用于实战并取得极佳效果的案例，标志着计算机病毒战的到来。③ 更为重要的是，美国在海湾战争期间实施的计算机病毒战展示了隐蔽军事行动在网络空间的实际运用，是美国网络准军事行动的早期成功实践，充分展示了美国网络准军事行动的隐蔽性和破坏力。

在 1999 年科索沃战争正式打响之前，以美国为首的北约国家就利用计算机网络及全球定位系统等信息技术手段，窃取南联盟的政治和军事情报，为发动战争提供了情报保障。④ 在科索沃战争期间，以美国为首的

---

① Nat Katin-Borland, "Cyberwar: A Real and Growing Threat," in Sean S. Costigan and Jake Perry, eds., *Cyberspaces and Global Affairs*, Burlington: Ashgate, 2012, p. 4.

② 周方银：《信息革命对军事与安全的影响》，《现代国际关系》2001 年第 7 期，第 31 页。

③ 张应二、曹二刚主编：《网络心理战》，第 34 页。

④ 陈岸然、王忠：《信息战视野中的典型战例研究》，第 94—95 页。

北约盟军借助网络渠道，秘密将大量计算机病毒和欺骗性信息注入南联盟军队的计算机网络以及通信系统，借此对南联盟军事指挥系统实施秘密的网络攻击和强电磁干扰，造成南联盟军队通信中断，指挥混乱，助推了美国领导的北约盟军的军事胜利。① 作为辅助并支持北约军事行动的举措，以美国为首的北约盟军的网络战具有准军事行动的性质，凸显了网络准军事行动在现代战争中所发挥的作用。

由美国和以色列联合开发的震网病毒（Stuxnet）被称为世界上第一款网络武器，甚至被称为"军事级别的网络导弹"，② 伊朗核设施则成为震网病毒的首选攻击目标。

由美国实施的代号为"奥林匹克竞赛行动"（Operation Olympic Games）的震网病毒攻击是典型的隐蔽网络行动，展示了隐蔽网络行动的独特场景及其攻击力，是美国应对伊朗核问题的第三种选择。③ 早在 2006年，美国布什政府就酝酿对伊朗核设施发起秘密的网络战，目的就是瘫痪，至少是迟滞伊朗的核计划进程。④ 经过周密策划，美国奥巴马政府于2009 年 6 月决定发起代号为"奥林匹克竞赛行动"的网络攻击。在做出进一步部署之后，"奥林匹克竞赛行动"于 2010 年 6 月付诸实施，美国利用震网病毒破坏与伊朗核设施相连接的计算机系统，导致伊朗核设施陷入瘫痪。"奥林匹克竞赛行动"是美国通过网络空间实施的一次成功的暗中破坏行动，在行动类型和攻击方式上具有隐蔽行动的特征，⑤ 是典型的具有准军事行动性质的隐蔽网络行动，彰显了美国隐蔽网络行动的秘密攻击力和巨大破坏力。此外，"奥林匹克竞赛行动"的震网病毒攻击还表明，伊朗无力保护其最机密的核计划，暴露了伊朗网络系统的脆弱性，

---

① 吴鑫：《复燃的巴尔干火药桶：科索沃战争》，《军事历史》2006 年第 11 期，第 26—27页。陈岸然、王忠：《信息战视野中的典型战例研究》，第 60 页。

② Jon R. Lindsay, "Stuxnet and the Limits of Cyber Warfare," *Security Studies*, Vol. 22, No. 3, 2013, p. 366.

③ Aaron F. Brantly, "Cyber Actions by State Actors: Motivation and Utility," pp. 479 – 480.

④ David E. Sanger, *Confront and Conceal: Obama's Secret Wars and Surprising Use of American Power*, New York: Crown Publishers, 2012, pp. 190 – 191.

⑤ Lucas Kello, "The Meaning of the Cyber Revolution: Perils to Theory and Statecraft," pp. 14 – 16, 25.

进而获得了羞辱伊朗的心理功效，展示了网络战的另一个重要功能——获取心理支配效应。① 作为一项隐蔽行动计划，"奥林匹克竞赛行动"在政策筹划、技术设计、组织实施等方面充分展示了美国网络战的技术优势和行动能力，堪称美国网络战的经典案例。②

在 2011 年利比亚战争期间，美军的军事信息支援行动主要依托互联网强劲开展，贯穿战争全过程。例如，通过窃取网络情报，干扰利比亚政府军的指挥决策；建立"网络黎明"网站，竭力渲染"奥德赛黎明行动"的进展；利用"罗盘呼叫"等装备入侵利比亚网络系统，为美军空袭提供准确信息。借助互联网的军事信息支援行动，美军最终以最小的军事代价，赢得了最大的政治、经济和军事效益。③ 由此可见，在利比亚战争期间美军的军事信息支援行动既涵盖公开的网络宣传战，亦包含隐蔽的网络军事行动。因此，利比亚战争再度表明，网络宣传战和网络准军事行动的结合已经成为美国实现军事目标的新方式。

网络技术的发展不仅改变了传统的战争样态，而且改变了准军事行动的方式，美军倡导的海上网络战就具有一定的代表性。海上网络战是集指挥控制、通信、计算机、杀伤、情报、监视和侦察于一体的系统性对抗。美国海军最早构建了系统的海上网络战体系，其中，空中监视侦察、机载情报监视侦察、海上监视侦察、水下监视侦察等，则是美国海上网络战的关键构成要素。④ 由此可见，美国海上网络战中的情报、监视和侦察系统具有隐蔽军事行动的属性，是美国准军事行动在海上网络战中的具体体现，由此为美国的海上隐蔽行动增添了基于网络技术的新的内涵和实施手段，体现了信息时代美国海上隐蔽行动的新发展。

综上所述，一方面，随着信息时代的来临以及网络技术的发展，美

---

① Max Smeets, "The Strategic Promise of Offensive Cyber Operations," *Strategic Studies Quarterly*, Vol. 12, No. 3, 2018, pp. 101 – 102.

② Fred M. Kaplan, *Dark Territory: The Secret History of Cyber War*, New York: Simon & Schuster, 2016, pp. 208 – 209.

③ 卜江、陈海洋：《论美军心理战的概念演进》，《军事历史》2019 年第 1 期，第 87 页。

④ 有关美国海上网络战的详细论述，参见王小非主编《海上网络战》，国防工业出版社 2006 年版，第 3—28 页。

国遂将网络空间作为施展隐蔽行动的新平台。为此，除制定与隐蔽网络行动相关的政策方案之外，美国军方和情报机构均设立了相应的网络战机构，为利用网络空间实施隐蔽行动构筑了相应的政策框架和组织体系。另一方面，美国以不同方式在网络空间展开一系列的隐蔽网络行动，包括网络谍报行动、隐蔽网络宣传行动、隐蔽网络经济行动和网络准军事行动等。所有这些均表明，美国已经将隐蔽网络行动的政策构想付诸实施，隐蔽网络行动在延续传统隐蔽行动的基础上实现了新的突破，是美国在网络空间实施综合性隐蔽行动的新路径。

透过美国隐蔽网络行动的发展历程不难看出，美国利用互联网发源地和网络根域名解析服务器最大控制国的优势地位，最大限度地掌控国际互联网的核心技术和网络资源，因此，美国拥有借助网络渠道左右全球互联网运转并实施隐蔽行动的得天独厚的优势和权力。与传统隐蔽行动主要凭借经济、政治和军事手段不同，美国隐蔽网络行动在传统手段的基础上更多地依托技术手段，技术成为改变美国隐蔽行动样态的决定性因素，网络权力和技术优势是美国实施隐蔽网络行动的基础和前提。利用网络技术的支撑，美国的隐蔽行动方式实现了从传统隐蔽行动向新型隐蔽行动和传统隐蔽行动共同作用、相互配合的历史性转变。

从行动类型和范畴来看，网络技术将隐蔽行动从物理空间延伸到网络空间，从而拓展了美国隐蔽行动的界域。传统的美国隐蔽行动，包括情报搜集和谍报行动、隐蔽宣传行动、隐蔽政治行动、隐蔽经济行动和准军事行动在内，被运作于物理空间，其败露的风险系数较高。隐蔽网络行动不仅可以在很大程度上将传统隐蔽行动的所有类型置于网络空间，而且，基于网络空间的虚拟性，网络行动的隐蔽性明显大于在物理空间实施的隐蔽行动。因此，网络技术为美国从事隐蔽的谍报行动、宣传行动、政治行动、经济行动和准军事行动提供了更为灵活的手段和更加隐蔽的路径，网络空间成为美国在更高层次和更高水平上实施综合性隐蔽行动的新阵地。

参考文献

一　中文文献

白建才：《"第三种选择"：冷战期间美国对外隐蔽行动战略研究》，人民出版社 2012 年版。

白建才：《冷战初期美国"隐蔽行动"政策的制订》，《陕西师范大学学报》（哲学社会科学版）2003 年第 4 期。

白建才：《冷战期间美国对外"隐蔽行动"问题析论》，《世界历史》2010 年第 4 期。

白建才：《里根政府隐蔽行动政策文件的考察与解析》，《陕西师范大学学报》（哲学社会科学版）2008 年第 5 期。

白建才：《论美国对苏联入侵阿富汗的政策与隐蔽行动》，《陕西师范大学学报》（哲学社会科学版）2011 年第 6 期。

白建才：《论冷战期间美国的"隐蔽行动"战略》，《世界历史》2005 年第 5 期。

白建才、代保平：《1956—1958 年印度尼西亚外岛叛乱与美国的隐蔽行动》，《陕西师范大学学报》（哲学社会科学版）2007 年第 2 期。

白玉平、张杨：《美国对日本知识分子群体的心理战政策（1951—1961）》，《世界历史》2014 年第 5 期。

陈露、舒建中：《美国隐蔽政治行动与智利"9·11 政变"》，《历史教学问题》2020 年第 5 期。

崔建树：《折戟沉沙：美国"猪湾行动"始末》，南京大学出版社 2018 年版。

付瑞红:《里根政府对苏联的"经济战":基于目标和过程的分析》,《俄罗斯东欧中亚研究》2019 年第 1 期。

高慧开:《隐蔽行动:中央情报局与危地马拉政变研究》,上海人民出版社 2010 年版。

高文知:《"柏林隧道"的修建与冷战期间美国对苏联的情报战》,《武汉大学学报》(人文科学版)2015 年第 6 期。

高文知、谢国荣:《浅议冷战初期美国对民主德国的心理战》,《历史教学问题》2017 年第 2 期。

高艳杰:《艾森豪威尔政府秘密支持印尼"外岛叛乱"的缘起》,《世界历史》2015 年第 1 期。

葛腾飞、肖杰:《U-2 飞机与冷战时期美国高空越境侦察》,南京大学出版社 2018 年版。

宫旭平:《美国 U-2 飞机及对苏联的高空侦察》,载于群主编《新冷战史研究:美国的心理宣传战和情报战》,上海三联书店 2009 年版。

郭瑞芝、白建才:《冷战初期美国反共清洗运动对"产联"的清洗及后果》,《陕西师范大学学报》(哲学社会科学版)2014 年第 6 期。

贾力:《美国中央情报局在危地马拉的心理战:"成功行动"与 1954 年危地马拉政变》,《拉丁美洲研究》1999 年第 4 期。

厉荣:《美国心理战略委员会"叛逃者项目"探微(1951—1953)》,《世界历史》2012 年第 5 期。

刘邦义:《波兰政局的剧变与团结工会》,《世界历史》1995 年第 5 期。

刘焕成:《美国信号情报船的情报搜集活动记述》,《情报杂志》1991 年第 2 期。

鲁求宏:《1965 年的印尼"9·30 运动"与美国的秘密干预》,载朱瀛泉主编《国际关系评论》(第 4 卷),南京大学出版社 2004 年版。

马德义:《20 世纪 70 年代美国在鄂霍次克海的谍报活动探析》,《东北亚论坛》2011 年第 2 期。

茹莹:《论 70 年代以来"经济武器"在美国对苏外交中的运用》,《世界历史》1995 年第 6 期。

石斌:《1953 年美英对伊朗的"准军事行动"及其相关问题:基于新史

料的重新探讨》，《外交评论》2012 年第 2 期。

石斌：《"清除人民党"：1953 年美英对伊朗的准军事行动》，南京大学出版社 2018 年版。

时殷弘：《激变战略与解放政策：冷战初期美国政府对苏联东欧内部状况的政策》，《世界历史》1995 年第 3 期。

史澎海：《"第四种武器"：冷战期间美国对中东国家的心理战研究》，陕西人民出版社 2015 年版。

史澎海：《冷战初期美国对泰国的心理战行动：以 PSB D－23 心理战计划为核心的考察》，《西南大学学报》（社会科学版）2012 年第 3 期。

史澎海：《冷战初期美国对伊朗的心理战研究》，《四川师范大学学报》（社会科学版）2014 年第 3 期。

史澎海：《没有硝烟的战争：美国对外心理战研究》，陕西人民出版社 2017 年版。

史澎海、彭凤玲：《美国全国学生联合会与冷战初期美国对外心理战》，《陕西师范大学学报》（哲学社会科学版）2019 年第 2 期。

史澎海、杨艳琪：《冷战初期美国对外隐蔽心理战的考察》，《河北师范大学学报》（哲学社会科学版）2011 年第 1 期。

舒建中：《从"成功行动"计划看美国隐蔽行动的基本模式》，《史学月刊》2008 年第 11 期。

舒建中：《美国的"成功行动"计划：遏制政策与维护后院的隐蔽行动》，《世界历史》2008 年第 6 期。

舒建中：《美国的隐蔽行动研究及理论建构》，载李丹慧主编《冷战国际史研究》（第 28 辑），世界知识出版社 2019 年版。

舒建中：《美国的准军事行动理论》，《国际资料信息》2012 年第 12 期。

舒建中：《美国宣传战的政策功能与实施平台》，《国际研究参考》2017 年第 7 期。

舒建中：《美国宣传战与智利"9·11 政变"》，《史学月刊》2017 年第 8 期。

舒建中：《美国隐蔽行动理论研究述评》，《国际研究参考》2013 年第 5 期。

舒建中：《美国与1954年危地马拉政变》，南京大学出版社2018年版。

舒建中：《美国与智利1973年"9·11政变"》，《世界历史》2016年第2期。

舒建中：《经济权谋与外交：美国对智利阿连德政府的经济政策》，载徐蓝主编《近现代国际关系史研究》（第17辑），世界知识出版社2020年版。

腾海剑：《天主教与波兰政局变迁》，《历史教学》1996年第12期。

汪婧：《"消磁"计划与美国对意大利的心理冷战战略》，《历史教学》2010年第10期。

伍斌：《冷战初期（1949—1954）美国对东欧准军事行动探析》，《中南大学学报》（社会科学版）2011年第4期。

许加梅：《波兰事件与美国对波兰政策的演变》，《暨南学报》（哲学社会科学版）2008年第4期。

薛丹、郭永虎：《美国艾森豪威尔政府对叙利亚政策新探（1954—1957)》，《历史教学问题》2017年第2期。

于群：《社会科学研究与美国心理冷战战略：以"学说宣传项目"为核心的探讨》，《美国研究》2007年第2期。

于群：《"特洛伊计划"：美国冷战心理宣传战略探微》，《东北师大学报》（哲学社会科学版）2007年第2期。

张杨：《美国第一颗侦察卫星计划与美国的情报安全》，载于群主编《新冷战史研究：美国的心理宣传战和情报战》，上海三联书店2009年版。

张杨：《以宗教为冷战武器：艾森豪威尔政府对东南亚佛教国家的心理战》，《历史研究》2010年第4期。

赵继珂、贺飞：《冷战初期美国对法国的心理战研究：以PSB D-14c的制订与实施为例》，《史学集刊》2015年第2期。

赵学功：《美国艾森豪威尔政府对古巴的隐蔽行动计划》，载南开大学世界近现代史研究中心编《世界近现代史研究》（第14辑），社会科学文献出版社2017年版。

赵学功：《简论肯尼迪政府对古巴的隐蔽行动计划》，《南开学报》（哲学社会科学版）2007年第5期。

二 英文文献

Baldwin, David A. *Economic Statecraft.* Princeton：Princeton University Press，1985.

Barnhisel, Greg and Catherine Turner, eds. *Pressing the Fight：Print, Propaganda, and the Cold War.* Amherst：University of Massachusetts Press，2010.

Belmonte, Laura A. *Selling the American Way：U. S. Propaganda and the Cold War.* Philadelphia：University of Pennsylvania Press，2008.

Berghahn, Volker R. *America and the Intellectual Cold Wars in Europe：Shepard Stone between Philanthropy, Academy, and Diplomacy.* Princeton：Princeton University Press，2001.

Berkowitz, Bruce D. and Allan E. Goodman, *Best Truth：Intelligence in the Information Age.* New Haven：Yale University Press，2000.

Blum, William. *Killing Hope：U. S. Military and CIA Interventions since World War Ⅱ.* Monroe：Common Courage Press，1995.

Brands, Hal. *Latin America's Cold War.* Cambridge：Harvard University Press，2010.

Brantly, Aaron F. *The Decision to Attack：Military and Intelligence Cyber Decision-Making.* Athens：The University of Georgia Press，2016.

Breckinridge, Scott D. *The CIA and the U. S. Intelligence System.* Boulder：Westview Press，1986.

Brennan, Mary C. *Wives, Mothers, and the Red Menace：Conservative Women and the Crusade against Communism.* Boulder：University Press of Colorado，2008.

Brugioni, Dino A. *Eyes in the Sky：Eisenhower, the CIA, and Cold War Aerial Espionage.* Annapolis：Naval Institute Press，2010.

Burke, Kyle. *Revolutionaries for the Right：Anticommunist Internationalism and Paramilitary Warfare in the Cold War.* Chapel Hill：The University of North Carolina Press，2018.

Burrows, William E. *By any Means Necessary*: *America's Secret Air War in the Cold War*. New York: Farrar, Straus and Giroux, 2001.

Callanan, James. *Covert Action in the Cold War*: *US Policy, Intelligence and CIA Operations*. London: I. B. Tauris, 2010.

Carson, Austin. *Secret Wars*: *Covert Conflict in International Politics*. Princeton: Princeton University Press, 2018.

Carter, John J. *Covert Action as a Tool of Presidential Foreign Policy*: *From the Bay of Pigs to Iran-Contra*. Lewiston: The Edwin Mellen Press, 2006.

Chatterjee, Piya and Sunaina Maira, eds. *The Imperial University*: *Academic Repression and Scholarly Dissent*. Minneapolis: University of Minnesota Press, 2014.

Clark, J. Ransom. *American Covert Operations*: *A Guide to the Issues*. Santa Barbara: Praeger, 2015.

Coleman, Peter. *The Liberal Conspiracy*: *The Congress for Cultural Freedom and the Struggle for the Mind of Postwar Europe*. New York: Free Press, 1989.

Conboy, Kenneth and James Morrison. *Feet to the Fire*: *CIA Covert Operations in Indonesia, 1957 – 1958*. Annapolis: Naval Institute Press, 1999.

Corke, Sarah-Jane. *US Covert Operations and Cold War Strategy*: *Truman, Secret Warfare, and the CIA, 1945 – 53*. London: Routledge, 2008.

Cull, Nicholas J. *The Cold War and the United States Information Agency*: *American Propaganda and Public Diplomacy, 1945 – 1989*. New York: Cambridge University Press, 2008.

Daugherty, William J. *Executive Secrets*: *Covert Action and the Presidency*, Lexington: The University Press of Kentucky, 2004.

Dienesch, Robert M. *Eyeing the Red Storm*: *Eisenhower and the First Attempt to Build a Spy Satellite*. Lincoln: University of Nebraska Press, 2016.

Dylan, Huw, David V. Gioe and Michael S. Goodman. *The CIA and the Pursuit of Security*: *History, Documents and Contexts*. Edinburgh: Edinburgh University Press, 2020.

Falk, Andrew J. *Upstaging the Cold War*: *American Dissent and Cultural Diplo-*

macy, 1940 – 1960. Amherst: University of Massachusetts Press, 2010.

Gerard, Emmanuel and Bruce Kuklick. *Death in the Congo: Murdering Patrice Lumumba.* Cambridge: Harvard University Press, 2015.

Godson, Roy. *Dirty Tricks or Trump Cards: U. S. Covert Action and Counterintelligence.* Washington, D. C. : Brassey's, 1995.

Golden, Daniel. *Spy Schools: How the CIA, FBI, and Foreign Intelligence Secretly Exploit America's Universities.* New York: Henry Holt and Company, 2017.

Grow, Michael. *U. S. Presidents and Latin American Interventions: Pursuing Regime Change in the Cold War.* Lawrence: University Press of Kansas, 2008.

Gustafson, Kristian. *Hostile Intent: U. S. Covert Operations in Chile, 1964 – 1974.* Washington, D. C. : Potomac Books, 2007.

Hancock, Larry. *Creating Chaos: Covert Political Warfare from Truman to Putin.* London: OR Books, 2018.

Hanson, Philip. *Western Economic Statecraft in East-West Relations: Embargoes, Sanctions, Linkage, Economic Warfare, and Detente.* London: Routledge & Kegan Paul Ltd. , 1988.

Harmer, Tanya. *Allende's Chile and the Inter-American Cold War.* Chapel Hill: The University of North Carolina Press, 2011.

Harris, Sarah M. *The CIA and the Congress for Cultural Freedom in the Early Cold War: The Limits of Making Common Cause.* New York: Routledge, 2016.

Hixson, Walter L. *Parting the Curtain: Propaganda, Culture, and the Cold War, 1945 – 1961.* New York: St. Martin's Press, 1997.

Holt, Robert T. *Radio Free Europe.* Minneapolis: University of Minnesota Press, 1958.

Holt, Robert T. and Robert W. van de Velde. *Strategic Psychological Operations and American Foreign Policy.* Chicago: University of Chicago Press, 1960.

Iber, Patrick. *Neither Peace nor Freedom: The Cultural Cold War in Latin Amer-*

ica. Cambridge: Harvard University Press, 2015.

Immerman, Richard H. *The Hidden Hand: A Brief History of the CIA*. Malden: John Wiley & Sons Inc. , 2014.

Jeffreys-Jones, Rhodri. *Cloak and Dollar: A History of American Secret Intelligence.* New Haven: Yale University Press, 2002.

Jeffreys-Jones, Rhodri. *The CIA and American Democracy.* New Haven: Yale University Press, 2003.

Jenkins, Tricia. *The CIA in Hollywood: How the Agency Shapes Film and Television.* Austin: University of Texas Press, 2012.

Johnson, A. Ross. *Radio Free Europe and Radio Liberty: The CIA Years and Beyond.* Stanford: Stanford University Press, 2010.

Johnson, Loch K. *America's Secret Power: The CIA in a Democratic Society.* New York: Oxford University Press, 1989.

Johnson, Loch K. *Secret Agencies: U. S. Intelligence in a Hostile World.* New Haven: Yale University Press, 1996.

Johnson, Loch K. and James J. Wirtz, eds. *Strategic Intelligence: Windows into a Secret World, An Anthology.* Los Angeles: Roxbury Publishing Company, 2004.

Johnson, Loch K. , ed. *Strategic Intelligence*, Vol. 3, *Covert Action: Behind the Veils of Secret Foreign Policy.* Westport: Praeger, 2007.

Jones, Seth G. *A Covert Action: Reagan, the CIA, and the Cold War Struggle in Poland.* New York: W. W. Norton & Company, 2018.

Kaplan, Fred M. *Dark Territory: The Secret History of Cyber War.* New York: Simon & Schuster, 2016.

Kind-Kovács, Friederike. *Written Here, Published There: How Underground Literature Crossed the Iron Curtain.* Budapest: CEU Press, 2014.

Kinzer, Stephen. *Overthrow: America's Century of Regime Change from Hawaii to Iraq.* New York: Times Books, 2006.

Lamrani, Salim. *The Economic War against Cuba: A Historical and Legal Perspective on the U. S. Blockade.* New York: Monthly Review Press, 2013.

Leary, William M. *Perilous Missions*: *Civil Air Transport and CIA Covert Operations in Asia*. Tuscaloosa: University of Alabama Press, 1984.

Lockhart, James. *Chile, the CIA and the Cold War*: *A Transatlantic Perspective*. Edinburgh: Edinburgh University Press, 2019.

Lowenthal, Mark M. *Intelligence*: *From Secrets to Policy*. Washington, D. C. : CQ Press, 2006.

Lynn, Katalin K. , ed. *The Inauguration of Organized Political Warfare*: *Cold War Organizations Sponsored by the National Committee for a Free Europe / Free Europe Committee*. Saint Helena: Helena History Press, 2013.

Lucas, Scott. *Freedom's War*: *The American Crusade against the Soviet Union*. New York: New York University Press, 1999.

Marchetti, Victor and John D. Marks. *The CIA and the Cult of Intelligence*. New York: Dell Publishing, 1974.

Martin, L. John. *International Propaganda*: *Its Legal and Diplomatic Control*. Minneapolis: University of Minnesota Press, 1958.

Mistry, Kaeten. *The United States, Italy and the Origins of Cold War*: *Waging Political Warfare, 1945 – 1950*. Cambridge: Cambridge University Press, 2014.

Mitrovich, Gregory. *Undermining the Kremlin*: *America's Strategy to Subvert the Soviet Bloc, 1947 – 1956*. Ithaca: Cornell University Press, 2000.

Nelson, Michael. *War of the Black Heavens*: *The Battles of Western Broadcasting in the Cold War*. Syracuse: Syracuse University Press, 1997.

Nutter, John J. *The CIA's Black Ops*: *Covert Action, Foreign Policy, and Democracy*. New York: Prometheus Books, 2000.

Olson, James M. *Fair Play*: *The Moral Dilemmas of Spying*. Washington, D. C. : Potomac Books, 2006.

O'Rourke, Lindsey A. *Covert Regime Change*: *America's Secret Cold War*. Ithaca: Cornell University Press, 2018.

Osgood, Kenneth A. *Total Cold War*: *Eisenhower's Secret Propaganda Battle at Home and Abroad*. Lawrence: University Press of Kansas, 2006.

Paget, Karen M. *Patriotic Betrayal*: *The Inside Story of the CIA's Secret Campaign to Enroll American Students in the Crusade against Communism*. New Haven: Yale University Press, 2015.

Parry-Giles, Shawn J. *The Rhetorical Presidency, Propaganda, and the Cold War, 1945 – 1955*. Westport: Praeger, 2002.

Pedlow, Gregory W. and Donald E. Welzenbach. *The Central Intelligence Agency and Overhead Reconnaissance*: *The U – 2 and Oxcart Programs, 1954 – 1974*. Washington, D. C. : Military Bookshop, 1992.

Peebles, Curtis. *Twilight Warriors*: *Covert Air Operations against the USSR*. Annapolis: Naval Institute Press, 2005.

Polmar, Norman and Michael White. *Project Azorian*: *The CIA and the Raising of the K – 129*. Annapolis: Naval Institute Press, 2012.

Prados, John. *Presidents' Secret Wars*: *CIA and Pentagon Covert Operations since World War II*. New York: W. Morrow, 1986.

Prados, John. *Safe for Democracy*: *The Secret Wars of the CIA*. Chicago: Ivan R. Dee, Publisher, 2006.

Puddington, Arch. *Broadcasting Freedom*: *The Cold War Triumph of Radio Free Europe and Radio Liberty*. Lexington: The University Press of Kentucky, 2000.

Ranelagh, John. *The Agency*: *The Rise and Decline of the CIA*. New York: Simon and Schuster, 1986.

Reel, Monte. *A Brotherhood of Spies*: *The U – 2 and the CIA's Secret War*. New York: Doubleday, 2018.

Reisch, Alfred A. *Hot Books in the Cold War*: *The CIA-Funded Secret Western Book Distribution Program behind the Iron Curtain* New York: CEU Press, 2013.

Rider, Toby C. *Cold War Games*: *Propaganda, the Olympics, and U. S. Foreign Policy*. Urbana: University of Illinois Press, 2016.

Rositzke, Harry. *The CIA's Secret Operations*: *Espionage, Counterespionage, and Covert Action*. New York: Reader's Digest Press, 1977.

Sasgen, Peter T. *Stalking the Red Bear: The True Story of a U. S. Cold War Submarine's Covert Operations against the Soviet Union.* New York: St. Martin's Press, 2009.

Sater, William F. *Chile and the United States: Empires in Conflict.* Athens: The University of Georgia Press, 1990.

Schweizer, Peter. *Victory: The Reagan Administration's Secret Strategy that Hastened the Collapse of the Soviet Union.* New York: Atlantic Monthly Press, 1994.

Sharp, David H. *The CIA's Greatest Covert Operation: Inside the Daring Mission to Recover a Nuclear-Armed Soviet Sub.* Lawrence: University Press of Kansas, 2012.

Shaw, Tony. *Hollywood's Cold War.* Edinburgh: Edinburgh University Press, 2007.

Shulsky, Abram N. and Gary J. Schmitt. *Silent Warfare: Understanding the World of Intelligence.* Washington, D. C. : Potomac Books, Inc. , 2002.

Thomson, Andrew. *Outsourced Empire: How Militias, Mercenaries, and Contractors Support US Statecraft.* London: Pluto Press, 2018.

Treverton, Gregory F. *Covert Action: The Limits of Intervention in the Postwar World.* New York: Basic Books, 1987.

Tucker, David. *The End of Intelligence: Espionage and State Power in the Information Age.* Stanford: Stanford University Press, 2014.

Vandenbroucke, Lucien S. *Perilous Options: Special Operations as an Instrument of U. S. Foreign Policy.* New York: Oxford University Press, 1993.

Warner, Michael. *The Rise and Fall of Intelligence: An International Security History.* Washington, D. C. : Georgetown University Press, 2014.

West, Nigel. *Games of Intelligence: The Classified Conflict of International Espionage.* London: Hodder and Stoughton, 1989.

Whitney, Joel. *Finks: How the CIA Tricked the World's Best Writers.* New York: OR Books, 2016.

Wilford, Hugh. *The Mighty Wurlitzer: How the CIA Played America.* Cambridge: Harvard University Press, 2008.

Willmetts, Simon. *In Secrecy's Shadow: The OSS and CIA in Hollywood Cinema 1941 – 1979.* Edinburgh: Edinburgh University Press, 2016.

Wise, David and Thomas B. Ross. *The Invisible Government.* New York: Bantam Books, 1964.

Woodward, Bob. *Veil: The Secret Wars of the CIA, 1981 – 1987.* New York: Simon and Schuster, 1987.

Worley, D. Robert. *Orchestrating the Instruments of Power: A Critical Examination of the U. S. National Security System.* New York: Potomac Books, 2015.

Zwerling, Philip, ed. *The CIA on Campus: Essays on Academic Freedom and the National Security State.* Jefferson: McFarland & Company, 2011.

Barnes, Trevor. "The Secret Cold War: The C. I. A. and American Foreign Policy in Europe, 1946 – 1956, Part 1. " *The Historical Journal*, Vol. 24, No. 2, 1981.

Barnes, Trevor. "The Secret Cold War: The C. I. A. and American Foreign Policy in Europe, 1946 – 1956, Part 2. " *The Historical Journal*, Vol. 25, No. 3, 1982.

Bennett, M. Todd. "Détente in Deep Water: The CIA Mission to Salvage a Sunken Soviet Submarine and US-USSR Relations, 1968 – 1975. " *Intelligence and National Security*, Vol. 33, No. 2, 2018.

Blackwell, Stephen. "Britain, the United States and the Syrian Crisis, 1957. " *Diplomacy & Statecraft*, Vol. 11, No. 3, 2000.

Brantly, Aaron F. "Cyber Actions by State Actors: Motivation and Utility. " *International Journal of Intelligence and CounterIntelligence*, Vol. 27, No. 3, 2014.

Brecher, Aaron P. "Cyberattacks and Covert Action Statute: Toward a Domestic Legal Framework for Offensive Cyberoperations. " *Michigan Law Review*, Vol. 111, No. 3, 2012.

Champion, Brian. "Subreptitious Aircraft in Transnational Covert Operations. " *International Journal of Intelligence and CounterIntelligence*, Vol. 11,

No. 4, 1998.

Champion, Brian. "Spies (Look) Like Us: The Early Use of Business and Civilian Covers in Covert Operations." *International Journal of Intelligence and CounterIntelligence*, Vol. 21, No. 3, 2008.

Corke, Sarah-Jane. "George Kennan and the Inauguration of Political Warfare." *The Journal of Conflict Studies*, Vol. 26, No. 1, 2006.

Cummings, Richard. "The Intelligence Underpinnings of American Covert Radio Broadcasting in Germany during the Cold War." *Journal of Intelligence History*, Vol. 1, No. 2, 2001.

Devine, Jack and Peter Kornbluh. "Showdown in Santiago: What Really Happened in Chile?" *Foreign Affairs*, Vol. 93, No. 5, 2014.

Dobson, Alan P. "The Reagan Administration, Economic Warfare, and Starting to Close Down the Cold War." *Diplomatic History*, Vol. 29, No. 3, 2005.

Dravis, Michael W. "Storming Fortress Albania: American Covert Operations in Microcosm, 1949 – 54." *Intelligence and National Security*, Vol. 7, No. 4, 1992.

Duckworth, Austin and Thomas M. Hunt. "Espionage in the Eternal City: The CIA, Ukrainian Emigrés, and the 1960 Rome Olympic Games." *Journal of Intelligence History*, Vol. 18, No. 2, 2019.

Ellwood, D. W. "The 1948 Elections in Italy: A Cold War Propaganda Battle." *Historical Journal of Film, Radio and Television*, Vol. 13, No. 1, 1993.

Gleijeses, Piero. "The CIA's Paramilitary Operations during the Cold War: An Assessment." *Cold War History*, Vol. 16, No. 3, 2016.

Gormly, James. "The Counter Iron Curtain: Crafting an American-Soviet Bloc Civil Aviation Policy: 1942 – 1960." *Diplomatic History*, Vol. 37, No. 2, 2013.

Granville, Johanna. "Radio Free Europe and International Decision-Making during the Hungarian Crisis of 1956." *Historical Journal of Film, Radio and Television*, Vol. 24, No. 4, 2004.

Hadley, David P. "A Constructive Quality: The Press, the CIA, and Covert Intervention in the 1950s. " *Intelligence and National Security*, Vol. 31, No. 2, 2016.

Hulnick, Arthur S. "Dirty Tricks for Profit: Covert Action in Private Industry. " *Internatioal Journal of Intelligence and Counterintelligence*, Vol. 14, No. 4, 2001.

Johnson, A Ross. "Managing Media Influence Operations: Lessons from Radio Free Europe / Radio Liberty. " *International Journal of Intelligence and Counterintelligence*, Vol. 31, No. 4, 2018.

Johnson, Loch K. "The CIA and the Media. " *Intelligence and National Security*, Vol. 1, No. 2, 1986.

Johnson, Loch K. "Covert Action and Accountability: Decision-Making for America's Secret Foreign Policy. " *International Studies Quarterly*, Vol. 33, No. 1, 1989.

Johnson, Loch K. "Strategic Intelligence: An American Perspective. " *International Journal of Intelligence and Counterintelligence*, Vol. 3. No. 3, 1989.

Johnson, Loch K. "On Drawing a Bright Line for Covert Operations. " *American Journal of International Law*, Vol. 86, No. 2, 1992.

Johnson, Loch K. "Economic Intelligence and the CIA. " *Southeastern Political Review*, Vol. 25, No. 3, 1997.

Jones, Matthew. "The 'Preferred Plan': The Anglo-American Working Group Report on Covert Action in Syria, 1957. " *Intelligence and National Security*, Vol. 19, No. 3, 2004.

Kotek, Joël. "Youth Organizations as a Battlefield in the Cold War. " *Intelligence and National Security*, Vol. 18, No. 2, 2003.

Larson, Deborah W. "The Cold War and the University. " *Diplomatic History*, Vol. 24, No. 1, 2000.

Laville, Helen. "The Committee of Correspondence: CIA Funding of Women's Groups 1952 – 1967. " *Intelligence and National Security*, Vol. 12, No. 1, 1997.

Leary, William M. and William Stueck. "The Chennault Plan to Save China:

U. S. Containment in Asia and the Origins of the CIA's Aerial Empire, 1949 –1950. " *Diplomatic History*, Vol. 8, No. 4, 1984.

Little, Douglas. "Mission Impossible: The CIA and the Cult of Covert Action in the Middle East. " *Diplomatic History*, Vol. 28, No. 5, 2004.

Lucas, Scott and Kaeten Mistry. "Illusions of Coherence: George F. Kennan, U. S. Strategy and Political Warfare in the Early Cold War, 1946 – 1950. " *Diplomatic History*, Vol. 33, No. 1, 2009.

Matthews, John P. C. "The West's Secret Marshall Plan for the Mind. " *International Journal of Intelligence and CounterIntelligence*, Vol. 16, No. 3, 2003.

McMurdo, Torey L. "The United States, Britain, and the Hidden Justification of Operation TPAJAX. " *Studies in Intelligence*, Vol. 56, No. 2, 2012.

Miller, James E. "Taking Off the Gloves: The United States and the Italian E-lections of 1948. " *Diplomatic History*, Vol. 7, No. 1, 1983.

Needell, Allan A. " 'Truth Is Our Weapon': Project TROY, Political Warfare, and Government-Academic Relations in the National Security State. " *Diplomatic History*, Vol. 17, No. 3, 1993.

Odinga, Sobukwe. " 'The Privileged Friendship': Reassessing the Central Intelligence Agency Operation at Zaire's Kamina Airbase. " *Diplomacy & Statecraft*, Vol. 29, No. 4, 2018.

O'Rourke, Lindsey A. "The Strategic Logic of Covert Regime Change: US-Backed Regime Change Campaigns during the Cold War. " *Security Studies*, Vol. 29, No. 1, 2020.

Osgood, Kenneth A. "Form before Substance: Eisenhower's Commitment to Psychological Warfare and Negotiations with the Enemy. " *Diplomatic History*, Vol. 24, No. 3, 2000.

Paget, Karen. "From Stockholm to Leiden: The CIA's Role in the Formation of the International Student Conference. " *Intelligence and National Security*, Vol. 18, No. 2, 2003.

Prados, John. "Notes on the CIA's Secret War in Afghanistan. " *The Journal of American History*, Vol. 89, No. 2, 2002.

Rider, Toby C. "Political Warfare in Helsinki: American Covert Strategy and the Union of Free Eastern European Sportsmen. " *The International Journal of the History of Sport*, Vol. 30, No. 13, 2013.

Riordan, Barrett J. " State-Sponsored Economic Deception and Its Determinants. " *Intelligence and National Security*, Vol. 17, No. 4, 2002.

Risso, Linda. "Radio Wars: Broadcasting in the Cold War. " *Cold War History*, Vol. 13, No. 2, 2013.

Robarge, David. "CIA's Covert Operations in the Congo, 1960 – 1968: Insights from Newly Declassified Documents. " *Studies in Intelligence*, Vol. 58, No. 3, 2014.

Rositzke, Harry A. "America's Secret Operations: A Perspective. " *Foreign Affairs*, Vol. 53, No. 2, 1975.

Sanchez, Nestor D. "Covert Military Operations and American Foreign Policy. " *Harvard International Review*, Vol. 11, No. 3, 1989.

Scott-Smith, Giles. "The 'Masterpieces of the Twentieth Century' Festival and the Congress for Cultural Freedom: Origins and Consolidation 1947 – 52. " *Intelligence and National Security*, Vol. 15, No. 1, 2000.

Stempel, John D. "Covert Action and Diplomacy. " *International Journal of Intelligence and CounterIntelligence*, Vol. 20, No. 1, 2007.

Stout, Mark. "Covert Action in the Age of Social Media. " *Georgetown Journal of International Affairs*, Vol. 18, No. 2, 2017.

Waters, Robert and Gordon Daniels. "The World's Longest General Strike: The AFL-CIO, the CIA, and British Guiana. " *Diplomatic History*, Vol. 29, No. 2, 2005.

Weiler, Peter. "The United States, International Labor, and the Cold War: The Breakup of the World Federation of Trade Unions. " *Diplomatic History*, Vol. 5, No. 1, 1981.

Weissman, Stephen R. "CIA Covert Action in Zaire and Angola: Patterns and Consequences. " *Political Science Quarterly*, Vol. 94, No. 2, 1979.

Weissman, Stephen R. "What Really Happened in Congo: The CIA, the Murder of Lumumba, and the Rise of Mobutu. " *Foreign Affairs*, Vol. 93, No. 4, 2014.

Wettering, Frederick L. "The Internet and the Spy Business. " *International Journal of Intelligence and CounterIntelligence*, Vol. 14, No. 3, 2001.

后 记

首先感谢南京大学历史学院对本书出版的大力支持，感谢历史学院各位同仁长期以来的关心和鼓励！同时还要感谢南京大学历史学院、政府管理学院等院系的研究生和本科生同学，与你们的讨论和交流让我受益匪浅！

我对美国隐蔽行动研究产生兴趣，源自一个偶然的机会。2006年，我有幸参加了华东师范大学沈志华教授主持的教育部哲学社会科学研究重大课题攻关项目"冷战时期美国重大外交政策研究"（项目编号：06JZD0013），主要研究美国"成功行动"计划与1954年危地马拉政变的关系，这是我第一次接触到美国隐蔽行动问题。在查阅资料和进行研究的过程中，我深感隐蔽行动是美国实施冷战对抗的有效工具，是美国对外政策与战略的重要手段。此后，美国隐蔽行动研究成为我一个重要的学术研究方向。

国内外学术界普遍认为，美国的冷战对抗手段主要有两种：一是构建以美国为中心的军事同盟体系，二是进行局部战争。鉴于冷战是除军事手段之外的全面对抗，因此，囊括了隐蔽宣传行动、隐蔽政治行动、隐蔽经济行动、准军事行动的隐蔽行动成为美国实施冷战战略的更为有效的政治工具，在美国对外政策和战略中占据了独特而重要的位置。

依托翔实的档案资料并据此进行详细的历史考察，是本人分析美国隐蔽行动具体案例的基本思路。基于历史研究，本人探讨美国隐蔽行动的一个特色是：首先分析美国的政策设计及其背景和目标，进而考察美国隐蔽行动的实施路径和政策手段，最后剖析美国隐蔽行动的后果及其影响，总结美国隐蔽行动的基本模式。基于这样的研究思路，本人对1954年危地马拉政变和智利1973年"9·11政变"进行了详细的历史解读。

本人研究美国隐蔽行动的另一个特色是：将历史案例研究与理论研究相结合，以期探索美国隐蔽行动历史研究和理论研究的融合。在危地马拉政变和智利"9·11政变"的研究中，本人既注重从历史案例中归纳美国隐蔽行动的基本模式，又致力于运用隐蔽行动理论总结美国隐蔽行动的实施手段和政策平台，以理论指导历史案例研究，以历史案例研究验证理论框架，进而探寻美国隐蔽行动研究的新视角。

在前期研究的基础上，本人于2017年开始主持国家社科基金一般项目"美国隐蔽行动实施路径研究"（项目编号：17BGJ064），致力于从整体层面探究美国隐蔽行动的实施路径、政策平台和行动手段，本书是此项研究的最终成果。在书稿付梓之际，期待同仁的批评指正！

舒建中
2020年9月18日于成都瑞城